이돈화 연구

지은이 허 수 (許 洙)

서울대학교 국사학과를 졸업하고 같은 대학원에서 석사·박사학위를 받았다. 서울대, 서울여대, 한국방송통신대 등에 출강했으며, 일본 도쿄대학에서 외국인연구원으로 있었다. 현재 한림대학교 한림과학원 인문한국(HK) 연구교수로 재직하고 있다.

'역사 속의 인간'이라는 전통적인 주제를 지식인에 대한 사상사적 접근, 집합적 주체에 관한 개념사적 접근, 해외 이주민에 대한 관심 등 세 방면에서 탐구해왔다. 향후 종교와 정치의 관계, 한국 근현대사학사 등에 관한 연구를 병행하면서 그동안의 문제의식을 심화·확충하려고 한다.

저서로는 『근대를 다시 읽는다』(공저, 2006, 역사비평사), 『〈개벽〉에 비친 식민지 조선의 얼굴』(공저, 2007, 도서출판 모시는사람들), 『식민지 공공성 — 실체와 은유의 거리』(공저, 2010, 책과함께) 등이 있다. 논문으로는 「새로운 식민지 인식의 현주소 — '식민지 근대'와 '민중사'를 중심으로」(2006), 「〈개벽〉의 '表象空間'에 나타난 매체적 성격 — 표지 및 목차 분석을 중심으로」(2008), 「러셀 사상의 수용과 〈개벽〉의 사회개조론 형성」(2009), 「1920~30년대 식민지 지식인의 '대중' 인식」(2010) 등이 있다.

이돈화 연구 — 종교와 사회의 경계

1판 1쇄 인쇄 2011년 1월 20일
1판 1쇄 발행 2011년 2월 1일

지은이 허 수
펴낸이 김백일
책임 편집 조수정
기획 편집 조원식 정윤경
마케팅 정순구 황주영

출력 한국커뮤니케이션
용지 한서지업사
인쇄 한영문화사
제본 우진제책사

펴낸곳 역사비평사 **출판등록** 제300-2007-139호(2007. 9. 20)
주소 110-260 서울시 종로구 가회동 175-2
전화 02-741-6123~5 **팩스** 02-741-6126
홈페이지 www.yukbi.com **전자우편** yukbi@chol.com

ⓒ 허 수, 2011
ISBN 978-89-7696-134-1 93150

이돈화 연구

허 수 지음

역사비평사

일러두기

1. 이 책은 필자의 박사학위논문 「일제하 이돈화의 사회사상과 천도교 ― '종교적 계몽'을 중심으로」 (서울대학교, 2005)를 저본으로 수정·보완을 거쳐 집필되었습니다.
2. 띄어쓰기는 이 책의 교정 원칙을 따랐습니다.
3. 인용문의 밑줄은 내용상의 필요에 따라 필자가 표시한 것이며, '밑줄은 인용자'로 명기했습니다.
4. 잡지 기사의 필명 중 본명이 확인된 경우에는 필명 뒤에 괄호로 본명을 표시했습니다.

책머리에

이 책은 이돈화의 사상과 행적에 관한 연구이다. 2005년 초에 박사학위논문으로 탈고한 원고와 이를 학술지에 발표하면서 수정·보완한 내용을 단행본 체제에 맞게 재구성했다. 이돈화는 일제 식민지시기에 종교계와 언론계에서 활약한 인물이지만 일반 독자들에게는 다소 생소할 것이다.

필자가 이돈화에 관심을 갖게 된 데에는 세 가지 이유가 있다. 첫째, 그가 민중종교 동학의 사상적 전통을 계승하면서도 서구의 근대사상을 수용하여 종교철학적 사유를 전개했다는 사실이다. 이런 행적은 '한국 사상에서의 근대성 형성'이라는 주제를 탐구하는 데 적합하다고 보았다.

둘째, 이돈화의 글에는 규범적 가치와 물질적 현실 사이의 긴장이 보인다는 점이다. 그는 종종 전자를 '종교'로 후자를 '사회'로 표현했다. 천도교의 대표적 이론가이자 『개벽』의 편집인으로서 이돈화는 '종교'와 '사회'를 조화시키고자 무척 노력했다. 마침 필자는 대학시절부터 이와 비슷한 문제로 고민해왔기 때문에 그의 사상이 가진 중요성과 현재적 의의에 남달리 주목할 수 있었다.

셋째, 그는 왕성한 저술활동으로 근대사 인물 치고는 많은 저작을 남겼다. 따라서 그의 사상에 체계적으로 접근할 수 있는 이점이 있다. 특히 그는 월간잡지에 실렸던 자신의 글을 나중에 단행본으로 출간하거나 일본의 텍스트를 저본으로 삼아 서구 근대사상을 선택적으로 수용하기도 했다. 이런 사실은 그의 사상을 역사적 맥락 위에서 동태적으로 파악하는 데 유용했다.

이상의 바탕 위에서 필자는 식민지 지식인으로서 격동기를 살아간 그의 모습을 담고자 했다. 그는 제1차 세계대전이라는 미증유의 사건 속에서 자본주의 문명화 담론의 균열과 개조론의 유행을 지켜보았는데, 그러한 당시의 상황을 그가 어떻게 진단했으며, 천도교 종교사상으로 개조론을 어떻게 전유해갔는가에 특히 주목했다. 필자로서는, 독자들이 이 책을 통해 민족적 정체성이나 계급적 정체성의 도식만으로는 충분히 해명되지 않는 인물 유형을 접하고, 그의 사상에서 새로운 영감을 얻게 되기를 바란다.

이돈화에 관한 연구를 2001년 초에 시작했으니, 이 책은 꼭 10년 만에 나오는 셈이다. 이 기간의 전반기에는 박사학위논문으로서의 내용과 형식을 갖추는 데 치중했다. 후반기에는 연구사적 맥락과 이론적 설명에도 신경을 써서 논지 전달이 더욱 잘 되도록 애썼다. 그렇지만 아직도 이돈화의 생각을 충분히 이해했는지, 이해한 것을 제대로 표현했는지 의구심이 든다. 그의 개념과 사상체계를 충실히 파악하려면 동학사상에 대한 깊은 분석, 성리학과 동학의 관계에 대한 이해 등을 비롯하여 근대 이행기를 통찰하는 넓은 시야와 학문적 소양이 필요하다. 또한 그의 면모를 표현하려면 '종교와 근대'의 상호 관계에 관한 해박한 지식과 비교사적 안목도 갖춰야 한다. 부족한 필자로서는 이런 작업을 해내지 못했다. 미숙한 부분이 적지 않은데도 출간하는 것은 '선학제현의 질정을 구하기 위해서'라고 변명해본다. 독자들의 혜량을 바란다.

책을 내기까지 참으로 많은 분들의 도움을 받았다. 우선 지도교수이신 권태억 선생님께 감사드린다. 학위논문 준비 과정에서 권 선생님은 도쿄대 체류를 주선하셨으며, 논문심사를 앞두고 닥친 필자의 개인적 곤경을 잘 이겨내도록 격려해주셨다. 논문심사에 참여해주신 정옥자, 김인걸, 정용욱, 이지원 선생님께도 감사드린다. 선생님들은 결함이 많은 논문을 학위논문의 꼴로 다듬어주셨고, 난삽하고 불친절하게 표현된 필자의 논지를 명료하게 잡아주셨다. 도쿄대 외국인연구원으로 체류할 당시, 필자가 연구에 전념할 수 있도록 물심양면으로 도와

주신 요시다 미츠오(吉田光男) 선생님께는 이 자리를 빌려 특별한 감사를 드린다. 또한 당시 한국 근대사에 관한 유익한 강의와 발표수업을 듣게 해주신 미야지마 히로시(宮嶋博史) 선생님께도 감사를 드린다.

필자가 연구자로서의 소양을 갖추고 문제의식을 가다듬는 데에는 대학원 근현대사 세미나팀의 역할이 컸다. 역사문제연구소의 자유로운 분위기와 그곳에서 알게 된 연구자 선후배, 동료들과의 교류는 필자의 좁은 시야를 넓히는 데 커다란 자극이 되었다. 이 분들을 일일이 거명하지 못해 안타깝지만, 그래도 김백일, 윤해동, 허영란, 한긍희 선생님은 빼놓을 수 없다. 이 분들이 보내주신 성원과 배려 덕분에 필자는 논문의 마지막 고비에서도 연구에 집중할 수 있었다. 낯선 일본 땅에서 이웃사촌의 정을 느끼게 해준 강상규, 한수영, 심아정 선생님, 그리고 귀중한 자료와 정보를 제공해주신 임운길, 한광석, 이병종 선생님 등 천도교단 관계자께도 감사의 마음을 표한다. 동학농민혁명기념재단 이사장을 역임하신 이이화 선생님, 동덕여대 김항수 선생님, 한림대학교 한림과학원 김용구 원장님은 학위논문을 마친 필자가 항심(恒心)을 가지고 학자의 길을 걸을 수 있도록 안정된 환경을 마련해주셨다.

천성이 냉정하고 게을러서 오랫동안 부모형제의 어려움을 외면하고 살았다. 어릴 적에 기대가 컸을 자식이 아직도 제 앞가림에 급급하니, 부모님을 뵐 때마다 면목이 없다. 이 책의 출간이 잠깐이나마 부모님께 위안이 되면 좋겠다. 생활의 어려움을 겪고 있는 동생은 이 책에서 고진감래(苦盡甘來)의 교훈을 떠올렸으면 한다. 처가에도 면구스러움을 금할 길 없다. 변변한 맏사위 노릇은 해본 적이 없고, 이런저런 도움을 받기만 했다. 특히 둘째 아이 산후조리차 일본에 와서 남다른 고초까지 겪은 장모님, 귀국 후에도 가족이 거처할 방을 내주고 생활의 불편함을 감내하신 장인어른께 감사의 큰절을 올린다.

20년 가까운 세월을 아내 김미자는 든든한 버팀목이 되어 주었다. 오랫동안 생활의 무게를 혼자 감당했고, 날카로운 독자나 동지, 조언자의 역할도 마다하지 않았다. 궁핍한 시절을 잘 견디며, 필자가 내미는 손을 따뜻하게 잡아주었다.

아빠 노릇을 잘 못하는데도 아비의 장광설을 진지하게 경청해주는 도연, 도일에게는 미안하고도 고마운 마음이 든다. 아이들에게 이 책이 어떤 의미로 다가갈지 궁금하다.

끝으로 어려운 여건에도 학술서의 출간을 허락해주신 역사비평사의 김백일 사장님, 원고 지연과 무리한 출간 요구 등의 결례를 너그럽게 양해해주신 조원식 실장님, 책의 편집과 교정 등 세세한 작업을 깔끔하게 해주신 조수정님께 진심으로 감사를 드린다.

목차

표·그림목차

서론

제1장
문제의식과 서술 방향

이돈화는 식민지시기 천도교의 대표적인 이론가이자 언론인으로 활약한 인물이다. 그는 갑신정변이 일어난 해인 1884년 함경북도 고원군(高原郡)의 농가에서 태어나 한국전쟁이 발발한 1950년 무렵 사망했다. 어릴 적 서당교육을 받은 뒤 청년기에 몇 년간 중등 수준의 근대교육을 받기도 했으나, 주로 독학으로 서구와 일본의 근대사상을 접했다. 청년기의 방황에서 벗어나고자 1903년 20세의 나이로 동학에 입교하고부터는 동학 및 천도교를 그의 활동과 사상의 토대로 삼았다. 1910년대 초 상경한 뒤 생애의 대부분을 천도교 중앙교단과 관계 맺으며 활동했고, 천도교가 1925년 신·구파로 분열된 후에는 신파의 길을 걸었다. 그러나 그는 조직가나 운동가로 활동하기보다는 주로 글쓰기나 순회강연 등 이론적 실천에 치중했다. 그의 사상은 신파나 천도교의 테두리에 국한되지 않아 교단 안팎에서 많은 글과 저서를 남겼다. 대표적인 저서로는 동학·천도교의 역사를 정리한 『천도교창건사(天道敎創建史)』(1933)와 천도교의 세계관을 철학적 차원에서 제시한 『신인철학(新人哲學)』(1931)이 있다. 그의 나이 40대 후반에 발간한 두 저서에는 30~40대에 전개한 왕성한 지적 활동이 정리되어 있다.

이 책은 이돈화의 사상을 한국 근대사상의 형성이라는 거시적 맥락에서 파악하여 한국 근대사상사 연구의 시야를 확장하고 새로운 연구방법론을 개척하고자 한다.[1]

이돈화의 사상에 관한 연구는 기존의 사상사 연구에 비춰볼 때 다음과 같은 두 가지 의의가 있다. 첫째, 기존의 사상사 연구를 주도했던 '민족주의적 시각'을 넘어 '근대성 연구'라는 좀 더 포괄적인 관점에서 연구를 진행한다는 의의가 있다. 그동안 한국 근대사상사 연구는 한국 근대사의 과제를 '민족모순과 계급모순의 통일적 해결'로 보는 관점을 공유하면서 많은 성과를 산출했다.[2] 그런데 이러한 관점으로는 한국사회의 근대 이행기에 활동했던 다양한 주체들의 활동과 사유를 충분히 포착하기 힘든 것이 사실이다. 이돈화의 사상은 민중종교에 해당하는 동학의 사상을 근대적으로 전환하는 데 치중했으므로 기존의 민족주의적 시각으로는 그 내적 구조를 충분히 해명하기 힘들다. 그의 사상을 한국사회의 근대성 형성이라는 드넓은 맥락에서 조명할 필요가 있다.

둘째, 한국 근대사상에 대한 내재적 평가 기준을 마련하는 시도로서의 의의가 있다. 기존의 사상사 연구에서는 대체로 일본 제국주의에 대한 태도나 독립방략 등 운동론적 잣대를 중심으로 사상을 평가해온 경향이 강하다. 그러나 사상은 민족운동·사회운동과 밀접한 관계에 있으면서, 상대적으로 자율적인 측면도 있다. 또한 사상 연구에서는 운동론이나 경세론 등 현실개혁론에서 곧바로 연역하여 파악하기 힘든 층위, 예컨대 인간관·우주관 등도 중요하다. 그동안의 연구가 이에 관해 충분한 주의를 기울였다고 하기는 힘들다. 이돈화의 사상에는 민족운동·사회운동에 대한 관심도 적지 않지만, 이보다는 우주와 인간, 인간과 사회의 관계 설정 문제가 핵심을 이룬다. 따라서 이 책에서는 이돈화의 사상에 내재된 그러한 요소를 파악하고 평가하는 분석틀을 제시하고, 이를 실제 연구에 적용함으로써 사상사 연구의 방법론을 수립하고자 한다.

---

1) 최근 한국 근현대사를 '근대성 형성'이라는 관점에서 접근한 연구가 많이 나오고 있다. 주요 주제별 동향을 개관하려면 다음을 참조. 윤해동·천정환·허 수·황병주·이용기·윤대석 엮음, 『근대를 다시 읽는다』 1·2, 역사비평사, 2006.
2) 대표적으로는 다음 연구가 있다. 박찬승, 『한국근대정치사상사 연구』, 역사비평사, 1992; 방기중, 『한국근현대 사상사연구─1930·40년대 백남운의 학문과 정치경제사상』, 역사비평사, 1992; 장규식, 『일제하 한국 기독교 민족주의 연구』, 혜안, 2001.

이돈화에 관한 기존의 연구 성과는 크게 세 계열로 나눌 수 있다. 첫 번째 계열은 동학·천도교 종교사상의 근대적 전환에 주목한 연구이다. 최동희는 1920년 무렵 전개된 이돈화의 사상적 특징을 그보다 앞 세대에 활동한 양한묵의 사상과 비교해서 파악했다. 그는 이돈화의 저서 『인내천-요의(人乃天-要義)』(1924. 3)와 『개벽』에 발표한 논설 「인내천의 연구」(1920~1921) 등을 분석했다. 최동희에 따르면 당시 이돈화는 양한묵의 뒤를 이어 교리 근대화, 즉 교리의 합리적 해석을 시도했는데, 양한묵이 성리학적 틀 속에서 그것을 진행했던 반면, 이돈화는 성리학적 틀을 벗어나 서양 철학에 기반을 두고 전개한 특징이 있다.[3]

이후 이 계열에 속하는 연구는 사상의 외적 영향에 주목하는 경향과 사상의 내적 성격에 주목하는 경향으로 구분된다. 외적 영향에 주목한 경향으로는 황문수와 신일철의 연구가 대표적이다. 황문수는 이돈화에게 영향을 끼친 서양 사상의 갈래를 밝혔다. 그는 이돈화의 두 저서 『인내천-요의』와 『신인철학』을 각각 분석하여, 이돈화의 인내천 사상이 동학사상에 근원을 두고 있지만 스피노자, 라이프니츠, 데카르트, 베르그송의 사상에서도 영향을 받았다고 보았다.[4] 황문수의 연구가 이돈화의 사상에 나타난 서양 사상의 요소를 지적하는 데 그쳤다면, 신일철은 '성신쌍전(性身雙全)'과 '지기일원(至氣一元)' 등 이돈화의 교리체계에는 "당시 사상계의 이원론적 일원론의 카테고리가 반영되어 있다"고 지적했다.[5] 신일철은 '이원론적 일원론'이 근대철학의 어떤 갈래를 가리키는지 구체적으로 언급하지는 않았지만, 그의 지적은 1910년대 이돈화의 사상에 영향을 끼친 일본의 '현상즉실재론(現象卽實在論)' 철학을 암시했다는 점에서 중요한 의의가 있다.

3) 崔東熙, 「韓國東學 및 天道敎史」, 고려대 민족문화연구소, 『韓國文化史大系』 VI, 1970; 崔東熙, 「8. 天道敎의 思想」, 『東學의 思想과 運動』, 成均館大學校 出版部, 1980.
4) 黃文秀, 「夜雷에 있어서의 人乃天思想의 展開」, 『韓國思想』 12, 1974; 黃文秀, 「李敦化의 新人哲學思想」, 『朴吉眞博士古稀紀念 韓國近代宗敎思想史』, 1984.
5) 신일철, 『동학사상의 이해』, 사회비평사, 1995.

한편 내적 성격에 주목한 경향으로는 이혁배, 한분희, 장원석, 고건호의 연구가 대표적이다. 이혁배는 천도교의 신관(神觀)을 근대사상으로 정립하려 한 이돈화의 노력에 주목했다. 그에 따르면 이돈화는 최제우의 신관에 혼재되어 있던 초월적 경향과 내재적 경향을 종합하고자 천도교의 신관을 '범신관(汎神觀)적 일신관(一神觀)'으로 명명했지만, 실제로 드러난 이돈화의 신관은 최제우로부터 내재적인 경향만 수용했다.6) 한분희는 『신인철학』의 사상적 의의를 '도덕'에 초점을 맞춰 언급했다.7) 그는, 『신인철학』이 도덕의 발생 원인을 집단생활의 필연적 요구에서 찾고, 도덕의 본질을 사회를 위한 것으로 본 점 등에 대해 긍정적으로 평가했다.8) 장원석은 이돈화의 『신인철학』이 '종교(초월적 유신론)와 과학(진화론)의 통합'이라는 오랜 난제를 해결하는 유의미한 대안이 될 수 있다고 보고 그 의의를 적극적으로 평가했다.9) 고건호는 1910~1920년대 이돈화의 사상 전개를 '신(新)종교학'의 관점에서 접근했다. 그는 이돈화의 신종교학을 "'한국적 근대', 한국의 독특한 근대적 지식의 한 양상"으로 보면서 그 사상적 의의를 적극적으로 평가했다.10)

이 계열의 연구는 내부에서 다소간 편차를 보이기는 하지만, 이돈화의 사상을 '종교사상의 근대적 전환'이라는 거시적 맥락에서 파악함으로써 그의 사상을 이해하는 데 필요한 기준점을 제시했다는 의의가 있다. 그러나 일본이라는 창구를 통한 서양 사상의 수용이나 식민지시기 사회운동의 국면별 전개 양상 등을 그다지 고려하지 않았기 때문에 이돈화의 사상을 이론적·역사적 맥락 속

---

6) 李赫配, 「天道敎의 神觀에 關한 硏究－그 歷史的 變遷을 中心으로」, 『종교학연구』 7, 1988.
7) 한분희, 「도덕발생에 대한 『신인철학』의 견해」, 『김일성종합대학학보－철학－』, 288, 1997; 한분희, 「도덕의 본질에 대한 『신인철학』의 견해」, 『철학연구』 71, 1997.
8) 박광용은 한분희의 연구에 대해, 북한이 통일단계의 다양성을 수용하려고 내세운 '광폭(廣幅)정치'에 따라 『신인철학』에 관한 연구를 혁명전통과 접맥시키려 한 것으로 평가했다. 박광용, 「북한의 사상사 연구 동향」, 한국역사연구회 북한사학사연구반, 『북한의 역사만들기』, 푸른역사, 2003, 148쪽.
9) 장원석, 「夜雷 이돈화의 유신론과 진화론의 융합체로서 천도교 해석」, 『종교연구』 38, 2005, 133~153쪽.
10) 고건호, 「'종교-되기'와 '종교-넘어서기': 이돈화의 신종교론」, 『종교문화비평』 7, 2005, 67쪽.

에 위치짓지 못한 채 추상적으로 평가를 내린 아쉬움도 있다.

두 번째 계열은 이돈화의 사상을 일제 식민지시기에 전개된 천도교의 문화운동이나 민족운동의 차원에서 파악한 연구이다. 김정인은 일제하 천도교단의 활동을 "문명화·근대화를 추종하던 동학 북접 지도부로부터 발원한 천도교 신파가 교단을 주도하면서, 자주화를 모색하던 소수파인 천도교 혁신파와 천도교 구파를 때로는 배제하고 때로는 견인하면서 자치와 친일노선을 추구했다"고 보고, 이돈화를 천도교 신파의 대표적인 이론가로 주목했다. 또한 천도교 문화계몽운동의 이념은 '인내천주의'였으며, 이돈화의 인내천주의 형성은 "구학(舊學)의 철저한 부정을 통한 신학(新學) 수용"이었다고 밝혔다.[11] 조규태는 이돈화가 천도교 문화운동론을 형성한 중심 인물이었다고 본 점에서는 김정인의 입장과 동일하지만, 그와 달리 이돈화가 "일본의 문화주의를 반영해서 정립한 후천개벽론이 천도교 문화운동론의 근간을 이루었다"고 주장했다.[12]

이 계열의 연구는 이돈화의 사상이 형성되는 배경을 식민지시기 천도교의 문화운동·민족운동이라는 역사적 맥락 속에서 고찰했다는 의의가 있다. 또한 이돈화의 친일 행적을 비판함으로써 그의 사상에서 '민족' 관념이 취약한 사실을 환기시킨 의의가 있다. 그러나 이돈화나 천도교의 입장을 민족운동이나 문화운동의 관점에서 평가하는 관행에 따라 그의 사상을 제한적으로 파악하는 데 그친 한계가 있다. 이돈화의 사상을 종교적 사회운동의 차원, 즉 종교적 가치의 사회적 실현이라는 차원에서 이해하고, 그의 친일 행위도 이러한 맥락에서 포괄적으로 해명할 필요가 있다.

세 번째 계열은 이돈화 사상의 독자적 성격에 주목한 연구이다. 정용서는 이돈화가 참여한 천도교청년당(이하 '청년당'으로 줄임)의 정치·경제사상을 분석해서 청년당의 입장이 우파의 『동아일보』 세력이나 좌파의 사회주의 세력과 다른 차이점을 규명했다. 정용서에 따르면, 청년당의 자치운동은 '각 민족의 실력양

---

11) 김정인, 『천도교 근대 민족운동 연구』, 한울, 2009, 18쪽·133쪽.
12) 조규태, 『천도교의 문화운동론과 문화운동』, 국학자료원, 2006, 47쪽.

성을 통한 세계일가의 건설'을 목표로 했다는 점에서 근대 자본주의국가 건설을 목표로 했던『동아일보』계열의 자치운동과 달랐다.[13] 또한 같은 맥락에서 정용서는 해방 후 이돈화가 저술한『당지(黨志)』(1946)와 천도교총본부가 편찬한『천도교 정치이념(天道敎 政治理念)』(1947) 등에서 자본주의·자유민주주의에 대해 근본적으로 부정적인 견해를 내보였다는 점을 지적했다.[14] 더불어 청년당의 농업개혁론은 '반(反)지주·반(反)독점'을 지향하는 농민적 토지 소유의 흐름에 있었다는 점에서 사회주의와 동일했지만, 달성방법에서는 사적 소유를 인정하는 점진적 방법을 취했다는 점에서 사회주의와 차이가 있다고 지적했다.

최수일은『개벽』을 치밀하게 분석하여 이돈화를 비롯한『개벽』논자들이 당시의 내외적인 사상적 동향에 능동적이고 일관성 있게 대응했다는 점을 강조했다. 그는 기존의 연구가『개벽』의 전·후기 논조를 각각 문화주의와 사회주의로 단절해서 파악했다며 비판하고,『개벽』특히 이돈화를 비롯하여 천도교 청년층에게서 보이는 종교이념과 사회사상 간의 내적 연결고리에 주목할 필요가 있음을 강조했다.[15]

정용서와 최수일의 연구는 접근방식이나 취급한 소재, 도출한 결론 등에서 차이가 있음에도 불구하고 이돈화를 비롯한 천도교 청년층의 사상을 내재적으로 분석할 필요성을 환기시킨 의의가 있다. 이와 관련하여 최수일은 이돈화 등『개벽』주도층이 외부의 사상 변동에 능동적으로 대응하는 태도를 취했으며, 내용적으로는 '절충'적 입장을 취했다는 점에 주목했으며,[16] 정용서는 사상적 내용의 측면에서 청년당이『동아일보』나 사회주의와는 다른 '제3의 측면'을 가졌다는 사실을 강조했다. 그러나 두 사람의 연구는 분석의 시야를 각각 청년당과『개벽』에 한정한 결과 이돈화 등의 독자적 지향을 좀 더 적극적으로 규정하

---

13) 정용서, 「일제하 천도교청년당의 운동노선과 정치사상」, 임경석·차혜영 외,『『개벽』에 비친 식민지 조선의 얼굴』, 모시는사람들, 2007, 163쪽.
14) 정용서, 「북조선천도교청우당의 정치노선과 활동(1945~1948)」,『韓國史研究』125, 2004. 6.
15) 최수일,『『개벽』연구』, 소명출판, 2008, 482~483쪽.
16) '절충'에 관한 논의는 다음을 참조. 최수일, 위의 책, 449~453쪽.

지 못한 한계를 보였다.

지금까지 이돈화의 사상을 다룬 연구 성과를 세 계열로 나눠 살펴보고, 그 연구사적 의의와 한계를 검토했다. 이제부터는 이 책의 서술 방향을 고려하면서 선행 연구의 한계는 보완하고, 그 의의는 적극 계승·발전시킬 방안을 제시하고자 한다.

첫째, 이돈화의 사상을 종합적으로 파악하는 기본 관점을 '민중종교 동학의 근대적 전환'에 두고자 한다. 이러한 태도는 외관상 첫 번째 계열의 선행 연구와 문제의식이 비슷하다. 그러나 여기에 일본이라는 창구를 통한 서양 사상의 수용, 즉 서양 사상의 '중역(重譯)적' 수용을 적극 고려함으로써, 이돈화 사상의 근대적 측면에 대한 이해가 서양 사상의 요소에 대한 파편적 지적에 그치지 않고 소개와 수용 통로 및 맥락을 고려한 종합적 파악으로 귀결될 수 있도록 할 것이다. 특히 이돈화의 사상 전개에서 일본의 현상즉실재론 철학이 핵심적인 외적 변수였다고 판단되는 만큼, 그 점을 유의해 살펴볼 것이다.

또한 일부 연구에서 이돈화의 이론적 작업을 '동학 교리의 근대화'로 파악하고 그 사상을 '근대주의적' 관점에서 정태적으로 이해한 점에 유의하면서, 동학 사상과 서양 근대사상의 관계를 동태적으로 파악하고자 한다. 이와 관련하여 일본 민중사상사 연구의 권위자 야스마루 요시오(安丸良夫)의 '종교적 근대'에 관한 언급을 주목할 필요가 있다.

야스마루는 일본 사상사에서 민중종교의 사상사적 위치를 "'천지(天地)=자기 (自己)'형의 근세적 코스모로지에서 발생한 이단(異端)"으로 규정했다.[17] 그에 따르면 근세 초기의 일본에서 유(儒)·불(佛)·신(神) 삼교가 지닌 현세적 코스모로지는 천(天)·천리(天理)·천지(天地) 등의 궁극적 존재를 전제하고 있고, 이러한 궁극적 존재는 동시에 인간에 내재하는 심(心)·령(靈)·불성(佛性) 등으로도 간주되었다. 그런데 한편에서는 "이러한 궁극적 존재는 현세의 질서 원리이기도" 했으

---

17) 야스마루 요시오, 「민중종교와 근대라는 경험」, 한일종교연구 포럼, 『한일 근현대와 종교문화』, 청년사, 2001, 35쪽.

므로 그와 같은 코스모로지는 "원리적으로 현존 질서를 긍정"하게 되지만, 다른 한편에서는 "이 궁극적 원리가 각 개인에게 내재해 있다는 것은 개인의 자립성·자율성을 인정한다는 의미"가 되어 현존 질서에 대한 "비판성·이단성까지도 내포"하고 있었다.[18] 야스마루는 이러한 조건 위에서 민중종교의 발생을 논했다. 즉 그가 보는 민중종교란 농민이나 상인·기능인 등에게 생존 유지적 소공동체의 생활 원리로 기능했던 통속도덕·생활윤리 등이 교조의 종교체험을 계기로 코스모로지적인 통일성에 의해 재구성된 것이다. 그러나 "근대적인 학문이나 기술이 도입되어 기술적·시스템적 합리화가 발전하면 근세적 코스모로지는 불가피하게 쇠약"해져가며, 그 결과 "근세적 코스모로지에서 예정조화적인 전체성은 완전히 상실"된다. 야스마루에 따르면, '종교적 근대'란 시대적 가치가 근세적 코스모로지에서 근대적 이원론으로 전환하는 시기에 출현하는 것으로서, "세속사회와 대항적으로 자각되는 외로운 개아(個我)의식"을 뜻한다. 이러한 의식은 "정신성이 실세계와 이원적으로 대립할 때 패배할 수밖에 없는 운명"에 놓인다는 사실을 절감하면서 생기며, "근대에서 이원적으로 분열된 인간의 상태"를 '근원적으로 부정하는' 태도를 낳는다.[19]

다소 장황하게 소개한 감이 있지만, 민중종교에 대한 야스마루의 이해는 동학사상과 성리학의 관계, 동학사상과 근대사상의 관계 등을 이해하는 데 중요한 시사점을 준다. 야스마루 자신도 언급한 바 있지만, '사람은 곧 하늘'이라고 본 동학 역시 "넓은 의미에서 근세적 코스모로지 안에서 발생한 이단"이라는 점에서 야스마루가 규정하는 의미의 '민중종교' 범주에 포함된다.[20] 이런 전제 위에 이 책에서는 종교적 근대에 담긴 야스마루의 문제의식을 수용하여 이돈화의 사상, 특히 1930년대 초반 이후 그가 사상적으로 '종교'의 층위에 치중하면서 청년기의 종교철학적 사유를 자기비판하는 양상을 '종교적 근대'라는 관점으로

---

18) 야스마루, 위의 글, 25~26쪽.
19) 야스마루, 위의 글, 43~49쪽 참조.
20) 야스마루, 위의 글, 35쪽.

파악하고자 한다. 이런 접근을 통해 우리는 '동학의 근대적 전환'이라는 거시적 맥락을 중시하면서도, 동학사상과 서구 근대사상의 상호 관계가 일방적이지 않고 수용과 거부가 교차하면서 동태적으로 전개되는 양상을 파악할 수 있을 것이다.

둘째, 이돈화의 사상을 '동학사상의 근대적 전환'이라는 장기적 흐름 속에서 파악하면서도, 그의 사상이 천도교단과 천도교청년회가 주도한 사회운동의 실천논리로 제기되었다는 점을 고려하여 사상의 국면별 변화 양상에도 주의를 기울이고자 한다. 운동적 맥락을 중시한다는 점에서는 선행 연구의 두 번째 계열과 상통하지만, 필자는 이돈화의 사상에서 '민족'이라는 잣대보다는 오히려 '종교'와 '사회' 개념, 그리고 양자의 상호 관계가 더 중요하다고 본다. 이와 관련하여 이돈화가 '실천'의 층위를 자신의 사상 내에서 어떻게 확보하고, 사회적 실천을 담당할 주체를 어떻게 형성할 것인가에 대해 고민했던 점에도 유의하고자 한다.

또한 이돈화의 사상이 주로 잡지 투고나 단행본 출판 등, '매체'를 중심으로 전개되었다는 점을 감안하여 사상의 국면별 전개를, 그가 논설을 발표한 매체의 변동에 조응해 세 단계로 살펴보고자 한다. 이돈화는 1910년대에는 천도교 종교월간지인 『천도교회월보』, 1920년대 전·중반에는 계몽적 종합월간지인 『개벽』, 1920년대 후반부터 1930년대 초반에는 『조선농민』·『농민』·『신인간』 등의 매체를 중심 무대로 삼아 활동했는데, 각 단계가 사상의 국면별 변동과 밀접한 관계에 있었다는 점을 구체적으로 살펴볼 것이다.

셋째, 이돈화의 사상적 지향이 천도교의 주류적 경향을 대변했다고 보고, 그것이 『동아일보』 계열을 비롯한 부르주아민족주의자들이나 사회주의자들의 지향과 어떤 점에서 구별되는지를 살펴보고자 한다. 이런 점에서는 선행 연구 세 번째 계열의 견해와 같은 연장선상에 있지만, 이 책에서는 이돈화의 사상적 지향을 '인간해방'이라는 좀 더 포괄적이고 분명한 용어로 파악함으로써, 그의 사상이 부르주아민족주의자들이 취한 '민족해방'의 지향이나 사회주의 세력이 중시한 '계급해방'의 지향과는 달랐음을 드러내고자 한다.

이돈화의 사상은 한말~식민지시기 천도교의 동향과 밀접한 관련을 맺고 있었으므로, 이 책은 동학이 천도교로 전환한 1905년부터 일제 식민통치가 종료된 1945년까지를 분석 범위로 삼는다. 또한 이돈화의 사상적 변화는 잡지 매체의 변동과 긴밀하게 연관되어 있었으므로, 세부 시기는 『개벽』이 발간된 1920년부터 1926년까지를 제2기로 하고, 그 이전과 이후를 각각 제1기와 제3기로 구분한다. 이돈화의 성장 과정과 동학 입문 초기의 동향은 제1기에서 서술하고, 해방 이후의 행적은 제3기에 포함시켜 살펴볼 것이다.

제2장
이론적 검토와 자료

앞서 필자는 이돈화의 사상을 '동학사상의 근대적 전환'이라는 맥락에서 파악하겠다고 했다. 그런데 근대적 전환 과정을 분석하고 평가하기 위해서는 그러한 '전환' 과정의 도달점에 해당하는 '근대사상'의 범주과 지표 등을 설정할 필요가 있다. 그것이 마련되지 않으면 이돈화 사상의 전개 과정과 결과물을 객관적이고 보편적인 기준과 언어로 평가할 근거가 희박해지기 때문에 그의 사상은 천도교라는 종교 분야의 아주 특수하고 개별적인 사례로 치부되거나, 기껏해야 당시 유행하던 대내외적 사상을 잡다하게 섞은 혼합물로 폄하될 우려가 있다. 그렇다고 평가의 기준을 선험적이거나 외재적인 방식으로 설정할 경우, 현재적 관점으로 역사적 사실을 곡해하거나 사상의 역동성과 복잡성을 이론의 틀로 재단하는 어리석음을 범할 우려도 있다.

어느 쪽을 취하든지 위험은 항상 따르는 법이지만 기준점이 없을 때 생기는 부작용이 더 크다고 생각되므로, 이 책에서는 이돈화의 사상을 분석·평가하는 데 필요하다고 판단되는 이론적 논의를 검토해서 기준점을 제시하되, 그러한 기준점이 이돈화의 사상에 나타나는 요소나 구조를 최대한 충실하게 포착하는 것이 될 수 있도록 주의하고자 한다. 이를 위해 야스마루 요시오(安丸良夫)의 '민중종교'에 관한 논의와, 성찰적 비판을 위해 박영도가 전개한 '경계의 사유'에 관한 논의를 각각 비판적으로 검토하면서 이돈화의 사상을 분석하고 평가할 수 있는 기준점을 마련해보고자 한다.

필자에게 이돈화의 사상에서 가장 핵심적인 개념을 꼽으라고 하면 '종교'와 '사회'를 들 것이다. 두 개념은 1920년 무렵에 '종교적 사회개조'라는 일종의 경세론으로 제시되기도 했지만, 그 이면에는 인성론에 해당하는 측면, 즉 인간에 대한 인식이 내재해 있었다. 두 개념의 강조점 이동을 중심으로 이돈화 사상의 국면별 전개를 단순화하면, 첫 단계는 '종교 → 사회', 두 번째 단계는 '종교적 사회개조', 마지막 단계는 '사회 → 종교'로 정리할 수 있다. 이를 풀어서 설명하면 첫 단계는 이돈화의 사상이 종교사상에서 사회사상으로 확장되는 양상을 보여주며, 마지막 단계는 사회사상에서 다시 종교사상으로 수축되는 양상을 보여준다고 할 수 있다.

한편 이돈화는 일본의 현상즉실재론 철학에서 '이원론적 일원론' 도식을 받아들여 '종교'와 '사회' 개념을 각각 '실재·본질'과 '현상'의 층위에 대응시켰고, '사회' 개념은 다시 '개인'과 '사회'라는 이원적 대립항을 가진 것으로 설정했다. 그 결과 1920년대 초반 그의 사상에는 우주와 인간의 관계를 중심으로 하는 종교적 테마와, 개인과 사회의 관계에 주목하는 사회적 테마가 균형을 이루고 있었다. 다시 말해 이돈화의 사유는 1910년대 말부터 1920년대 초에 가장 활발하게 전개되었는데, 그 결과물로 제시한 '사람성주의(사람性主義)'는 '우주-인간'과 '개인-사회'를 가장 핵심적인 요소로 담고 있었다.

이돈화 사상에서 드러나는 이러한 특징과 관련하여 야스마루의 '민중종교' 논의는 동학사상을 전통에서 근대로의 전환이라는 맥락에서 사상적으로 어떻게 위치지을 것인지에 대한 통찰을 제공한다. 또한 민중종교에 해당하는 동학을 서양의 근대철학적 개념으로 재구성하려 했던 이돈화의 노력을 어떻게 자리매김해야 할 것인지에 관해서도 유용한 관점을 제공한다. 즉 우리는 야스마루의 논의에 힘입어 동학사상의 위치를 "성리학이라는 '천지=자기형 코스모로지' 내에서 발생한 이단"으로 설정할 수 있다. 이에 따르면 동학사상은 서구 근대사상의 이원론과 구별되는 위상을 가진다. 한편 이러한 '이단'의 내용을 민중적 통속도덕의 재구성으로 설명할 수 있게 됨으로써 성리학의 '천인합일(天人合一)'적 사유와 동학의 '시천주(侍天主)·인내천(人乃天)'적 사유에서 드러나는 질적 차이에 대해서도 언급할 수 있게 된다.

이러한 유용성에도 불구하고 야스마루의 민종종교 논의만으로는 이돈화의 사상을 적실하게 설명하기 어려운 측면이 있다. 야스마루의 논의는, 서양 근대의 이원론적 사유에 대해 근세적 코스모로지의 일원론적 사유가 대립할 경우, 결국 일원론적 사유는 이원론적 사유에 패배하고 현실에 대한 근원적 부정성을 갖게 되는데, 이런 상황을 '종교적 근대'의 출발로 파악한다. 야스마루의 이러한 파악 방식은 이돈화 사상의 국면별 전개에서 첫 번째 단계에 해당하는 '종교→사회'의 동향과 세 번째 단계라 할 '사회→종교'의 동향을 해명하는 데에는 커다란 시사점을 제공하지만, 종교적 사회개조론의 형성과 전개에 해당하는 두 번째 단계에 대해서는 충분한 설명을 하기 어렵다. 이돈화는 당시 식민지 조선의 지식인으로서 서양의 근대사상을 적극적으로 수용해서 동학을 근대사상으로 재인식해가고 있었기 때문이다. 이런 현상은 야스마루가 고찰의 대상으로 삼은 일본의 민중종교와 동학 사이에 존재하는 차이점에서 기인한다고 생각된다.

야스마루 자신도 밝힌 바와 같이 텐리교(天理敎), 콘코교(金光敎), 오모토교(大本敎) 등 일본의 민중종교를 세운 교조들은 본래 대부분 무학(無學)이며 종교적 소양도 없었다.21) 이에 반해 동학을 세운 최제우나 배상제교(拜上帝敎)를 세운 중국의 홍슈치안(洪秀全)은 "유학을 배운 지식인이며, 기독교와 서구 세력의 압박을 강하게 의식해 민족주의적 성격을 가진 혁명사상을 만들었"다.22) 동학사상의 형성 과정에 개입된 지식인의 사유나 민족주의적 요소가 교조 최제우 단계에 그치지 않고 천도교 성립 이후까지도 영향을 끼친 점은 역사적 전개 과정에서 확인할 수 있는 사실이다. 그 결과 이돈화가 동학사상을 이해하고 재인식하는 과정은 사회 현실에 대한 지식인으로서의 실천적 개입과 밀접하게 맞물리

---

21) 야스마루, 위의 글, 33쪽.
22) 야스마루, 위의 글, 35쪽.

면서 이루어졌다. 그리고 일제의 식민통치하에서 이러한 실천은 민족문제나 계급문제 등 당시에 유행하던 담론과 적극적으로 상호작용하면서 이루어졌다. 이 같은 까닭으로 이돈화의 사상에는 서양 근대의 이원론적 사유에 대한 부정으로만 단순화해서 이해할 수 없는 측면이 존재한다. 즉 근대적 사유와의 교섭과 수용 노력에 대한 분석적 감수성이 요구되는 것이다.

이 지점에서 우리는 이돈화에 대해, 동학·천도교를 신봉한 일반 신도나 종교가로서의 모습뿐만 아니라 20세기 전반 식민지 조선에서 살았던 근대적 지식인으로서의 면모에도 주목하고 그것에 체계적으로 접근할 필요가 있다. 당시의 이돈화는 19세기 후반 민중종교 동학을 창도했던 교조 최제우의 사유와 다른 지반에 서 있었다. 그는 동학의 사상 전통을 규정하고 있던 "'천지=자기'형 코스모로지"의 일원론적 사유에 강한 영향을 받으면서도, 일본이나 중국, 미국 등을 통해 쇄도하던 서양의 문물과 그것에 내재된 이원론적인 사유에도 노출되어 있었다. 그는 동학이 가진 일원론적 사유의 전통과 바깥에서 밀려드는 서양의 이원론적 사유가 서로 충돌하고 교섭하는 사상적 지평의 한복판에 서 있었던 것이다. 이와 같은 사상적 환경으로 인해 이돈화가 일찍부터 '이원론적 일원론'의 도식을 가진 현상즉실재론 철학에 관심을 기울이게 된 것은 당연했다. 현상즉실재론 철학은 이돈화보다 앞서 똑같은 사상적 충돌과 교섭을 체험한 일본 지식인, 특히 이노우에 테쓰지로(井上哲次郞)가 서양의 이원론적 사유를 동양의 일원론적 개념으로 포섭·극복하기 위해 제시한 사유였기 때문이다.

이돈화는 현상즉실재론 철학의 도식을 받아들여 '종교와 사회', 나아가 '우주와 인간', '개인과 사회' 등의 개념을 그 도식에 배치하면서 자신의 사상을 형성해갔다. 그런데 현상즉실재론 철학의 '이원론적 일원론'은 서양과 동양의 대립이 중심이었고, 그 이면에는 이러한 대립의 해결 주체를 자임했던 일본 지식인의 자의식이 투영되어 있었다. 이처럼 서양의 이원론과 동양의 일원론을 종합한다는 포부가 담긴 현상즉실재론 철학이 서양과 동양 사상의 충돌과 대립에 대한 해결책으로 제시된 것이고, 또한 그 철학적 보편론의 형식을 띤 사유가 궁극적으로는 '동서 대립의 해결 주체는 일본밖에 없다'고 하는 일본 지식인의 내셔널리즘적 자의식을 내포한 것이었다면, 일제의 식민통치 아래 있던 조선의 지식인으로서 현상즉실재론 철학을 수용한 이돈화의 사상적 주체성은 어떻게 확보될 수 있을까. 이 문제는 곧 이돈화의 사유에서 '서양과 동양의 관계와 더불어 동양·일본과 조선의 관계가 어떻게 설정되는가'라는 문제와 깊은 관련이 있다. 이것은 조선이라는 민족적 주체 형성의 문제이지만, 더 궁극적으로는 개인 주체를 포함한 근대적 주체 형성 그 자체의 문제로 소급된다.

이돈화의 사상을 종교적 테두리나 민족운동사적 틀에서 벗어나, 이를 포함하면서도 좀 더 보편적·일반적 문맥에서 포착하기 위해서는 사상의 근대적 전환과 주체 형성 등에 관한 논의가 필요하다. 이 작업을 위해 필자는 박영도가 전개한 '경계의 사유'에 관한 논의에 주목하고자 한다. 박영도에 따르면 근대는 스스로를 '이성의 시대'로 이해하는 한편, '비판의 시대'로도 이해하는 상반된 요구를 내포한 결과, 근대적 사유는 '이성의 독단론'과 '급진적 회의론'으로 기울어질 위험에 끊임없이 노출되어왔다. 두 가지 위험에서 모두 벗어나려면 "이성과 비판의 생산적 긴장관계를 유지하는 사유", 즉 '성찰적 비판'의 사유가 필요하며, 이를 지탱할 수 있는 사유가 '경계의 사유'이다.[23]

또한 박영도는 근대의 주체 중심적 사유를 극복하기 위해 새롭게 재구성된 하버마스의 의사소통 이성 등과 같은 '내재적 초월'의 사유는 "표기(表記)와 무기(無記)의 관계, 혹은 말할 수 있는 것과 말할 수 없는 것의 관계"에 대한 고려를 결여함으로써 "다시금 독단론으로 회귀할 우려를 안고 있다"고 했다.[24] 나아가 "경계의 사유를 추구하는 데 핵심이라고 할 수 있는 표기와 무기의 관계와 관련하여 동아시아는 풍부하고도 깊은 논의의 전통을 갖고 있다"라고 언급하면서 이 관점에서 성리학적 사유에 주목했다.

---

23) 박영도, 「표기(表記)와 무기(無記) – 경계의 사유를 위하여」, 『경제와 사회』 72, 2006, 257~258쪽.
24) 이하 박영도의 입장에 관한 인용은 박영도, 위의 글, 258~264쪽을 참조했다. 특별한 경우가 아니면 인용처 표기를 생략한다.

박영도가 말하는 '경계의 사유'는 내부의 사유와 바깥의 사유를 넘어선 것으로, "'내재−초월'의 구별과 '표기−무기'의 구별을 모두 포함하는, '초월−내재적 표기−무기'의 3원적 사유구조"를 말한다. 이것을 이해하기 위해서는 먼저, 그의 논의에 제시된 표기와 무기, 내재와 초월이라는 개념을 이해할 필요가 있다.

그에 따르면 '무기'라는 말은 본래 세계는 유한한가, 무한한가 등의 질문에 부처가 대답하지 않고 침묵한 것을 이르는 불교적 용어이다. 이와 관련하여 우리는 세계를 관찰할 수 없는데, 왜냐하면 관찰자 자신이 세계 속에 존재하므로 바깥에서 세계를 접근할 수 없기 때문이다. 이처럼 "모든 관찰에는 관찰될 수 없는 것이 수반"되므로, 그는 "관찰의 가능성 조건으로서 관찰 불가능한 것, 표기의 가능성 조건으로서 표기될 수 없는 것을 무기라고" 규정한다. 또한 '표기'에 대해서는 불교의 유식론 내용을 참조해 '그 무엇을 다른 것과 구별하여 지칭하는 것'으로 규정했다.

초월과 내재의 관계는 "일상 속에서 일어나는 사유와 행위의 객관적 타당성을, 혹은 표기의 타당성을 어떻게 보장할 것인가 하는 질문"과 깊이 관련된다. 박영도는 "서구의 존재론적 전통에서 존재자와 존재의 관계, 근대철학에서 초월적 주체와 경험적 주체의 관계, 유가에서 성(性)과 정(情)의 관계 등이 모두 여기에 포함된다"고 했다. 이런 규정을 내린 후 그는 '무기−표기' 관계와 '초월−내재' 관계 간의 상호 관계를 다음과 같이 정리해서 제시했다.

말해질 수 없는 것이 말해질 수 있는 것의 영역으로 진입하는 경우, 말해질 수 있는 것의 영역 내부에서 이중화가 발생하지 않을 수 없다. 그 결과가 내재와 초월의 구별이다. 표기의 영역을 내재적 영역이라고 본다면, 초월의 영역은 다름 아니라 표기영역 속으로 재진입한 '무기'가 취하는 하나의 모습이라고 할 수 있을 것이다. 그러니까 말해질 수 있는 것 속으로 들어온 말해질 수 없는 것, 관찰될 수 있는 영역으로 들어온 관찰될 수 없는 것이 초월성을 구성한다고 할 수 있다. 그리고 기표들의 관계

<u>를 통해 생성되는 의미는 이 초월성을 참조로 그 타당성 여부를 가린다.</u>

이렇게 볼 때 모든 사유는 동시적으로 작동하는 세 가지 구별 위에서 전개된다고 하
겠다. 표기영역에서의 내재적 구별, 표기와 무기의 구별, 내재와 초월의 구별이 그것
이다.[25] (밑줄은 인용자)

박영도가 말하는 경계의 사유란 "'표기―무기' 관계와 '내재―초월' 관계를
모두 고려하는 사유"이다. 또한 "모든 내재적 구별에는 초월자에 대한 관계뿐만
아니라 무기에 대한 관계도 동시에 수반"되므로, "경계의 사유는 바로 이 이중
수반 구조를 정당하게 고려하는 사유이며, 이 이중수반 구조에 내포된 긴장을
유지하는 사유"이다. 이런 틀에 따라 그는 "근대이성의 위기를 둘러싸고 전개되
었던 탈현대 논쟁"에서 급진적 탈현대론자들은 "표기와 무기의 관계에만 집중
하고 내재와 초월의 관계를 정당하게 고려하지 못"했고(=바깥의 사유), 이에 맞
선 하버마스의 전략은 "표기와 무기의 구별을 지워"버리고 그러한 구별을 "새
로운 형태의 내재―초월의 구별로 대체하는 시도"를 한 결과(=내부의 사유),
"두 진영 모두에서 경계의 사유가 어느 한쪽으로 무너져 내려 양분화 되"었다
고 진단했다.

박영도의 논의는 오늘날의 탈현대 논쟁을 이해하는 분석적 틀을 제공했으며,
동서양 사상을 비판적으로 검토할 수 있는 기준과 내적 구조를 함께 제시했다
는 의의가 있다. 그 기준과 내적 구조는 '경계의 사유'이다. 그런데 필자에게
더욱 중요한 점은 그가 제시한 '경계의 사유'라는 기준과 이에 관한 논의가 20
세기 초 이돈화의 사상을 검토하고 평가하는 데에도 유용한 기준이 될 수 있다
는 사실이다. 핵심부터 먼저 말하자면 이돈화의 사상, 특히 '사람성주의'를 구
성하는 '우주―인간'과 '개인―사회'의 관계는 박영도의 '무기―표기'와 '초월
―내재' 관계로 파악할 수 있다. 이를 좀 더 상세하게 언급해보자.

---

25) 박영도, 위의 글, 262쪽.

박영도가 전개한 논의의 출발점이 '탈현대 논쟁'이었고 특히 하버마스의 '내재적 초월'의 사유가 '무기-표기'의 관계를 놓치고 있음을 비판하면서 '무기-표기'에 관한 성리학의 사상적 전통을 검토하는 방향으로 전개되었다면, 이돈화의 사상은 이와 반대 방향에서 포착될 수 있다. 필자가 파악하는 식민지시기 이돈화의 사상은 '무기-표기'의 관계를 중심으로 했고, '내재-초월'의 관계에 대해서는 이돈화가 일정 단계에서 고려를 했지만 그것을 '무기-표기' 관계와 생산적으로 결합시키지 못했다. 따라서 이 책에서는 이돈화의 사상에서 '내재-초월'의 관계가 '무기-표기'의 관계와 연결되는 경로 및 그것이 실패로 귀결되는 과정을 해명할 것이다. 그에 대한 구체적 과정과 결과에 대한 평가는 본문에서 살펴볼 것이지만, 여기서는 왜 이돈화의 사상을 박영도가 제시한 '경계의 사유'라는 틀로 파악할 수 있는가라는 문제에 초점을 맞춰 논의하고자 한다.

이돈화가 1921년에 제시한 '사람성주의'는 그가 1910년대 후반까지 주된 관심을 가지고 논의해온 '우주-인간'의 관계에, 1918년 무렵부터 새롭게 주목한 '개인-사회'의 관계에 대한 관심을 접맥한 것이다. 그런데 이돈화의 사상에서 '우주-인간'의 관계 중 '우주'는 곧 '천(天)'이자 '신(神)'과 등치되었다. '우주-인간'의 관계란 인내천, 즉 '사람이 곧 하늘'이라는 천도교의 종지(宗旨)를 가리켰고, 나아가 그것은 '시천주'라는 동학사상의 핵심과 상통했다. 인내천과 시천주는 모두 교조 최제우의 종교체험을 표현한 것이지만, 양자는 모두 이 책의 논의 문맥에서 본다면 말해질 수 없는 것(天·天主)이 말해질 수 있는 영역(人)에 들어온 것을 나타내는 표현이다. 동학의 '천'이 말해질 수 없는 것에 해당한다는 사실은 최제우가 『동경대전(東經大全)』「논학문(論學文)」에서 '시천주(侍天主) 조화정(造化定) 영세불망(永世不忘) 만사지(萬事知)'라는 동학의 '13자 주문'을 한 글자씩 풀이할 때, 유독 '천(天)'에 대해서만 침묵한 사실에서 더욱 명백해진다.[26] 이돈화도 그의 『신인철학』에서 교조의 호를 딴 '수운주의(水雲主義)'를 소개하며 수운주의의 목적으로 '지상천국'을 내세웠으나, 정작 그 내용에 대해서는 구체적으로 설명하지 않았다.[27] '지상천국'은 동학 교조의 '시천주'를 사회개혁적 차원에서 표현한 것으로 이해할 수 있다. 최제우나 이돈화가 '천·천국'을 설명하지 않은 것은, 그들에게 그것이 말해질 수 없는 것, 곧 '무기'였기 때문이다.

1910년대 후반까지의 이돈화 사상에서 '우주－인간'의 관계는 인내천이나 시천주를 근대적 언어로 표현한 것이며, 이는 표기(人)의 영역에 들어온 무기(天)의 관계였다. 이 경우, 박영도의 논의에서 살펴본 대로 '표기영역의 이중화'가 발생한다. 당시 이돈화가 진행한 논의에서 인간은 본질·실재의 층위와 경험·현상의 측면에서 이중적으로 논의되었다. 현상 차원에서 인간의 존재양식은 진화론적 설명으로 논의되었고, 본질 차원의 인간 존재는 범신론의 틀로 설명되었다. 그러나 아직 이 단계의 논의는 주로 종교사상적 차원에서 이루어졌으며, 그 이후의 활발한 사상 전개를 예비하는 수준이었다.

이돈화가 1918년 무렵부터 주목한 사회적 관심은 '개인－사회'의 관계로 표상되었다. 이돈화는 이 관계를 종래의 종교적 관심에 해당하는 '우주－인간'의 관계에 접맥시키고자 했다. 이 과정은 활발한 글쓰기를 동반하면서, 천도교의 종교적 가치로써 사회를 개조하자는 운동적 실천의 맥락 속에서 이루어졌다. 그 결과가 '사람성주의'였다. 사람성주의에 와서 이돈화의 '인간' 개념은 비로소 초월적 지위를 갖게 되었다. 왜냐하면 '개인－사회'의 관계는 박영도의 개념으로 말하자면 표기영역 내에서 나타나는 초월과 내재의 구별에 해당하기 때문이다. 사람성주의에서 '사람·개인' 개념은 한편에서는 '무기(우주)'와 관계를 가지고, 다른 한편에서는 '사회'와 관계한다.

이렇게만 본다면 사람성주의는 '초월(인간·개인)－내재적 표기(사회)－무기(우주)'라는 3원적 사유구조를 띠게 되어 경계의 사유에 부합하는 것처럼 보인다. 그러나 사람성주의에서는 '초월－내재'의 관계가 오히려 취약하고 불안정했다.

---

26) 표영삼, 『동학 1－수운의 삶과 생각』, 통나무, 2004, 178쪽 참조.
27) 李敦化, 『新人哲學』, 天道教中央宗理院信道觀, 1931, 232쪽.

‘초월－내재’의 관계는 곧 사회적 규범의 형성과 밀접히 연관되므로 이돈화가 당시 실천적 위상을 지닌 ‘도덕’ 개념의 정립에 그토록 노력한 이유를 이해할 만하다. 이돈화가 형성하고자 했던 ‘도덕적 주체’ 개념과 그것의 실천적 효과는 끊임없이 ‘무기－표기’ 관계에 해당하는 ‘우주－인간’의 관계에 의해 침식되고 동요되었다. 그리고 이런 내적 불안정성은 사람성주의 이후의 사상 전개에서 더욱 확대되고 가시화되었다.

지금까지 이돈화의 사상을 보편적·일반적 관점에서 분석할 이론적 틀을 마련하기 위해 야스마루의 ‘민중종교’ 논의와 박영도의 ‘경계의 사유’에 관한 논의를 검토했다. 종교 방면에서 근대 이행의 문제나 이돈화의 사상을 관통하는 구조인 ‘이원론적 일원론’에 대해서는, 야스마루의 논의를 받아들여 동학사상이 가진 일원론적 사유와 서구 근대사상에 내포된 이원론적 사유 간의 충돌 및 상호작용이라는 관점에서 접근하고자 한다. 한편 근대사상 형성과 관련한 주체 형성 및 실천의 문제에 대해서는 박영도가 제시한 ‘무기－표기’ 및 ‘초월－내재’ 관계를 포괄하는 ‘경계의 사유’라는 이론적 모델을 고려하면서 이돈화의 사상, 특히 1920년대의 종교적 사회개조론이 종교적 관심과 사회적 관심을 적실하게 결합했는가 여부를 평가하고자 한다.

이 책에서는 1차 자료를 다음의 세 가지 점을 염두에 두면서 취급했다. 첫째 시간의 측면에서 해당 자료가 출간 당시 이돈화의 생각을 반영한 것인지, 아니면 그보다 이전에 가졌던 생각을 나중에 출간하면서 정리·편집한 것인지를 구별해서 활용하고자 했다. 이돈화는 잡지에 글을 발표하고 난 뒤 나중에 이것을 묶어 단행본으로 다시 간행한 경우가 많았다. 『인내천-요의』나 『신인철학』 등이 대표적이다. 이 경우 사상 형성의 시대적 맥락을 파악하기 위해서는 잡지에 발표한 글이 일차적으로 중요하다.[28] 또한 잡지에 발표한 당시의 개념이나 표

---

28) 이 책에서는 기존 연구자들이 많이 이용하면서도 본격적 분석이 이루어지지 않았던 이돈화의 논설과 기타 『개벽』에 수록된 논설 등을 분석했다. 또한 1920년대 이돈화 사상의 전사(前史)에 해당하는 1910년대 인식을 이해하기 위해 그동안 크게 관심을 받지 못했던 『천도교회월보』와 『반도시론(半島時論)』 등에도 주목했다.

현과 나중에 정리된 그것을 비교해서 이돈화 사유의 지속성과 단절, 변화 등도 검출하고자 한다.[29] 특정 시점에 잡지에 발표된 논설이라도 그 속에 담긴 생각은 바로 그때가 아니라 그 이전부터 전개해오던 생각을 사후(事後)에 정리한 경우도 있다. 1920년대 초『개벽』에 걸쳐 연재된「인내천의 연구」가 대표적 사례이다. 이런 경우에는 1910년대에 이돈화가『천도교회월보』등에서 발표한 여러 글과 비교·검토해서 생각의 선후관계나 논리구조를 파악하는 방식을 취할 것이다.[30] 이돈화의 사상이 사회운동의 국면별 변동과도 밀접하게 관계되어 있었기 때문에 이러한 접근은 특히 중요하다고 생각한다.

둘째, 사상의 주체적 수용을 좀 더 구체적으로 살펴보기 위해 일본을 통한 서양 사상의 '중역적 수용'이나 일본 사상의 식민지적 수용 등을 텍스트의 비교·분석을 통해 접근하고자 한다. 선행 연구에서는『개벽』에 실린 이돈화 등의 글 가운데 일본 철학자의 저서 내용을 단순 번역·발췌한 것을 이돈화의 생각으로 단정하는 경우가 더러 있었다. 그러나 이돈화의 사상이 갖는 독자성이나 외부 사상의 주체적 수용 여부는 사상의 상호작용 양상을 실사구시적으로 검토한 기반 위에서 객관적인 평가가 가능할 것이다. 이 책에서는 일본을 통한 사상적 영향관계를 파악하기 위해『동경대전(東經大全)』,『용담유사(龍潭遺辭)』등 동학의 초기 경전을 비롯해『대종정의(大宗正義)』,『무체법경(无體法經)』등의 천도

---

29) 각 시기별로 잡지에 발표된 논설을『인내천-요의』(1924. 3),『수운심법강의』(1926. 3),『신인철학』(1931. 8),『동학지인생관』(1945. 2) 등과 비교·검토했다. 특히 그동안 연구자 가운데 적지 않은 이들이 단행본의 발간 연대를 부정확하게 사용했는데, 이 점을 바로잡는 데 유의했다.

30)「인내천의 연구」는 이돈화가『개벽』창간호부터 제9호까지 연재한 논설이다. 내용을 비교해보면 1910년대『천도교회월보』등에 피력한 자신의 논리를 사후에 잘 정리한 경우가 많다. 1910년대『천도교회월보』에 실린 논설과 유사한 내용을『개벽』에 다시 실은 경우,『개벽』에 실린 글에는 풍부한 전거를 명시하고 있는 점이 특징이다. 이를 통해 1910년대 이돈화의 사상에 어떤 갈래가 외부에서 영향을 끼쳤는지를 소급하여 파악할 수 있다. 예를 들어『개벽』제4호에서 제6호에 걸쳐 연재된「종교상으로 본 인내천주의」를 보면, 1910년대에 등장한 이돈화의 범신론이 주로 쿠로이와 루이코(黑岩周六)의 '최후종교론'을 매개로 이루어졌음을 알 수 있다. 한편 이돈화가『개벽』에 실린 글에서 전거를 풍부하게 제시한 이유는 그 매체가 천도교도뿐만 아니라 일반인도 독자로 상정했기 때문이며, 또한 이돈화 등 천도교청년회가 발간을 주도했으므로 충분한 지면을 확보할 수 있었기 때문으로 생각된다.

교 초기 교리서들과 더불어 메이지시대 이후 일본에서 발간된 철학·사상서의 전거를 추적하여 1차 자료로 활용했다. 쿠로이와 루이코(黑岩周六)의 『사회와 인생』, 이노우에 테쓰지로(井上哲次郞)의 『철학과 종교』, 일본에서 발간된 서양 근대사상 및 개조사상 소개서, 버트런드 러셀의 『사회개조의 원리』, 쿠와키 겐요쿠(桑木嚴翼)의 『문화주의와 사회문제』, 우키타 카즈타미(浮田和民)의 『사회와 인생』 등이 대표적이다.31)

셋째, 이돈화의 글이 발표되는 지면의 위치나 성격에 따라 글의 의미나 중요도에 차이가 발생한다는 점, 이른바 '배치(配置)의 위상학(位相學)'에도 유의했다. 이돈화는 자신의 논설을 『천도교회월보』나 『신인간』 등 종교월간지에 발표하는 경우도 있었고, 『개벽』 등 종합월간지에 발표하는 경우도 있었다. 또 어떤 때는 유사한 제목의 논설을 비슷한 시기에 종교월간지와 종합월간지에 동시에 투고한 경우도 있었다. 지면의 성격에 따라 이돈화의 강조점이 달라지는 경우도 종종 생겼고, 이돈화 자신이 이러한 지면의 성격 차이, 독자의 차이 등을 민감하게 의식했던 흔적도 더러 있다. 또한 주제나 형식면에서 유사한 글이라도 그것이 목차의 핵심적인 위치에 배치되느냐 아니냐에 따라 글의 무게나 효과도 달라졌다. 이처럼 지면의 성격과 위치 등에 따른 글의 가중치를 고려해서 이돈화의 사상을 한층 입체적이고 구조적으로 파악하고자 한다.

31) 黑岩周六, 『社會と人生』, 東京: 止善堂書店, 1919; 井上哲次郞, 『哲學と宗教』, 東京: 弘道館, 1915; 中澤臨川·生田長江 編, 『近代思想十六講』, 東京: 新潮社, 1915. 12; 生田長江·本間久雄 共著, 『社會改造の八大思想家』, 東京: 東京堂書店, 1920; ラッセル 著, 松本悟朗 譯, 『全譯, 社會改造の原理 (增補 七版)』, 東京: 日本評論社, 1919; 桑木嚴翼, 『文化主義と社會問題』, 東京: 至善堂書店, 1920; 浮田和民, 『社會と人生』, 東京: 北文館, 1915.

제1부
천도교 교리의 근대적·사회적 해석
(1905~1919)

제1장
근대적 종교로서의 정체성 형성

1. 동학교단 입문과 사상적 과제

1) 성장 과정과 동학교단 입문

이돈화는 1884년 1월 18일 함경남도 고원군 재령산(載靈山) 화남촌(花南村)에서 태어났으며,[1] 아명(兒名)은 화길(化吉)이다.[2] 이돈화 자신의 술회에 따르면 화남촌은 100여 호 규모의 마을로, '지배 – 피지배자'가 없고 족보도 없었다.[3] 그의 집안은 마을에서 꽤 부유한 편에 속했으나, 가문을 정리한 족보가 남아 있지 않고 가족관계를 자세히 알 수 있는 기록도 없다. 그 이유 중 하나는 평소

---

1) 고원군은 북쪽으로 영흥군(永興郡), 남서쪽으로 평안남도 양덕군(陽德郡), 남동쪽으로 문천군(文川郡)과 경계를 맞대고 있었다(高原郡誌編纂委員會 編, 『高原郡誌』, 2000 참조). 산곡면(山谷面)에 속한 화남촌은 고원군의 최남단에 자리했는데, 고개 너머로 양덕군이 있었고 강 건너편으로는 문천군이 이어졌다. 백두대간이 흐르다가 황초령과 낭림산을 만들고, 고원에 이르러 재령산으로 솟은 뒤 문천에 이르러서는 두류산(頭流山)을 이루었는데, 화남촌은 재령산과 두류산 사이의 심산유곡에 자리잡고 있었다[滄海居士(이돈화), 「任筆錄(其六)」, 『天道敎會月報』 98, 1918. 10, 33쪽 참조].

2) 李光淳, 「이돈화 – 민족개벽과 신인철학」, 『韓國人物五千年 9: 現代의 人物 II』, 日新閣, 1978, 259쪽.

3) 이돈화의 성장 과정에 관련된 내용은, 특별한 인용 표시가 없을 경우 그 자신의 회고를 참조한 것이다. 李敦化, 「나의 半生」, 『天道敎會月報』 249~251, 1931. 9~1931. 11; 夜雷(이돈화), 「甲辰革新運動의 顚末 – 나의 半生 續」, 『天道敎會月報』 253, 1932. 1.

이돈화 스스로 본관이나 족보 등에 대해 별다른 언급을 하지 않았으며, 기록도 남기지 않았기 때문이다. 그는 이런 것을 거론하는 일이 '씨족' 관념을 부추긴다고 생각하여 매우 싫어했다.[4] 그래서 그의 본관이 전주(全州)라는 사실도 최근에야 확인되었다.[5]

이돈화는 11세가 되던 1894년경부터 서당 훈장에게 한학교육을 받았고, 14세부터 영흥에서 유학(留學)생활을 했다.[6] 영흥에서도 근대학문이 아닌 한학공부를 한 듯하다.[7] 이돈화의 한학실력이 어느 정도였는지는 자세히 알 수 없다. 다만 서당의 훈장이 그 자격이 없고 무부(武夫)에 가까웠으며, 그로부터 시 짓기는 배우지 못했다는 회고나 "동몽선습(童蒙先習)밖에 읽지 못했다"는 박달성의 증언을 통해 그 교육 수준이 그다지 높지 않았음을 짐작할 수 있다.[8] 영흥에서 유학한 지 3년 만에 결혼 통지를 받고 귀가했으므로, 17세쯤 결혼한 것으로 보이지만 배우자나 가족관계를 정확히 알 수 없다. 단지 그의 장남이 해방 후 북쪽에 남았으며, 차남은 일찍이 월남해서 미술학도가 되고자 했으나 요절했다는 사실만 남아 있다.[9]

---

4) 이돈화가 언젠가 전주에서 강연을 한 적이 있는데, 강연을 마친 뒤 어떤 사람이 다가와서 "반갑습니다. 선생님 본관이 저와 같은 전주(全州)라고 들었습니다."라고 인사를 건네자, 소리를 버럭 지르면서 '이천만이 다 같은 집안'이라는 요지로 크게 질타했다고 한다[한광석(韓光錫) 선생과의 인터뷰, 2004년 3월 16일 오후 4시, 천도교 수운회관 9층 회의실. 임운길 순회선도사 배석]. 한광석(85세, 동학학회 후원회 회장)은 해방 후 이북에서 이돈화를 수행한 경험이 있다고 한다.

5) 이 사실은 2004년 한광석 동학학회 후원회 회장의 증언으로 밝혀졌다.

6) 나이 계산은 현행 한국에서 출생년을 1세로 보는 방식에 따랐다. 원사료나 연구자마다 이돈화의 나이를 표기하는 데 조금씩 차이가 있기 때문에 통일을 기하기 위해서이다.

7) "유학(留學)한 지 3년 만에 집에서 결혼이 되었다는 통지를 받고 고향에 돌아오고 본즉, 마을 내 서당(書堂)은 어느덧 정도(程度)에서 떨어져 다시 공부할 길이 막히므로"라고 한 데서 유추할 수 있다(李敦化, 「나의 半生」, 『天道敎會月報』249, 1931. 9, 23쪽). 즉 서당교육이 '정도'에서 떨어졌다는 언급은 영흥에서 한 공부가 동일한 한문교육이되, 그 이상의 수준이었다는 인상을 준다. 만약 그가 당시 근대교육을 받았다면 어떤 형태로든 서당교육의 전통적 성격 혹은 마을교육의 낙후성 등을 강조했을 것이다. 박달성도 이돈화의 학력에 대해 "소학교(小學校) 하나를 못 다녔다"고 술회했다(朴達成, 「人乃天主義學者 李敦化論」, 『彗星』1-9, 1931. 12, 96쪽).

8) 朴達成, 위의 글, 96쪽.

근대교육을 받은 경험은 1905년에 평양사범학교의 전신(前身)인 평양일어학교 속성과를 졸업한 것이 거의 전부이므로,[10] 이돈화의 학벌은 그다지 좋은 편이 아니었다. 나중에 천도교청년회 등에서 함께 활동했던 동료들과 비교해보면 내세울만한 전통교육이나 근대교육을 받은 경력이 없다고 보아도 무리가 없을 것이다.[11] 이돈화에 대해 "학교경력이 조금도 없다"라거나, "철두철미 독학이요, 자색(自索)"이라는 주위의 회고[12]는 이런 배경에서 나왔을 것이다. 따라서 그를 천도교의 대표적 이론가로 성장시킨 직접적인 토양은 전통학문이나 근대적 제도교육보다 독학이라고 볼 수 있다. 그는 독서와 사색에 열중해서 마음에 드는 철학 서적을 발견하면 침식을 잊고 탐독했다고 한다.[13]

그의 10대는 방황으로 점철되었다. 그는 후일 당시의 자신을 "병적 심리를 가진 병자", "정신이상자"로 표현했다. 그는 무당이나 절의 사천왕, 늙은 노파의 기침, 붉은색 등 싫어하는 것이 많고, 뱀을 무서워했으며, 특히 벌레류는 종류를 막론하고 병적으로 싫어하는 기벽(奇癖)을 갖고 있었다. 5, 6세 때부터 이미 하늘과 땅을 넘나드는 공상에 사로잡히곤 했고, 우주와 인생에 대한 고민 속에서 세상일이 초개(草芥)처럼 하찮게 보이는 "몹쓸 염증(厭症)"도 느꼈다. 이런 기벽과 염증은 결국 그를 자살 충동에 빠지게 했다. 그의 회고에 따르면, 집안이 부유한 덕택에 먹을거리에 대한 걱정이 없던 그가 자살을 시도한 것은 "그저 집에 있기 싫었던 까닭"이었다고 한다. 이로 미루어, 그는 어릴 적부터 전통

---

9) 李光淳, 앞의 글, 260~261쪽.

10) 개벽사에서 함께 근무했던 이을(李乙)의 증언(李光淳, 위의 글, 260쪽에서 재인용).

11) 나중에 천도교청년회 및 천도교청년당 활동을 같이했던 동료들의 최종 학력을 보면 대개 서북 출신으로 일본 유학을 했거나 천도교가 운영했던 보성중학교(普成中學校)·보성전문학교(普成專門學校)를 졸업한 경우가 많았다. 예컨대, 평북 구성(龜城) 출신인 김기전(金起田)은 보성전문학교를 나왔고, 조기간(趙基栞)은 평북 맹산(孟山) 출신으로 일본대학 사회학과를 수료했다. 평북 태천(泰川) 출신의 박달성(朴達成)과 박사직(朴思稷)은 보성중학교 출신인데, 박사직은 이후 일본대학 종교학과를 졸업했다(김정인, 『천도교 근대 민족운동 연구』, 한울, 2009, 220~221쪽). 차상찬(車相瓚)은 강원도 춘천 출신으로, 경성전문학교를 나왔다(조규태, 『천도교의 문화운동론과 문화운동』, 국학자료원, 2006, 115쪽·235쪽).

12) 朴達成, 「人乃天主義學者 李敦化論」, 96쪽.

13) 朴達成, 위의 글.

제1부 천도교 교리의 근대적·사회적 해석(1905~1919) **41**

적인 가족관계나 일상생활에 무척 답답함을 느꼈던 것으로 짐작된다.

이후 그는 자살 대신 수차례 방랑길을 선택했다. 1901년의 가출기는 "불행한 성격과 가출-방랑-구사일생의 위기-기연(奇緣)과 귀가"라는 극적인 서사구조를 갖추고 있다. 그는 1901년 봄부터 1903년 초겨울에 걸친 2년 반 남짓한 기간 동안 황해도와 평안남북도 일대에서 방황했다. 황해도 수안에서의 금점판 경험, 평양에서의 가중(家中) 서기 노릇, 진남포에서의 붓 장사, 강계·장진에서의 살인 혐의, 만포진에서의 투전판 물주 행세, 평북 용암포 항구에서 콜레라로 죽을 고비를 넘긴 일 등이 대표적이다. 대체로 그의 여정은 상품화폐 경제로 일상의 모습이 급변하던 도시지역을 중심으로 이루어졌다. 그는 40대 후반에 이 시절을 회고하는 글을 남겼는데,[14] 자본주의 영향하의 도시생활 경험을 매우 부정적으로 묘사해놓았다. 이 시기 그는 협잡과 사기에 말려들고 동료의 살인 행위 때문에 공범으로 몰려 위험한 상황을 넘기며, 심지어 전염병 속에서 구사일생하는 극적인 체험을 했다.

성장 과정에서 그는 농촌의 전통적 생활방식과 도시의 자본주의적 생활방식 중 그 어느 쪽에도 안주하지 못했다. 그는 자신이 태어나고 자란 농촌의 전통적 질서, 특히 제사나 인의예지(仁義禮智), 삼강오륜 등에 대한 강한 거부감 때문에 가출했지만, 그렇다고 도시생활을 자유롭게 향유할 수도 없었으며 황폐한 삶의 단면들을 경험했을 뿐이다.

그는 20세가 되던 1903년 말 친·인척의 권유로 동학에 입교했다. 그의 연원(淵源)은 나용환(羅龍煥)〔대령(大領)〕-김처성(金處聲)〔대접주(大接主)〕-이정방(李正芳)〔수접주(首接主)〕-차(車)씨〔접주(接主)〕였다.[15] 자신의 회고처럼 입교 당시의 동기는 신앙심보다 "돈 없이도 전국을 떠돌아다닐 수 있"다는 실용적인 이유에 있었다. 그러나 점차 동학교단의 공동체적 관계가 평등하고 참신하다는 인

---

14) 李敦化,「나의 半生」,『天道敎會月報』249, 1931. 9.~李敦化,「나의 半生」,『天道敎會月報』251, 1931. 11.

15) 이돈화의 회고에 따르면 접주 차씨(車氏)는 아버지의 외삼촌이었다. 따라서 접주 차씨는 그의 할아버지뻘인 셈이다.

식을 갖게 되면서 종교인으로서 본격적인 포덕 활동을 시작했다.[16] 그리고 동학교단에 정착하면서 방랑과 불만으로 소진시키던 정신적 에너지를 포덕 활동과 교리 연구의 방향으로 집중해갔다. 그는 근대철학 서적을 주로 독학으로 탐독했는데, 이러한 사상의 흡수 과정은 생래적인 자유분방한 기질과 강한 개성에다 성장기에 보였던 반(反)전통적이고 반(反)자본주의적 정서가 결합하여 중요한 영향을 끼쳤다. 또한 서구와 일본 사상을 적극적으로 받아들이면서도 그 학문 수준의 높이 등에 일방적으로 압도되지 않고 사신만의 개념이나 표현 등을 과감하게 만들어 제시하는 경우가 많았다. 이는 그가 서구 근대철학을 일본의 대학 등 제도권에서 학문적 권위를 가진 전문가에게 배운 것이 아니라, 그로부터 자유로운 상태에서 독학으로, 그리고 종교적·사회적 실천의 맥락에서 받아들였기 때문으로 생각된다.

2) 천도교가 직면한 사상적 과제

이돈화가 동학에 입교한 직후인 1903~1904년 무렵 동학교단은 중요한 변화에 직면해 있었다. 1901년부터 일본에 머물면서 개화사상을 수용하던 손병희 등 동학 지도부는 러일전쟁이 발발한 국제정세를 이용해서 동학의 합법화·국교화를 위한 정치투쟁을 도모했다. 이런 움직임은 진보회(進步會)·일진회(一進會)를 통한 민회(民會)운동으로 나타났다. 천도교단에서 '갑진개화운동(甲辰開化運動)'이라고 부르는 이 운동에 이돈화도 참여했다. 1904년 9월 1일 평양에서 2만여

---

16) 이돈화는 동학에 입교한 뒤에도 한동안 주변에서 맴돌다가 이웃한 양덕(陽德) 지방의 도접주(道接主)가 거처하는 곳을 방문하고부터 포덕 활동에 직접 투신했다. 이때 그는 그 방문에서 느꼈던 것을 다음과 같이 표현했다. "그들의 대인접물(待人接物)하는 거동이야말로 도덕군자였다. 세상이 다 망해가는 이 말세에 이렇듯 대인접물하는 도(道)가 생길 줄을 누가 헤아렸으랴. 그들은 누구를 만나든지 의례(依例)히 국궁배(鞠躬拜)하고 서로 부르기를 접장(接長)님이라 칭하고 빈부귀천노소의 구별이 없이 평등으로 경어를 쓰고 모든 것에 절대 신용이 있고" 해서 "이 광경을 본 나는 재삼재사(再三再四) 경탄함을 마지 아니하였다."(李敦化, 「나의 半生」, 『天道教會月報』 251, 1931. 11, 36쪽)

명의 동학도가 모여 진보회를 개회했을 때 이돈화 역시 군중과 함께 머리를 깎고 참여한 것이다.[17] 동학도들은 나용환을 회장으로 추대하고 30여 명의 평의원과 사찰(司察)을 두었다. 그리고 단발, 흑의(黑衣) 착용, 학교 설립, 관폐(官弊) 혁신, 민원(民怨) 설원(雪冤), 대도(大道) 창명(彰明), 보국안민(輔國安民)의 7대 정강을 발표했다. 이때 이돈화도 평의원으로서 관찰부(觀察府) 주사(主事) 이상의 권리를 행사하며 개화운동을 전개했다.[18]

그러나 진보회의 활동은 1904년 12월 진보회가 일진회와 공식 합병된 뒤 일어난 일진회의 노골적인 친일 행위로 인해 위기를 맞이했다. 이돈화가 평양사범학교의 전신인 평양일어학교에 입학한 때는 이 즈음인 듯하다.[19] 이곳을 졸업한 뒤에는 일정기간 교사생활을 한 것으로 보인다.[20]

이돈화가 동학에 입교한 지 2년 남짓 지난 시점인 1905년 12월 1일 손병희는 천도교 창건을 선포했다. 이로써 반봉건·반침략의 민중종교로 등장했던 동학은 근대종교의 위상을 지닌 천도교로 개편되었다.[21] 이 개편의 사상사적 의미는 동학에 대해 전통적 도(道)·학(學)으로 파악하던 인식이 근대적 종교 개념으

---

17) 李敦化, 「痛快! 痛快! 처음으로 머리깎든 째 이야기」, 『어린이』 8-3, 1930. 3, 14쪽; 李敦化, 「二十一歲째 進步會員으로 貪官汚吏를 懲治하든 일」, 『別乾坤』 21, 1929. 6, 62쪽.

18) 李敦化, 「二十一歲째 進步會員으로 貪官汚吏를 懲治하든 일」, 62쪽.

19) 조규태, 「신문화운동의 논객 이돈화」, 『新人間』 381, 1997. 8, 28쪽 참조.

20) 이돈화의 교사경력을 말해주는 자료로는, 첫째 『개벽』에 실린 본인의 언급, 둘째 박달성의 기록, 셋째 서울시 구의동 천도교 관의교구(關義敎區: 교구장은 김상길)의 신도 증언 등이 있다. 『개벽』에서 "졸업 후 관북 어떤 학교에 있을 때"라고 했고(李敦化, 「新朝鮮의 건설과 兒童問題」, 『開闢』 22, 1922. 4, 19쪽), 박달성은 이돈화가 "정주(定州) 곽산(郭山)에서 교사질을 했다"고 기록했다(朴達成, 「人乃天主義學者 李敦化論」, 95쪽). 그런데 월남한 함경도 지역 천도교 조직인 관의교구에서 채록한 증언에 따르면, "이돈화가 오산학교에 밥벌이를 부탁하러 갔다가 한나절 동안 수학선생에게 지도를 받고 그 다음 날 수업에 들어갔는데, 처음 접한 수학을 그 전날 들었던 그대로 풀이할 만큼 기억력이 비상했다"고 한다(2004년 3월 14일 일요일 오전 11시 관의교구. 임운길 순회선도사 배석). 기억력이 특별했다는 맥락에서 나온 증언이지만, 이상의 증언이나 기록들로 볼 때 이돈화는 20세 전후한 시기에 평안도 지역에서 잠시 교육을 담당했던 것으로 생각된다.

21) 천도교로 개편된 자세한 과정은 다음을 참조. 崔起榮, 「韓末 東學의 天道敎로의 개편에 관한 검토」, 『韓國學報』 76, 1994.

로 대체된 데 있다. 이것은 개항 이후 유교·불교 등을 비롯해서 종교적 영역에서 광범위하게 이루어진 근대성 수용과 내면화의 한 갈래, 한 국면에 해당했다.[22] '좌도난정죄(左道亂正罪)'로 교조 최제우가 처형된 이후 교조 신원(伸冤)과 포교의 자유 획득은 동학교문의 최대 현안이었다. 민회운동의 실패로 야기된 위기 상황에서 손병희는 근대적 종교 개념을 반영한 '천도교(天道敎)'라는 교명(敎名)을 통해[23] 동학적 전통과의 단절을 표방했다. 그는 '정교분리'와 '종교의 자유'라는 서구 근대의 종교 담론을 활용함으로써 통감부와 대한제국 정부의 묵인 아래 사실상 천도교의 합법화를 이룰 수 있었다.[24]

당시 천도교가 직면한 사상적 과제는 근대종교로서의 자기 정체성을 확립하는 것이었다. 교단에서 이돈화보다 한 세대 앞의 이론가였던 양한묵(梁漢默)은 천도교의 제도 정비에 깊이 관여하는 한편, 교리의 체계화에도 착수했다. 교리 방면에서 가장 주목할 만한 대목은 그가 '인내천(人乃天)'이라는 용어와 '종교진화론'을 제시했다는 점이다. 그는 『대종정의(大宗正義)』(1907)에서 처음으로 교주 최제우의 종교체험을 '인내천'으로 제시했다.[25] 이 개념은 시천주(侍天主)―

---

22) 종교 개념을 개항기라는 특정한 역사적 조건의 산물로 보면서 그 형성을 서구 근대성 수용 과정과 밀접하게 결부시켜 파악한 연구로는 장석만이 선구적이다. 張錫萬, 「開港期 韓國社會의 "宗敎" 槪念 形成에 관한 硏究」, 서울대 종교학과 박사학위논문, 1992.

23) "천도교란 명칭의 유래는 동경대전(東經大全)에 도즉천도(道則天道)란 데서 따온 것이며 교(敎) 자만은 의암(義菴) 선생이 마음대로 종교란 뜻에서 붙인 것이다. (…) 이 교자를 붙인 연유에 대하여 의암 선생은 '교(敎)라 함은 <u>종교라는 교(敎)자를 의미한 것</u>이니 지금 세계를 당하여 문명 각국이 신교(信敎)의 자유를 허락한다 하는 법계(法界)에 의하여 그러한 것이다'라고 그 이유를 밝혔다"(義菴孫秉熙先生기념사업회, 『義菴孫秉熙先生傳記』, 1967, 203쪽). (밑줄은 인용자)

24) 高建鎬, 「韓末 新宗敎의 文明論: 東學·天道敎를 中心으로」, 서울대 종교학과 박사학위논문, 2002, 108~114쪽.

25) 『대종정의』는 모두 5개 절로 이루어져 있다. 전반부는 교사(敎史), 후반부는 교리(敎理)에 관한 서술인데, 전반부는 다시 '종교의 발전'과 '천도교 역사'로 세분된다. 천도교의 요지를 최초로 '인내천'으로 정식화한 1절은 '다신(多神) → 일신(一神) → 천도교'에 이르는 발전 단계를 거론하면서 천도교의 위치를 논하고 있다. 2절에서 4절까지는 천도교 역사를 '신인(神人)시대 ― 현명(顯明)시대 ― 신사상(新思想)시대'로 나누어 설명하고 있다. 5절에서는 천도교 교리를 주로 '천(天)'과 '인(人)'의 관계를 중심으로 상론하고 있다.

사인여천(事人如天)으로 이어지는 동학 교리의 핵심을 서구 철학의 영향을 받아 새로운 표현으로 제시한 것이다.[26] 또한 그는 종교진화론의 영향을 받아 '다신(多神) → 일신(一神) → 천도교'라는 발달도식을 제시함으로써 천도교를 종교발달의 정점에 위치시켰다.

이러한 제반의 움직임은 신생 종교인 천도교에 근대적 종교로서의 내용과 위상을 부여하기 위한 노력이었다고 할 수 있다. 『대종정의』 등에서는 '주체−객체', '유형−무형' 등의 용어를 비롯해서 서구 근대철학의 요소가 적잖게 보인다.[27] 이 요소들은 시천주나 사인여천 등 동학의 사상적 전통에서 핵심인 천(天)과 인(人)의 관계를 서구적 개념으로 설명하려는 맥락에서 사용되었다. 그 방향은 시천주 신앙에서와 같은 인격적 존재(천주)의 모심(侍)이나 사인여천 같은 윤리적 명제와 달리, 천과 인의 관계를 '무형과 유형' 곧 '본체와 현상'의 관계로 설명하는 것이었다.

그러나 양한묵이 제시한 근대철학적 개념들은 대개 천과 인 중심의 성리학적 설명방식을 보조하는 수준에서 활용되고 있었다. 이 점을 조선 후기의 사상사적 맥락에서 좀 더 자세히 살펴보면 다음과 같다.

조선 후기의 사상적 전통에서 볼 경우, 성리학은 이기론(理氣論)을 토대로 리(理)에 의해 하늘과 사람의 본질적인 동일성을 제시하는 동시에, 기(氣)에 의해 현실적으로 하늘과 사람이 지닌 간극, 즉 현실적 비동질성을 제시했다.[28] 동학의 신관(神觀)은 바로 성리학의 천인합일적 천인관계의 사유를 계승하되 성리학적 이기이원론(理氣二元論)을 기일원론(氣一元論)적 존재론으로 전환하고, 기(氣)

---

26) 신일철, 『동학사상의 이해』, 사회비평사, 1995, 116~117쪽.

27) "인내천으로 교(敎)의 객체를 이루며, 인내천이라고 인식하는 마음(心)이 그 <u>주체</u>의 위치를 차지하여"(『大宗正義』, 1907, 2쪽); "하늘(天)의 영(靈)은 경계가 끝이 없고, 사람(人)의 지식은 유한하므로 (…) 하늘(天)과 신사(神師)는 일체이위(一體二位)이며 오직 무형유형의 구별이 있는 것이다."(같은 책, 5쪽); "하늘(天)이 <u>유형(有形)</u>하면 사람(人)이요, <u>무형(無形)</u>하면 하늘(天)이니 하늘과 사람은 하나요, 둘이로다."(『聖訓演義』, 1907, 5~6쪽). (밑줄은 인용자)

28) 박경환, 「동학의 신관−주자학적 존재론의 극복을 중심으로」, 『동학학보』 2, 2001, 174~175쪽.

에 인격성과 의지성이라는 새로운 속성을 부여함으로써 성립되었다.29) 시야를 사상 전체로 넓히면 동학사상의 성립은 이미 서론에서 살펴본 야스마루 요시오(安丸良夫)의 견해와 같이 "'천지=자기'형 코스모로지 내에서 발생한 이단"으로 파악할 수 있다.

교조 당대부터 이미 성리학적 질서를 중심으로 편제된 조선사회에 적응하기 위해서, 또 점차 성리학적 교양을 갖춘 엘리트층이 동학에 입도하면서 동학 교리의 성리학적 해석이 진행되었다.30) 그런데 손병희 대에 와서 서구 근대사상의 자극을 받게 되자, 구학문과 신학문을 겸비한 양한묵은 성리학적인 소양을 토대로 하면서도 서구 근대철학의 사유방식을 받아들여 '인내천'이라는 천도교의 종지(宗旨)를 제시하게 된 것이다. 그 결과 양한묵의 인내천 해석은 기존의 교리 해석에 비해 '합리적' 경향, 즉 종교적 색채보다는 무신론적이고 철학적 방향으로 기운 경향을 보였다.31)

그렇지만 양한묵에게 서구 철학의 영향은 여전히 외재적·간접적인 범위에 머물렀다. 그 첫째 이유는 다소 정황적 요인으로서, 그의 교리서들이 전통 동학 교리에 익숙해 있던 보수적인 대다수의 교인들을 독자층으로 의식한 결과 그들에게 생경한 근대철학적 용어를 적극적으로 반영할 수 없었기 때문으로 생각된다.32) 둘째 이유는 좀 더 본질적인 것으로, 양한묵을 포함한 당시 동학 지도부의 세대적 특성과 관련 있다. 성리학적 교양을 체화한 양한묵으로서는 서구적

---

29) 박경환, 위의 글, 175쪽·184쪽.
30) 崔東熙, 『東學의 思想과 運動』, 成均館大學校 出版部, 1980, 197~225쪽.
31) 이 책에서는 '합리적'이라는 의미를 서구 근대사상에 국한해서 사용하지 않는다. 이와 관련해서 최동희의 다음 언급은 주목할 필요가 있다. "세상 사람들의 인정을 받아 공적으로 신앙의 자유를 얻기 위한 하나의 길은 세상 사람들이 널리 인정하고 있는 전통적인 사상을 끌어다가 설명하는 일이다. 이렇게 전통적인 사상을 인증하여 그 교리를 누구나 인정하고 받아들일 수 있도록 해석 또는 설명하는 작업을 편리상 교리의 합리화라고 부르기로 한다"(崔東熙, 위의 책, 140쪽). (밑줄은 인용자)
32) 崔起榮, 「韓末 天道敎와 梁漢默－그 활동과 사상을 중심으로」, 『歷史學報』 147, 1995, 118~119쪽. 교리서들이 집중적으로 저술되었던 1900년대 후반은 손병희가 교권 확립과 교단의 중앙집권적 정비를 위해 난마처럼 얽힌 연원을 장악해가던 시점이었다(김정인, 앞의 책, 48~54쪽).

가치가 문물·제도의 범위를 넘어 교리·사상 차원에까지 내면화되는 데에는 거부감을 가졌기 때문이라 생각된다. 이런 점에서 양한묵은 이돈화 등 1910년대 후반에 대두한 천도교 청년층과는 세대적으로 구별되는 위치에 있었다.

한편 양한묵의 인내천 해석이 성리학에 의해 주도되어 교리의 합리적 해석이 진전되었다고 하더라도, 동학사상에 내장되어 있던 민중사상 또는 신앙의 측면이 모두 거세된 것은 아니었다. 그의 '천' 개념에는 여전히 인격성이 남아 있었으며, '성리(性理)' 개념에 대한 설명인 '대(大)활동적 동기(動機)'에서도 동학적 신관의 요소가 발견된다. 이 점을 더 자세히 살펴보자.

『대종정의』에는 리(理)와 기(氣)를 각각 성(性)과 신(身)에 대응시키고, 나아가 양자를 만물의 근본 원리를 뜻하는 천(天)으로 묶는 인식이 보인다.33) 그렇다고 해서 『대종정의』의 '천'을 성리학에서 말하는 '이법(理法)으로서의 천'으로만 보기는 어렵다. 비록 천주(天主)라는 표현은 쓰지 않지만, 영적(靈迹)을 내재하면서 천지(天地) 양간(兩間)의 소개자를 선택한다거나,34) 영부(靈府)를 사람에게 위임한다는 대목에서는 어느 정도 인격적 측면이 남아 있음을 볼 수 있기 때문이다.35) 이는 양한묵이 편찬에 관여했다고 생각되는 『무체법경(无體法經)』(1912)에서도 마찬가지다.36) 여기서도 시천주의 '시천(侍天)'을 각천(覺天)으로, '주

---

33) "천(天)의 리(理)가 모인 것이 성(性)이고 기(氣)가 쌓인 것이 신(身)이니, 이기(理氣)에서 나온 지능과 기발(機發)은 천(天)의 직접이요, 지능과 기발에서 나온 발명과 윤색(潤色)은 천(天)의 간접이니, 사람의 일동일정(一動一靜)과 사물의 모든 것(林林總總)을 모두 천(天)이라 부를 수 있도다."(『大宗正義』, 23~24쪽; 崔起榮·朴孟洙 편, 『韓末 天道敎資料集』 1, 國學資料院, 1997, 105~106쪽).

34) "생각건대 영적(靈迹)은 (…) 천(天)의 대표로 천의 능력을 행사하는 자연적 활기니 이 영적이 생긴 근본적 신기(神機) (…) 이것은 (…) 천의 영적과 영적을 받을 사람 사이의 소개자라 부를 수 있도다. 천이 인간세계를 보아 능히 천인(天人) 사이를 소개할 자격이 있는 자를 선택하니"(『大宗正義』, 4~5쪽; 崔起榮·朴孟洙 편, 위의 책, 85~86쪽). (밑줄은 인용자)

35) "천(天)이 그 사람을 자기의 몸으로 인식하여 자기의 범위 내에 고유한 영부(靈府)를 모두 그 사람에게 위임하리니"(『大宗正義』, 12쪽; 崔起榮·朴孟洙 편, 위의 책, 94쪽).

36) 최기영과 박맹수가 편찬한 『한말 천도교 자료집』의 해제에서는 『무체법경』을 손병희가 구술하고 양한묵이 대필한 것으로 보았다. 김용휘는 최근 연구에서 『무체법경』이 양한묵의 글이라는 일부 주장을 부정하고 "『무체법경』은 손병희가 1909년 12월부터 49일 기도를 하고 지은 것으로, 동학·천도교 수련법에 대한 최초의 체계적인 저술"이며, "1912년 박인호(朴寅浩)의 편

(主)'를 아심주(我心主)로 해석하며,[37] 전체적으로 성리학의 성(性)·심(心)·신(身) 개념을 중심으로 성신쌍수(性身雙修)·성심쌍수(性心雙修) 등을 주장하고 있다.[38] 그러나 '성리'에 대해, 공적(空寂)이지만 자체에 '대활동적 동기'를 갖추고 있다고 설명하는 대목을 보면 성리학적 인식보다 동학의 신관에 더 가깝다고 생각된다.[39] 왜냐하면 성리학에서 리(理)는 무조작(無操作)·무계도(無計度)의 비(非)활성적이고 정태적 원리에 속하지만, 동학에서 기(氣)는 기화(氣化) 과정에 있든지 만물 속에 신령으로 구현되어 있든지 간에 한순간도 그침이 없는 영활(靈活)한 작용성을 본질로 하기 때문이다.[40]

이상에서 볼 때 양한묵을 비롯한 당시 사람들의 인내천 해석은 서구 근대철학의 간접적 영향 아래 성리학적 해석이 중심을 이루면서도, 그 이면에는 동학 특유의 사유나 신앙의 측면도 함께 존재하고 있었다. 즉 의지적·초월적 성격도 겸한 동학의 기일원론적 사유가 리(理)와 기(氣)를 '본체 – 현상'의 관계로 보는 양한묵의 사유와 공존하고 있었다.

그런데 동학사상이 본래 민중종교로 탄생한 사실을 상기한다면, 성리학적 해석이 가진 합리적이고 철학적 경향의 설명방식은 애초의 동학에 비해 무신론적 뉘앙스를 강하게 노정했다.[41] 이 때문에 식민지 조선에서 근대적 종교로서 정

술로 보서관(普書館)에서 한문으로 발간되었다"고 했다. 그는 『무체법경』이 양한묵의 저술이 아니라는 근거로, 다음 사실을 들었다. 즉, 그 책이 양한묵이 저술한 『대종정의』와는 문체 및 서술방식, 논리구조가 판이하며, 대도주 박인호가 직접 『무체법경』의 주해를 한 점, 경(經)이라는 이름을 붙인 점 등이다. 그러면서도 손병희가 직접 한문체의 글을 지었는지, 손병희가 구술하고 양한묵이 대필했는지, 아니면 손병희가 국한문혼용으로 지은 것을 양한묵이 한문체로 옮긴 것인지 등에 관해서는 좀 더 확인할 필요가 있다고 하여 여지를 두었다(김용휘, 「의암 손병희의 『無體法經』과 동학·천도교의 修煉」, 『東學研究』 25, 2008. 9, 65~67쪽).

37) "시천주의 '시(侍)'자는 각천(覺天)이라는 뜻이다. 천주의 '주(主)'자는 아심주(我心主)라는 뜻이다."(『无體法經』, 21~22쪽; 崔起榮·朴孟洙 편, 앞의 책, 403~404쪽).

38) 『无體法經』의 「性心辨」, 「性身心三端」 내용 참고.

39) "大性理空寂 自體秘藏中有大活動的動機"(『无體法經』, 32쪽; 崔起榮·朴孟洙 편, 앞의 책, 414쪽).

40) 박경환, 앞의 글, 182쪽.

41) 황선희, 『한국근대사상과 민족운동 I – 동학·천도교편』, 혜안, 1996, 236쪽.

체성을 형성해가야 했던 천도교측은 성리학적 해석이 가진 종교적 교설로서의 한계를 자각할 수밖에 없었다. 성리학적 해석에 포괄되지 않고 초기 교리서에 산재해 있던 종교적 요소는 이돈화에 이르러 근대사상에 의한 '범신론'이라는 개념으로 포섭된다.

2. '인내천'의 근대적 해석

1) 천도교의 우월성 선전

1910년 8월, 조선은 일제에 강제로 병합되어 식민지가 되었다. 개인적 수행 및 사회적 실천과 관련해서 성신쌍전(性身雙全)·교정쌍전(敎政雙全)을 주장했던 손병희는[42] 교단의 합법화와 천도교의 현실적 입지를 위해 국면에 따라 교정일치와 교정분리의 논리를 임기응변적으로 내세웠다. 천도교는 이미 1909년경에 중앙집권적 조직 정비를 일단락했으나, 국망을 기점으로 조직적 쇄신을 단행하여 중앙집권적 교권체제를 더욱 강화했다. 그 결과 "행정·사법·입법의 삼권을 갖춘 국가체제와 유사한 구조"가 형성되었다.[43]

국가권력과 근대종교의 관계라는 관점에서 볼 때 당시 천도교가 취한 이러한 행보는 강한 국가권력 아래 교파신도(敎派神道)로 편제된 텐리교(天理敎) 등 일본의 민중종교와는 크게 달랐다. 본래 동학 자체가 일본의 민중종교보다 상대적으로 민족주의적 요소가 강한 면이 있는 데다,[44] 한국이 일본의 식민통치를 받았던 시대 상황도 크게 작용했다. 그 결과 천도교단은 천도교 선포 이후에도 정치

---

42) 오문환, 「의암 손병희의 '교정쌍전'의 국가건설 사상 – 문명계몽, 민회운동, 3·1독립운동」, 『정치사상연구』 10-2, 2004. 11 참고.

43) 김정인, 앞의 책, 86~90쪽.

44) 야스마루 요시오, 「민중종교와 근대라는 경험」, 한일종교연구 포럼, 『한일 근현대와 종교문화』, 청년사, 2001, 35쪽.

적 성격이 강하게 지속되었다. 천도교의 정치적 성향은 식민지화 이후에도 완전히 순치되지 않고 교단 내부에 잠복해 있었으며, 국면의 변동에 따라 그 정치성은 외부로 표출될 수 있는 상태에 있었다.

총독부는 신도(神道), 불교, 기독교만 공인종교로 인정하고,[45] 천도교는 유사종교(類似宗敎)로 취급하면서 천도교가 가진 정치성에 대해 경계를 늦추지 않았다.[46] 따라서 1910년대 천도교의 활동은 주로 교단 차원을 중심으로 전개되었으며, 대외적으로는 주로 학교 설립과 이를 통한 교육계몽에 제한될 수밖에 없었다. 1910년대 천도교 교단의 활동 중에 주목되는 점은 천도교 기관지 『천도교회월보(天道敎會月報)』의 간행이다. 1910년 8월에 창간된 『천도교회월보』는 출판의 자유를 박탈당한 식민지 현실에서 천도교인들 사이를, 또한 그들과 교주 손병희 등 교단 중심부를 연결해주는 네트워크가 되었고, 교리와 근대적 지식을 발표하는 장(場)으로도 기능했다.[47]

이돈화는 27세가 되던 1910년 무렵 서울에 올라와 천도교회월보사에 입사하려 했다. 그러나 사정이 여의치 않아 최남선이 경영하는 신문관(新文館)에서 일했는데, 이 소식을 들은 손병희의 배려로 천도교회월보사 사원으로 근무하게 되었다. 그는 천도교회월보사 사원으로 근무하면서 『천도교회월보』에 본격적으로 글을 발표하기 시작했다. 1910년대 이돈화의 이론적 활동은 『천도교회월보』에서 문필로 전개되었다.

『천도교회월보』 제6호(1911. 1)에 「권유천하실락자(勸喩天下失樂者)」를 최초로 발표한 이후 「동경대전요지강해(東經大全要旨講解)」와 같은 교리 해설, 그 밖에 논설, 수필 등 다양한 형태와 내용의 글을 게재했다. 그는 이 지면을 통해

---

45) 유준기, 「1910년대 일제의 종교침략과 그 대응 ― 유교와 기독교를 중심으로」, 『建大史學』 10, 2003, 222쪽.
46) 일제 당국은 "천도교의 교주는 왕이고 중앙총부는 정부 형태를 모방한 유민구락부(遊民俱樂部)"라고 힐난했다(『每日申報』 1911. 10. 11; 김정인, 앞의 책, 95쪽에서 재인용).
47) 김정인, 「1910년대 『天道敎會月報』를 통해서 본 민중의 삶」, 『韓國文化』 30, 2002, 309~310쪽.

가다듬은 경륜과 성가(聲價)로 인해 양한묵의 뒤를 잇는 천도교의 간판 이론가로 성장해갔다. 그는 양한묵 때부터 추구되던 천도교의 정체성 형성 노력을 계승하면서도 양한묵과는 달리 서구 근대사상을 적극 수용했다. 이러한 노력은 크게 두 가지 방면으로 이루어졌다. 한편에서는 천도교의 대외적 우월성, 즉 천도교가 다른 종교에 비해 뛰어나다는 점을 적극 부각했고, 다른 한편에서는 천도교가 근대종교로서 가진 면모를 '인내천'에 대한 새로운 해석을 통해 확인하고자 했다.

천도교의 대외적 우월성에 관한 선전은 종교통일론, 최후종교론 등의 이론들에 기대 천도교의 후발성(後發性)과 사상적 회통성(會通性)을 장점으로 내세우는 방식으로 전개되었다. 우선, '천도교가 통일적 종교의 주인공이 된다'는 요지의 종교통일론은 기성 종교에 대한 천도교의 우위를 확보하는 중요한 논리로 활용되었다. 1910년대 초 『천도교회월보』에서는 『대종정의』에 압축적으로 표현되었던 천도교의 종교적 정체성에 관한 모색이 종교적 위상에 관한 논의, 천도교 역사 정리, 천도교 교리에 관한 논의를 중심으로 확대재생산되고 있었다.[48] 당시의 논자들이 공유했던 인식은, 지금은 종교의 시대이고[49] 문호(門戶)적 종교는 장차 통일적 종교로 모이게 되며,[50] 천도교는 가장 나중에 탄생했고 유·불·선 삼교를 회통하는 포괄성을 가졌으므로 통일적 종교의 주인공이 된다는 것이었다.[51] 이러한 인식은 동양의 전통종교나 기독교에 비해 역사가 짧고 사상적 독자성이 충분히 인지되지 않은 천도교의 취약성을 오히려 장점으로 전도시킴으로써 천도교의 종교적 독자성과 우월성을 확립하려는 노력으로 볼 수 있다.

이돈화도 천도교의 속성 중 '가장 나중에 탄생했다'는 후발성과, '유·불·선 삼교를 포괄했다'는 회통성을 강조했다. 당시와 같은 '경쟁시대' 속에서 천도교

---

48) 李瓘,「宗教統一論」,『天道教會月報』10, 1911. 5; 李敦化,「宗教統一은 自然의 勢」,『天道教會月報』11, 1911. 6; 源菴 吳知永,「〈諺文部〉종교의 통일」,『天道教會月報』20, 1913. 3.

49) "世紀入來宗教世"(綠旅子 李瓘의 시조,『天道教會月報』6, 1911. 1, 49쪽).

50) 李瓘,「宗教統一論」,『天道教會月報』10, 1911. 5, 1∼5쪽.

51) 李敦化,「宗教統一은 自然의 勢」,『天道教會月報』11, 1911. 5, 27∼29쪽.

가 '통일적 종교'가 될 수 있는 이유를 새로운 방식으로 설명하고자 한 것이다.

> 그렇다면 장차 어떤 시대로 변천할 것인가. 곧 종교통일의 시대가 될 것이다. (…)
> 어떤 사람은 지금과 같은 만사(萬事) 경쟁시대에 종교통일이 도저히 이루어질 수 없
> 다고 말하지만, 그렇지 않도다. 인류는 공뇌(公腦)가 있으니, 공뇌가 있으면 공리(公理)
> 에 복종(自服)하며, 공리에 복종하면 통일은 물론 가능하다. (…) 우리 교는 우주(天胞)
> 가운데 온갖 종교(萬宗敎), 온갖 철학(萬哲學), 온갖 진리(萬眞理)를 포괄하여 (…) 하루
> 아침에 종교계의 어리석음이 사라지면 동서 사방의 어떤 종교를 막론하고 모두 우리
> 교의 일부임을 자각할 것이니 이날이 곧 공뇌가 공리에 복종하는 날이며, 대종적(大
> 宗的)으로 은연중에 이루어진 통일이 형식계(形式界)까지 나타나는 날이로다.[52]

위 인용문에서 볼 수 있듯이, 이돈화는 당시가 '만사 경쟁'의 시대임에도 불
구하고 통일적 종교가 나올 수 있는 근거로 종교발달의 추세 및 인류의 공뇌(公
腦)를 거론했다. 천도교가 통일적 종교의 주인공이 되는 근거로는 "온갖 종교,
온갖 철학, 온갖 진리를 포괄"하고 있는 점을 들었다. 이는『대종정의』에 나타
난 종교진화론적 인식, 즉 '다신 → 일신 → 천도교'로 파악하는 도식에 논리적
근거를 제공하고 이 논의를 더욱 진전시킨 것이라 할 수 있다. 즉『대종정의』에
서는 천도교가 가장 발달한 종교로 설정되었지만, 왜 그러한가에 대한 근거가
명확하게 제시되지 않았는데, 이돈화는 그 근거를 종교·철학·진리 등 근대적 용
어를 사용하면서 천도교가 그러한 요소를 망라하고 있다는 점을 분명히 제시했
던 것이다.

이돈화가 천도교의 우월성을 사상적 회통성과 후발성 등에서 찾는 노력은 이
후에도 계속 나타난다. 특히 '사회' 방면에 대한 그의 관심이 높아지면서 천도
교의 사회적 역할을 강조하던 1918년 무렵에는 더욱 두드러졌다.

---

52) 李敦化, 위의 글, 28~29쪽.

회통성과 관련해서 이돈화는 종교를 '진리의 빛'으로 정의하되, 유(儒)·불(佛)·선(仙)·야(耶)·회(回)·파(婆) 등을 '과도시대(過渡時代)의 종교' 혹은 '구(舊)종교'라 불렀고, 이와 대비되는 용어로 '신종교'·'현대종교' 등을 사용했다.[53] 그리고 "현대종교는 개인적 측면과 사회적 측면을 종합대관(總合大觀)(할 - 인용자) 책임을 부담(負擔)한 자"라고 했다.[54] 후발성과 관련해서는 이후 천도교의 신관을 범신론으로 설정하는 인식이 개입되어 '다신시대 → 일신시대 → 범신적 조화시대'[55] 혹은 '다신시대 → 일신시대 → 통일시대'[56]의 형태로 제시했다.[57]

이러한 발달론은 당시 불교계의 이능화(李能和)가 제시한 '다신 → 일신 → 무신론'과 동일한 유형의 인식구조였다. 이능화는 유교를 다신교로, 기독교를 일신교로, 불교를 무신교로 설명함으로써,[58] 불교가 일신교와 다신교의 특성을 겸비하면서도 그것을 넘어선 종교라 주장했다.[59] 즉 이돈화와 이능화 등은 자신들의 당대를 종교발달의 정점으로 보고, 각각 자신들의 종교를 규정하는 범신론·무신론을 종교 중에서도 가장 높은 위치에 둔 것이다.

이상에서 살펴보았듯이 1910년대 초부터 이돈화는 '종교의 시대가 왔다(世紀入來宗敎世)'라고 보는 천도교계 인사들의 현실 인식을 공유하면서 타 종교에 대한 천도교의 우월성을 논리적으로 뒷받침하고자 했다. 시대의 중심이 종교로 돌아왔고, 천도교가 타 종교보다 우월하다는 생각은 결국 천도교가 사회의 중심에

---

53) 夜雷(이돈화), 「因襲的主觀에 拘束된 世人의 誤解」, 『天道敎會月報』 93, 1918. 4, 4~5쪽.
54) 李敦化, 「宗敎의 兩側面」, 『天道敎會月報』 91, 1918. 2, 10쪽.
55) 夜雷(이돈화), 「信仰性과 社會性(其二)」, 『天道敎會月報』 100, 1918. 12, 21쪽.
56) 李敦化, 「天道敎의 歷史 及 其 敎理」, 『半島時論』 2-5, 1918. 5, 33~34쪽.
57) 이돈화는 '다신시대 → 일신시대 → 통일시대' 도식을 언급한 뒤, 이에 대해 "종교진화를 이 세 과정으로 밝힌 설명은 천도교에서 내놓은 것이 아니고 천도교와 같은 시기 서양의 어떤 사상가(西土某大哲)가 발표한 바인데, 오늘날 학자들은 이것을 금과옥조(金條玉科)로 믿는 바"라고 밝혔다(李敦化, 「天道敎의 歷史 及 其 敎理」, 『半島時論』 2-5, 1918. 5, 33~34쪽). '서양의 어떤 사상가(西土某大哲)'가 누구인지는 밝히지 않았다.
58) 이돈화는 "종교의 기원은 다신시대에서 시작"한다고 했다(李敦化, 「宗敎統一은 自然의 勢」, 27쪽). 그러므로 그가 말하는 다신론은 애니미즘을 염두에 둔 것으로 생각된다.
59) 송현주, 「근대 한국불교의 종교정체성 인식 - 1910년부터 1930년대까지 불교잡지를 중심으로」, 한국학중앙연구원·종교문화연구소, 『근대성의 형성과 종교지형의 변동』 1, 2005, 230~232쪽.

서야 한다는 생각을 내포한 것이었다. 이는 이돈화의 글에서 1910년대 초에 종교통일론으로 나타났는데, 1910년대 말의 '장래의 종교' 논의나 1920년대 초 『개벽』에 언급된 최후종교론 등에서도 지속되었다. 다만 1905년 천도교를 선포할 당시 천도교단은 종교의 자유를 보장받는 대가로 교정분리를 표방한 바 있고, 강제 병합된 후에는 일제 식민권력이 국내의 제반 활동을 억압했기 때문에, 1910년대 초 그의 논의에서는 이러한 사회적 관심이 담론적으로 활성화되지 못했다. 이러한 욕구는 1910년대 후반 정세 변화와 사회에 대한 관심이 고조될 때까지 논자들의 일부 논의를 통해 복류(伏流)하고 있었을 뿐이다.

2) 범신론과 진화론에 의한 '인내천' 해석

이돈화는 대외적으로 천도교의 우월성을 강조하는 한편, 천도교가 근대종교로서의 자격도 갖추었음을 증명하려 했다. 이러한 노력은 천도교의 종교적 정체성이 다른 종교와의 공통점과 차이점 확인이라는 이중적 과정을 통해 형성되어 갔음을 의미했다. 이를 위해 이돈화는 천도교의 가장 핵심적인 내용, 즉 종지 인내천으로 집약되는 '인간과 하늘(우주)의 일치'를 서구의 범신론과 진화론을 사용하여 해석했다[60]. 이 문제를 범신론과 진화론의 두 방면으로 나누어 각각 구체적으로 살펴보자.

---

60) 이 책에서 필자가 '인내천 해석'이라고 한 것은 최동희가 '인내천 논증'이라고 한 것과 동일하다. 최동희는 양한묵과 이돈화의 교리 연구를 모두 '인내천 논증'에 포함시켰다(崔東熙, 앞의 책, 1980, 198쪽). 황선희는 이 용어를 주로 이돈화의 「인내천의 연구」에 대해 언급할 때 사용했다(황선희, 앞의 책, 234~235쪽). 필자가 '논증' 대신 '해석'이라고 한 이유는 두 가지다. 첫째, '논증'보다는 '해석'이 독자들에게 더 친근한 용어라 판단했다. 둘째, 최동희의 '인내천 논증' 개념은 이돈화의 논의 가운데 주로 하늘과 사람, 즉 '우주 - 인간'을 중심으로 한 종교적 차원의 논의에 해당한다. 또한 최동희의 연구에서는 1910년대 후반에 이돈화의 논의에서 중요시되는 사회적 관심, 즉 '개인과 사회의 관계'라는 테마에는 주목하지 않았다. 따라서 '인내천 논증'이란 용어를 사용할 때 1910년대 후반에 부각되는 그의 사회적 관심사까지 포함되는지 여부가 애매해질 우려가 있다. 이런 점에 유의하여 이 책에서는, 인간과 우주·신의 관계에 대한 관심을 인내천 '해석'으로 부르고, 여기에 개인과 사회의 관계를 덧붙인 입장은 이돈화 본인이 사용한 용어를 빌려 '인내천주의'로 부르고자 한다.

먼저, 범신론에 의한 인내천 해석 과정부터 살펴보자. 이돈화가 1910년대 초 종교통일론에서 그 이전의 『대종정의』가 언급한 종교진화론적 도식을 좀 더 발전시켜 천도교를 종교진화의 가장 발달한 단계에 놓았음은 이미 살펴본 바와 같다. 그러나 『대종정의』나 1910년대 초 이돈화의 종교통일론 단계에서는 다신·일신과 구별되는 천도교의 신관이 무엇인지를 명확하게 제시하지 못했다. 교단이 1905년 천도교로 개칭할 당시 이미 근대적인 종교 개념을 받아들였지만, 서구의 기독교 등 유일신·인격신의 영향을 강하게 받고 있던 상황에서는 독자적 신관을 정립해 근대적 종교로서의 면모를 갖추는 일이 당장 필요했다고 생각된다.

1910년대 중반 무렵 천도교의 신도대중들은 신앙적 욕구와 사후문제에 대한 고민 등을 다양하게 표출하고 있었다. 이런 사정은 당시 『천도교회월보』의 '지방통신'이라는 언문부 코너에 '청수(淸水)가 얼거나 마르는 일' 등 신도들의 영적(靈蹟) 체험 사례가 빈번하게 실리는 데서 알 수 있다.[61] 천도교단측은 이에 대해 적극적으로 대응하지 않을 수 없었다. 당시 『천도교회월보』의 과장으로 있었던 이종일(李鍾一)은 그때의 분위기에 대해, "대신사가 육신으로 올까, 영(靈)으로 올까 등등을 둘러싼 신도들의 아혹(訝惑)함이 심해서 성사께 물었"고,[62] 이에 손병희는 최제우가 대구에서 처형될 때 말한 "춘삼월 호시절에 또다시 상봉하세"를 근거로 교주 최제우가 다시 돌아온다는 내용의 '대신사성령출세설(大神師性靈出世說)'을 제시했다고 밝혔다.[63]

이뿐만 아니라 이돈화가 자신의 고향인 함경남도 고원을 방문했을 때 그 일대의 교구장들과 이돈화 사이에는 다음과 같은 문답이 오갔다.

---

61) 영적(靈蹟) 관련 기사는 『천도교회월보』 제53호(1914. 12)부터 조금씩 나오다가, 제64호(1915. 11)부터 많이 실리기 시작했으며, 제65호(1915. 12)부터는 '영적실기'라는 코너가 마련될 정도였다.
62) 李鍾一, 「〈언문부〉 대신스─다시 오시는 일에 디후야」, 『天道敎會月報』 44, 1914. 3, 1~6쪽.
63) 종령 제105호(1914. 3. 25), 『天道敎會月報』 45, 1914. 4, 36쪽.

본 기자(記者)는 고원교구(高原敎區)를 방문했다. 밤은 삼경(三更)이라. (…) 원산교구장 조종봉(趙鍾鳳)씨와 그곳 군(郡)교구장 임근태(林根泰)씨 외에 본 기자가 있을 뿐, (…) 좌중에서 가장 연로하신 신사(紳士)가 원산교구장인데, (…) "이돈화군, 군은 그러한 문제에 대해 가장 깊이 연구하는 사람이라. 군은 인생의 운명을 어떻게 해석하는가. 내 연비(聯臂)이며 친구되는 고(故) 최석기(崔錫基)씨는 우리 교의 독신자(篤信者)니라. (…) 군은 이 독신자의 정령(精靈)이 영적(靈的) 생활을 어떻게 계속하는지를 내게 말 해달라." (…) 기자는 말하기를 (…) "신자(信者)의 정령은 영원히 현세(現世)에서 영적 생활을 영위한다고 나는 확신합니다. 왜냐하면 두 사람이 돌아가신 뒤 오늘날 두 사람의 가족과 그 인근 마을의 신앙생활이 점점 더 나아지는 것은 두 사람의 영력(靈力)이 그윽한 곳(冥冥의 中)에서 자손만대를 위하여 활동하기 때문입니다. (…) 환원(還元)하신 우리 두 신사(神師)의 정령과 수천수만의 신도(信徒)가 우리 뇌의 영좌(靈座) 속에서 그윽한(冥冥한) 교훈을 주고 있습니다. 그러므로 신자의 생활은 결코 죽음이 아니라, 단지 육체적 생활을 영적 상태로 바꿈에 불과할 뿐 (…)" 다만 두 사람에게서 생전의 신앙 여부를 볼 뿐이요, 두 사람의 개인적인 성패(成敗)나 지혜 여부(利鈍)는 논할 바 아니니, 왜 그라냐 하면 두 사람의 정혼(精魂)은 사망 당일에 우리의 영고(靈庫) 중에 떠돌아다닐 뿐 아니라 점점 더 우리에게 장래 행복의 길을 지도하는 책임이 있기 때문이다.[64] (밑줄은 인용자)

위 인용문에서 교구장 등 지방 교역자(敎役者)조차 동료의 죽음에 대해 불안감과 허무감을 느껴 사후문제를 문의하지 않을 수 없었던 정황을 엿볼 수 있다. 이 시기 천도교 신도들의 종교적 고민이 영혼이나 부활, 내세 등의 관념을 매개로 거론되고 있었던 데에는 기독교 교리가 일정하게 영향을 끼쳤다고 추정된다.

이 질문에 대해 이돈화는 독신자(篤信者) 사후 그 가족과 마을사람들이 점점 더 신앙생활을 열심히 하는 것 등을 내세워 그것을 영혼불멸의 증거로 삼았다.

---

64) 이돈화, 「篤信者의 精靈不滅」, 『天道敎會月報』 59, 1915. 6, 38~40쪽.

그런데 죽은 자의 영혼이 기독교나 불교처럼 천당 혹은 내세에 머문다라고 한다면 천도교의 사후관은 인내천이라는 종지가 표방했던 천인합일적 현세주의와 다소 멀어지며, 이에 따라 여타 기성 종교와의 차이점도 사라지게 된다. 따라서 이돈화는 그 영혼이 산 자에게, 즉 살아 있는 사람의 '뇌적(腦的) 영좌(靈座)'나 '영고(靈庫)' 속에 노닐게 된다고 했던 것이다. 그러나 이런 임기응변식 답변에는 좀 더 체계적이고 이론적인 설명이 필요했다.

이렇듯 이론적·실천적 과제에 직면한 이돈화는 천도교의 신관을 범신론으로 설명하기 시작했다. 그는 이미 1911년 종교통일론을 언급한 직후부터 "세계는 일종의 범신(汎信)적 표현이라"고 했는데,[65] 1916년에는 "만물(萬有)은 대신(大神)의 영적 표현이니 (…) 만물은 곧 신, 신은 곧 만물"이라고 해서,[66] 범신론적 사유를 명확히 표현했다. 여기서 제시된 범신론은 이후 종교발달론과 인내천에 관한 설명에 반영된 결과, 그의 종교발달론은 '다신시대 → 일신시대 → 범신적 조화시대'로,[67] 그리고 인내천은 "범신관상(汎神觀上)에 입각한 유신주의(有神主義)"로 설명되었다.[68] 따라서 천도교의 신관을 범신론으로 파악하는 이돈화의 생각은 1910년대 중반에 이미 그 윤곽이 명확해졌다고 말할 수 있다.

앞에서 살펴보았듯이 불교계의 이능화가 종교진화론적 관점에서 불교를 '무신론'으로 규정하고 다신교와 일신교에 비해 무신론이 우월하다는 점을 언급했다면, 천도교의 경우에 이돈화는 천도교의 신관을 '범신론'으로 설명했다. 그런데 여기서 주목할 점은 왜 이돈화가 범신론으로 설명했는가이다. 이는 천도교의 민중종교적 전통과 관계 깊다고 생각된다. 야스마루 요시오도 지적했듯이, 다른 민중종교와 마찬가지로 동학도 "'천지=자기'형 코스모로지"를 가졌으며,[69] 이돈화 당시 천도교 사상도 이러한 패러다임에서 크게 벗어나 있지 않았다. 동학

---

65) 李敦化, 「信念의 神聖」, 『天道敎會月報』 9, 1911. 4, 27쪽.
66) 李敦化, 「人生」, 『天道敎會月報』 77, 1916. 12, 19쪽.
67) 夜雷(이돈화), 「信仰性과 社會性(其二)」, 『天道敎會月報』 100, 1918. 12, 21쪽.
68) 夜雷(이돈화), 「人乃天의 硏究(續)」, 『開闢』 4, 1920. 9, 50쪽.
69) 야스마루 요시오, 앞의 글, 35쪽.

경전에 기록된 교조의 시천주 신앙체험은 신인합일(神人合一)적 요소를 갖고 있었고, 이는 그 후 물물천사사천(物物天事事天)과 같이 모든 사물이 곧 천(天)이라는 범천론(汎天論)적 인식으로 발전했다. 따라서 천도교는 이미 종교사상의 전통 속에 범신론적 사유가 강하게 존재했는데, 이것을 이돈화가 서구의 근대적 용어로 개념화한 것이라고 할 수 있다.[70]

천도교의 신관을 범신론으로 설정한 이돈화의 인식은 1910년대 후반에도 큰 틀에서 지속되었다.[71] 다만 범신론을 천도교의 교리에 맞게 수정해서 받아들이는 모습을 보였다. 이런 양상은 최후종교론의 영향과 수용 과정에서 나타났다.

정확한 시기는 알기 어려우나, 이돈화는 1910년대 어느 시점에서 일본의 쿠로이와 루이코(黑岩周六)가 주장한 최후종교론을 접한 것으로 보인다.[72] 그가

---

70) 이돈화는 이미 초기부터 "대신사(大神師)가 물물천(物物天)이라 하시니, 이는 즉 물질의 근저(根底)에는 신의 작용이 있음을 가리키신 것"이라고 한 바 있다(李敦化, 「死後問題」, 『天道教會月報』 19, 1912. 2, 23쪽).

71) 물론 교조 최제우의 신앙체험을 개념화한 '시천주(侍天主)'에 대한 이돈화의 해석이 범신론으로 단순화되지는 않았다. 1910년대 여러 글에서는 이 체험에 대한 범신론적 해석과 인격신적 해석이 모두 보이지만, 범신론적 해석이 좀 더 우위를 점했다. 이혁배에 따르면, 이돈화는 최제우의 신관(神觀)에 내재된 인격적·초월적 성격과 비인격적·내재적 성격을 종합하고자 했으나, 결국 신(神)의 인격성·초월성은 약화되고, 비인격적·내재적 성격의 범신론으로 귀착했다고 한다. 이돈화의 신관에 관한 설명은 다음을 참조. 李赫配, 「天道教의 神觀에 關한 研究-그 歷史的 變遷을 中心으로」, 『종교학연구』 7, 서울대 종교학연구회, 1988, 41~50쪽.

72) 최후종교론에 관한 내용을 추적해보면 1906년 4월 일본 혜고(丙午)출판사에서 간행된 쿠로이와의 저서 『人生問題』 '第4章 最後の宗教'에서 비롯한 것임이 확인된다(黑岩周六, 『人生問題』, 東京: 丙午出版社, 1906, 65~91쪽). 따라서 1911년에 이돈화가 언급한 '범신(汎信)'도 이미 쿠로이와의 이 저서에서 영향을 받았을 가능성이 크다. 이돈화가 어떤 경로를 통해 쿠로이와에 대해 관심을 갖게 되었는지를 직접 밝혀주는 자료는 아직 보지 못했다. 쿠로이와는 전문적인 학자는 아니었지만 『天人論』(1903) 등의 철학서를 통해 당시 일본 청년들에게 커다란 영향을 끼쳤다. 1910년에 일본에서 유학 중이던 조소앙은 이 저서를 구해 하루만에 탐독했고 쿠로이와가 조직한 이상단(理想團)의 연설회에 3회에 걸쳐 참가한 바 있다(김기승, 『조소앙이 꿈꾼 세계』, 지영사, 2003, 80쪽). 이런 정황이라면 일제의 식민지였던 조선에서 이돈화가 쿠로이와의 이름을 접할 기회가 있었음을 추정하기는 어렵지 않다. 쿠로이와의 또 다른 저서 『社會と人生』의 「歐羅巴滅亡說」 내용 일부가 『개벽』에 실린 이돈화의 논설에 전재(轉載)된 것도 당시 조선 지식인들에게 쿠로이와가 일정하게 영향력을 끼쳤다는 사실을 방증한다〔黑岩周六, 『社會と人生』, 東京: 止善堂書店, 1919, 213~234쪽; 白頭山人(이돈화), 「歐羅巴 滅亡說」, 『開闢』 2, 1920. 7 참조〕.

1910년대에 진전시킨 종교사상을 정리·제시한 『개벽』의 「인내천의 연구」에서 쿠로이와의 최후종교론을 길게 소개하고 있기 때문이다. 소개된 내용의 마지막 부분에서 쿠로이와는 다음과 같이 말한다.

> 나(쿠로이와 — 인용자)의 이른바 최후의 종교는 이러하다. <u>절대, 이른바 실재(實在)를 신(神)으로 파악하는 종교이다. 실재를 신으로 파악하는 것만으로는 다소의 감동(感心)이 적을 것이므로</u> (…) 그 실재에 무엇이든 우리의 상상에 들어올 만한 의미를 가진 뜻으로 상상케 하는 것이 신(神)이며, 이것을 믿는 것이 본래의 진정한 종교라 할지로다.[73] (밑줄은 인용자)

여기서 쿠로이와가 말하는 '최후종교'란 실재(實在) 중에서도 뭔가 사람의 감동(感心)을 불러일으키는 대상을 신으로 삼는 종교였다. 이런 입장에서 쿠로이와는 범신론과 인격신을 모두 비판했다.[74] 이돈화는 이러한 쿠로이와의 견해에 대해 "철두철미 인내천적 의미를 가진 것이다"라고 하여 적극 동의했다.[75] 반면, 쿠로이와가 신을 사람의 감동을 불러일으키는 실재와 등치시킨 데 대해서는 "학자적인 태도에 그친 것이며 종교가의 입장은 아니다"라고 비판했다. 종교가로서 이돈화는 여기서 한걸음 더 나아가, 그러한 실재를 자아의 영성(靈性)으로 확정해야 한다고 주장했다.[76]

---

73) 夜雷(이돈화), 「人乃天의 研究(續)」, 『開闢』 6, 1920. 12, 48쪽.
74) 쿠로이와는 기본적으로 범신관적 실재론의 입장에 서면서도 기독교적 '인격신'의 입장과 천지만물을 신의 표현으로 보는 '범신론'의 입장을 둘 다 비판하고 있다. 쿠로이와는 기독교적 인격신의 입장에 대해서, "신에게 인격이 있다고 믿는 종교는 결코 최후의 종교가 아니라 인지(人智)가 불충분한 시대에 존립했던 종교이다"라고 평가했다. 한편 범신론적 입장에 대해서는 "범신론은 무엇이든지 신이라 말하나니 저 인격적 신을 숭배하는 입장보다는 한걸음 진화한 입장이라 할지라"고 하면서도, "세계의 일체 만물이 모두 신의 표현이라 하면, 신과 삼라만상은 반반(五分五分)씩 될 것인 까닭에 특별히 신을 숭배하지 않아도 관계 없을 것"이라는 점을 들어, "그뿐으로는 종교라는 이름을 붙일 수 없"으며, 따라서 범신론도 최후의 종교가 될 수 없다고 말했다〔夜雷(이돈화), 「人乃天의 研究(續)」, 『開闢』 5, 1920. 11, 49~52쪽〕.
75) 夜雷(이돈화), 「人乃天의 研究(續)」, 『開闢』 6, 1920. 12, 48쪽.
76) 夜雷(이돈화), 위의 글, 48쪽.

지금까지 1910년대에 이돈화가 인내천을 범신론으로 해석하는 과정을 살펴보았다. 그는 처음에는 천도교 신관의 정립과 관련하여 범신론을 수용했으나 인내천 해석을 할 때는 점차 범신론의 틀 안에서도 약간의 변형을 보였다. 즉 단순한 신(神)·실재(實在)가 아니라 사람의 감동을 불러일으키는 신·실재를 신앙의 대상으로 삼아야 한다는 최후종교론의 주장에 주목하면서도, 그러한 신·실재를 자아의 영성으로 특화했다. 결국 이돈화는 인내천을 해석할 때 범신론 개념을 활용하면서도 천도교의 인간중심주의를 반영했던 것이다.

이제, 진화론에 의한 인내천 해석 과정을 살펴보자. 천도교가 근대종교의 면모를 갖추기 위해서는 신에 대한 관념을 갖추는 것과 더불어 현실 사회의 상식과도 조화를 이루어야 했다. 이돈화는 범신론의 설명틀을 받아들여 '자아의 영성이 곧 신'이라고 하는 데에 이르렀다. 이런 사고방식은 인간과 신의 일치, 인간의 존엄함을 강조한 것이었으나, 사실 인간은 현실적으로 불완전한 존재라는 것도 긍정해야 했다. 다음 사례에서 볼 수 있듯이, 이미 1910년대 초기부터 이런 의문을 제기하고 이에 답하려는 노력이 이루어지고 있었다.

"<u>어떤 사람이 말하기를, 사람이 한울이면 어찌하여 내게 있는 마음과 성품을 회복한다고 하는가.</u> 그것은 다른 이유가 아니라, 사람이 (⋯) 특별한 습관과 성품이 생겨 마치 거울에 티끌이 덮힌 것 같이 어두운 까닭에, 종교는 그 티끌을 닦는 기관이니라"[77] (밑줄은 인용자)

본래 인내천 개념은 사람과 하늘을 분리해서 보는 것과는 상반된 입장에 있었지만, 그렇다고 해서 사람과 하늘을 무매개적으로 동일시지도 않았다.[78] 이런 점에서 인내천 개념은 사람과 하늘의 관계를 설명하는 데 일정한 긴장감

---

77) 中皐散人(이종일), 「종교의 근본뜻히셕」, 『天道敎會月報』 16, 1911. 9, 48쪽.
78) 인내천 개념을 인시천(人是天)·인즉천(人卽天)과 함께 검토한 글로는 다음을 참조할 것. 김철, 「人是天, 人卽天, 人乃天」, 『新人間』 433, 1985. 11.

을 동반하고 있었다. 따라서 그는 1910년대 초부터 드러난 이러한 의문에 대해 1916년 무렵부터 이미, "만물은 곧 신, 신은 곧 만물"이라 하면서도 이것을 한층 설득력 있게 설명하고자 했다. 즉 진화론적 설명을 덧붙여, "동물은 가장 진화한 우주이며, 인생은 가장 진화한 동물임을 잊지 말라"고 했다.[79] 그는 1920년대 초 『개벽』의 「인내천의 연구」에서도 이 문제를 특화된 주제로 다루었다.[80] 문답 형식을 띤 이 글에는 어떤 사람이 다음과 같이 묻는 장면이 나온다.

> 내가 생각할 때, 이러한 모든 진선미의 근원이 되고 만법(萬法)의 원천이 되는 이 심령계는 아무래도 전지전능할 것이니, 그 심령계는 전지전능하여 만물을 창조하였고 만법을 응용할 것이다. 그런데 당신이 말한 대로 우주와 만물, 만물과 내가 다 함께 유일한 심령계의 표현이며 그래서 그 심령계의 중심을 만일 내 심계(心界)라 가정하면 나는 결국 전지전능한 힘을 가졌을 것인데, 사실은 이와 달라 나는 한 톨의 쌀, 한 올의 실도 내 힘으로 능히 만들 수 없으며 움직일 수 없는 것 아닌가.[81]

위 인용문은 인내천의 주장대로 사람이 한울·천·신과 같이 전지전능하다면 왜 군이 종교적 노력을 해야 하나, 그리고 왜 현실에서 인간은 불완전한가 등에 대한 교단 안팎의 의문을 보여주고 있다. 여기에 효과적으로 대응하지 못하면 천도교의 인내천은 상식에 부합하지 않는 맹목으로 취급되거나, 신도들의 종교적 실천을 이끌어내는 가르침이 되기 힘들었다.

이에 대해 이돈화는 응답자(答者)의 형식을 빌어 말하기를, "우주의 심령계와 오인(吾人)의 심령계는 일관(一貫)의 영맥(靈脈)으로 통한 것이며 그리하야 그 심령계의 본원(本源)은 오인의 심리(心理)가 곧 그의 중심"이지만, "그 창조의 힘에 이르러서는 모두가 인과의 율법에 의존하지 않은 것이 하나도 없"다고 했다.[82]

---

79) 李敦化, 「人生」, 『天道敎會月報』 77, 1916. 12, 19쪽.
80) 夜雷(이돈화), 「人은 果然 全知全能이 될가(人乃天 究硏 其九)」, 『開闢』 9, 1921 3.
81) 夜雷(이돈화), 위의 글, 53쪽.
82) 夜雷(이돈화), 위의 글, 53쪽.

또한 "그 인과율이 생기는 이유는 만물의 진화가 있기 때문이니라"고 했다.[83] 즉 이돈화는 인내천에 대한 세간의 의문에 대해 "인간과 우주가 본질적인 측면에서는 하나로 통해 있지만, 그러한 본질적인 관계가 드러나는 양상에 있어서는 진화에서 비롯하는 인과의 법칙을 따른다"고 설명했다. 그는 인간을 본질적인 측면에서는 완전성·신성을 갖춘 존재이면서, 본질이 드러나는 양상은 불완전성을 가진 존재로 설명함으로써 한편에서는 범신론에 바탕을 둔 근대적 신관으로 인내천을 포장하면서도, 다른 한편으로는 그러한 천도교의 종교적 교의를 진화론을 비롯한 과학적 상식과도 충돌하지 않는 방식으로 정리한 것이다.

그런데 이돈화가 인내천 개념에 잠재된 해석적 긴장, 즉 인간과 하늘의 연결성과 단절성이라는 긴장을 해소하기 위해 인간은 본래 완전하지만 현실에서는 불완전하다고 설명할 수 있게 된 데에는 범신론이나 진화론과 같은 요소의 영향을 넘어서는 근대철학의 사유체계, 즉 일본의 현상즉실재론 철학의 영향이 놓여 있었다. 이 문제를 다음에서 살펴보자.

3) 현상즉실재론 철학의 영향

인내천의 종지를 인간과 신(우주)의 관계로 확장하고, 이를 본질과 현상의 두 측면에서 인식하여 설명하는 것은 일본의 관념론 철학인 현상즉실재론(現象卽實在論) 철학에서 영향을 받은 것이다. 이돈화는 현상즉실재론 철학을 1910년대 중반까지는 주로 인간을 본체와 현상의 측면에서 설명하는 데 활용했으며, 1910년대 후반부터는 인간의 현상 방면을 '개인과 사회'로 표상되는 이원론적 대립을 종합하는 인식틀로 확장하여 제시했다.

먼저, 현상즉실재론 철학의 주요 내용과 1910년대 중반까지의 영향관계 및 활용 양상을 살펴보자. 현상즉실재론 철학의 주요 내용을 살펴보기 위해서는 현

---

83) 夜雷(이돈화), 위의 글, 54쪽.

상즉실재론의 기본 입장을 철학사적 흐름 속에서 간단히 자리매김할 필요가 있다. 본래 현상과 본질을 구별하고 양자를 대립적으로 바라보는 관점은 플라톤 이래 서양 철학사의 오랜 전통이다. 이와 달리 중국은 양자를 구분하면서도 사상적 전개 과정에서는 그 구별이 실질적으로 부정되는 방향을 취했다. 특히 주자성리학의 경우 "현상과 본질은 '작용'과 '본체'라는 형태로 구별되면서도 양자의 불가분한 관계가 강조"되었다.[84] 현상즉실재론은 일본 메이지기(明治期) 철학의 주류를 이루었는데, 현상과 본질·실재를 이질적인 것이 아니라 '상즉(相即)'의 관계로 파악한다.[85] 현상즉실재론을 대표하는 철학자는 이노우에 테쓰지로(井上哲次郎)이다.[86] 일본 근대철학사에서 그는 종종 니시타 키타로(西田幾多郎)까지 이어지는 일본 관념론의 기본 성격을 결정한 자로 자리매김된다.[87]

이노우에는 현상즉실재론의 철학적 입장을 다음과 같이 밝혔다. "(실재론은 ― 인용자) 정신과 물질 양자를 제3의 원리에 따라 통일해가는 철학"인데, "근본 원리인 실재를 제3자라 하는 것은 단지 추상에 의한 것이므로 기실은 세 개(정신·물질·실재 ― 인용자)가 하나이다"라는 것이다. 그는 정신·물질을 모두 현상으로 파악하고, '현상이 곧 실재'라고 주장했다.[88] 여기에는 이노우에가 서양 근대사상의 근저를 이루는 인식론적 발상에 주목하고 이해하고자 한 노력이 반영

---

84) 桑子敏雄, 「現象と本質」, 中村元 監修·峰島旭雄 責任編集, 『比較思想事典』, 東京書籍, 2000, 153~154쪽.

85) 미야카와 토루·아라카와 이쿠오 엮음, 이수정 옮김, 『일본근대철학사』, 생각의 나무, 2001, 104쪽.

86) 이노우에 테쓰지로는 니시 아마네(西周), 니시타 키타로(西田幾多郎)와 더불어 메이지 철학을 대표하며(伊藤友信 外, 『近代日本哲學思想家辭典』, 東京書籍, 1982, 62쪽), '현상즉실재론' 이라는 개념을 만들고 주장하는 등 메이지시기 현상즉실재론의 대표자로 손꼽힌다(船山信一, 앞의 책, 1959, 102쪽). 이노우에는 도쿄대학 철학과 교수로 재직하면서 교육칙어(教育勅語)를 해설하는 『칙어연의(勅語衍義)』(1891)를 저술하고(井上哲次郎, 『井上哲次郎自伝』, 富山山房, 1973, 30쪽), 『교육과 종교의 충돌』(1893)에서 크리스트교의 비(非)국가주의적 성격을 비판하는 등 국권주의적 관념론을 주장했다(船山信一, 『明治哲學史研究』, ミネルヴァ書房, 1959, 14~15쪽).

87) 船山信一, 위의 책, 47쪽. 이와 관련하여 후나야마 신이치(船山信一)는 "니시타의 순수경험론은 이미 이노우에의 현상즉실재론, 관념(즉)실재론 속에 준비되어 있다"고 했다.

88) 井上哲次郎, 『哲學と宗敎』, 東京: 弘道館, 1915, 67쪽.

되어 있다.[89] 즉 주관과 객관을 준별하는 인식론은 본래 서양 근대에서 유래했는데,[90] 정신과 물질은 인식에서 각각 주관과 객관을 대표하는 개념이라고 말할 수 있다. 이노우에는 이러한 주관과 객관을 융합·관철하는 것으로 불교의 '진여(眞如)'에서 유래한 '실재' 개념을 제시했다. 그는 동서 문화의 융합이라는 포부 위에서 이러한 철학체계를 산출한 것이다.

그러나 일본 사상사 연구의 일반적 평가에 따르면, 이노우에의 사유에는 물질보다 정신을, 서양 철학보다 전통사상의 탁월성을 인정하는 자세가 숨어 있었다. 이 때문에 그의 현상즉실재론은 관념론과 유물론을 종합하는 실재론을 표방했음에도 불구하고 기본적으로 관념론의 계보에 속한다고 평가된다. 또한 정신이나 전통 우위의 관점으로 인해 현상즉실재론은 이질적 사상과의 내면적 격투에서 나온 독자적인 세계관이 되기 어려웠다. 따라서 동서 철학 융합이라는 그의 시도도 외면적이고 절충적으로 귀결되었다.[91]

한편 최근에는 기존의 이노우에에 대한 연구가 현상즉실재론 철학의 관념성에 주목한 경우가 많았음을 지적하고, 이노우에의 철학에 담긴 실천적·이데올로기적 성격에 주목한 연구가 나왔다. 이 연구에 따르면 현상즉실재론에는 '서양(혹은 서양적 이원론)에 대한 대항이라는 모티브가 짙게 각인되어 있고, 그런 의미에서 정치적 입장과는 떼려야 뗄 수 없는 동양주의, 일본주의의 철학'이다.[92] 또한 이노우에는 현상즉실재론을 "제(諸) 종교의 통합을 추진하기 위한 논거로서도 사용"했다. 즉 그는 "다가올 '장래의 종교'는 모두 이제까지의 역사적 특수성을 탈각하여 다만 '실재'라는 관념하에 통합되어야 한다"고 주장했다.[93]

---

89) 渡辺和靖, 「III－第1章 井上哲次郎と体系への志向」, 『明治思想史－儒教的伝統と近代認識論－』, 東京: ぺりかん社, 1978, 113쪽.

90) 渡辺和靖, 위의 글, 113쪽.

91) 이상의 이노우에 철학에 대한 비판적 평가는 미야카와 토루·아라카와 이쿠오 엮음, 이수정 옮김, 앞의 책, 2001, 105쪽 및 船山信一, 앞의 책, 1959, 47쪽 참조.

92) 繁田眞爾, 「근대 일본의 국가와 도덕－1900년 전후의 이노우에 데쓰지로(井上哲次郎)를 중심으로」(아시아민중사연구회·역사문제연구소 공동 주최 국제워크숍 발표문, 2010년 2월 21일, 와세다 대학), 9쪽.

93) 繁田眞爾, 위의 글, 9쪽.

〈그림 1〉『철학과 종교』와『인내천-요의』의 '현상즉실재론' 도식

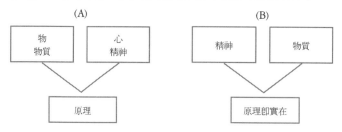

출전: 井上哲次郎, 앞의 책, 1915, 66쪽; 夜雷 李敦化, 『人乃天-要義』, 開闢社, 1924, 96쪽(韓國學文獻研究所 편, 『東學思想資料集』 3, 서울亞細亞文化史, 1979, 272쪽).
비고: (A)=『철학과 종교』 / (B)=『인내천-요의』

이노우에의 현상즉실재론 철학은 일본 관념론 발달사에서 본류에 속할 뿐만 아니라 식민지 조선에도 영향을 끼쳤다. 영향관계는 이돈화의 논설에 뚜렷이 나타난다. 이돈화의 글에서 본질과 현상을 구분하는 현상즉실재론의 사유는 1910년대 초부터 보이는데, 1913년 무렵에는 '현상즉절대, 절대즉현상'이라는 표현도 나오다가,[94] 1919년에는 "일체의 현상은 실재라는 바다(實在海上)의 파도이며, 유한하고 상대적인(有限相對의) 현상은 본래부터 무한하고 절대적인 것(無限絶對)에 불과한 것 아니냐. 이것을 근세철학에서는 현상즉실재론이라 부르도다"라고 명확하게 제시된다.[95] 이뿐 아니라, 그는 이노우에의 저서에서 현상즉실재론의 도식을 가져와 『인내천-요의』에 인용하고 있다. 『인내천-요의』는 이돈화가 1924년에 출간한 저서로, 1910년대부터 1920년 초에 걸친 교리 연구의 성과를 집약한 것이다. 그에 관계된 내용은 다음과 같다.

〈그림 1〉의 (A)와 (B) 도식은 거의 동일하다. 1910년대 이돈화의 글이나 여기 제시된 두 도식의 닮음꼴을 고려하면, 이돈화는 현상즉실재론 철학의 도식을

---

94) "마지막으로 한마디 할 것은, 현상즉절대며 절대즉현상이라. 현상을 떠나 절대를 구하고자 하면 이는 마음(心)을 떠나 리(理)를 구하는 것과 같으니 어찌 가능하겠는가"(李敦化, 「光의 說」, 『天道敎會月報』 31, 1913. 2, 38쪽).
95) 夜雷(李敦化), 「默念論」, 『天道敎會月報』 104, 1919. 4, 8~9쪽.

이노우에의 저서 『철학과 종교』에서 인용했음이 확실하다. 『인내천-요의』를 비롯해서 1910년대 후반~1920년대 초 『천도교회월보』와 『개벽』에 실린 이돈화의 논설에는 『철학과 종교』의 주요 내용이 적잖게 인용·소개되고 있다. 양자의 내용을 면밀히 추적하면 이돈화에게 끼친 이노우에의 영향과 수용 시점 등을 더 구체적으로 파악할 수 있다.

이때 이돈화의 논설에 등장하는 '종교·철학·과학'의 구분법(이하 '3구분법'으로 줄임)이 중요한 단서가 된다. 왜냐하면 이 구분법은 이노우에의 지서 『철학과 종교』 제1장 '철학의 요구 및 장래'에서 철학과 과학, 철학과 종교의 공통점과 차이점이 상세하게 논의되는 가운데 등장하고 있기 때문이다.[96] 이미 이돈화가 『철학과 종교』를 읽고 그로부터 영향을 받은 것이 확실하다면, 그의 논설에서 이 구분법이 등장하는 대목은 『철학과 종교』, 나아가 현상즉실재론 철학의 영향을 받은 시점이 언제인지를 보여주는 중요한 단서가 될 수 있다. 이돈화의 논설에서 3구분법은 1915년 5월에 처음 등장했다. 그는 「최고소견법(最高消遣法)」이라는 글에서 "종교·철학·과학 등 제반의 교훈 중에는"이라고 하여,[97] 이 세 분야를 '제반의 교훈'이라 불렀다. 그는 생사문제를 논의하는 문맥에서 그것을 언급했는데, 이 제반의 교훈 가운데서도 생사문제의 해결을 자부하는 자가 많다는 것이다. 그러나 곧이어 "그러나 우리는 이른바 해결책이라 말하는 이론 중에도 믿기 어려운 것이 많다고 의심하나니, 이것은 인식상의 해답이 결여되어 있기 때문이니라"고 하여 세 분야의 '교훈'을 비판한다.[98] 즉 이때의 3구분법은 소극적(negative)으로 이용되고 있었다. 그 뒤 이런 구분법은 보이지 않다가 1918년에 다시 등장한다.[99]

이상을 종합해보면 다음과 같다. 이돈화는 1913년 무렵에 이미 현상즉실재

---

96) 井上哲次郎, 앞의 책, 1915, 1~35쪽.
97) 李敦化, 「最高消遣法」, 『天道敎會月報』 58, 1915. 5, 25쪽.
98) 李敦化, 위의 글, 25~26쪽.
99) 1910년대 후반에 이루어진 3구분법의 재등장과 그 의미에 대해서는 제2장 2절 중 '2) 인내천 주의의 형성' 항목에서(82~85쪽) 살펴보겠다.

론에 대해 알고 있었으나, 그 시기의 영향관계는 분명치 않다. 그가 이노우에의 현상즉실재론에서 영향을 받았음을 보여주는 직접적인 증거는 1915년 5월의 논설에서 처음 사용한 종교·철학·과학이라는 구분법이다. 이 구분법은 그보다 3개월 이른 시점인 1915년 2월에 발간된 이노우에의 『철학과 종교』 제1장의 핵심 내용이었기 때문이다.[100] 이를 계기로 이 책 전체의 핵심적 입장인 현상즉실재론은 이돈화에게 본격적으로 영향을 끼치기 시작했다.

다음으로 이돈화가 이노우에의 현상즉실재론 철학을 어떤 입장에서 수용했는가를 살펴보자. '현상은 곧 실재'라는 이노우에의 현상즉실재론은 종교·철학·과학의 구분법과 밀접한 관련이 있다. 도식적으로 표현하자면 현상 방면에 대한 인식은 과학으로써, 실재·본체 방면에 대한 인식은 종교로써 가능하며, 철학은 그 접점에 서서 종교와 과학을 관장한다는 것이다. 이노우에는 철학에 "종교와 과학의 관계를 명확히 하는 심판관의 지위"를 부여했다.[101] 이런 입장에서 그는 특히 진화론의 적용 범위가 제한적임을 명확히 했다. 그에 따르면 진화론은 운동의 기원을 설명하지 못하며, 동(動)적인 현상에는 들어맞지만 정(靜)적인 실재에는 들어맞지 않는다고 했다. 그런 까닭에 진화론은 현상의 이론으로서는 타당하지만, 실재의 이론으로는 불충분하다는 것이다. 그래서 이노우에는 진화론이 목적론과 의지론(意志論)으로 보완되지 않으면 안 된다고 했다.[102]

그렇다면 이노우에는 기존의 진화론과 의지론·목적론이 어떻게 상호 보완되어야 한다고 생각했을까. 『철학과 종교』의 내용을 간추리면, 이노우에는 '목적

---

100) 이노우에의 저서가 '철학과 종교'라는 제목이었으므로 이돈화의 주의를 끌기에 충분했을 것이다. 또한 식민지 본국인 일본과 식민지 조선의 관계를 고려할 때, 『철학과 종교』가 발간된 직후 이돈화가 빠른 시간 안에 이를 입수해서 읽었을 가능성도 크다고 생각된다.

101) 井上哲次郞, 앞의 책, 1915, 31쪽.

102) 船山信一, 앞의 책, 21쪽. 이런 관점에서 이노우에는 스피노자의 '본체(Sbustantia)' 개념이 정신과 물질을 통일했다고 평가하면서도 그 개념이 정태적이라고 비판했다. 쇼펜하우어에 대해서는, 쇼펜하우어가 본체를 '의지(意志)'로 생각해서 우주의 실재를 활동적으로 본 점을 높이 평가했지만, 의지를 맹목적으로 설정한 것에는 비판적이었다. 이의 연장선상에서 이노우에는 하르트만, 셸링, 헤겔, 쇼펜하우어의 사상에 모두 '무의식적 실재'가 놓여 있다고 비판했다(井上哲次郞, 앞의 책, 1915, 78~82쪽).

론적 진화론'과 '활동적 실재'를 제시했다고 말할 수 있다. 즉 현상의 층위에 작용하던 진화론에는 '목적' 개념을 부여하고, 정태적인 실재에는 '활동성' 개념을 부여한 것이다. 이러한 이노우에의 재개념화는 현상과 실재를 분리해서 보는 서구의 이원론적 사유에 대한 비판에서 유래했다. 서구 사상에서는 현상 층위와 실재 층위를 단절시켰기 때문에 진화론에는 목적이 상실되었고, 실재 개념은 정태적이 되어 현실에 아무런 작용을 못한다는 것이 이노우에가 비판한 핵심이었다.

이돈화는 이노우에의 목적론적 진화론을 나름대로 소화해서 그 실재를 '신'으로 치환했다.[103] 그 양상은 다음 글에 나타나 있다.

여러분, 사람이 무의미하게 태어나 무의미하게 죽는다 하면, 인생의 목적은 겨자씨만큼도 찾기 힘든 것 아닌가. 그러나 인생은 신(神)에서 태어나 신(神)으로 돌아감이 사실이다. 무슨 까닭에 인생은 신에서 나와 다시 신으로 돌아가는가 하면, 우리는 '인생은 진화하기 위할 뿐이라'고 힘주어 대답한다. 무슨 까닭에 인생은 진화하는가 하면, 사람으로서 신에 접근하며 직접 신이 되고자 하는 신상(神想)에서 나왔기 때문이라 할 수 있다. 그렇다면 우리는 신의 최고 생각(最高思)에 도달하기 위해 무의미의 생활을 영겁 이래로 계속할 뿐이며, 이에 인생의 무의미한 생활은 곧 대의미(大意味)의 생활인데, 인생의 최종 목적은 신 바로 그것이다.[104]

위 인용문에서 이돈화는 인생의 목적이 '신이 되기 위해 진화하는 것'에 있음을 강조했다. 그는 실재의 층위에 해당하는 신(神) 개념을 현실에 연결하여 인생의 목적을 설명하는 데 활용한 것이다.

---

103) '활동적 실재'는 범신론과 관련되지만 1910년대 이돈화의 글에서는 실재의 활동성에 대한 관심이 별로 두드러지지 않았다. 그러나 1920년대에 이르면 이돈화에게 활동적 실재 관념은 '생명' 개념으로 연결된다.
104) 李敦化, 「人生은 神에 出ᄒᆞ야 神에 歸ᄒᆞᆷ 故 人生의 目的은 道를 覺ᄒᆞᆷ에 在」, 『天道敎會月報』 61, 1915. 8, 17쪽.

이처럼 이돈화는 불완전하며 모순적인 인간의 실존을 부정하지 않으면서도 '인간은 곧 하늘'이라는 천도교의 교리를 설득력 있게 전파하기 위해 현상즉실재론 철학의 설명틀을 받아들여 활용했다. 그는 인내천에 내포된 인간과 우주(혹은 신)의 관계를 두 층위로 나누어 설명했다. 즉 인간은 실재의 층위에서는 완전하지만(범신론적 사유), 현상의 층위에서는 완전을 지향하는 과정적이고 불완전한 존재(진화론적 사유)라는 것이다. 그러면서도 두 층위는 분절된 것이 아니라 긴밀히 상호 침투하는 관계로 설정되었다. 이로써 인내천에 담긴 동학사상의 민중종교적 일원론은 서구 근대철학이 가진 '본질-현상'이라는 이원론과 공존하게 되었다.

교조 최제우의 '시천주'에 담긴 신인합일의 종교체험은 이돈화 단계에 와서 근대적인 인간 존재론의 영향을 받아, 인간은 본질적으로 완전한 존재이되, 현실에서는 완전을 향해 나아가는 불완전한 존재라는 인식으로 변모했다. 이는 '신이 인간의 영역에 들어온 것'(=시천주·인내천)을 인간에 관한 존재론적 설명으로 나타냈다는 점에서 '무기(無記)-표기(表記)'의 관계가 중심이 된 사유라고 말할 수 있다. 그런데 이돈화가 사람들에게 "신이 되기 위해 노력해야 한다"고 한 데서 알 수 있듯이, 당시 그의 인간론은 소박한 종교적 실천과 관련되었으며, 그 영향력도 천도교 신도(信徒) 등 교단에 제한되었다.

제2장
종교의 사회적 성격 강조

1. '사회'에 대한 관심의 대두

1917~1918년 무렵부터 천도교단은 제1차 세계대전이 낳은 참상을 문명론의 위기로 진단하고 세계개조의 시대사조에 편승하여 종교의 사회적 역할을 강조하기 시작했다. 전쟁의 추이를 주시하던 손병희는 종전이 가까워지던 1917년경 교단의 간부를 실무 능력이 있는 중진급으로 대거 교체했고, 이에 따라 35세의 정광조(鄭廣朝)가 차세대 지도자로 부상했다. 천도교의 이런 움직임은 새로운 변화에 적응하려는 노력으로서, 그동안의 교정분리 방침이 사회참여로 방향 전환하기 시작했음을 뜻한다. 이러한 방향 전환은 1920년 천도교청년회의 조직을 거쳐 1923년 교정일치를 표방한 천도교청년당(天道敎靑年黨)의 성립으로 이어지는 일련의 과정이었다. 이와 연동해서 『천도교회월보』의 필진도 청년층 중심으로 재편되었는데, 논설의 분량과 영향력의 측면에서 특히 이돈화의 역할이 두드러졌다.[1] 1910년대 중반까지 교리 해석 방면에서 양한묵과 이돈화 사이에 진

---

1) 이돈화는 평소 한학에 대한 소양이 짧아서 시재(詩才)가 없다고 했지만, 이 시점에 이르러 이전에 양한묵, 오지영, 이관 등 앞 세대들이 『천도교회월보』에 시를 주로 싣던 '사조(詞藻)'란에 그도 시를 올리기 시작했다(마지막 시조가 1919년 2월에 발간된 『천도교회월보』 제102호의 62쪽에 실렸다). 이것은 이돈화의 지위 상승을 보여주는 상징적인 사례라 할 수 있다.

행되었던 세대교체가 『천도교회월보』를 주도하는 담당 계층의 변화로까지 이어진 것이라 할 수 있다.

『천도교회월보』를 중심으로 1910년대 후반에 나타난 내용 변화의 의미를 좀 더 잘 포착하기 위해서는 1910년대 전반의 경향을 개관할 필요가 있다. 1910년대 초반 이돈화의 논설에 등장한 종교통일론에서도 볼 수 있듯이 사회에 대한 그의 관심이 없었다고는 할 수 없다. 그러나 전체적으로 볼 때 교리 해설이나 종교적 수련에 관한 내용이 다수를 차지했다. 즉 천도교라는 종교에 관한 이론적·실천적 방면의 논의가 중심을 이루었다.

그가 「영통력이 사실됨을 선명(鮮明)흠」에서 영통력을 논하거나[2] 「영성적 생활」에서 "영성적 생활은 곧 명상적 생활"이라고 언급하는 부분,[3] 그리고 「묵념 중 삼아(三我)」에서 묵념을 강조하는 대목은[4] 모두 종교적 실천에 관한 논의라고 할 수 있다. 이론적 방면의 논의와 관련해서도 이돈화는 다수의 논설을 발표했는데, 특히 천도교 교리의 요점을 천인합일(天人合一), 성신쌍전(性身雙全), 유무일관(有無一貫)으로 제시하는 점이 주목된다. 그에 따르면 천인합일과 성신쌍전의 경우, 전자는 '천과 인이 우주의 전체 원리에서 합일함'을 뜻하고 후자는 '성과 신이 개인의 전체 원리에서 합일'함을 뜻한다. 이어서 그는 "대(大)한 천과 인, 소(小)한 성과 신은 전체와 개체에서 모두 유무일관의 혈맥(血脈)이라. 이 유무일관의 진리로써 오교(吾敎)는 무형유형의 양계(兩界)를 포양(包養)하나니"라고 해서 천인합일과 성신쌍전을 유무일관으로 통합하고 있다.[5] 여기서 전제된 우주와 개인이라는 중심축을, 그가 동의하고 있던 종교의 정의, 즉 "천과 인의 연쇄이며 상대와 절대의 관계"라는 부분과 관련지어 생각하면,[6] 당시 그의 교리 해석에는 종교적 측면, 즉 '천과 인' 혹은 '우주와 개인'의 상호 관계에

2) 李敦化, 「靈通力이 事實됨을 鮮明흠」, 『天道敎會月報』 27, 1912. 10, 11~13쪽.
3) 李敦化, 「靈性的 生活」, 『天道敎會月報』 33, 1913. 4, 8쪽.
4) 李敦化, 「默念中三我」, 『天道敎會月報』 32, 1913. 3, 26쪽.
5) 李敦化, 「吾敎의 大宗」, 『天道敎會月報』 89, 1917. 12, 8쪽.
6) 李敦化, 위의 글, 2쪽.

〈표 1〉『천도교회월보』와 『개벽』에 발표된 이돈화 글의 빈도수(1911~1924)

	1911	1912	1913	1914	1915	1916	1917	1918	1919	1920	1921	1922	1923	1924	계
월보	9	11	6	8	5	1	5	31	44	26	11	8	1	1	167
개벽	–	–	–	–	–	–	–		–	22	25	9	2	7	65

비고: ① 『천도교회월보』의 경우 제35호(1913), 제40호(1913), 제125호(1921), 제133호(1921)가 영인본
　　　에서 누락되었으므로 집계에서 제외했다.
　　② 『개벽』은 1920년 6월에 창간되었으므로 1920년 수치는 7개월 동안의 것이다. 또한 『개벽』에서
　　　는 공동집필이나 설문조사 및 삭제기사의 경우는 제외했다.

대한 고찰이 중심 테마였다고 말할 수 있다. 그는 1910년대 중반까지 실천적
방면에서 묵념을 통한 '영성적 생활'을 강조하고, 이론적 방면에서는 '천과 인'
혹은 '우주와 개인' 문제를 중심으로 논의하고 있었는데, 이런 노력들은 대체로
종교적 범위에 국한되었고, 글의 발표도 그다지 활발한 편은 아니었다.

　그러나 이 같은 추세는 1910년대 후반에 들어서면서 변화를 보인다. 1911년
에서 1920년대 중반까지 그가 『천도교회월보』에 발표한 글의 수를 『개벽』의
경우와 함께 살펴보면 〈표 1〉과 같다.[7] 〈표 1〉에서 드러나듯이 이돈화는 첫
글을 발표한 1911년부터 1917년까지 1년에 평균 약 6~7편을 발표했다. 그러
다가 1918년부터 1921년에 이르는 4년 동안에는 특히 왕성하게 글을 발표했
다. 『천도교회월보』의 경우 14년에 걸쳐 발표된 글 167편 가운데 이 4년 동안
의 글 수는 112편으로, 전체 시기의 28.6%에 해당하는 기간에 67.1%에 달하

---

7) 두 잡지에는 그의 이름인 이돈화 외에 야뢰(夜雷), 창해거사(滄海居士), 백두산인(白頭山人), 저
　암(猪巖) 등이 필명으로 사용되고 있다. 〈표 1〉의 빈도수는 필명이 있는 글에 한정했고, 현재
　이돈화의 필명이라고 밝혀진 것을 중심으로 계산했기 때문에 실상을 정확하게 반영한 숫자라고
　하기는 어렵다. 예를 들어 『개벽』 권두언 중 상당수는 이돈화가 썼을 것으로 생각되지만, 확인
　되지 않으므로 계산하지 않았다. 또, 그의 글은 이 외에도 여러 잡지매체에 실려 있다. 그러나
　『천도교회월보』와 『개벽』이 이돈화가 글을 발표하는 가장 중요한 무대였고, 시기적으로도 잡
　지 발표의 빈도와 관련해서 이때가 중심이 되었음은 의심할 여지가 없으므로 〈표 1〉로써 연도
　별 개략적인 추이는 파악할 수 있다고 본다. 한편 두 지면을 1924년까지만 비교한 것은 그 이
　후에 이돈화의 논설이 없었기 때문이 아니라, 1920년 전후의 경향성을 파악하는 데 주의를 집
　중하기 위한 실용적인 이유에서이다.

는 글을 발표한 셈이다. 『개벽』의 경우도 1926년 8월의 폐간 시점까지 발표된 그의 글은 대략 79편 정도인데, 그 가운데 1920년과 1921년의 것이 47편이다. 『개벽』이 발간된 개월 수를 따져보면 전체 시기의 1/4 남짓한 기간 동안 전체 글의 약 60%를 발표한 셈이다. 이처럼 1910년대와 1920년대에 걸친 이돈화의 저술활동에서 1910년대 후반부터 1920년대 초반까지의 기간은 중요한 의미를 갖는다고 할 수 있는데, 그것은 이돈화의 논설에 등장하기 시작하는 사회와 개조에 대한 관심의 증대와 직접 관련되어 있다.

이돈화의 글은 1918년에 31편으로 급증하며 1919년에는 44편으로 더욱 늘어나는 추세를 보이고 있다. 『천도교회월보』는 본래 종교 기관지이므로 증가된 글에서도 여전히 종교적 내용이 대세를 이루고 있지만, 이와 함께 주목할 만한 변화도 나타나기 시작했다. 「종교의 양 측면」(1918. 2)에서 그는 다음과 같이 언급했다.

> 그러므로 유무통일(有無統一), 영육쌍전(靈肉雙全)은 진리 전체이며 따라서 종교의 본령이라. 종교는 이 본령을 잃으면 현대문명을 진화시키거나 융화하지 못할지라. 상세히 말하면, 현대종교는 영육쌍전주의를 취하지 않을 수 없으니, 곧 진리의 전체를 포용해서 이를 응용하지 않을 수 없도다. 그러므로 현대종교는 개인적 측면과 사회적 측면을 종합적으로 파악할 책임을 가졌다. 각 개인의 측면에서 본 종교는 각 개인의 전공(專攻)적 수양을 요구하고, 사회적 측면에서 본 종교는 그 전공적 수양을 사회에 응용해서 협동주의를 취해야 한다.(밑줄은 원문) 그리하여 전공은 협동을 보조하고 협동은 전공을 도와야 우리는 종교의 두 측면을 완전히 했다고 말할 것이다.8)

여기서 그는 '유무통일, 영육쌍전'을 종교의 본령으로 보면서도 그것을 응용할 것을 주장한다. 즉 "현대종교는 개인적 측면과 사회적 측면을 종합적으로 파

---

8) 李敦化, 「宗敎의 兩側面」, 『天道敎會月報』 91, 1918. 2, 10쪽.

악할 책임을 가졌다"라고 했다. 구체적인 방법으로 각 개인은 전공적 수양을, 그리고 사회에 나가서는 협동주의를 취할 것을 제시하고 있다. 그는 1917년까지도 종교를 "천과 인의 연쇄이며 상대와 절대의 관계"로 보았고,[9] 천도교 교리의 요점을 '천인합일, 성신쌍전, 유무일관'으로 제시한 바 있다.[10] 따라서 인용문을 통해 그의 생각이 1917년과 1918년 사이에 의미 있는 변화를 보이기 시작했음을 알 수 있다. 즉 1918년쯤 그의 관심영역에 사회에 대한 언급이 추가되면서 이전의 '우주와 개인' 구도는 '우주-인간' 및 '개인-사회' 혹은 '우주-개인-사회'의 틀로 변화한 것이다. 이에 연동해서 그는 인내천 등의 천도교 교리를 '현대적 최후 대(大)사상'인 동시에 "현대 제반 활동, 즉 종교·철학·과학·도덕·정치 등 각종 활동을 통일 조화"하는 것으로 언급했다.[11] 과학뿐만 아니라 도덕과 정치가 천도교 교리의 작용 범위에 포함된 것은 '사회'에 대한 그의 관심 증가에 따른 것으로 보인다.

이와 비슷한 시기의 다른 글에서도 이돈화는 개인과 사회의 관계를 〈표 2〉와 같은 이항 대립적 구도로 설명하고 있다.[12] 개인과 사회를 각각 이기주의와 이타주의에 대응시켰고, 파도와 바다에 비유했다. 또한 이기와 이타의 관계를 설명하면서도 개인적 고립을 벗어나 사회와 연결점을 가져야 한다거나 이타심도 이기심의 한 형태라 하면서 사실상 사회 및 이타주의를 강조하고자 노력했다. 그에 따르면 강(强)과 약(弱)과 건(健)과 병(病)은 '비교적 수리(數理)'에 불과하고, 강약의 관계는 사회생활에서 피할 수 없는 사실이며, 협동생활을 하는 자는 서로 의존하며 신뢰하여 돕기 위해 노력하고 있다는 것이다.[13]

  9) 李敦化, 「吾敎의 大宗」, 2쪽.
 10) 李敦化, 위의 글, 8쪽.
 11) 夜雷(이돈화), 「迷의 信仰으로 覺의 信仰에」, 『天道敎會月報』 97, 1918. 9, 5쪽.
 12) 夜雷(이돈화), 「信仰性과 社會性(其二)」, 『天道敎會月報』 100, 1918. 12, 19쪽; 夜雷(이돈화), 「信仰性과 社會性(續)」, 『天道敎會月報』 101, 1919. 1, 13~15쪽. 〈표 2〉와 〈표 3〉에서 각 이항 대립 위에 적힌 '구분', '정의' 등의 용어는 내용 이해의 편의를 위해 필자가 본문을 참조해서 붙였다.
 13) 夜雷(이돈화), 「信仰性과 社會性(續)」, 1919. 1, 16쪽.

〈표 2〉'개인과 사회'에 관한 이항 대립적 인식

구분	관계	비유	태도
개인	분업	파도	이기주의
사회	협동	바다	이타주의

　이돈화가 사회에 대한 관심을 적극적으로 갖게 되면서, 그의 글에서도 1910
년대 초에 선보였던 종교진화론적 생각이 사회와 좀 더 적극적인 관련하에서
재등장하기 시작했다. 그는 종교에 대해 '발전적 고찰법'이 필요하다고 했다.
발전적 고찰법이란, 모든 활동은 생활의 지속과 발전을 위한 것이므로 경우와
이상(理想)의 변화에 따라 활동도 변화한다고 보는 고찰법을 뜻한다.14) 여기에
는 어떤 활동을 시대적 변화에 맞게 고찰한다는 점에서 진화론적 인식이 깔려
있다고 할 수 있다.

　특히 주목할 점은, 이돈화가 당시 새롭게 대두되던 사회적 관심을 기존의 종
교적 논의에 접맥시키고자 한 사실이다. 그는 〈표 2〉처럼 개인과 사회에 관해
언급하면서도 이러한 논의를 〈표 3〉에서 보는 바와 같이, 더욱 상위의 범주인
'종교와 사회'의 관계 속에서 진행하고 있었다. 이를 통해 이돈화 자신이 이전
에 '절대와 상대의 관계'로 정의한 종교 개념이나 '성신쌍전'의 발상이 '종교와
사회'를 포괄하는 틀로 새롭게 확대·적용되고 있음을 알 수 있다.

　그는 이 즈음에 사회적 관심을 포용한 종교를 시대에 적합한 것으로 의미 부
여하는 글을 쓰기 시작했다. 그는 당시에 '이종(二種)의 신앙'이 있다고 보았다.
유래종교(由來宗敎)가 고취하는 신앙과 현대의 제반 활동을 지지하는 신앙이 그
것이다. 그는 전자와 후자를 각각 '객관적 조건을 무시하는 입장 : 객관적 조건
을 관찰하는 입장', '주관의 정조(情操)에 그치는 입장 : 객관적 감상과 동경을

---

14) 모든 활동은 생활의 지속과 발전을 위하여 단련된 것이기 때문에 그것이 놓인 경우와 그것이
　　가진 이상(理想)의 변화에 따라 그 방법도 변화하며 또 변화하지 않을 수 없다고 보는 고찰법
　　〔夜雷(이돈화), 「迷의 信仰으로 覺의 信仰에」, 3쪽〕.

〈표 3〉 '종교와 사회'에 관한 이항 대립적 인식

구분	본성	대상	체(體) / 용(用)	정의
종교	신앙적	관념세계	절대 / 희망	정신상 위안을 구하는 절대관념
사회*	군거(群居)적	현실세계	상대 / 실현	육체상 복리(福利)를 구하는 비교 사상

비고: * 여기서 '사회'는 다시 '개인과 사회'의 관계로 구분되는데, 이에 관한 사항은 〈표 2〉에 나타나 있다.

하는 입장', '생활이 조화되기 어려운 이원적 입장 : 생활이 항상 일원적인 입장'으로 대비했다.15) 그 결과 다음과 같이 결론을 맺는다.

현대의 생활법칙은 이 이상[二相: 이상(理想)과 육욕(肉慾) ― 인용자]을 하나의 통일적인 흥미(興味) 아래 두지만, 종래의 신앙 가운데에는 그러한 이상(二相) 가운데 통일적 흥미가 항상 분리·모순됨을 면치 못하니 (…) 결국 움직임(動)에 의해 생기는 이상(二相)을 통일하여 일원(一元)으로 한 것은 올바른 신앙이며, 그것을 분리하여 이원(二元)으로 하는 것은 미신일지로다.16)

위 인용문에서 볼 수 있듯이 그가 바람직하게 생각하는 신앙은 '이상(二相)을 통일하여 일원(一元)으로 삼는 것'이었다. 이 설명에는 현상즉실재론의 '정신과 물질을 실재로 통일'하는 이원론적 일원론의 사고방식이 들어 있다.17) 이러한 신앙은 다른 글에서 '신종교'로 표현되기도 했다. 신종교라는 용어는 1910년대 초의 '통일적 종교'나 1910년대 후반부터 이돈화뿐만 아니라 천도교단 차원에서 재등장해 강조된 '장래의 종교'나 '최후종교' 등을 모두 포괄하는 용어라 할

---

15) 夜雷(이돈화), 위의 글, 4쪽.
16) 夜雷(이돈화), 위의 글, 4~5쪽.
17) 신일철은 당시 사상계의 '이원론적 일원론'이 이돈화의 교리 체계화에 영향을 끼쳤다고 지적한 바 있다.(신일철, 『동학사상의 이해』, 사회비평사, 1995, 165쪽).

수 있다.[18] 천도교를 염두에 둔 이돈화의 '신종교'는 유래종교를 배척하지 않고 포용할 뿐만 아니라 철학과 과학도 포괄하며, 우주뿐만 아니라 개인도 중심으로 하는 종교로 설명되었다.[19]

말하자면 1918년 무렵 이돈화는 기존의 종교적 논의에 사회적 관심, 즉 개인과 사회의 관계에 관한 논의를 접맥시켰는데, 이때 현상즉실재론 철학으로부터 '현상-즉-실재'의 도식뿐만 아니라 현상 층위의 '정신-물질' 도식을 '개인-사회'의 논의에 적용하기 위해 이원론적 일원론 도식을 활용했다고 말할 수 있다. 그 결과 그의 논의에는 종교와 사회 개념이 각각 실재(관념)와 현상(현실)에 대응하게 되고, 현상에 해당하는 사회 개념은 다시 개인과 사회로 나눠 언급되었다.

2. 종교와 사회의 연결고리

1) 인간의 본능: 신앙성과 사회성

이돈화가 사회적 관심을 종교적 논의에 통합하려 한 까닭은 무엇일까. 그것은 '종교적 사회개조'의 논리적 근거를 마련하기 위해서였다. 그는 사회를 서구의 물질문명과 과학적 합리성의 폐해가 심각한 곳으로 상정했다. 그가 인식하는 현실의 일단은 '장래의 종교'를 주장한 대목에서 다음과 같이 드러났다.

---

18) 1919년 초부터 1920년대 중반까지 나타난 종교통일과 장래 종교에 관한 일련의 논의는 다음과 같다. 吳知泳, 「〈언문부〉 종교합일론」, 『天道敎會月報』 101, 1919. 1; 敬天生, 「〈언문부〉 후턴의 식종교」, 『天道敎會月報』 101, 1919. 1; 李敦化, 「〈敎門訂議〉 將來의 宗敎」, 『天道敎會月報』 102·103·105, 1919. 1·2·5; 李鍾麟, 「〈敎門訂議〉 天道敎의 將來」, 『天道敎會月報』 102, 1919. 2; 誠天生, 「〈언문부〉 종교의 장릭」, 『天道敎會月報』 104, 1919. 4; 李敦化, 「〈敎門訂議〉 今日以後의 宗敎」, 『天道敎會月報』 110, 1919. 10; 天民生, 「〈講演〉 나의 본 新宗敎」, 『天道敎會月報』 111, 1919. 11; 金弘植, 「〈講演〉 此世의 將來난 宗敎」, 『天道敎會月報』 112, 1919. 12; 朴達成, 「今後世界난 宗敎世界」, 『天道敎會月報』 117, 1920. 5.

19) 李敦化, 「改造와 宗敎」, 『天道敎會月報』 112, 1919. 12, 7~8쪽.

더욱이 최근에 이르러서는 과학에 대한 극단의 반동으로 종교 발흥의 새 서광(曙光)이 찬란하게 머리를 들고 일어나며, 대경쟁에 대한 반동으로 장래를 향한 종교평화의 열망은 실로 볼 만한 구경거리로다. 종교가 이미 세계사에서 커다란 근저(根底)가 되므로, 우리는 사회의 근본적 개량을 이루고자 하면 반드시 종교에 의존하지 않을 수 없을 것이며, 또 종교에 의하여 세계를 개량하고자 하면 썩어빠진 옛 종교로는 금일 문화의 인심사상(人心思想)을 지배하지 못할 것은 물론이다. (…) 이에 세상의 사상계가 필연적으로 최신의 진리를 포용한, 즉 온갖 종교의 이상을 종합한 신앙을 향해 통일을 도모하고자 함은 그러한 원리에서이다.[20] (밑줄은 인용자)

위 인용문을 통해 볼 때 '종교에 의한 사회의 근본적 개량'이야말로 당시 이돈화가 지향하는 바를 잘 나타낸다고 할 수 있다. 그가 무엇을 지향했는지는 다음의 시대 인식에서 더욱 명확히 드러난다. "대신사(大神師: 최제우 — 인용자)가 말하기를, 오늘날은 후천개벽의 시대라 하셨으니, 이는 곧 천(天)이 커다란 재화(災禍)로 일체를 부활케 하는 기회가 곧 오늘날이라 지칭하신 바로다"라고 해서,[21] 제1차 세계대전의 참상을 후천개벽의 기회로 보고 있다. 그 연장선에서 전쟁과 과학을 비판하고 평화와 종교를 내세우며 "금일 이후의 세계는 반드시 종교의 세계가 될지며, 금일 이후의 개조는 반드시 종교적 개조가 되리라"고 언급했다.[22] 여기서 그가 개조를 "개인과 사회를 일층 행복의 영역에 도달케 하고자 하는 최신의 용어"라고 하면서도 그것을 "진화의 연쇄점"으로 보고, 나아가 개조 개념을 우주에까지 확장해서 "우주는 개조에 개조를 더하는 복능(伏能)의 전람품(展覽品)이라"고 한 대목은,[23] 당시 유행하던 '개조'라는 용어를 빌려 '개인과 사회'의 문제뿐만 아니라 '우주와 개인'을 중시하는 종교의 차원까지 포괄하고 싶어했던 이돈화의 사유의 단면을 보여준다.

---

20) 李敦化, 위의 글, 4쪽.
21) 李敦化, 「今日 以後의 宗敎」, 『天道敎會月報』 110, 1919. 10, 5쪽.
22) 李敦化, 「改造와 宗敎」, 6쪽.
23) 李敦化, 위의 글, 4쪽.

이처럼 당시 이돈화는 사회의 폐해를 종교적 가치, 특히 천도교의 가치로 바로잡고자 했다. '장래의 종교'를 주장하면서 그는 왜 천도교가 종교적 사회개조의 책무를 수행할 수밖에 없는가를 두 단계로 설명하고 있다. 첫째는 종교가 경쟁, 과학, 전쟁과 달리 평화의 원리를 가지고 있다는 점이다. 종교는 현 사회의 주류적 원리와는 근본적으로 차이가 있다는 점을 밝힌 것이다. 이러한 종교적 가치와 사회 현실 간의 격차야말로 종교적 사회개조가 필요한 근거이기도 했다.

그러나 이돈화는 사회적 현실과 종교 간의 단절성·이질성만을 강조하지는 않았다. 따라서 둘째로 그는 최신 진리를 포용하는, 즉 만(萬)종교의 이상을 종합한 신앙이 필요하다고 강조했다. 이러한 종교가 곧 '신종교'이고 사실상 그것은 천도교를 가리키는 것이었다. 그는, 진부한 옛 종교는 "금일 문화의 인심사상(人心思想)을 지배하지 못할 것"이며, 그러한 종교로는 "세계를 개량하고자" 할 수 없다고 했다. 말하자면 종교와 사회 간의 단절만 강조해서는 종교적 사회개조를 할 수 없기 때문에 양자 간의 연결이 필요하다고 했고, 그 연결고리는 곧 최신 진리, 만(萬)종교의 이상을 종합한 신앙에 있다고 본 것이다.

이돈화의 글에서 이러한 종교와 사회의 연결고리는 두 가지 측면에서 나타났다. 첫째는 인간의 두 가지 본능에 대한 주목이며, 둘째는 종교·철학·과학이라는 구분법의 대두와 변형이다.

먼저 그는 1918년 말 4회에 걸쳐 연재논설 「신앙성과 사회성」(1918. 11~1919. 2)을 발표했다.[24] 이 연재논설에서 가장 주목할 점은 그가 사람의 본성을 신앙성과 사회성의 양 측면에서 바라본 점이다. 그가 연재논설 첫머리에서 인용한 손병희의 '성훈(聖訓)'은 그 핵심을 보여준다.

---

24) 이 논설은 야뢰(夜雷)라는 필명으로 『천도교회월보』 제99호(1918. 11)부터 제102호(1919. 2)에 걸쳐 매월 연재되었다. 전체 서술구조를 개관하면, 먼저 첫 논설에서 신앙성과 사회성을 각각 간단히 소개한 뒤, 두 번째 논설에서는 주로 신앙성을, 세 번째 논설에서는 사회성을 상술하고, 네 번째 논설에서는 천도교식 '신앙적 생활'을 강조하는 것으로 마무리하고 있다.

성훈(聖訓)에 이르기를 "사람에게는 선천적으로 두 개의 본능이 있으니, 곧 신앙성(信仰性)과 사회성(社會性)이니라. 사람에게 이 두 개의 본능이 있어서 이 본능이 발달하는 곳에 인류의 권위가 나타나며 인류의 공적(功績)이 실현되나니, 우리는 이 본능을 조화 수련해서 인내천의 대정신을 발휘함이 종교 최후의 목적이라"고 하셨도다.[25]

여기서 '사람은 신앙성과 사회성이라는 본능을 가지고 있으며, 두 본능이 발달하는 가운데 인류의 공적이 실현된다'고 했다. 이미 앞에서 살펴본 바와 같이 1916년에는 인내천을 설명하면서 본체 방면에서 범신적 성격을, 현상 방면에서 진화 도정에 있는 인간을 그렸을 뿐이지만, 1918년에 쓴 이 연재논설에서는 처음으로 '현상'의 사람을 둘로 나누어 보고 있다.

인간이 신앙성뿐만 아니라 사회성이라는 본능을 가졌다는 사실은 곧 인간에게 종교적 본능과 더불어 사회적 본능도 있음을 가리킨다. 그가 이전에는 별로 주목하지 않았던 사회성을 인간의 본능으로 강조한 이유는 나중에 새롭게 주목한 '사회', 나아가 종교적 사회개조의 필요성을 강조하기 위해서였다. 즉 종교적 사회개조를 위해서는 사회의 원리와 다른 종교의 원리에 기대야 하면서도, 양자를 매개할 수 있는 최소한의 근거를 확보해야 했는데, 이돈화는 이런 요소를 인간의 본능에서 구하고자 했던 것이다. 그는 인간의 본능에 종교적 측면뿐만 아니라 사회적 측면도 있다고 함으로써 현실에서 상호 이질적인 두 층위, 즉 종교와 사회의 층위를 연결할 수 있는 근거를 인간의 본능이 이미 갖추고 있다는 본질주의적 관점을 제시한 것이다.

2) '인내천주의'의 형성

이돈화가 강조한 종교와 사회의 연결고리에서 두 번째 측면으로 살펴볼 것은

---

25) 夜雷(이돈화), 「信仰性과 社會性」, 1918. 11, 7쪽.

종교·철학·과학이라는 구분법의 변형이다. 그는 이노우에의 저서『철학과 종교』에서 제시된 '종교·철학·과학'이라는 구분법을 '종교·철학·사회'의 구분법으로 변형해가면서 '종교'와 '사회'를 매개해나가고자 했다.

종교·철학·과학의 구분법은 이돈화의 글에서 1915년에 잠깐 등장했다가 잠복한 뒤 1910년대 후반에 다시 대두했다. 그는 이 구분법을『반도시론(半島時論)』등에 투고한 인내천 관련 서술체계로 활용했다.『반도시론』에서 3구분법은 천도교의 보편적 진리성을 언급하는 맥락으로 주로 사용되었다.『반도시론』의 연재논설 첫머리에서 "그것(천도교라는 이름 — 인용자)은 종교·철학·과학에 대한 태도에만 해당하지 않고, 위로는 하늘의 별(大天星辰)로부터 아래로는 티끌(微塵纖芥)에 이르기까지 이를 천도의 발휘로 생각하여"라고 하거나,[26]『천도교회월보』에서 당시가 고금을 통틀어 최대의 시대 교체라고 하는 문맥에서 "이는 종교·철학·과학 방면의 어떤 식자(識者)들도 모두 인정하는 바이다"라고 언급했다.[27] 이런 서술체계는『개벽』의「인내천의 연구」연재논설에서도 인내천을 각각 종교·철학·과학의 관점에서 논하겠다는 서술 계획을 제시하는 것으로 이어졌다. 이 계획에 따라 그는『개벽』제4호의 후반부부터 제6호까지의 논설은 '종교상으로 관(觀)한 인내천주의'로, 그리고 제7호에 수록된 논설은 '철학상으로 관(觀)한 인내천주의'로 집필했다.

그러나 그는 애초 계획과 달리 '과학상으로 관(觀)한 인내천주의'는 서술하지 않았다. 불과 1년여 전에 집필된『반도시론』에서는 인내천주의를 과학적 차원에서 논의했음에도 불구하고, 왜『개벽』에서는 서술체계에 변화를 주었을까.

「인내천의 연구」라는 연재논설 차원에 국한해서 보면, 그는 단지 '과학상으로 관(觀)한 인내천주의'의 집필을 누락했을 뿐으로 보인다. 그러나 시야를「인내천의 연구」가 연재되는『개벽』제1호부터 제9호까지 그가 발표한 논설 전체로 돌리면, 그가 여타 제목의 논설을 통해 사회개조론에 관한 해외 사조를 소

---

26) 李敦化,「天道教의 歷史 及 其 教理」, 35쪽.
27) 夜雷(이돈화),「因襲的 主觀에 拘束된 世人의 誤解」,『天道教會月報』93, 1918. 4, 7쪽.

개·수용하고, 나아가 그것에 일정한 변용을 가한 결과를 발표하고 있었음을 알수 있다. 말하자면 그는 동일 시기에 「인내천의 연구」에서 인내천에 대한 종교및 철학상의 논의를 전개하면서 동시에 사회의 개조에 대한 구상을 발전시키고있었던 것이다. 결국 『반도시론』과 『개벽』에서 보이는 인내천 서술에서의 차이는 1920년 시점을 전후해서 이돈화의 관심이 '종교·철학·과학'에서 '종교·철학·사회'로 이동했던 사실을 반영하는 것이다.

그것은 다음과 같은 역사적 배경과 관련된다. 그의 용어를 빌리면, 그는 1910년대 후반 종교·철학·과학의 구분법을 통해 인내천을 종교를 넘는 '진리' 차원에서 논했다. 비록 사회적 관심이 증폭했으나, 대외적 실천에는 한계가 있었고기본적으로 종교 차원에서의 모색과 선전에 한정되었다. 그러나 3·1운동 이후에는 주·객관적 조건의 변화로 사회적 실천의 문제가 현안으로 떠오르게 되었다.

3·1운동으로 조선민족은 거족적 규모의 사회적 실천을 경험했고 민중은 식민지적 차별에 맞서는 방법을 자각하기 시작했다. 천도교의 경우에 교주와 주요간부가 민족대표로 직접 참여했다. 그들 대부분이 일제에 검속됨으로써 천도교청년층이 교단 및 사회활동의 중심으로 부상했고 세대교체가 자연스럽게 이루어졌다.

1920년대 초는 청년회를 중심으로 한 강연과 계몽의 시기였다. 국내의 청년엘리트뿐만 아니라 일본 유학생들도 철도 연변의 도시를 순회하며 여름 강연을실시했다. 이돈화는 자신이 주도적으로 참여한 천도교 청년단체의 활동을 통해현실문제에 적극 개입하고자 했다. 천도교 청년단체를 결성할 필요성은 1919년7, 8월 무렵 국내적으로 3·1운동과 총독부의 이른바 문화정치 실시를 전후해서전국적으로 각종 청년단체의 결성이 급증하고, 국제적으로 제1차 세계대전 이후 제국주의적 세계지배체제를 비판하면서 세계개조 사조가 풍미하는 가운데논의되기 시작했다. 그 결과 천도교청년교리강연부(天道敎靑年敎理講演部)(1919. 9)가 조직되고, 이것이 주체가 되어 천도교청년임시교리강습회(1920. 1. 15〜4. 1)가 개최되었다. 이 조직은 주로 천도교리 연구와 선전활동에 치중하고 있었는데, 당시의 사회개조 분위기에 따라 활동 범위를 '조선 신문화의 향상 발전'이라는 차원으로 확장시키자는 필요성이 교단 내부에서 대두하여 천도교청년교리강연부는 천도교청년회(1920. 4)로 확대 개편되었다. 천도교청년회는 천도교단의 지원을 바탕으로 1920년대 초반 문화운동의 선도자로 부상하게 되었다.[28] 이돈화는 이미 천도교청년교리강연부 시절부터 간의원(幹議員)으로 참여했고, 이듬해부터는 강습회를 사회적 교육의 일종으로 간주하면서 강습회 강사로 활약했다.[29]

이 시기에 이돈화는 종교적 사회개조를 위해, 즉 천도교의 종교적 신념을 사회에 전파하기 위해 노력하는 천도교 청년층의 '신종교'적 활동을 어떤 이념으로 제시하고 있었을까. 그것은 바로 '인내천주의'였다.

이돈화는 1910년대 전·후반의 논의를 포괄하는 용어로 '인내천주의'를 제시했다. '인내천'이라는 용어는 양한묵의 『대종정의』에서 처음 선보였다. 그러나 이돈화의 '인내천주의'라는 용어는 1918년 6월 『반도시론』에 발표한 「천도교의 역사 및 그 교리(속)」에서 처음 사용했다.[30] 1910년대 이돈화가 전개한 교리 연구의 결과물은 인내천주의라는 용어로 집약된다고 해도 과언이 아니다. 그는 1910년대 기간에 범신론·진화론 등 근대사상으로 인내천을 해석했고, 나아가 현상즉실재론의 체계를 종교와 사회의 관계 설정에 응용했다. 이를 바탕으로 양한묵의 인내천이라는 개념을 인내천주의의 체계로 발전시켰다. 그리고 인내천주의에 "오랫동안 미해결로 있던 우주문제, 인생문제, 사회문제를 능히 해결할 만한 큰 진리가 있"다고 하면서 '인내천주의의 우주관', '인내천주의의 인생관', '인내천주의의 사회관'에 대해 순차적으로 논했다.[31]

---

28) 천도교 청년단체에 관한 부분은 다음을 참조했다. 鄭用書, 「日帝下 天道敎靑年黨의 運動路線과 政治思想」, 『韓國史硏究』 105, 1999, 8~10쪽; 김정인, 앞의 책, 121~129쪽; 金應祚, 「천도교청년회의 창립과 역사적 배경」, 천도교청년회중앙본부, 『天道敎靑年會八十年史』, 2000, 97~102쪽.

29) 李敦化, 「天道敎靑年臨時敎理講習會에 就하야」, 『天道敎會月報』 114, 1920. 2, 4쪽.

30) 李敦化, 「天道敎의 歷史 及 其 敎理(續)」, 『半島時論』 2-6, 1918. 6, 40쪽.

31) 李敦化, 「庚申四月五日」, 『天道敎會月報』 116, 1920. 4, 6~7쪽.

이상에서 살펴본 바와 같이 1917년까지 논의의 중심을 주로 종교적 관심에 두었던 이돈화는 대내외적 정세 변화 속에서 사회적 관심을 많이 가지면서 종교적 사회개조를 표방했다. 그 과정에서 이전의 '인내천'은 '인내천주의'로 확장되었으며, 본질과 현상에서 보이는 인간의 상이한 존재 양태를 통합적으로 설명하려는 노력은 이제 종교와 사회를 연결시켜 종교적 사회개조의 필요성을 주장하려는 노력으로 변모했다. 이러한 노력에 병행해서 현상즉실재론 철학의 도식은 실재와 현상뿐만 아니라 현상 방면의 '개인과 사회' 간의 관계를 종합적으로 파악하는 인식틀로 활용되었다. 그러나 1918년 이전까지 그의 논의는 실재와 현상을 연결하는 노력이 '신이 되기 위한 것'이라는 종교적 실천의 범위에 머물러 있었다. 또한 그 이후의 논의도 종교적 사회개조를 위해 인내천주의를 강조하고 선전하는 등의 노력을 실천적으로는 해나가고 있었지만, 그러한 노력에도 불구하고 종교의 층위와 사회의 층위를 어떻게 연결할 수 있을 것인가를 이론적 층위에서는 구체적으로 제시하지 못했다. 종교적 사회개조의 이론을 천도교단이라는 종교적 범위를 넘어 사회 일반적 차원에까지 확산시키기 위해서는 종교적 실천의 차원을 넘어서는 내용과 표현을 가져야 했다. 이런 점에서 '인내천주의'는 종교적 사회개조의 실천적 표방 속에서 제시된 논리였음에도 불구하고 여전히 종교사상의 테두리에 속하는 것이었다. 이는 1910년대 그의 활동 반경이 천도교단 차원에 한정된 사실과도 밀접한 관련이 있다.

제2부
종교적 사회개조론의 형성과 전개
(1920~1926)

제3장
종교적 사회개조론의 형성

1. 서구 개조론에 대한 관심

1) 『개벽』 주도층의 개조론 소개

1920년대 전반기 이돈화는 천도교청년회의 간부이자 『개벽』의 편집인으로 활약했다. 『개벽』은 천도교청년회가 발행한 종합월간지였다. 1920년 4월 25일에 결성된 천도교청년회는 문화운동, 특히 언론사업에 역점을 두어 개벽사를 설립하고 1920년 6월 25일 『개벽』 창간호를 발행했다.[1] 창간 당시의 편집인은 이돈화, 발행인은 박달성, 인쇄인은 민영순으로, 이들은 모두 천도교청년회 간부들이었다.[2] 그들은 『개벽』의 창간 동기를 「창간사」와 권두논설인 「세계를

---

[1] 최수일에 따르면 『개벽』의 실제 판매 부수는 평균 6,700부 정도였으며, 주된 독자층은 도시지역의 청년 지식인층이었다. 그러나 "잡지를 신청하고도 구입할 수 없었던 사람들과 읽고는 싶어도 경제적 사정으로 인해 빌려 읽거나 자신이 속한 모임에서 돌려 읽어야 했던 사람들을 감안하면 『개벽』의 잠정 독자수는 수만 명 이상"이었다(최수일, 『『개벽』연구』, 소명출판, 2008, 284쪽·316~317쪽). 『개벽』은 국내뿐만 아니라 만주 등 해외 동포들에게도 커다란 관심과 사랑을 받았다. 김일성은 자신의 회고록에서 『개벽』의 열렬한 독자였고, 특히 이돈화 논설에 대해 많은 관심을 가졌다고 술회한 바 있다(김일성, 『세기와 더불어』 5, 1994, 383~391쪽).

[2] 김정인, 「『개벽』을 낳은 현실, 『개벽』에 담긴 희망」, 임경석·차혜영 외, 『『개벽』에 비친 식민지 조선의 얼굴』, 모시는사람들, 2007, 239쪽. 이돈화는 『개벽』 발간기간 동안 줄곧 편집인으로서 활동했다.

알라」에서 밝혔다. "1차대전 후 세계개조를 부르짖는 다수 인민의 소리에 촉발되어, 이를 신의 소리로 알고 『개벽』을 통해 그 소리를 크고 철저하게 하겠다"는 것이다.[3] 여기서 그들은 "세계개조를 '세계'라고 부르는 이 활동의 기계를 뜯어고쳐야겠다"는 것으로 정의했다.[4]

그러면 그 출발점은 무엇인가. "우리가 세계적 번민·비애와 함께 울며 함께 부르짖으며 함께 해방을 얻고자 하면 무엇보다도 먼저 자기의 노력이 필요하다"는 것이 그들의 생각이었다.[5] 그 노력의 내용은 곧 눈과 귀를 열어 세계를 아는 것이었다. "세계를 앎이 곧 자기의 죄악, 자기의 장래를 앎이요, 자기의 총명을 도움이요, 자기의 일체를 개벽함"이기 때문이다.[6] 이때의 '자기'란 식민지 조선사회를 암시한 것으로 봐도 좋을 것이다.

이렇듯 천도교청년회 간부들이 『개벽』을 창간한 목적은 세계개조의 동향을 주시하여 우리 사회를 개조하는 것에 있었다. 그런데 이러한 목적의 이면에는 이돈화가 1919년 말에 이미 말한 바와 같이 '금일 이후의 개조는 반드시 종교적 개조가 되리라'[7]고 하는 현실 인식과 실천의지가 놓여 있었다. 그들은 제호 '개벽' 속에 세계개조의 시대사조와 동학·천도교의 후천개벽 전통을 오버랩시켰으며, 천도교의 입장에 선 종교적 사회개조의 지향을 투사시키고 있었다.[8]

이돈화는 교단 안팎의 잡지 발간을 주로 담당했다. 1922년 1월에 천도교 중앙총부의 편집과(編輯課) 주임, 1922년 9월에는 편집촉탁에 임명되어 『천도교회월보』의 발행을 책임졌다. 또 『부인(婦人)』·『신여성(新女性)』의 편집인 겸 발

---

3) 「創刊辭」, 『開闢』 1, 1920. 6, 2쪽; (필자 미상), 「世界를 알라」, 『開闢』 1, 1920. 6, 3〜7쪽.

4) (필자 미상), 「世界를 알라」, 6쪽.

5) (필자 미상), 위의 글, 12쪽.

6) (필자 미상), 위의 글, 13쪽.

7) 李敦化, 「改造와 宗敎」, 6쪽.

8) 이와 관련하여 『개벽』의 대중적 성공에는 『개벽』의 운영과 편집에 투신했던 인물들의 종교적 열정도 한몫했다. 『개벽』의 성공에 끼친 종교적 열정 등에 관해서는 고정기의 다음 연구가 참고된다. 高廷基, 「민중을 위한 민중의 종합지『開闢』」, 『新人間』 창간60주년 특집호, 48쪽. 또한 "『개벽』의 대중적 성공은 종교조직 위에 건설한 유통망의 성공"이었다(최수일, 앞의 책, 273쪽).

행인으로도 활동했다. 1925년 말 천도교가 신·구파로 분열된 후에는 신파 기관지『신인간(新人間)』의 발행인으로 활동했다.9) 한편, 그는 사회운동에 직접 참여하기보다는 저술이나 순회강연을 통해 대중적 영향력을 행사했다.

당시의 기록에 따르면, 이돈화는 글보다 말에 더욱 뛰어났다고 한다. 일반 민중을 대하면 민중적으로, 농민을 대하면 농민적으로, 그리고 부인·아동을 대할 때도 모두 그 수준에 맞춰 열변을 토했기 때문에 청중의 인기를 끌었다.10) 그래서 강연 요청이 끊이지 않았고, 그는 이를 마다하는 법이 없었다. 1920년 4월 22일 진주(晋州) 천도교청년회 강연회에서 '현대 사조와 천도교'라는 제목으로 강연하는 등 실로 정력적인 대중 강연을 수행했다. 단독으로도 강연했지만 단체 강의에도 참가했다.『동아일보』에 기사화된 것만 해도 1920년에서 1930년대 이르는 10년 남짓 기간 동안 강연 횟수가 약 140건에 이른다.11) 그가 강의를 할 때면 청중 수가 적게는 100여 명, 많게는 수천 명에 달했다. 이 수치에 과장이 있을 수 있다는 것을 감안하더라도 대단한 반응이 아닐 수 없다. 그의 강연을 듣는 청중 가운데는 천도교인뿐만 아니라 일반인들도 적지 않았다.

그는 원고 청탁을 거절하는 법이 없었고, 글을 '물 마시듯이' 써 내려갔다고 한다.『천도교회월보』,『신인간』,『개벽』 등 주요 월간지에 발표한 글은 그의 필명이 확인된 것만 헤아려도 식민지시기 전체에 걸쳐 어림잡아 500여 편에 이른다. 평균 한 달에 1편 이상을 어떤 지면에서든지 쉼 없이 발표한 셈이다. 특히 사회개조에 대한 열망이 이론적·실천적으로 활성화되던 1918년에서 1921년까지는 월 평균 3편 이상을 발표하기에 이르렀다.12) 그러다 보니 선천적으로 뛰어난 체력을 가진 그도 혹사당하는 몸을 담배와 술로 다스릴 수밖에 없었다.13)

---

9) 조규태,「신문화운동의 논객 이돈화」,『新人間』381, 1997. 8, 29쪽.
10) (필자 미상),「이돈화」,『혜성』1-6, 1931. 9, 53쪽.
11) 1920년대 이돈화의 강연 상황은 이 책의 273~279쪽 '〔부록 2〕1920년대 이돈화의 강연활동 (『동아일보』기사)'를 참조.
12) 이 책의 제2장〈표 1〉을 참조.
13) 李光淳,「이돈화-민족개벽과 신인철학」,『韓國人物五千年 9: 現代의 人物Ⅱ』, 日新閣, 1978, 262쪽.

그의 명성은 국외까지도 알려져 만주와 하와이에서도 방문 요청이 있을 정도였다. 이런 요청에 응하여 그는 1925년 남만주의 흥경(興京)에 갔고, 다녀온 뒤에는 「남만주행」이라는 기행문을 발표했다.[14] 북한 지도자 김일성은 식민지시기에 이 기사를 매우 인상 깊게 읽었다고 회고했다.[15] 김일성은 이돈화를 『개벽』 필자들 중 글을 가장 많이 쓴 사람으로서 동학 교리를 이론적으로 정립하고 철학적으로 해석하는 데 주동적 역할을 한 재능 있는 이론가로 기억했다. 또한 정치적 견해로 볼 때에는 소장파 혁신세력에 속하지 않는 보수적인 온건파였으나, 민족성의 고수, 민족적인 체면의 유지, 도덕적인 자아완성을 주장한 글로 보아서는 조국과 민족을 열렬히 사랑한, 깨끗하고 양심적인 지식인·종교인이었다고 평가했다.[16]

그는 강연과 저술에 온 힘을 쏟았다. 같은 호에 글을 몇 편씩 발표함에 따라 그전과는 달리 다양한 필명을 사용했다. 야뢰(夜雷), 창해거사(滄海居士), 백두산인(白頭山人), 저암(猪巖) 등이 그것이다. 평안북도 구성 출신인 김기전(金起田)이 '묘향산인(妙香山人)'을 필명으로 쓴 것처럼, 함경남도 고원 출신의 이돈화는 '백두산인'을 사용했다.[17] 특히 이 필명은 그의 넓은 이마와 흰 얼굴, 건장한 체구를 상징하기도 했다고 한다.[18] 그의 필명은 밤우뢰(夜雷), 돼지바위(猪巖), 창해거사(滄海居士) 등에서 알 수 있는 것처럼 대체로 호방하고 남성적인 기풍이 강하다. 이런 점에서 본다면 '소춘(小春)'을 필명으로 사용한 김기전과 대비된다. 실제 기질적으로도 두 사람은 대조적인 측면이 적지 않았다. 이돈화는 친구를 만나면 "전당(典當)질을 해서라도 한 잔 마시고야 마는"[19] 두주불사(斗酒不辭)형이었다. 게다가 입심이 좋고 무애자적(無礙自適)한 풍모를 가졌다. 이에 비해 김

14) 李敦化, 「南滿洲行(第一信)」, 『開闢』 61, 1925. 7.
15) 김일성, 앞의 책, 384쪽.
16) 김일성, 위의 책, 387쪽.
17) 성주현, 「『新人間』지와 필자, 그리고 필명」, 『新人間』 600, 2000, 73쪽.
18) 李光淳, 앞의 글, 262쪽.
19) 朴達成, 「人乃天主義學者 李敦化論」, 97쪽.

기전은 술을 잘 못하고 하루종일 같이 지내도 농담 한 번 하지 않는 얌전한 선비형의 인물로, 신앙심이 매우 깊었다고 한다. 그래서 나중에 천도교인들은 "관서(關西)에는 소춘이 있어서 신앙이 강하고, 관북(關北)에는 야뢰가 있어서 궁리(窮理)에 강하다"고 회고했다.[20] '궁리'란 철학을 가리킨다. 1920년대에 이돈화는 주로 이론가로서 활동했으며, 그보다 열 살 아래인 김기전은『개벽』주간이자 천도교청년당의 당두(黨頭) 등 조직의 리더로서 서로 자연스런 역할 분담을 해나간 듯하다.

이돈화 등『개벽』주도층은 당시 유행하던 사상·담론을 독자들에게 소개하고 이를 천도교의 사상적 전통 위에서 흡수하고 재구성해 제시함으로써 사회적 영향력을 행사하려 했다. 이때 이돈화는 무엇보다도 이론적 방면에서 천도교의 종교적 사회개조론을 형성, 전개하는 데 이바지했다.

이와 관련해『개벽』에서 편집주간을 맡았던 김기전을 비롯하여 몇몇 논자들은 창간 초기부터 동서고금의 다양한 사상과 인물, 특히 서구 근대사상과 인물을 소개하는 데 역점을 두었다. 그것은 일차적으로 세계개조에 대한 동향 파악의 한 방법이었지만 그 이후 발표된 논설까지 염두에 둔다면, 그것은 서구 근대사조의 단순 소개에 그치는 것이 아니라 천도교적 사회개조를 위한 노력의 하나였다.『개벽』에서 서구 근대사상과 인물을 본격적으로 소개한 글은 대략 40여 편이다. 창간호부터 1921년 9월경까지 개조론에 해당하는 다양한 갈래가 소개되었다면, 1923년 7월 무렵 이후에는 주로 맑스주의 사상이 소개되었다.

여기서는『개벽』의 초기 지면에 소개된 다양한 사상에 집중할 필요가 있다. 이에 해당하는 20여 편의 글은 소개방법에서 첫째, 인물·사상을 전반적으로 소개하는 유형,[21] 둘째, 인물·사상의 특정 부분이나 주제를 소개하는 유형,[22] 셋

---

20) 천도교 관의교구 인터뷰(2004년 3월 14일 일요일 오전 11시 관의교구. 임운길 순회선도사 배석).

21)『개벽』창간호에 실린「역만능주의의 급선봉 푸리드리히 니체 선생을 소개함」과 같이, 비록 특화된 수식어가 있으나 글 제목이나 내용에서 그 사람의 생애와 사상 전체를 소개하는 경우가 여기에 해당한다. 이런 글이 12편으로, 가장 비중이 높다.

〈표 4〉『개벽』 초기 지면에 실린 서구 근대사상의 전반적인 소개 글

소개 인물	필자	제목	호수	시기	쪽수	인용처
니체	소춘 (김기전)	力萬能主義의 急先鋒 푸리드리히 니체 先生을 紹介함	1	1920. 06.	6쪽	16-4
	묘향산인 (김기전)	新一人生標의 樹立者 푸리드리취 니체 先生을 紹介함	2	1920. 07.	6쪽	16-4
루소	묘향산인 (김기전)	近代主義의 第一人 루소先生	5	1920. 11.	15쪽	16-3
제임스	묘향산인 (김기전)	近世哲學界의 革命兒 쩨임쓰 선생	6	1920. 12.	8쪽	16-12
입센	현철 (현희운)	近代文藝와 입센	7	1921. 01.	10쪽	?
엘렌케이	노자영	女性運動의 第一人者 ― Ellen Key ― (엘렌케이)	8	1921. 02.	8쪽	8-8
	노자영	女性運動의 第一人者 ― Ellen Key ― 엘렌케이(續)	9	1921. 03.	6쪽	8-8
러셀	묘향산인 (김기전)	思想界의 巨星 뻐-츄랜드·러쎌氏를 紹 介함	11	1921. 05.	14쪽	8-3 @
카펜터	박사직	改造界의 一人인 에드와드·카펜타아를 紹介함*	12	1921. 06.	15쪽	8-6
	박사직	人生은 表現이니라, 에드와드·카펜타아 를 紹介함**	13	1921. 07.	15쪽	8-6
	묘향산인 (김기전)	먼저 당신 自身의 自我에 眞理가 잇슬 지어다	14	1921. 08.	8쪽	? @@
플로베르	메레즈코우 스키(作), 금역(譯)	플로베르論 (賞歎의 價値가 잇는 이 論文을 英譯에 서 重譯하야써 가티 玩賞하랴고 한다)	15	1921. 09.	16쪽	?

비고: ① 카펜터에 관한 글, *와 **는 동일한 기사이다.
　　② @ ― 러셀의 경우 김기전은 주요 내용을 〈표 5〉의 8-3에서 인용하지만 부분적으로 다른 전거에
　　　서도 인용하고 있다. 적어도 전거가 두 군데 이상인 것으로 추정된다.
　　③ @@ ― 필자는 「天使의 翼」의 결론을 번역했다고 밝혔다.
　　④ '인용처'란의 숫자는 〈표 5〉의 '번호'란에 있는 숫자이다.

---

22) 『개벽』 제4호에 실린 「『칸트』의 영원평화론을 독(讀)함」 등이 여기에 속한다. 이와 같은 유형
　　의 글은 7편이다.

째, 인물보다는 특정 분야의 사상적 조류를 소개하는 유형으로 나눌 수 있다.[23] 이 가운데 첫째 유형에 관심을 집중해서 12편 글의 면면을 정리하고,[24] 추적 가능한 범위 내에서 각 글의 출처를 밝히면 〈표 4〉, 〈표 5〉와 같다.

〈표 4〉에서 볼 수 있듯이 한 인물이 2회에 걸쳐 소개되거나 동일한 기사가 실리는 경우도 있어서, 12편의 글에서 소개되는 근대사상가는 모두 8명이다. 이 가운데 인용처를 확인할 수 있는 것은 6명의 인물을 다룬 9편이다. 여기서는 분석의 주 대상을 인용처가 확인되는 9편의 글, 6명의 인물로 한정하고자 한다.[25]

니체, 루소, 제임스의 소개기사는 1915년 12월에 일본에서 처음 출간된『근대사상 16강』(이하 '『16강』'으로 줄임)의 1921년 출판본을 저본으로 삼았으며,[26] 엘렌 케이, 러셀, 카펜터의 소개기사는 역시 일본에서 1920년 11월에 첫 출간된『사회개조의 8대사상가』(이하 '『8대사상가』'로 줄임)를 저본으로 삼았다.[27] 『16강』의 공동 편자는 나카자와 린센(中澤臨川: 1878～1920)과 이쿠타 초코(生田長江: 1882～1936)이다.[28] 『16강』은 서구 근대사상가 15명의 생애와

---

23) 『개벽』 제3호의 「사회주의의 약의(略義)」, 제6호의 「문화주의와 인격상 평등」, 제15호의 「독일의 예술운동과 표현주의」와 같은 3편의 글이 여기에 해당한다.

24) 첫째 유형에 주목하는 이유는, 이 유형이 양적으로 가장 많아서 초기『개벽』지면의 근대사상 소개 양상을 대표한다고 생각되며, 이 유형에 속하는 기사의 다수가 일본 전거의 추적과 확인이 가능했기 때문이다.『개벽』후반부에서 사회주의 사상이 소개될 때에는 사카이 도시히코(堺利彦)의 「사회주의 학설 대요」가 번역 연재되는 등 셋째 유형에 속하는 소개방식이 많았음에 비춰볼 때, 전반부의 사상 소개를 특징짓는 것은 특정 인물의 행적과 사상을 전체적으로 소개하는 첫째 유형이라고 할 것이다.

25) 당시에 입센이나 플로베르에 대한 조선청년들의 관심도 컸다고 보이지만 〈표 5〉에 지시된 두 전거에서는 인용되지 않았으며, 별도의 전거를 추적할 수도 없었다. 그러나 〈표 4〉의 두 소개 글은 문예사조에 관한 글로서,『개벽』목차에서 말미의 '문예란'에 배치되었고 앞쪽에 위치한 다른 글들과는 다소 구별된다. 또한 나머지 글들 중 다수를『개벽』편집주간이던 김기전이 썼기 때문에 9편을 중심으로 보더라도 당시『개벽』주도층의 근대사상 소개 경향과 의도를 파악하는 데 무리가 없을 것이다.

26) 여기서는『近代思想十六講』의 27판본(1921. 3)을 비교·검토의 대상으로 삼았다.

27) 여기서는『社會改造の八大思想家』의 재판본(1920. 12)을 비교·검토의 대상으로 삼았다.

28) 나카자와는 1900년대 말 무렵 자연주의 사조에 밀착한 바 있었는데, 1914년 초부터는『중앙공론(中央公論)』의 문예시평을 담당하는 등 문예평론가로 활동하면서 신이상주의(新理想主義)

⟨표 5⟩ '⟨표 4⟩'에 소개된 근대사상의 인용처

번호	『근대사상 16강』	인용	번호	『사회개조의 8대사상가』	인용
16-1	제1강. 근대사상의 개관		8-1	1. 마르크스	
16-2	제2강. 레오나르도다빈치와 문예부흥		8-2	2. 크로포트킨	
16-3	제3강. 근대주의의 제1인자 룻소	◎	8-3	3. 러셀	◎
16-4	제4강. 니체의 초인 철학	◎	8-4	4. 톨스토이	
16-5	제5강. 개인주의자 맑스 스틸나, 기타		8-5	5. 모리스	
16-6	제6강. 톨스토이의 인도주의		8-6	6. 카펜터	◎
16-7	제7강. 토스토예프스키의 愛의 종교		8-7	7. 입센	
16-8	제8강. 입센과 제3제국		8-8	8. 케이	◎
16-9	제9강. 다윈의 진화론				
16-10	제10강. 졸라의 자연주의				
16-11	제11강. 플로베르와 허무사상				
16-12	제12강. 제임스의 프래그머티즘	◎			
16-13	제13강. 오이켄의 신이상주의				
16-14	제14강. 베르그송의 직관의 철학				
16-15	제15강. 梵의 行者 타고르				
16-16	제16강. 로망롤랑의 眞勇주의				

출전: ① 中澤臨川, 生田長江 編, 『近代思想十六講』, 東京, 新潮社, 1915.
　　　② 生田長江·本間久雄 共著, 『社會改造の八大思想家』, 東京, 東京堂書店, 1920.
비고: ① '번호'란의 16-1, 8-1 등은 인용처와 인용기사를 비교하기 위해 편의상 붙인 것이다.
　　　② '인용'란의 ◎ 표시는 『개벽』에 소개된 글의 인용처라는 뜻이다.

적 관점에서 다이쇼기의 문예사조를 주도했던 인물이다(日本近代文學館 編, 『日本近代文學大事典』 第二卷 人名(こ~な), 講談社, 1977, 494쪽). 이쿠타 또한 1900년대 말 무렵에 자연주의나 상징주의에 관한 글을 수차례 발표했는데, 1914년 무렵부터는 오스기 사카에(大杉榮), 사카이 도시히코(堺利彦) 등의 인물들과 친교를 맺으면서 시야를 문단비평에서 사회문제로 확장해갔다(日本近代文學館 編, 『日本近代文學大事典』 第一卷 人名(あ~け), 講談社, 1977, 79쪽). 1915년 『16강』을 출간할 당시 두 편자의 관심은 자연주의에서 상징주의나 신이상주의로 이동한 상태라고 할 수 있는데, 이런 유사성이 두 사람을 『16강』의 편자로 참여하게 한 공통분모가 되었을 것으로 추정된다.

사상을 집약해서 대중적으로 소개하는 형식을 취했는데,[29] 서양문명을 물질적·헬레니즘적인 것으로 보고 동양문명을 정신적·헤브라이즘적인 것으로 보면서 새로운 세계문명은 동서양 문명의 합류로 이루어질 것으로 본 편자들의 문제의식이 반영되어 있다.[30] 즉, 이 책에는 동서양 문명의 융합을 지향하고 그 융합의 주체로 일본을 상정하고자 했던 다이쇼기(大正期) 일본 지식인의 욕망이 깔려 있었다.

『8대사상가』의 편집에는 『16강』의 편자였던 이쿠타 초코와 함께 혼마 히사오(本間久雄: 1886~1981)가 참여했다.[31] 『8대사상가』도 『16강』처럼 주요 인물의 생애와 사상을 객관적이고 요약된 형태로 소개하고 있으나, 인물들을 일정하게 갈래짓지 않고 단순 소개한다는 점에서 차이가 있다. 『8대사상가』는 개조론의 대중적인 소개서로는 초기의 것으로, 일본에서 아직 개조론의 분화가 이루어지지 않았던 시점의 인식을 반영한 저서로 보인다.[32]

김기전 등은 개조론의 소개에 몹시 목말랐던 것 같다. 김기전 등은 『8대사상가』가 발간되기 전에는 『16강』의 니체, 루소, 제임스를 소개했으나, 『8대사상가』가 발행되자 불과 석 달 뒤인 『개벽』 제8호(1921. 2)부터 노자영(盧子泳)이 그 책에 실린 엘렌 케이에 관한 글을 두 호에 걸쳐 연재했다. 이후 김기전은 버트런드 러셀을 소개하는 기사를 『개벽』 제11호(1921. 5)에, 박사직(朴思稷)은 카펜터를 소개하는 기사를 『개벽』 제12·13호(1921. 6~7)에 실었다.[33]

---

29) 『16강』은 1921년 3월 현재 27판, 1925년에는 70판을 초과했고 1926년에는 80판이 발행될 만큼 독자들의 호응이 좋았다.

30) 中澤臨川·生田長江 編, 앞의 책, 19쪽. 인도의 타고르가 동양정신의 대변자로 제시되었다.

31) 와세다대학 출신의 영문학도였던 혼마는 1900년대 말부터 자연주의 계열의 신진 평론가로서 활약하기 시작했으나, 다이쇼 전반기에는 엘렌 케이의 사상에 크게 영향을 받아 그녀에 관한 저작을 출간했으며, 오스기 사카에와 함께 일본에서 민중예술 문제를 최초로 제기했다. 『사회개조의 8대사상가』를 출간할 당시 그는 『와세다문학(早稻田文學)』의 주간으로 활동하고 있었다.(日本近代文學館 編, 『日本近代文學大事典』 第三卷 人名(に~わ), 講談社, 1977, 213~214쪽)

32) "'개조'라는 말이 주로 사회주의적인 사회개혁이라는 의미로 사용된 것은 1922년 12월 新潮社에서 간행된 宮島新三郎·相田隆太郎 『改造思想十二講』에도 보인다"(大門正克·安田常雄·天野正子 編, 『近代社會を生きる』, 吉川弘文館, 2003, 253쪽)

『개벽』 초기에 이루어진 이러한 소개 과정은 우선 형식면에서 볼 때 두 가지 특징이 있다. 먼저 『개벽』 주도층은 서구 근대사상 및 사상가를 일본이라는 창구를 통해 접촉·소개했다는 점에서 서구 근대문화를 '중역(重譯)'적으로 소개했다고 할 수 있다. 김기전 등이 저본으로 삼은 『16강』과 『8대사상가』는 그 책의 편집 방향 자체가 개조론을 포함한 서구 근대사상을 요약·정리해서 일본사회에 효율적으로 전달하는 데 맞춰 있었다. 따라서 편자 자신들이 소화해서 풀어 쓴 대목도 있지만, 해당 사상가의 작품에 약간의 설명을 가미하면서 직접 인용하는 식으로 집필한 경우도 적지 않았다.[34] 이 두 가지 경우 모두 넓은 의미에서 서구 근대문화의 중역적 소개라 말할 수 있을 것이다. 서구 근대사상에 대한 직접적인 접촉이 제약된 식민지 상황에서, 『개벽』 주도층은 일본 지식인의 서구 사상에 대한 이해방식을 모방하고 재활용하는 방법을 취했던 것이다.

그러나 이런 중역적 소개가 일본 저본에 대한 기계적 번역과 추종으로 흐르지 않았음은 물론이다. 주어진 조건의 제약 위에서나마 『개벽』 주도층은 서구 근대사상 소개 과정에서 식민지 조선의 제반 상황, 소개자 자신의 처지 등에 비춰 능동적인 개입과 합리적 선택을 했던 것으로 보인다. 이것은 개조론 소개 양상에서 나타난 두 번째 특징인 '소개의 경제'와 밀접한 관련이 있다.

'소개의 경제'란, 서구 사상가를 소개할 때 지면의 제약이나 독자의 수준 등을 고려하여 중복되는 범주에 해당하는 내용은 생략하고 각 인물별로 특화된 분야의 내용을 소개하는 양상을 가리킨다. 이를테면, 일본 저본에서는 러셀과 카펜터의 글에 모두 동일하게 사회개조론에 해당하는 절이 있지만, 러셀과 관련해서 김기전은 사회개조론 부분을 가장 높은 비중으로 소개한 데 반하여, 카펜

---

33) 『개벽』 주도층의 근대사상 소개 양상에 관한 상세한 내용은 다음을 참조. 허 수, 「1920년대 초 『개벽』 주도층의 근대사상 소개양상: 형태적 분석을 중심으로」, 『역사와 현실』 67, 2008, 49~68쪽 참조.

34) 예를 들면, 『8대사상가』에서 러셀에 관한 글에는 그의 『사회개조의 원리』 내용을 단순 인용하는 장이 있다. 이런 양상은 루소의 『민약론』, 『에밀』 등의 내용을 나열적으로 인용하는 『16강』에서도 더러 보인다. 정도의 차이는 있지만 다른 인물에 대해서도 마찬가지였다고 할 수 있다.

터의 경우 박사직과 김기전은 저본에서 사회개조론 대신 과학관·예술관을 중점적으로 소개했다.[35]

2) 문화주의 철학의 소개

이렇듯 개조론이 소개되는 가운데 이돈화는 이를 천도교 사상의 틀에 수용하기 위한 준비 작업을 진행하고 있었다. 그 지향점은 사회적 실천성의 확보에 있었다. 그중 가장 핵심적인 작업이 문화주의 철학의 소개였다. 1910년대에는 그의 사상 형성에서 근대철학, 특히 일본의 현상즉실재론의 인식틀을 적극 활용한 반면, 1920년대로 접어들면서는 문화주의 철학으로부터 인격 향상을 도덕적 실천을 통해 추구하는 도식을 가장 중요한 것으로 포착했다. 여기서는 문화주의 철학의 소개와 수용 양상을 '도덕' 개념에 초점을 맞춰 살펴보고자 한다.

이돈화는 개조사상 가운데 특히 일본의 문화주의 철학에 주목했다. 그의 논설 「문화주의(文化主義)와 인격상 평등(人格上 平等)」(이하 '「인격상 평등」'으로 줄임)은 분량이 4쪽에 불과하지만, 문화주의를 국내에 본격적으로 소개한 글로는 처음이었다.[36] 그것이 쿠와키 겐요쿠(桑木嚴翼)의 영향을 받았음은 선행 연구에서 밝혀진 사실이다.[37] 그러나 단순히 영향관계를 언급하는 데에서 나아가, 수용상의 맥락과 양상을 상세히 규명할 필요가 있다. 첫째 문화주의 철학의 기본 입장은 무엇이며, 이돈화는 왜 여기에 주목했는가, 둘째 문화주의 철학을 어떤 방식으로 수용했는가에 초점을 두고 살펴보고자 한다.

---

35) 허 수, 앞의 글, 66~68쪽 참조.
36) 이보다 조금 뒤의 시점이지만, 친일단체인 대동동지회(大東同志會)의 기관지 『공영(共榮)』 제2호(1923. 8)와 제3호(1923. 9)에는 이동예(李東藝)가 「문화주의란 무엇?」을 2회에 걸쳐 연재했는데 모두 합쳐 11쪽 분량이다. 필자가 살펴본 범위 내에서는 문화주의에 관한 소개로 가장 많은 분량의 글이다.
37) 박찬승, 『한국근대정치사상사 연구』, 역사비평사, 1992, 181쪽. 쿠와키는 일본의 대표적인 문화주의 철학자이자, 다이쇼기 아카데미 철학의 주류를 이루었던 '칸트철학 – 신칸트철학'의 중심에 속해 있었다(船山信一, 『大正哲學史研究』, 京都: 法律文化社, 1965, 80쪽).

〈표 6〉『문화주의와 사회문제』와 「문화주의와 인격상 평등」의 인용처 비교

『문화주의와 사회문제』	번호	「문화주의와 인격상 평등」	인용
제1장. 세계개조와 문화주의		(도입부)	
제1절. 세계개조의 철학적 기초		(문화와 자연의 관계)	2-1
1) 노동문제	1-1	문화와 이상의 관계	2-1
2) 마르크스의 학풍	1-2	문화와 인격적 평등	1-7
3) 노동이상의 일원론	1-3		
4) 문화주의	1-4		
5) 인격과 자유	1-5		
6) 문화의 보편성	1-6		
7) 인격적 평등	1-7		
제2절. 문화주의			
1)	2-1		
2)	2-2		
3)	2-3		
4)	2-4		
제3절. 도덕과 승리의 세계사조			

비고: ① '번호'란의 숫자는 항목을 지칭하기 위해 편의상 붙인 것으로 1-1은 제1절 1항이라는 뜻이다.
② 「문화주의와 인격상 평등」의 '도입부'와 '문화와 자연의 관계'라는 제목은 논설의 논지에 비춰 필자가 임의로 붙인 제목이므로, 괄호 안에 넣어 표시했다.
③ '인용'란의 숫자 2-1은 이돈화가 쿠와키 저서의 2-1 내용, 즉 제2절 1)을 인용했다는 뜻이다.
④『문화주의와 사회문제』제2절의 '1)~4)'는 제목이 없이 번호만 있는데, 이는 원문에서도 그러하다.

첫째, 문화주의 철학의 기본 입장 및 이돈화가 여기에 주목한 이유를 「인격상 평등」을 통해 살펴보자. 「인격상 평등」은 쿠와키의 저서『문화주의와 사회문제』의 일부분을 발췌·번역하고 있다.[38] 인용의 출처는 〈표 6〉과 같다.

당시 일본에서 다이쇼기 문화에 관한 논의는 다소 복잡해서 쿠와키 겐요쿠와

---

38) 桑木嚴翼, 『文化主義と社會問題』, 東京: 至善堂書店, 1920, 131~179쪽.

소다 기이치로(左右田喜一郞) 등의 문화주의 철학, 가네코 우마지(金子馬治)나 오야마 이쿠오(大山郁夫) 등의 민중문화주의, 그리고 스스로를 중류계급으로 위치 지우고 문화생활을 제창한 일련의 그룹 등이 있었다.[39] 한국의 경우 유학생을 통해 처음에는 문화주의에 대한 이해가 포괄적이고, 개조의 사조 가운데 막연하게 하나로 인식되었으며, 『개벽』 등에서는 민중문화주의의에 주목하기도 했다.[40] 그러나 안확(安廓) 등을 포함해서 대세는 쿠와키의 견해로 이해했던 것으로 보인다.[41] 이돈화가 문화주의 철학을 수용한 것도 이런 대세 속에서 이루어졌다.[42]

---

39) 吉田熊次, 「文化主義とは何ぞ」, 『國家學會雜誌』 34-10, 1920, 37~38쪽; 北小路隆志, 「"文化"のポリテイックス－大正の'文化主義'を巡って－」, 『情況』 1996. 10, 1996, 73~75쪽. 기타코지 타카시(北小路隆志)에 따르면 "철학적 수준에서 정통적으로 문화주의라 할 만한 일군의 지식인들의 태도와 이보다 좀 저급하고 물질적 측면에 치중한 문화생활을 향유한 집단의 태도는 상이한 양식을 취했음에도 불구하고, 일본 내외에서 자신들을 다른 집단, 즉 선진 문명국이나 문명을 숭배한 메이지기의 지배계급과 구별하기 위한 '차별화' 전략으로서 문화를 논의했다는 공통성이 있었다. 이런 점에서 문화주의 철학의 형식성이나 문화생활 논의에 담긴 저급함 등은 단순히 목가적이거나 소박한 태도가 아니라 당시의 시점에서 작동된 '차이의 정치학'이었다고 볼 수 있다. 따라서 결국 다이쇼기의 문화 논의에서 문명비판의 함의를 지녔던 문화는 또 한편에서는 그것의 본래적 의미인 '경작하다, 구별짓다'처럼 자타(自他)를 분별하는 경계선이며, 그 그릇에 담기는 내용물 자체에 관계없이 다만 차이를 산출하는 장치로 기능했던 것"이다. 자세한 내용은 기타코지 타카시의 연구(北小路隆志, 같은 글, 1996)를 참조할 것.
40) 『개벽』 제10호에 실린 현철의 「문화사업의 급선무로 민중극을 제창하노라」는 민중지향적 관점이 명확하며 문화생활 등에 비판적이고, 정신과 물질 양 측면의 조화를 강조하면서도 사회주의의 물질편중적 입장에 비판적이며, 문화주의를 지향하는 점에서 일본의 오야마 등이 주장한 민중문화주의와 매우 유사하다. 기타코지의 연구에 따르면, "오야마는 문화생활, 문화주의 철학 등을 각각 물질, 정신 중심으로 규정하면서 자신의 민중문화주의 입장에 대해 양자를 조화시키는 것으로 보았다."(北小路隆志, 위의 글, 73~75쪽) 오야마의 태도는 현철의 관점과 거의 동일하다고 할 수 있다.
41) 자산(自山) 안확은 1920년쯤 대표적인 청년운동단체인 조선청년회연합회에 참가해서 그 단체의 기관지인 『아성(我聲)』의 편집 책임을 맡았다. 그의 생각은 이 무렵 저술한 『자각론(自覺論)』과 『개조론(改造論)』에 잘 나타나 있다. 안확에 관해서는 다음 연구를 참조. 이태진, 「안확(1881~1946?)의 생애와 국학세계」, 『역사와 인간의 대응』, 한울, 1984. 한편, 1923년에 발간된 『현대신어석의(現代新語釋義)』에서 '문화' 항목이 예술, 과학, 도덕, 종교 등 전체(總體)의 정신적 산물을 포함하는 점, 그리고 '문화주의' 항목이, "전조(前條) '문화'의 의의를 철저히 함으로써 인생생활의 궁극적, 최고의 목적이 된다는 주의"로 설명하는 점에서(崔綠東 編, 『現代新語釋義』, 文昌社, 1923) 쿠와키 겐요쿠의 입장과 동일했다.
42) 1920년 전후 식민지 조선의 문화주의 수용에 관한 개괄적인 상황은 다음 연구를 참조. 허 수,

「인격상 평등」에서 핵심 개념은 '문화'였다. 〈표 6〉을 보면 논설의 항목 제목은 '문화와 이상(理想)의 관계', '문화와 인격적 평등'처럼, 모두 문화와의 관련 속에서 제시되었다. '문화와 자연의 관계'와 '문화와 이상의 관계'에서는 문화주의의 기본 입장이 잘 드러나 있다. 그 내용을 요약하면 다음과 같다.

'문화'에는 '가치' 개념이 들어 있으므로, 첫째, 문화는 인공을 가하지 않은 대상인 자연과 대립한다. 둘째, 가치는 이상을 수반한다. 따라서 문화는 이상을 가졌다는 점에서 '현실적 사실'과 대립한다.
문화란 인격을 가진 존재인 사람으로 하여금 그의 활동력을 자유로 발달케 하여 향상에 향상을 가하는 것이다. 문화주의란 문화를 생활의 중심으로 삼는 사상을 말한다.

문화주의 철학은 신칸트학파의 가치철학을 토대로 삼았는데, 위 내용에는 그러한 기본 입장이 잘 나타나 있다. 여기서 문화의 속성은 자연 및 현실적 사실과 대립하고 있다.

이돈화는 왜 문화주의 철학에 주목했을까. 그는 「인격상 평등」 도입부에서 "근래 유행하는 신(新)숙어인 문화에 대해 언급하여 세계의 신사조에 참여"한다고 했다.[43] 〈표 6〉에서 알 수 있듯이 쿠와키는 문화주의를 '세계개조의 철학적 기초'로 규정했다. 이돈화도 『천도교회월보』에서 "지금 이 세계대개조(世界大改造)의 기운을 맞이하여 장차 어떠한 문화를 건설하고자 하는가"라고 하여,[44] 문화를 개조와 연관지었다. 따라서 세계의 신사조란 곧 세계개조의 기운이었으며, 이돈화는 세계개조와 관련해 문화주의 철학에 주목하고 이를 소개했다고 할 수 있다.

둘째, 이돈화는 문화주의 철학을 어떤 점에 치중해서 수용했을까. 〈표 6〉을

「제1차 세계대전 종전 후 개조론의 확산과 한국 지식인」, 『한국근현대사연구』 50, 2009. 9.
43) 白頭山人(이돈화), 「文化主義와 人格上 平等」, 『開闢』 6, 1921. 12, 10쪽.
44) 李敦化, 「十週年」, 『天道敎會月報』 120, 1920. 8, 6쪽.

보면, 이돈화는 '문화와 인격적 평등'의 내용을 쿠와키 저서 중 1-7('인격적 평등')에서 끌어왔다. 1-7은 노동문제, 부인문제, 데모크라시 등 사회개조와 직결된 내용이었다. 1-7은 1-6('문화의 보편성')과 더불어 문화주의를 세계개조와 더욱 밀접하게 논의하고 있었다.[45) 4쪽짜리의 제한된 지면에서 이돈화가 이 부분을 인용한 이유는, 문화를 개조와 연관시키고자 했던 수용 목적에서 기인한 것이다. 그런데 유독 1-7만 인용한 것은 무슨 까닭인가. 이 점은 사상의 수용방식에서 이돈화가 보인 특성과 관계되며, '인내천주의'와 밀접한 관련이 있다. 이 점을 간략하게 언급하면 다음과 같다.

1-6과 1-7에서 쿠와키는 세계개조에 관한 두 태도를 소개했다. 1-6은 세계개조의 출발점을 문화의 이해, 즉 문화의 보편성 확인에서 시작해야 한다는 것이고, 1-7은 세계개조의 기초는 인격주의에 있다는 것이다. 세계개조의 출발점 설정에서, 문화주의 철학 내부에는 문화에 대한 연구를 우선하는 입장과 인격주의를 우선하는 입장이 있었던 것이다.[46) 이돈화는 사회개조와 관련해서 인격주의 우선의 입장을 선택적으로 수용한 셈이다.

그런데 이와 같은 문화주의에 대한 필요성이나 친화성에도 불구하고, 문화주의에 담긴 형식적 보편주의의 측면이 이돈화에게도 문제가 되었다. 인내천주의가 가진 실재론의 기반과 문화주의의 형식성은 정면에서 배치될 뿐만 아니라, 아카데미즘 철학 차원의 신칸트철학 그 자체로는 사회운동론으로서의 실효성이 부족했고, 또 독자대중이 이해하기 힘들다고 판단했을 것으로 생각된다. 이돈화가 「인격상 평등」에서 쿠와키를 인용하는 방식을 보면 이 점이 잘 드러난다.

---

45) 〈표 6〉을 참고하면서 쿠와키의 저서 제1절의 서술구조를 보면 1-1에서 1-3까지는 서론에 해당하는데, 가장 중요한 사회문제로 간주된 노동문제를 언급하고 이로부터 문화주의의 의의를 이끌어내고 있다. 1-4와 1-5는 문화주의의 기본 입장을 표명하는 본론에 해당한다. 1-6과 1-7은 앞의 논의를 바탕으로 세계개조에 관한 문화주의의 태도를 한층 구체적인 수준에서 논의하고 있다.

46) 당시 문화주의 철학 내부에는 상대적으로 문화가치를 더 강조한 소다 기이치로(左右田喜一郎)의 입장과 인격가치를 더 강조한 쿠와키의 입장이 있었음을 고려할 때(박찬승, 앞의 책, 182쪽) 1-6은 소다의 입장, 1-7은 쿠와키의 입장과 상통한다고 생각된다.

〈표 7〉『문화주의와 사회문제』에서 인용 항목과 배제 항목의 요지 비교

번호	2-1	유사성 비교	번호	1-4 (문화주의)	인용된 부분
A	'문화'와 '문명' 개념 비교	≒	a	'문화'와 '문명' 개념 비교	×
B	문화와 자연의 대립적 관계	≒	b	문화와 자연의 대립적 관계	B
C	문화와 이상의 관계	≠	c	문화 → 절대가치 → 인격	C

비고: ① '번호'란의 알파벳은 편의상 임의로 붙인 것이다.
　　　② 내용 요지는 비교의 편의상, 핵심 논지를 반영하여 임의로 작성했다.

　〈표 6〉에 따르면 이돈화는 '문화와 이상의 관계'에 관한 내용을 쿠와키의 저서 제2절 중 1항(2-1)에서 인용했다. 그런데 제1절의 4항(1-4)도 '문화주의'라는 제목을 달고 있고 내용도 유사하다. 이돈화는 왜 굳이 2-1을 선택했을까. 2-1과 1-4의 내용을 비교하면 〈표 7〉과 같다.
　이 두 글은 상당 부분 중복되어 있다.[47) 〈표 7〉에서 A와 a, B와 b는 거의 동일하게 서술되었고, 차이가 나는 부분은 C와 c이다. 이돈화는 C가 들어 있는 2-1을 인용했다.[48) 1-4의 c가 배제된 이유를 알기 위해 c의 내용을 간추리면 다음과 같다.

　문화에는 가치가 있는 것으로 상정된다. 그런데 가치는 수시로 변하는 사람들의 욕구나 외적 사정(事情)에 의존하므로 상대적인 것이다. 상대적인 것은 항상 변동하며, 변동하는 것은 다른 것의 기초가 될 수 없다. 그러므로 이런 상대적인 가치를 내용으로 하는 문화는 세계개조의 선천적 기초가 될 수 없다. 문화가 세계개조의 선천적 기초가 되려면 상대적 가치의 기초에 절대적 가치의 존재가 필요하다. 절대적 가치를 구체적으로 말하면 사람들의 의식에 포함된 보편타당한 요구인 진선미를 꼽을 수 있다.

---

47) 『문화주의와 사회문제』는 문화주의 철학을 선전하는 차원에서 쿠와키 자신이 발표한 1910년대 후반의 논문과 강연 기록 등을 단행본으로 출간한 것이다. 그러므로 중복되는 내용이 적지 않다.
48) A와 a는 학구적인 개념 설명이라서 배제한 듯하며 B, b 중에서는 B를 인용했다.

한편 의식의 이러한 요구는, 그것을 요구하는 의식 자체에 대해서도 경험적·상대적인 것을 넘어서는 어떤 의미를 요구한다. 이런 점에서 칸트의 '선험적 통각(統覺)' 개념을 '선험적 자아'로 생각해서 그것을 경험적 자아의 기초로 삼아야 한다. 이로써 절대적 가치는 자아의 기초, 즉 선험적 자아와 결합하게 된다. 선험적 자아를 인격이라고 한다면 절대적 가치는 곧 인격의 발현 형식이며, 이 가치를 기초로 하는 문화주의는 곧 인격주의라 부를 수 있다.[49] (번역과 밑줄은 인용자)

이상의 요지는 문화와 세계개조의 관계, 절대적 가치와 인격의 관계를 언급한 뒤 '문화주의=인격주의'로 끝맺고 있다. 그 논지는 〈표 6〉의 1-5에서 제시된 결론, 즉 "개조의 기초로서 문화를 들고, 문화의 기초로서 선험적 자아 혹은 인격을 들었지만, 그 문화도 인격도 모두 형식적 기초 이상으로 결정적인 것은 아니다"라는 내용과 대체로 동일하다.[50] 여기서 중시되는 절대적 가치 혹은 개념은 '실재적'인 것이 아니라 '형식적'인 것이었다. 그러므로 논리 전개는 '상정된다', '필요하다' 등의 당위적 표현이 많다. 결국 이돈화가 1-4를 배제한 이유는, 문화·인격 개념의 형식성이 인내천주의의 실재론적 기반과 상충했기 때문으로 볼 수 있다.[51]

이상에서 살펴보았듯이, 이돈화는 세계개조·사회개조에 대한 관심 속에서 문화주의 철학에 주목했고, 그중에서 인격주의 입장을 수용했다. 문화주의 철학의

---

49) 桑木嚴翼, 앞의 책, 147~150쪽.
50) 桑木嚴翼, 위의 책, 154쪽. 물론 1-5도 이돈화의 논설에서 배제되었다.
51) 칸트는 인식이 불가능한 '물 자체' 대신 감각으로 부여된 경험을 '실재'로 파악했다(『哲學事典』, 東京: 平凡社, 1980, 598쪽). 이러한 칸트의 입장은 관념론적 실재론으로 분류된다(『哲學大事典』, 學園社, 1963, 652쪽). 그런데 칸트는 감각으로 부여된 경험을 중시했을 뿐, 그 경험과 주관 너머의 독립된 실재 사이의 일치 여부에는 큰 관심을 갖지 않았다. 쿠와키의 문화주의 철학에 직접적인 영향을 미친 신칸트학파, 특히 바덴학파(서남독일학파)의 리케르트는 칸트철학의 기본 입장을 계승하면서도 칸트의 '물 자체' 개념을 폐기했다(田口和人, 「'大正'期道德教育における新カント派哲學とその意味」, 『硏究年報』(立教大學教育學科) 38, 1994, 73~74쪽 참조). 필자가 문화주의 철학의 개념이 '형식성'을 가진다고 말할 경우, 이에 대립하는 '실재적인 것'은 '주관 너머의 독립된 실재'를 가리킨다.

형식성은 인내천주의의 실재론적 기반과 상충했으나 인용 과정에서 선택과 배제를 통해 이 문제가 부각되지 않게 했다. 오히려 그는 '도덕'을 중심으로 한 실천 방면에 더 큰 관심을 기울였다.[52]

3) 사상 형성의 물밑 작업

이돈화는 문화주의 철학을 소개하는 한편, 『개벽』 창간호부터 총 9회에 걸쳐 「인내천의 연구」를 연재하면서 새로운 사상 형성의 토대를 마련하는 일을 병행하고 있었다. 이 연재물을 통해 그는 1910년대 이론 작업의 성과물을 요령 있게 정리하면서도 새로운 국면에 맞춰 새로운 형식과 내용을 가미하는 방식을 취해나갔다. 그 구체적 양상을 살펴보자.

첫째, 이돈화는 1910년대에 주로 천도교단을 중심으로 전개해온 논의의 결과물, 특히 인내천주의를 『개벽』이라는 종합월간지의 지면을 빌려 사회 전체에 선전하고자 했다. 우선 그는 「인내천의 연구」를 연재했다. 연재된 9편의 논설과 주요 내용은 〈표 8〉과 같다.

〈표 8〉에서 볼 수 있듯이 「인내천의 연구」 제1호에서 제3호까지의 내용은 신종교의 필요성에 대해 주의를 환기하는 서론격에 해당한다. 인내천의 근본 원리 및 종교·철학상의 인내천주의를 서술한 제4호부터 제7호까지의 내용이 본론에 해당하며, 나머지 2편은 대중화를 위한 보완적 서술로서 결론에 해당한다. 본론에 해당하는 네 편의 논설에서 그는 우선 '대신사(大神師)의 기초 사상'을 언급했고 '인내천의 근본 원리'라는 제목하에 자신의 이전 세대까지의 교리 내용을 압축해서 정리했다. 그리고 곧이어 '종교상으로 관(觀)한 인내천주의'와 '철학상에 나타난 인내천주의'라는 제목하에 1910년대에 전개한 자신의 이론 작업을 총정리했다.[53]

---

52) 이는 곧 〈표 7〉에서 이돈화가 2-1의 C를 선택한 이유를 살펴보는 작업과 관련된다.
53) 이돈화는 자신의 사상을 '인내천주의'라고 하여 교조 최제우의 기초 사상 등 그 이전의 단계와

<표 8> 「인내천의 연구」 논설의 주요 내용

호수	발간일	논설 제목	주요 내용
제1호	1920. 06. 25.	人乃天의 研究	• 새사람=최수운 선생: 통일종주
제2호	1920. 07. 25.	人乃天의 研究	• 종교개혁의 필요성 - 기존 종교의 쇠퇴 원인(흰길이만)*
제3호	1920. 08. 25.	人乃天의 研究(續)	- 장래종교론(浮田和民) - 삼교합일론(高橋亨)
제4호	1920. 09. 25.	人乃天의 研究(續)	• 大神師의 기초 사상 • 인내천의 근본 원리
제5호	1920. 11. 01.	人乃天의 研究(續)	• 종교상으로 觀한 인내천주의 - 인내천주의(天道)의 최고진리성
제6호	1920. 12. 01.	人乃天의 研究(續)	- 최후종교론(黑岩周六)
제7호	1921. 01. 01.	意識上으로 觀한 自我의 觀念(人乃天 研究의 其七)	• 철학상에 나타난 인내천주의 - 의식 → 완기설(인격수양·인격완성) → 소아·대아(소의식·대의식)→인내천의 최후 교화
제8호	1921. 02. 01.	疑問者에게 答함(人乃天의 研究 其八)	• 천도교의 종교적 성격 강조
제9호	1921. 03. 01.	人은 果然 全知全能이 될가(人乃天 究研 其九)	• 〈문답형식〉 범신론 강조

비고: * '흰길이만'은 인명으로 보이지만, 정식 명칭이나 국적 등은 파악할 수 없었다.

그 과정에서 이돈화는 인내천주의에 대한 대외적 인지도를 높이기 위해 매우 노력한 것으로 보인다. 이것은 곳곳에서 확인되지만, 〈표 9〉를 통해 더욱 명확히 알 수 있다.

〈표 9〉는 『반도시론』과 『개벽』에 실린 그의 글 가운데 서로 중복되는 내용을 비교한 것이다. 밑줄 친 부분을 서로 대조해 보면, 이돈화가 『개벽』을 통해 인내천주의를 얼마나 강조하려 했는지 잘 알 수 있다.

둘째, 그렇다면 이돈화는 「인내천의 연구」에서 이전에 나온 자신의 성과물을

구별했다. 그의 표현을 빌리면, "대신사(大神師)의 시대에는 아직 방식(方式) 있는 신앙, 통일적인 교설(敎說)이 없"었으므로 "대신사는 천도(天道)의 기초를 정하였을 뿐이요, 우미화려(優美華麗)한 건물이 없었"다는 것이다(夜雷, 「人乃天의 研究(續)」, 『開闢』 4, 1920. 9, 46쪽).

<표 9> 『반도시론』·『개벽』에 나타난 '인내천주의' 비교

『반도시론』	『개벽』
갑. 종교적 기본 관념 　가. 천(天)의 관념, 범신관상에 입각한 인내 　　천주의 　나. 도(道)의 관념, 온갖 진리를 종합 조화한 　　유불선 합일주의 　다. 교(敎)의 관념, 영육일치주의에 립(立)한 　　성신쌍전주의 　라. 수련의 목적, 천인일체 관념에 기(基)한 　　천인합일주의	갑. 종교적 기본 관념 　가. 천(天)의 관념, 범신관상에 입각한 인내천주 　　의 　나. 도(道)의 관념, 온갖 진리를 인내천주의에 　　귀납하야 종합 조화한 유불선 합일주의 　다. 교(敎)의 관념, 인내천 관념에 입각한 영육 　　일치주의 　라. 종교의 최후 목적, 인내천 관념에 입각한 천 　　인합일주의
을. 종교적 수련방식 　가. 자력적 영감, 삼칠성주(三七聖呪) 　나. 자력적 관성(觀性), 7일, 37일, 혹은 49 　　일의 기도 　다. 자력적 계율, 4대 계명(誡命)	을. 종교적 수련방식 　가. 인내천의 자력적 영감, 삼칠성주(三七聖呪) 　나. 인내천의 자력 관성(觀性) 각심(覺心)의 방 　　법, 7일, 37일, 49일 혹은 105일의 기도 　다. 인내천의 자력적 계율, 4대 계명(誡命)
병. 마음(心)의 능력표상 　(A) 궁을(弓乙), 마음은 궁천을인(弓天乙人) 　　즉 천인합일된 표상 　(B) 영부(靈符), 마음은 정신 및 육체의 온갖 　　병을 광제(廣濟)한다는 표상 　(C) 태극, 마음은 만리(萬理)를 구비하였다는 　　표상	• 영부(마음의 표상). 궁을, 마음은 궁천을인(弓 　天乙人) 즉 천인합일된 표상(인내천의 표상) • 태극, 마음은 만리(萬理)를 구비하였다는 표상 　(인내천의 표상)

출전: 李敦化, 「天道敎의 歷史 及 其 敎理(續)」, 40쪽; 夜雷(이돈화), 「人乃天의 硏究(續)」, 『開闢』4,
　　1920. 9, 46~47쪽.
비고: 밑줄은 서로 차이나는 내용을 비교하기 위해 그은 것이다.

단순히 요령 있게 총정리하면서 인내천주의를 강조하기만 했을까. 결론부터 말
하자면 그렇지 않다. 이 논설에서 이돈화는 형식과 내용면에서 이전의 글과는
유의미한 차이를 보여주었다.
　먼저 형식면에서 보면, 그는 이전의 '신종교'에 대한 강조를 '신인(新人), 신인
간'에 대한 강조로 치환했으며, 자신이 수용해서 활용한 외래 사상의 출처를 명
시하는 방식을 취했다. 이 두 가지는 모두 기존의 천도교단 범위에 국한된 소통
방식을 사회 일반의 독자를 향한 소통방식으로 변환시켰다는 의미가 있다.

그는 이 장편 연재논설의 첫머리를 새사람, 즉 신인에 대한 강조로 시작했다. 동서양의 많은 신인을 거론한 다음, 결론에서는 교조 최제우를 신인의 대표격으로 제시했다. 1910년대 후반 『천도교회월보』에서 그가 '신종교'를 강조하고 그 내용의 핵심을 인내천주의로 삼았다면, 『개벽』 창간호에서는 '신인'을 강조하면서 인내천주의를 소개했던 것이다. 즉 그는 이전의 '신종교'에 해당하는 자리에 '신인'을 두면서 이를 키워드로 강조했다.[54]

또한 그는 사상의 출처를 명시하기 시작했다. 1910년대 『천도교회월보』에서 이돈화는 다수의 외래 사상을 수용했음에도 불구하고, 그 출처를 거의 밝히지 않았다. 이는 1920년대 『천도교회월보』에서도 마찬가지인 것으로 보아 종교월간지라는 매체의 성격에서 기인한 듯하다. 하지만 그 내용을 정리한 『개벽』에서는, 비록 대부분 인용 전거가 자세히 드러나지는 않지만, 주창자가 명시된 경우가 많다. '최후종교론'의 주창자가 쿠로이와 루이코(黑岩周六)라고 밝힌 것 이외에도 '기존 종교의 쇠퇴 원인'(횐길이만), '장래종교론'(우키타 카즈타미(浮田和民)), '삼교합일론'(다카하시 도오루(高橋亨)) 등이 길고 짧은 직접 인용의 형식을 통해 소개되었다. 물론 이런 양상은 『개벽』이라는 독자적 매체를 확보함으로써 충분한 지면을 사용할 수 있는 이점 덕분이기도 했다. 그러나 다른 한편으로는 인내천주의의 대중화를 위해 인내천주의 형성에 작용했던 일본과 서구의 사상·이론을 그대로 드러내는 것이 더 유리했기 때문으로 생각된다. 즉 주 독자층인 도시의 청년 지식인층이 유학 경험이나 기타 출판물의 열람 등을 통해 일본 등지의 유명한 논자들을 이미 접하고 있었던 배경이 작용했을 것이다.

내용면에서도 「인내천의 연구」는 더욱 중요한 차이를 담고 있었다. 신칸트학설을 인내천주의에 포섭하는 노력을 진행한 것이 바로 그것이다.

〈표 8〉에서 알 수 있듯이 이돈화는 『개벽』 제7호에 실은 「인내천의 연구」의

---

54) 여기서 이돈화는 "과거의 역사적 어진 이를 숭배"한다고 말했다. 그들은 '이미 낡은 인물'인데 왜 숭배하는 것일까. 그 이유에 대해, 그는 "내가 그들을 숭배하는 것은 그들이 과거 그들의 시대에 여러가지 새것을 창조한 까닭"이라고 밝혔다. 그는 자신이 말하는 '신인(新人)'은 곧 '새 것을 창조한 자'라고 했다(夜雷, 「人乃天의 研究」, 『開闢』 1, 1920. 6, 40쪽).

연재논설 제목을 '의식상으로 관(觀)한 자아의 관념'이라 붙였고, 또한 이 논설을 '철학상에 나타난 인내천주의'라고 했다. 따라서 이것은 이 책 제1부의 제2장에서 살펴본 바와 같이 인내천주의를 "종교·철학·과학의 세 부분으로 나누어 논하는" 저술 계획의 일부에 해당했다. '철학상에 나타난 인내천주의' 논설은 '보편적 진리'인 천도교의 인내천주의가 철학 분야에서 어떻게 포착되고 있는 가를 보기 위함인데, 이는 달리 말하면 인내천주의를 철학적 언어로 어떻게 표현할 수 있는가에 관한 모색이기도 했다. 여기서는 이돈화가 '의식' 개념을 통해 인내천의 종교사상 속에 신칸트학파의 완기설(完己說)을 포섭해가는 배경과 과정 및 그 함의에 대해 검토하고자 한다.

「의식상으로 관(觀)한 자아의 관념」(이하 「'자아의 관념」'으로 줄임)에서 이돈화는 '의식'을 철학적 논의의 가장 중요한 테마로 설정하고, 이를 반복해서 강조했다. 이돈화에 따르면, 의식은 인간만사를 사고하는 힘(力)의 기초이기 때문이다.[55] 이는 그가 최후종교론 논의에서 종교적 뉘앙스가 강한 '자아의 영성'이라는 표현을 통해 인내천주의를 강조한 것과 차이를 보이는 부분이다. 즉 그는 '영성'보다는 일반적·철학적 용어에 해당하는 '의식' 개념을 통해 인내천주의의 진리성을 더 넓은 차원에서 거론하고자 한 것이다. 이돈화의 핵심 주장은 '의식을 통한 인격완성이 인내천의 최후 교화이다'로 요약될 수 있다. 신칸트학설,[56]

---

55) 夜雷(이돈화), 「意識上으로 觀한 自我의 觀念, 人乃天 硏究의 其七」, 『開闢』 7, 1921. 1, 73쪽.
56) 신칸트학파에 대한 개괄적 설명을 소개하면 다음과 같다. "19세기 중반 이후 유럽 사상계는 19세기 전반에 유행한 자연철학의 우주론과 헤겔 관념론이 쇠퇴하고, 실증주의에 기반한 자연과학과 역사이론을 중심으로 한 개별화 경향이 진행되었다. 또한 형이상학적 대(大)이론에 근거한 전통적 철학은 쇠퇴하고 니힐리즘과 자연주의적 속류 다원이즘이 유행했다. 이런 상황에서 독단적인 형이상학과 이에 대한 반동인 니힐리즘을 모두 배격하고 속류 유물론과 진화론적 개별과학에도 추종하지 않으면서, 제(諸) 과학의 엄밀한 비판적 기초 정립으로서 철학을 복권하고자 하는 운동이 생겨났다. 그 주요 움직임이 19세기 후반에서 20세기 전반의 독일을 중심으로 강단철학의 주류를 형성한 신칸트학파이다. 이들은 코페르니쿠스적 전회(轉回), 순수이성론, 실천이성의 우위, 초월론, 논리학 등 여러 점에서 칸트철학의 계승을 표방하는 자가 많아 신(新)비판주의, 초(超)칸트주의, 청년칸트학 등으로도 불리었으나, 신칸트학파라는 이름이 일반화되어 있다. 내부에는 여러 경향이 있지만, 특히 하이델베르크대학을 중심으로 활동한 서남독일학파(바덴학파)라 불리는 사람들은 당시 자연주의적 실증주의가 표방한 몰가치적 사실성에

즉 완기설은 그의 논리 전개에 중요한 매개고리 역할을 하고 있다는 점에서 특히 주목할 만하다.

이돈화는 "신칸트파의 이른바 완기설이라 함은 곧 자아의 완전을 기"하는 것이라 하면서, 곧이어 "사람은 인격수양·인격발전이라는 활동 이외에 따로 중요한 것은 없으리라"고 덧붙였다.[57] 이돈화가 완기설을 어떤 문맥에서 언급하고 있는지 구체적으로 살펴보자.

이 물질계와 정신계는 유일(唯一)의 우주활동으로 인하여 운행하는 것이다. 이 운행에는 반드시 목적이 있으니, 목적이라고 하는 것은 아직 미정(未定)한 명사인데, 모든 만물은 모두 불완전에서 완전을 향해 진행하는 것을 목적으로 한다. 이렇게 모든 만물이 완전을 향해 진행한다면 사람은 더욱 더 자기의 완전을 구하고자 하는 것이 사람 자신의 목적일 것이다. 신칸트파의 이른바 <u>완기설(完己說)이라는 것은 곧 자아의 완전을 도모하는 것인데, 이는 사람이 의식적으로 대우주 진화의 목적과 합하고자 하는 운동을 말한 것이다.</u> 사람의 행동은 복잡하지만 결국 사람은 인격수양·인격발전이라고 하는 활동 외에 따로 큰 일이 없으리라.[58] (밑줄은 인용자)

여기서 완기설은 '대우주적 진화의 목적에 합하기 위한 인간의 의식적 운동'으로 설명되고 있다. 그런데 완기설을 중심으로 한 위의 인용문은 대부분 이노우에 테쓰지로의 저서에서 따온 것이다. 이노우에는 저서 『철학과 종교』에서 완기설에 대해 언급하고 있는데,[59] 해당 부분을 살펴보면 다음과 같다.

반대하고 규범성 및 보편성을 중시하는 반(反)역사주의적 태도를 가졌으며, 계몽주의적 칸트의 이론에 근거하면서 정신과학, 사회과학, 문화철학, 가치철학 등의 새로운 영역을 개척했다."(有福孝岳 외 편, 『カント事典』, 東京: 弘文堂, 1997, 262쪽)

57) 夜雷(이돈화), 「意識上으로 觀한 自我의 觀念, 人乃天 硏究의 其七」, 75쪽.
58) 夜雷(이돈화), 위의 글, 75쪽.
59) 이노우에의 서문에 따르면 그 책은 "4, 5년간의 논문을 모아 (⋯) 철학에 관한 것 11편, 종교에 관한 것 15편, 모두 26편을 편집"한 것으로 약 800쪽에 이르는 방대한 분량이다. 제1장부터 제11장까지는 철학에 관한 글이며, 제12장부터 제26장까지는 종교에 관한 글이다.

이 물질계와 의식계는 하나의 우주활동으로 운용되어간다. (…) 그러나 진화라고 하는 것은 일정한 목적을 향해 가고 있다. (…) 이를 총괄해서 말하면 불완전에서 완전으로 향한다. 스펜스는 그렇게 말하고 있다. 진화는 점차 완전으로 향해 가는 작용이다. 그러나 도덕의 측면에서는 이것을 이상으로 삼는다. 도덕의 측면에서는, 신칸트파는 완기설(完己說)을 세워서 자아의 완전을 기한다. 이것은 인간이 의식적으로 진화의 목적과 합하는 행동을 취한 것이다. 인간의 행동은 실로 복잡하지만, 결국 인격수양·인격발전이라 하는 형태로 인격의 완전을 기하는 것이다. 완기설 같은 학설은 윤리학자가 의식적으로 세운 것이지만, 이 우주의 활동이라는 것은 역시 불완전에서 완전으로 향해 가고 있는 것이어서, 스스로 일정한 질서가 있고 확실히 정해진 방침이 있다. 이런 정해진 방침이라고 부르는 것을 확정한 것이 진화론이며, 진화론은 이를 증명한 것이다. 우주의 활동은 단지 복잡(亂雜蕪雜)한 것이 아니다. 이 의미에서 나는 우주에 목적이 있다고 말하는 것이다.[60] (번역과 밑줄은 인용자)

이 인용문을 보면 완기설이 거론되는 맥락을 좀 더 자세히 알 수 있다. 즉 도덕적 측면에서 신칸트학파가 완기설을 세우고 이에 따라 사람들이 자아의 완전을 기하는 것은, 인간이 완전을 향해 가는 우주적 진화에 자신을 합치시키려는 의식적 움직임으로 볼 수 있다는 것이다. 여기서 우리는 이노우에가 우주적 차원의 법칙에 해당하는 진화론 구도 속에 인간의 인격수양이라는 실천론에 해당하는 완기설을 포섭해 설명하고자 했음을 알 수 있다.[61]

이돈화가 이노우에의 완기설을 어떤 입장에서 수용했는가를 구체적으로 파악하기 위해서는 단순한 요소의 비교를 넘어 「자아의 관념」 전체 내용과 『철학과 종교』의 전반적 문맥을 동시에 비교·검토해야 한다. 『철학과 종교』에서 이노우에의 철학적 입장은 주로 전반부 11개의 장에 담겨 있고, 그 가운데서도 특히

---

60) 井上哲次郎, 『哲學と宗教』, 東京: 弘道館, 1915, 76~77쪽.
61) 여기서 말하는 진화론은 다윈의 진화론이 아니라 스펜스의 진화철학(進化哲學), 즉 사회진화론을 가리킨다(井上哲次郎, 위의 책, 85쪽 참조).

앞의 4개 장에 집중적으로 표현되고 있다. 이돈화 또한 「자아의 관념」에서 인용하고 있는 부분이 그 범위에 제한된다.

『철학과 종교』의 앞 4개 장의 내용을 간략히 소개하면 다음과 같다. 제1장 「철학의 요구 및 장래」에서는 철학이 왜 필요한가를 종교 및 과학과 대비해서 언급했고, 제2장 「유물론과 유심론에 대한 실재론의 철학적 가치」는 유물론과 유심론·관념론을 종합하는 '실재론'의 입장을 명확히 하는 것을 주된 목적으로 하고 있다. 제3장 「철학상에서 본 진화론」에서는 기존의 진화론 인식을 비판적으로 검토하고 있으며, 제4장 「의지활동과 자아개념」에서는 좀 더 구체적인 수준에서 의지와 생명, 자아의 문제를 언급하고 있다. 이노우에의 현상즉실재론이 현상에 대한 과학법칙으로서의 '진화론'과 실재에 관한 논리인 '의지론'을 상호 결합시키고자 했음을 염두에 둔다면,[62] 각 장은 순차적으로 '철학 → 실재론(실재) → 진화론(현상) → 의지·자아(주체)'가 되어 그의 철학적 입장이 점차 구체적인 단계로 전개되고 있음을 볼 수 있다. 이돈화는 「자아의 관념」 전반부를 이노우에의 『철학과 종교』 제2장에서,[63] 후반부를 제4장에서 발췌·인용하고 있으며,[64] 마지막 한두 단락에서 이와 관련된 자신의 '인내천주의'에 대한 견해를 밝히고 있다.

이와 같이 이돈화와 이노우에의 글을 비교하면, 크게 두 가지 측면에서 주목할 만한 차이점을 발견할 수 있다. 첫째, 이노우에는 현상즉실재론에서 전체적으로 '의지'를 핵심 개념으로 보고 있으며, 나아가 '의지'와 '자아'의 문제를 중요시하는 데 비해,[65] 이돈화는 '의식' 및 '의식과 자아'의 문제를 주로 거론하고 있다. 이돈화는 적어도 이노우에의 저서에서, 의지에 비해 파생적 개념이라 할 수 있는 '의식'에 주목한 것으로 보인다.[66] 둘째, 이돈화가 인용한 의식 및

---

62) 井上哲次郎, 위의 책, 78~82쪽.
63) 井上哲次郎, 위의 책, 36~83쪽.
64) 井上哲次郎, 위의 책, 127~166쪽.
65) 이노우에의 '의지' 개념은 동태적이고 실재와 깊이 관련되면서도 의식적·목적적인 성격까지 가지고 있는 것으로서, 그의 현상즉실재론을 떠받치는 핵심 개념이라 할 수 있다.

완기설에 관한 내용이 서술되어 있는 『철학과 종교』 제2장에서는 적어도 의식 개념이 중시되는 데 반해,[67] 완기설이나 진화론에 관한 부분은 부차적으로 서술되고 있다.[68]

이상과 같은 점에서 볼 때, 이돈화가 이노우에의 철학 저서에서 왜 하필 파생적 개념이나 부차적 문맥에 해당하는 내용을 인용했을까 궁금하지 않을 수 없다. 이돈화는 『철학과 종교』 제2장의 해당 부분을 비슷한 시기에 『천도교회월보』에서도 인용했는데, 여기에서도 '의식' 개념을 원문에 따라 충실하게 번역·인용했지만, 원문의 '완기설' 부분은 인용하지 않은 채 글을 마무리지었다.[69] 그렇다면 당시 이돈화는 이노우에의 저서 중 유사한 내용을 『천도교회월보』라는 종교적 매체와 『개벽』이라는 종합월간지에서 서로 다른 방식으로 인용했음을 알 수 있다. 이때 완기설의 인용 유무가 중요한 단서로 주목된다.

이것을 좀 더 추적하기 위해서는 개념이나 텍스트 비교의 차원을 넘어 더욱

---

66) 이노우에의 입을 빌리면 "우리 의식은 통일체이지만 그 속에는 복잡한 원소가 있"는데, "의식 원소를 통일해서 앞으로 끊임없이 진행"해나가면서 "의식계를 확대해나가는" 것이 의지활동이 다(井上哲次郎, 위의 책, 131~132쪽). 의식과 의지의 관계는 '시계(視界)'와 '시점(視點)'의 관계로 비유될 수 있는데(井上哲次郎, 위의 책, 132쪽), 양자는 구별되면서도 실제로는 함께 활동하고 있다(井上哲次郎, 같은 책, 239쪽). 이상에서 알 수 있듯이 두 개념은 밀접한 관련이 있으면서도 상호 구분되는 개념이다. 이노우에는 "우리 자신에게서 가장 근본적인 정신작용은 의지활동이다"라고 해서(井上哲次郎, 같은 책, 150쪽), 의지 개념을 의식보다 근본적인 것으로 설정하고 있다.

67) 이노우에에 따르면 『철학과 종교』 제2장의 서술 목적은 정신과 물질 양자를 결합·조화하는 '실재론의 공평함과 엄정성을 보이기 위한' 것으로서(井上哲次郎, 위의 책, 69~70쪽), 서술의 중점은 '물질에 비해 상식적으로 그 존재가 인정되기 어려운 의식'의 실재성·근원성을 여러 학설을 통해 확인하는 데 있다.

68) 이 점은 이노우에가 완기설 관련 내용을 언급한 뒤 곧바로, "그 우주론은 금일은 상세하게 서술할 여유가 없어 타일(他日)로 미루고 오늘은 단지 실재론의 입장을 명확히 하는 데 그칠 작정"이라고 하는 데서 더욱 분명하게 드러난다(井上哲次郎, 위의 책, 77~78쪽). 또한 이노우에 가 여기서 '우주론'이라고 말한 점도, 완기설과 스펜스의 진화론에 관한 서술이 인간의 인격수양에 대한 직접적 관심보다는 우주진화론의 구도 속에서 설명하기 위한 의도에서 비롯되었음을 보여준다. 이돈화가 직접 인용하지는 않았지만, 제3장에서 이노우에는 완기설을 한 번 더 거론하는데, 여기서도 그는 "도덕상의 일도 이 우주활동에서 보지 않으면 안 된다"고 하여 일관된 세계관의 구성과 관련한 문제에 더 치중하고 있다(井上哲次郎, 위의 책, 125~126쪽).

69) 夜雷(이돈화), 「實在論으로 觀한 人乃天主義」, 『天道敎會月報』 123, 1920. 11, 31~36쪽.

넓은 범위에서 이 문제를 고찰하지 않으면 안 될 것이다. 이를 첫째 문화주의 철학과의 관련 속에서, 둘째 이돈화 논설의 전후 맥락과 관련해서 분석해보자.

당시 일본에서는 빈델반트, 리케르트의 가치철학·문화철학의 영향하에 이른 바 문화주의 사조가 풍미했고, 이런 경향은 곧바로 식민지 조선에도 파급되어 '인격주의'와 '개인의 내적 개조'가 중시되었다.[70] 이런 경향은 이돈화에게도 직접적인 영향을 미쳤다고 생각된다. 왜냐하면 그가 「인내천의 연구」를 연재하는 동안, 동일한 『개벽』 지면에 문화주의 철학의 '인격주의'와 러셀의 '창조충동'에 해당하는 내용을 소개하고 있기 때문이다.[71]

또한 제1부에서 살펴보았듯이 이돈화는 1910년대 말부터 종교와 사회의 관계에 주목하기 시작하여 '종교적 사회개조'를 지향하고 있었다. 포괄적으로 볼 때 『개벽』 창간과 천도교 문화운동 자체가 그러한 목적을 실현하기 위한 실천이었지만, 그의 논설 중에서 본 연구의 분석대상과 관련해서 본다면, 「인내천의 연구」를 모두 연재한 뒤인 『개벽』 제10호에서 '사람성주의(사람性主義)'에 관한 논설이 발표되는 점에 눈길이 간다.[72] 이 논설에는 이전까지 상이한 계열을 이루어오던 문화주의 철학이나 러셀류의 사회사상적 개념 등과 「인내천의 연구」의 인내천주의에 관한 서술이 서로 합류하고 있다.

「자아의 관념」에서 강조된 의식 개념 그리고 완기설에 대한 인용 부분 등을 둘러싸고 지금까지 검토한 텍스트 및 컨텍스트적 요소를 종합해보면 다음과 같다. 이노우에의 철학 저서에서 이돈화가 완기설에 주목한 것은 당시의 개조론에 큰 영향을 끼치고 있던 문화주의 철학, 특히 그중에서도 인격주의적 경향을 크게 의식한 결과이다. 즉 그것은 인내천주의를 문화주의 철학과 친화성을 가진

---

70) 1920년대 초 식민지 조선의 사회개조론에서 정신적 측면이 중시된 데는 일본을 통해 들어온 버트런드 러셀과 에드워드 카펜터의 개조사상 영향과 더불어 일본에서 유행하던 문화주의 사조의 영향이 컸다. 특히 문화주의와 이로부터 파생된 '인격주의'와 '개인의 내적 개조론'이 1920년대 초 문화운동의 주도 이념이 되었다(박찬승, 앞의 책, 179~181쪽).

71) 白頭山人(이돈화), 「文化主義와 人格上 平等」, 『開闢』 6, 1920. 12; 滄海居士(이돈화), 「大食主義를 論하노라 (其一)」, 『開闢』 7, 1921. 1.

72) 李敦化, 「사람性의 解放과 사람性의 自然主義」, 『開闢』 10, 1921. 4.

것으로 '풀이'하기 위한 의도적 '선택'이었다고 생각된다. 그는 또한 이런 이유 때문에 완기설과 서술적으로 직접 연결되어 있는 '의식' 개념에도 주목했던 것으로 보인다. 그렇다면 이제 마지막으로 남은 과제는 「자아의 관념」에서 이돈화가 완기설을 인내천주의에 포섭시켜갔던 구체적인 과정에 관한 분석이다.

우선 완기설과 인내천주의를 간략하게 상호 비교함으로써, 왜 이돈화가 이노우에의 철학적 작업에 주목했는가를 이론 내적인 차원에서 살펴볼 필요가 있다. 완기설이 담고 있는 자아완성·인격수양의 지향은 문화주의 철학의 인격주의적 입장과 일맥상통할 뿐만 아니라 양자 모두 신칸트철학에 기반해 있었음에 주목할 필요가 있다. 당시 인내천주의의 입장에서 신에 의존한 타력(他力) 신앙을 비판하고 인간의 자력(自力) 신앙적 요소를 중시하던 이돈화는 별다른 거부감 없이 인격주의와 내적 개조 주장을 담고 있던 문화주의 철학에 주목할 수 있었다고 보인다.

그러나 완기설이 기반한 신칸트철학, 나아가 칸트철학은 주지하다시피 우주론이나 실재(實在)·신(神)의 존재를 '증명'하는 것에는 크게 주의를 기울이지 않았다.[73] 따라서 이 입장은 천인합일, 우주와 인간의 조화·합일 등을 중시하는 인내천주의의 태도와 결합되기 어려운 사유체계에 속했다. 당시의 개조 분위기에 편승하면서 천도교의 입장에서 완기설이 가진 인격수양의 논리를 흡수하고, 나아가 인격주의를 통한 세계개조를 주장하던 문화주의 철학[74]에 다가서기 위해서는, 첫째 (신)칸트적 이원론을 극복하면서도 무신론적 철학으로 해소되지 않는 입지점을 견지하는 일과, 둘째 그럼에도 불구하고 종교적 범위에 국한되지

---

73) 형이상학적 존재와 관련해서, "칸트는 신(神)의 현존재(現存在)에 관한 전통적인 제(諸) 증명, 즉 존재론적 증명, 우주론적 증명, 자연신학적 증명이 불가능한 이유를 밝혔다. (…) 그러나 이 것은 신이라는 이념이 의의가 없음을 의미하는 것은 아니다. (…) 신의 현존재는 실천적으로는 필연적인 것이다. 즉 (…) 신의 현존재를 상정하는 것은 도덕적으로 필연적"이라는 것이다(有福孝岳 외 편, 앞의 책, 73~74쪽). 한편 우주론·존재론과 관련해서 칸트철학은 "우주론적인 이념(현상의 합성, 분할, 성립, 현실존재)에 이성이 관여하면, 이성은 자기모순에 빠"진다는 입장에 서 있다(有福孝岳 외 편, 같은 책, 27쪽).
74) 桑木嚴翼, 『文化主義と社會問題』, 東京: 至善堂書店, 1920, 165쪽.

않는 '일반적'인 표현을 가져야 할 것이 요구되었다. 이돈화가 당시에 종교적 사회개조의 논리를 추구했다고 한다면, 이상의 요구는 궁극적으로 다음과 같은 성격을 가졌다. 즉 전자는 완기설과 인내천주의의 결합물이 가져야 할 최소한의 논리적 정합성과 종교성의 유지에 관한 문제이며, 후자는 단순한 종교 교리가 아닌 사회개조의 논리가 가져야 할 범용성(汎用性)에 관한 문제인 것이다. 이 점에 유의하면서 구체적인 포섭의 논리적 경로를 재구성해보자.[75]

첫째, 이돈화는 『철학과 종교』의 '의식' 개념에 주목했다. 이때의 '의식'은 그 존재가 공간적으로는 인간만이 아니라 물질까지, 시간적으로는 현재뿐만 아니라 태초의 시점까지 거슬러 올라가는 포괄적 개념이다.[76] 그러나 다른 한편 이 개념은 자아가 인간만사를 사고하는 힘의 기초라는 의미를 포함해서 인간의 목적의식적 실천의 차원에 중점을 둔 의미로도 사용된다.[77]

둘째, 이와 같이 '인간적'이면서도 인간의 범위를 초월해 있는 '의식' 개념을 중심으로 이돈화는 인내천의 '천인합일'을 설명한다. 그는 「자아의 관념」 결론 부분에서 "대우주의 대의식(大意識)이 작은 나에게 개체화되었던 것이, 다시 소

---

75) 실제로 『개벽』 제7호에 실린 「인내천의 연구」의 전체적인 서술 순서를 키워드를 중심으로 정리해보면 '의식 → 완기설 → 천인합일(인내천)'이라 할 수 있다. 그러나 여기서는 포섭의 논리적 경로를 '의식 → 천인합일(인내천) → 완기설'의 순서로 재구성하고자 한다. 그 이유는 첫째, 이돈화의 경우 완기설과 친화성을 가지는 인격개조의 사유보다 인내천이라는 종교적 교의가 가진 천인합일적 내용을 철학적으로 설명하려는 노력이 시간적으로 더 우선해 있었다고 생각되기 때문이다. 둘째, 이돈화는 이미 1919~1920년 시점에 『천도교회월보』의 논설에서 '현상즉실재론'이라는 용어를 사용하여 천도교의 '신인합일'이나 '영육쌍전'을 설명하고 있다(夜雷, 「默念論」, 8~9쪽; 夜雷, 「實在論으로 觀한 人乃天主義」, 36쪽). 이때의 현상즉실재론은 이노우에의 그것이 분명하다는 점은 이미 이 책의 제1부에서 살펴보았다. 따라서 이노우에 철학으로써 인내천의 천인합일을 설명하는 노력이 종교의 심급에서 이미 중요시되고 있었다는 점을 볼 때 논리적으로도 더 먼저라고 생각된다.

76) 이노우에는 "모든 물질은 의식을 가지고 있다"라고 하는 네케리의 학설을 인용한 뒤, "의식은 발달한 인간에 와서 처음 나온 것이 아니라 훨씬 오래전부터 생겨났"으며(井上哲次郎, 앞의 책, 1915, 75~76쪽), "물질에도 매우 희박한 상태로나마 의식이 있다"고 말했는데(井上哲次郎, 같은 책, 76~77쪽), 이돈화는 이런 견해를 받아들였다(夜雷, 「意識上으로 觀한 自我의 觀念, 人乃天 研究의 其七」, 74쪽).

77) 夜雷(이돈화), 위의 글, 73쪽.

의식(小意識)으로써 대의식에 합하며 유한으로써 무한에 통하며 소아(小我)로써 대아(大我)에 화합함이 인내천 종교가 생각하는 최후 교화"라고 했다.78) 그는 이노우에가 이중적 차원으로 설정한 '의식' 개념을 각각 소의식과 대의식 등으로 표현하면서 인내천의 천인합일적 구도를 풀이하고 있다.

셋째, 이돈화는 여기서 한 걸음 더 나아가 신칸트학파의 완기설·인격수양론을 '의식 – 천인합일'의 구도에 접합시켰다. 먼저 그는 "사람은 자기완성(完己)의 최후 목적을 이루기 위하여 의식(意識)이라고 하는 신성한 기계(機械)를 가지고 앞뒤의 혼돈계(混沌界)를 개척하는 것"이라고 하거나,79) "혼돈에서 생겨나 혼돈으로 돌아가는 이 인생은 오직 의식이라는 등불을 가지고 어두운 혼돈을 이리저리 비춰가며 나아갈 뿐"이라 하여,80) 혼돈계의 존재를 실재하는 것으로 전제하면서도 완전을 향한 인간의 의식적 노력을 혼돈계의 개척과 연결시켰다. 이러한 전제적 논의를 바탕으로 그는, "이에 사람은 소아(小我)로부터 신, 즉 절대아(絶對我)를 체현하여 대우주의 대의식계와 영합일치함이 인격의 최상 발달"이라고 결론지었다.81) 결국 이돈화에게 완기(=자아의 완전)·인격수양은 궁극적으로 천인합일, 즉 인간이 '소의식으로써 대의식에 합하는 것'으로 유도되었다. 이렇게 해서 이돈화는 본인이 제시한 '의식' 개념으로써 인내천주의의 구도 속에 신칸트학설의 인격수양론을 포섭했다.

지금까지 신칸트학설의 내용과 인용 목적, 그리고 인내천주의로의 포섭 경로를 고찰했다. 이돈화가 전개한 철학 방면의 서술은 인내천주의라는 천도교 종교사상의 천인합일적 구도를 '의식'이라는 일반적 용어로 설명하는 한편, 그 바탕 위에 인격수양을 강조하는 신칸트학파의 '완기설'을 포섭함으로써 당시 개조론에 영향력을 주던 문화주의 철학과 상응하고자 했다. 「자아의 관념」에서는 '의식'이라는 좀 더 일반화되고 세속적인 용어를 중심으로 '우주 – 인간(개인)'이라

---

78) 夜雷(이돈화), 위의 글, 76쪽.
79) 夜雷(이돈화), 위의 글, 75쪽.
80) 夜雷(이돈화), 위의 글, 75쪽.
81) 夜雷(이돈화), 위의 글, 76쪽.

는 종교적 관심뿐만 아니라, '개인-사회'라는 사회적 관심으로의 확장을 시도했던 것이다. 그러나 아직 이 논설 단계에서는 문화주의 철학과의 연결이 잠재적 또는 징후적인 것에 지나지 않았다.

이상에서 살펴보았듯이 이돈화는 당시의 『개벽』 주도층과 같은 맥락에서, 한편에서는 서구의 개조론, 특히 문화주의 철학을 소개했고, 다른 한편에서는 인내천주의를 사회 일반에 소개하면서 이를 문화주의 철학과 접맥시키려는 노력을 병행해갔다.

2. 종교사상에서 사회사상으로

1) '사람성주의'의 형성 과정

이돈화는 문화주의 철학과 기타 개조론을 선택적으로 소개하는 데 그치지 않고 인내천주의의 체계 속에 수용해갔다. 문화주의 철학의 형식성이나 주관적 관념론의 경향은 인내천주의의 실재론(實在論)적 입장과는 손쉽게 조화될 수 없었다. 이 때문에 이돈화는 두 가지 작업을 동시에 전개했다. 첫째, 문화주의 철학을 활용해서 인내천주의를 사회 일반적 언어로 표현하는 한편, 문화주의 철학에 포함된 사회사상적 요소를 인내천주의로 흡수했다. 둘째, 문화주의적 개념의 내용을 살리면서도 그 개념의 형식적 측면을 인내천주의의 실재론 입장에 맞춰나갔다. 그 결과 그는 '사람성주의'를 도출했고, 이를 기반으로 1910년대의 인내천주의를 천도교의 사회개조론으로 전환시킬 수 있었다. 이 과정에서 그는 여타 개조론과 철학사조도 부차적으로 활용했다. 여기서는 이상의 흐름을 염두에 두면서 '사람성주의'의 형성 과정을 세 단계로 나누어 살펴보고, 이 논의를 바탕으로 그것이 천도교 사회개조론으로서 어떤 의의를 가지는가에 대해 검토하고자 한다.

〈표 10〉『개벽』의 지면 배치를 통해 본 '사람성주의' 형성 과정

호수	발간일	주요 지면*	일반 지면**
제1호	1920. 06. 25.		人乃天의 研究
제2호	1920. 07. 25.		人乃天의 研究
제3호	1920. 08. 25.		人乃天의 研究(續)
제4호	1920. 09. 25.		人乃天의 研究(續)
제5호	1920. 11. 01.		人乃天의 研究(續)
제6호	1920. 12. 01.	文化主義와 人格上 平等	人乃天의 研究(續)
제7호	1921. 01. 01.	大食主義를 論하노라	意識上으로 觀한 自我의 觀念(人乃天 研究의 其七)
제8호	1921. 02. 01.		疑問者에게 答함(人乃天의 研究 其八)
제9호	1921. 03. 01.	↓	人은 果然 全知全能이 될가(人乃天 究研 其九)
제10호	1921. 04. 01.	사람性의 解放과 사람性의 自然主義	↵
			페이엘빠하(Feuerbach)의 「사람」論에 就하야
제16호	1921. 10. 01.	↓	現代倫理思想의 槪觀
제17호	1921. 11. 01.	時代精神에 合一된 사람性主義	↵

비고: ① * 주요 지면이란 목차에서 권두언를 제외하고 제일 처음, 혹은 2~3번째 논설까지 포함하는 위치를 가리키는 의미로 사용했다.
② ** 일반 지면이란 목차에서 주요 지면 이후에 배치된 위치를 가리키는 용어로 사용했다.

먼저 사람성주의의 형성 과정을 살펴보자. 그것의 형성 과정에 대한 심도 있는 이해를 위해서는 내용 분석에 곧바로 들어가기 전에 그의 문화주의 소개 등이 어떤 맥락에 있으며, 어떤 지면 배치와 논의의 계열을 동반한 것인가를 파악할 필요가 있다.

〈표 10〉에서는 이돈화가 「인내천의 연구」를 『개벽』에 소개한 의도가 더 분명하게 나타난다. 잡지의 특성상 기사와 논설이 어떤 위치에 배치되는가는 편집

의 의도를 관철하고 드러내는 매우 중요한 의미를 가진다. 이 때문에 동일한 인물의 논설이라도, 또는 동일한 1편의 논설이라도 각각 다른 위상을 갖게 마련이다. 이는 '배치(配置)의 위상학(位相學)'에 해당한다. 그런데 「인내천의 연구」는 편집 구성에서 뒷 순위로 밀려나 있다.[82] 그렇다면 이돈화의 「인내천의 연구」는 '인내천주의'라는 종교사상을 대외적으로 선전하기 위해 발표된 것으로만 보기 어렵다. 그러므로 이 연재논설은 주요 지면에 실린 그의 논설과 관련지어 이해할 필요가 있다. 형태상으로만 보아도 주요 지면에 실린 그의 글 가운데 사상 관련 논설은 '문화주의(文化主義) → 대식주의(大食主義) → 사람성 해방과 자연주의 → 사람성주의'의 계열을 이루고 있다. 모두 '주의(主義)'라고 명명한 공통점이 있다. 배치의 위상학을 염두에 둔다면, 『개벽』 초기 지면에서 이돈화가 무엇을 추구했는가를 이해할 수 있다. 그가 「인내천의 연구」를 연재한 것은, 이 연재와 동시에 소개했던 문화주의·개조론과 결합시켜 '사람성주의'라는 새로운 논리를 산출하기 위해서였다. 나중에 다시 언급하겠지만 이 과정을 통해

---

82) 이에 관해서는 아래의 『개벽』 제6호 목차를 예시할 수 있다. 「文化主義와 人格上平等(문화주의와 인격상 평등)」은 권두언을 제외하고 두 번째에 있으며(제목에 ＿＿＿ 로 표시한 부분 참조), 「人乃天의 研究(인내천의 연구)」는 중반에 위치해 있다(제목에 ☐ 로 표시한 부분 참조).

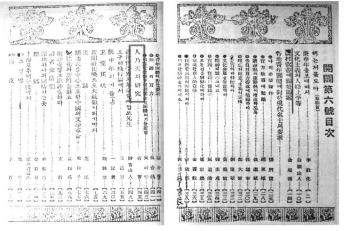

『개벽』 제6호의 목차와 이돈화 논설의 위치

그의 종교적 계몽운동은 문화운동, 즉 문화계몽운동이라는 좀 더 보편적인 외관을 띠게 되며, 1910년대의 인내천주의는 '사람성주의'라는 일반적 형태를 띤 종교적 사회개조론으로 전환하게 되었다.

(1) 활동주의적 도덕

이돈화는 사람성주의 형성의 첫 단계로, 문화주의 철학의 '도덕' 개념을 변형해 '활동주의적 도덕'으로 제시했다. 활동주의적 도덕은 실천론에 해당한다는 점에서, 그가 「인내천의 연구」에서 인간의 소의식과 대의식 간의 천인합일적 관계를 연결하기 위해 끌어들인 완기설과 동일한 위상이다. 이돈화가 활동주의적 도덕을 제시하는 맥락을 좀 더 자세하게 살펴보자.

이돈화가 『개벽』 제7호에 발표한 「대식주의를 논하노라」(이하 '「대식주의」'로 줄임)에는 그가 문화주의 철학의 '도덕' 개념을 변형해 '활동주의적 도덕'으로 제시하는 양상이 잘 드러나 있다. 먼저 이돈화는 문화주의 철학의 도덕 개념을 받아들이면서, 자유의지를 가진 인간이 도덕을 개조해야 한다고 주장했다. 왜 도덕을 개조해야 한다고 했을까. 문화주의 철학에서 도덕 개념은 구체적인 실천과 직결되기 때문이다.

그가 주목하고 소개했던 문화주의 철학에서 도덕 개념은 미묘한 위상을 가졌다. 쿠와키는 좁은 의미의 문화 개념을 "도덕을 제외한 인류의 이상적 방면"으로 정의했다. 따라서 도덕은 좁은 의미의 문화에는 포함되지 않았다. 쿠와키에 따르면 문화는 '인류의 이상적 방면'에 속하는 것을 가리킨 반면, 도덕은 '일상행위의 규정에 관한 실제적 의의'였기 때문이다. 그렇지만 쿠와키는 도덕이 정치·경제 등 그가 '현실적 사실'에 속한다고 본 것과도 다르다고 했다. 이런 현실적 사실 등과 비교할 때 도덕은 '더욱 이상적 의미'를 가진다고 보았다.[83] 이처럼 쿠와키가 보기에 도덕은 문화보다도 실제적 의의가 더 컸으나, 정치·경제 등

---

83) 白頭山人(이돈화), 「文化主義와 人格上 平等」, 1921. 12, 11~12쪽.

에 비해서는 이상에 가까웠다. 결국 도덕은 현실적 사실과 장래 도달할 이상·문화 사이, 달리 말하면 현재와 미래의 중간항에 위치했다. 더 엄밀하게 보자면 도덕은 미래에 접속되어 있었으며, 따라서 그것은 인간이 가진 '의지의 자유'와 직결되어 있었다.

「대식주의」에서 이돈화는 문화주의 철학의 도덕 개념을 받아들이되, 도덕개조의 방향을 '활동주의'로 제시했다. 같은 맥락에서 대욕주의(大慾主義)도 주장했다. 이돈화가 활동주의적 도덕을 제시한 것은 문화주의 철학의 도덕 개념을 일정하게 변형한 것이었다. 그 이유는, 본능·활동·욕망에 대한 강조가 쿠와키의 입장을 소개한 「인격상 평등」, 나아가 쿠와키의 문화주의 철학에서는 찾아보기 힘든 요소였기 때문이다.

쿠와키는 세계의 본체를 '맹목적 의지'로 보는 쇼펜하우어의 입장과 의지론 일반에 대해서도 강하게 비판했다.[84] 그러나 1910년대에 이노우에로부터 현상 즉실재론의 영향을 받아 자신의 종교사상을 전개한 이돈화로서는 본능·활동·욕망 등 의지론적 요소도 중요하게 생각하지 않을 수 없었다. 이노우에의 의지론은 쇼펜하우어의 '의지' 개념을 수용한 것으로, 그 핵심은 욕동(欲動: Trieb)·충동이었다. 이러한 입장은 이돈화의 현실 인식과도 관계 깊었다. 즉 그에 따르면 조선사회에서 제1차 세계대전 이전과 이후의 시기는 모두 과도기이며 이때는 역사적 경험이나 이성적 이해 판단, 정확한 계획, 목표보다는 충동적·실행적 요소로부터 시작할 수밖에 없다는 것이다.[85] 이와 같은 충동·실행에 대한 강조는,

---

84) 浮田雄一, 「近代日本哲學とプラグマティズム 一桑木嚴翼の主意主義批判一」, 『日本ヂューイ學會紀要』 26, 1985, 58～59쪽. 이노우에의 '의지' 개념은 존재론적 차원까지 포괄하고 있다는 점에서, 인간의 도덕론 차원에 국한하여 언급되는 칸트의 '자유의지' 개념과는 구별되는 점에 유의해야 한다. 이노우에의 '의지' 개념은 동태적이고 실재 차원의 것이면서 의식적·목적적 성격까지 가지고 있는 것으로, 그의 현상즉실재론 철학을 떠받치는 핵심 개념이다. 이노우에는 우리 자신에게서 가장 근본적인 정신작용이 '의지활동'이라고 주장했다(井上哲次郎, 앞의 책, 1915, 71～72쪽).

85) 이돈화, 「混沌으로부터 統一에」, 『開闢』 13, 1921. 7, 2～5쪽; 滄海居士, 「孫文學說인 '行易知難'說을 讀하다가」, 『開闢』 9, 1921. 3, 34쪽.

"성리(性理)가 그 자체에 대(大)활동적 동기(動機)를 갖추고 있다"고 파악한 천도교 초기 경전뿐 아니라, 동학의 사유와 맞닿아 있었다.[86]

이돈화가 우키타 카즈타미(浮田和民)의 현대도덕에 관한 논의를 참조해서 활동주의 도덕을 제시한 바탕에는 문화주의 철학의 도덕 개념에서 빠진 충동적·실행적 요소를 도덕 개념에 접목시키려는 시도가 있었다고 생각된다. 왜냐하면 이돈화가 종래의 도덕관이 "본능의 욕(慾), 활동의 원력(原力)을 위축"케 했다고 비판한 뒤, 우키타의 현대도덕에 관한 논의에 기대 '자주자유의 도덕, 진보적 도덕, 공동생활을 목적하는 도덕'의 3대 정신이 포함되어야 한다고 주장했기 때문이다.[87]

이처럼 이돈화가 사람성주의 형성의 첫 단계에서 도덕에 주목하고 이를 강조한 것은 종교적 사회운동을 위한 실천의 중심을 도덕, 특히 도덕의 개조에 두었기 때문이다. 이 단계에서 그의 도덕은 인간과 문화, 즉 인간과 '인간을 자유롭게 발달시켜 향상을 거듭하게 하는' 문화[88]를 연결하는 실천적인 매개항으로 설정되었다.[89] 그런데 이때의 도덕 개념은 주로 인간과 문화, 혹은 현실과 이상을 연결하는 시간적 맥락에서 논의되었다. 이돈화가 관심을 보였던 우키타의 현대도덕론 논의는 공동생활을 목적으로 하는 도덕 등도 포괄하고 있었으므로 사회생활에서의 도덕 논의도 없지는 않았으나 이돈화에게서 그리 큰 비중을 차지하지는 않았다. 그럼에도 불구하고 사람성주의의 형성 첫 단계에서 그가 도덕

---

86) 대(大)활동적 동기(動機)에 대해서는 이 책의 제1부 제1장 48~50쪽 참조.

87) 滄海居士(이돈화), 「大食主義를 論하노라 (其一)」, 『開闢』 7, 1921. 1, 12~13쪽; 浮田和民, 『社會と人生』, 東京: 北文館, 1915, 325~338쪽. 현대도덕에 관한 이돈화의 인용 대목은 우키타 카즈타미의 책에서 따왔음이 확인된다. 이돈화는 거의 동일한 내용을 『천도교회월보』에도 이미 소개한 바 있다. 滄海居士(이돈화), 「活動主義의 道德」, 『天道教會月報』 111, 1919. 11, 15~18쪽 참조.

88) 白頭山人(이돈화), 「文化主義와 人格上 平等」, 『開闢』 6, 1920. 12, 12쪽.

89) 문화주의 철학에서 문화는 인간을 향상시키는 목표·도달점으로 상정되고 있다. 1910년대에 이돈화가, 인생은 '신이 되기 위해 진화하는 것'이라고 한 주장과 비교하면, 이 단계에서 진화는 '향상'으로 표현되고 신은 '문화'로 표현되는 것만 차이가 있을 뿐, 양자 모두에서 목적론적 진화의 측면이 공통으로 발견되고 있음을 확인할 수 있다.

개념을 사회 일반적 맥락에서 실천적 개념으로 정초하고자 한 것은 그의 논의 전개 과정에서 중요한 전기가 되었다. 사람성주의 형성의 나중 단계에서 그가 도덕에 관한 우키타의 다른 저서를 참조하여 개인과 사회 간의 관계를 '중용의 원리를 가진 도덕'을 중심으로 설명한 것도 이러한 도덕 중시 경향의 연장선에 있었다. 이와 같이 이돈화가 사람성주의를 형성하는 과정에서 도덕을 현실과 이상뿐만 아니라 개인과 사회를 연결하는 핵심적인 실천고리로 설정한 인식은 처음부터 강하게 표방되고 있었던 것이다.

(2) 사람성 무궁, 사람성 자연

두 번째 단계로 그는 자신이 활용하는 두 철학, 즉 현상즉실재론과 문화주의 간의 철학적 차이, 즉 전자의 실재론적 기반과 후자의 형식론적 기반을 통합해서 사람성주의의 2대 핵심 개념, 즉 '사람성 무궁'과 '사람성 자연' 개념을 제시했다. 이 과정을 살펴보자.

이돈화는 인내천주의에 작용하는 현상즉실재론의 실재론적 기반 위에서 문화주의 철학을 포섭하고자 했다. 특히 후자의 '문화=이상'을 인내천주의에 맞게 받아들이고자 했다. 구체적인 과정은 다음과 같다.

우선, 인내천주의의 실재론적 기반 위에서 문화주의 철학을 포섭한 사실을 고찰해보자. 이돈화는 『개벽』 제10호에 「사람성의 해방과 사람성의 자연주의」 (이하 '「사람성의 해방」'으로 줄임)를 발표했다. 여기서 제시된 핵심 개념이 '사람성의 무궁해방'과 '사람성의 자연'이다.[90] 이 두 개념에는 인내천주의와 문화주의 철학의 영향이 함께 반영되어 있다.

이돈화는 사람성의 무궁해방에 대한 설명에서 무궁성(無窮性)을 사람성의 본질적 속성으로 거론했다. 이때의 무궁성은 문화주의 철학의 문화 개념이 가진, '향상에 향상을 거듭한다'는 의미와 크게 다르지 않다. 그는 무궁성이 미화(美

---

[90] 李敦化, 「사람性의 解放과 사람性의 自然主義」, 14~21쪽. 번거로움을 피하기 위해 특별한 경우가 아니면 이 자료의 출처를 따로 명기하는 것은 생략한다.

化)한 것으로 종교·학술·도덕·예술을 들었다. 문화주의 철학에서는 넓은 의미의 문화에 예술·학술·풍속·도덕이 포함되었다. 이돈화의 논의에서는 문화에 포함되는 요소가 '풍속' 대신 '종교'로 바뀌었을 뿐이다.[91] 따라서 이 무궁성 개념은 문화주의 철학의 문화 개념에서 크게 영향을 받았다고 할 수 있다.

그는 사람성의 무궁해방에 대해 "최근의 계급 타파, 사회개조운동은 금일의 사람이 근대문명의 깍지를 또 한번 벗고 진화하고자 하는 운동이다"라고 했다. 인사(人事)를 진화의 틀에서 바라보는 태도는 인내천주의의 현상즉실재론에 영향을 받은 것이었다. 이미 살펴본 바와 같이 이노우에의 현상즉실재론은 인격수양을 지향하는 완기설을 우주론적 차원의 진화론에 포섭했기 때문이다.

한편 이돈화는 "이는(사회적 차이 혹은 불평등은 — 인용자) 다만 경험적 내용에 관하여 말함이요, 인격상 즉 사람성 자연주의의 문제는 아니니"(밑줄은 인용자)라고 해서 사람성의 자연주의 개념을 '인격'과 비슷한 의미로 사용했다.[92] 또한 사람성의 자연주의를 설명하면서 사회적 평등의 문제도 거론했다. 인격을 문화에 참여할 자격으로, 그리고 평등을 그 시대의 고도(高度)한 문화에 인류를 인상(引上)시키는 의미로 보는 대목은 「인격상 평등」에 인용된 쿠와키의 문화주의 철학이 취한 입장과 동일하다. 그러나 사람성의 자연주의는 문화주의 철학과 명백히 다른 점도 있다. 문화·이상이 자연과 명확하게 대립했던 문화주의 철학과는 달리, 사람성의 자연주의는 자연을 핵심어로 삼고 있다.[93] 나아가 '사람성의 자연' 개념 그 자체는, 사람이 가진 있는 그대로의 본연(本然)과 본래의 천진(天

---

91) 물론 이런 차이가 사소하다는 의미는 아니다. 이돈화가 문화의 범위에 '종교'를 포함시킨 것은 천도교의 위상을 문화라는 한층 일반적인 차원에서 파악하려는 시도의 표현으로 보아도 좋을 것이다.
92) 李敦化, 「사람性의 解放과 사람性의 自然主義」, 20쪽.
93) 여기서 말하는 자연이란 산야전원(山野田園)적 자연만이 아니라, 사람·사위(事爲)를 포함한 모든 것의, 있는 그대로의 본연을 의미했다. 따라서 사람성 자연주의는 공동생활에서 개인의 본연을 해방하고, 오인(吾人) 중에서 내재적으로 자연을 질식케 한 제반의 편견·인습·허위를 탈각시켜 본래의 천진(天眞)을 회복케 하는 주의였다. 나아가 그는 "금일의 대개조운동이 사람성의 자연을 목표로 하고 있다"고 말했다.

眞)이자 대개조(大改造)운동의 목표·이상으로 설정되었다. 문화주의 철학에서 이상이 문화와 등치되고 인격이 문화·이상에 참여할 자격에 머물렀다면, 「사람성의 해방」에서 '목표·이상'의 자리는 '사람성의 자연' 개념이 차지했다. 또한 문화주의 철학에서 인격이 '선험적 자아'라는 형식적 개념과 등치되었다면, 사람성의 자연은 '있는 그대로', '본래의' 등의 수식어와 함께 쓰여 객관적 실재에 가까웠다.

이처럼 이돈화는 '사람성의 무궁해방', '사람성의 자연'이라는 핵심 개념을 통해 사람성주의의 기본 골격을 마련했다. 양자는 인내천주의와 문화주의 철학의 요소를 구비했다. 전자는 현상즉실재론의 진화론과 문화 개념의 향상·발전주의를 중심으로 했고, 후자는 인간과 사회, 인간과 자연의 관계를 범신론적 기반 위에서 주로 논했다. 그런데 이러한 개념의 형성은 인내천주의와 문화주의 철학의 단순한 '혼합'으로는 불가능했다. 그는 양자의 이질성을 조화시키는 데 특히 노력했다. 이 점이 바로 다음에서 검토할 사항이다.

두 번째로 살펴볼 것은 이돈화가 '문화=이상'의 입장을 어떻게 수용했는지이다. 이것은 문화주의 철학이 가진 사회적 이상으로서의 속성을 수용하는 반면, 그 개념적 형식성을 배제하는 일이었다. 특히 문화와 자연을 대립시키는 문화주의 철학이 인내천주의의 범신관적 실재론과 상충하는 점을 어떻게든 처리해야 했다.[94] 그러므로 그는 '사람성의 무궁주의' 개념보다 '사람성의 자연주의' 개념을 만들 때 더 고심한 듯하다.

쿠와키에 따르면 문화와 자연의 구별은, 인간이 그것에 '가치'를 부여했는가의 여부가 관건이 되었다. 자연과 문화가 대립되었고 문화는 이상에 포함되었으

---

[94] 범신론은 신과 자연의 관계를 질적으로 다르다고 보지 않고, 자연의 모든 것을 신으로 보아 대립을 인정하지 않는다. 종교가 품고 있는 신비적 경향을 이론화하려 할 때 범신론의 형태를 취하는 경우가 많은데, 여기에는 그리스 사상이나 불교처럼 '자연과 세계를 보편적인 신이라는 원리로 통일하려는 형태'와, 베다나 브라만 종교처럼 '모든 것에 통하는 것이 신이며 자아와 신의 일치를 주장하는 형태'로 나뉜다고 한다(『哲學大事典』, 學園社, 1963, 393쪽) (밑줄은 인용자) 이런 점에서 본다면 범신론은 이원론보다는 일원론적 사유에 더 가깝다고 할 수 있다.

므로,95) 쿠와키에게 자연과 이상 역시 대립적 관계에 놓이게 마련이었다. 이 경우 문화·이상과 자연 간의 대립은 '가치'의 유무라는 존재론적 차원의 대립이었음이 중요하다. 궁극적으로 그것은 주관(문화·이상)과 객관(자연)의 분리라는 근대적 이원론에서 비롯했다.

일본 사상사에서 쿠와키는 근대적 이원론, 즉 '주관─객관의 분리'에 기초한 이원론을 철저하게 내면화한 결과, 자연을 비롯한 모든 객관적 존재에 대한 확실성을 상실했다고 평가된다.96) 문화주의 철학에서 드러난 문화와 자연의 분리·대립은 그 연장선상에 있었다. 그러나 다른 한편 쿠와키는 인식론 차원에서 이상의 분리·대립을 지양하고자 노력했다. 『문화주의와 사회문제』 뒷 부분에 실린 '자연·이상 일치주의'라는 내용은 이미 잃어버린 자연 및 외계를 회복하게 되는 경로를 보여주는 글로 평가된다.97)

이돈화는 쿠와키의 자연관을 「사람성의 해방」에 인용했다.98) 쿠와키에 따르면 고대 희랍문화는 '자연과 이상을 맹목적으로 동일시' 했고, 중세 기독교문화는 '자연과 이상을 격리'시킨 데 비해, 근세의 과학적 문화는 "자연은 이상에게 정복된 그 속에 스스로 포용(包容)되어 있"었다.99) 그 결과 "자연은 인생(人生)에 이용되어 인생의 이상과 합일하게 되었"지만, 그것은 어디까지나 인생에 '이

---

95) 쿠와키가 문화를 인류의 이상적 방면으로 정의했음은 쿠와키의 글을 인용한 이돈화의 「인격상 평등」에서도 확인할 수 있다.

96) 와타나베 가즈야스(渡辺和靖)는 "주관과 객관을 준별하고 외계법칙은 주관에 의해 부여된 것으로 보는 사유방법은 본래 서양 근대의 소산이"라고 보는 전제 위에서, 1880~1890년대 일본 청년들이 보인 번민 현상의 근저에는 이런 서양 사상이 일본의 전통적 사유에 가한 충격이 놓여 있음을 지적했다. 이런 맥락에서 "인간 의식에서 벗어난 외계는 이미 확실한 존재가 될 수 없다"는 쿠와키의 절규에는 자연과 인간의 연속성을 기조로 하는 전통적 세계관의 해체 상황이 반영되어 있다고 했다(渡辺和靖, 「桑木嚴翼の思想形成─明治後期の思想的課題─」, 『愛知教育大學硏究報告』 25 (第1部·人文·社會科學編), 日本 지쿠: 愛知教育大學, 1976, 95~99쪽).

97) 渡辺和靖, 위의 글, 105쪽. 와타나베는 이 논문에서 그 경로를 가능케 한 구체적 방법과 쿠와키의 사상이 일본 사상사에서 차지하는 위상에 대해 언급하고 있다.

98) '文化問題雜篇'의 「二. 自然及び人生の基礎」의 일부 내용(桑木嚴翼, 앞의 책, 426~431쪽)을 인용했다.

99) 쿠와키가 자연관에 대해 언급하는 내용은 『개벽』의 「사람性의 解放」 내용(16~17쪽)을 기준으로 인용했다. 번거로움을 피하기 위해 이와 관련한 내용에 대해서는 인용처 명기를 생략한다.

용'되었기 때문에 진정한 합일은 아니었다. 쿠와키의 최대 관심은 이상 가운데에 자연을 진실로 포괄하는 것이었다. 그의 최종 해결책은 다음과 같았다. "자연이 이상으로 말미암아 조성(造成)되었다는 입장", 즉 자연은 "이상을 세운 나, 즉 주관이 만든 것"이라고 보면 '자연즉(卽)이상'의 의미가 처음으로 성립한다는 것이다.[100]

이돈화는 쿠와키의 이 견해를 인용한 뒤 사람성의 자연주의에 반영했다. 사람들이 통상 '자연'이라 부르는 용어를 이돈화는 '산야전원(山野田園)적 자연'이라 부르고 그것을 '사람적 자연'과 구별했다. 그는 다음과 같이 언급했다.

산야전원(山野田園)적 자연이 자연 그대로의 이상에 의해 천연(天然)의 발육을 얻는 것처럼, 사람은 사람적 자연 그대로의 이상에 의해 사람성의 무궁을 계발(자연정복도 의미함)하며 사람성의 자연주의(인성의 자연과 현실의 자연 간의 일치점)를 표현함을 말한 것이다.[101] (밑줄은 인용자)

쿠와키가 '자연즉이상'이라 한 것을 이돈화는 '현실자연 즉 이상'과 '사람적 자연 즉 이상'으로 나누어 언급하고 있다. 이는 자연을 본성과 동일시했던 이돈화가 쿠와키의 해법을 '사람적 자연', 즉 사람의 본성에도 적용한 결과였다. 그러나 좀 더 세밀하게 보면 양자의 입장은 크게 다르다. 쿠와키는 근대적 이원론의 토대 위에서 문화·이상과 자연을 인식론적으로 결합하려 했다. 반면, 이돈화는 쿠와키의 자연·이상 일치주의를 존재론적 차원의 결합으로 받아들였다. 여기에는 범신관적 실재론이 그 토대로 작용했다. 가령 "인성(人性)의 자연과 현실의 자연의 일치점"이라는 표현은 사람성의 본성과 외계 현실의 본성 사이에 궁극

---

100) 그렇다고 해서 쿠와키가 스스로 부연한 바와 같이, "본래의 자연을 몽환(夢幻)과 같이 보는 것은 전혀 아니"었다. 그는 다만 그 자연의 "근본적 의미를 논함에 있어서, 이와 같은 별종의 시각을 취하는 데 불과"하다고 했다. 이는 자신의 자연관이 객관적 자연 자체의 실재성을 부정하는 입장으로 오해될 여지를 없애기 위한 것으로 생각된다.
101) 李敦化,「사람性의 解放과 사람性의 自然主義」, 17쪽.

적인 일치점의 존재를 전제한 것이다. 이것은 일체 만상(萬象)을 모두 신의 표현으로 여기는 범신론적 사유에서 가능했다. 따라서 '사람적 자연 그대로의 이상'이란 본래 사람에게 내재된 실재화된 이상을 뜻했다. 즉 사람에게는 '사람적(사람성) 자연'이라는 것이 내재해 있으나 여러 편견·인습·허위 등으로 인해 질식되어 있으므로 오늘날에는 그것의 회복을 이상으로 삼아야 한다는 것이 이돈화의 주장이었다. 이렇게 해서 사람성의 자연주의는 자연과 인간과의 진정한 관계를 음미하며, 문화와 자연의 진정한 교섭을 고찰하는 의의를 갖게 되었다.102)

세 번째로 두 개념 사이의 관계를 살펴보자. 이돈화는 '사람성의 자연주의' 개념의 정립에 고심한 탓인지 "오인(吾人)은 이제야 겨우 사람성의 무궁해방주의를 사람성의 자연주의 위에 두게 되었다"고 말했다. 앞서 살펴본 두 개념의 함의를 상기한다면, 이 말은 '향상·진보적 성향을 지닌 인간 활동의 궁극적인 지향점을 초월적인 장소가 아니라 인간 자신에게 내재된 본성에 두게 되었다'로 해석된다. 이 주장은 다음과 같이 더욱 명확하게 표현되었다. "사람성의 활동이 무궁무진하게 나아가, 마침내 사람성의 대자연주의에 부합하는 곳에 인류는 처음으로 그 목적을 달"할 수 있다.

그는 이 대목에서 비로소 러셀의 창조충동론을 언급했다.103) 러셀의 '창조충동'은 사람의 활동이 가진 장점이 다른 동물의 활동과 달리 정신적·창조적 활동에 있음을 말한 것으로 설명되었다. 이돈화는 이 창조충동을, 사람성의 무궁해방이 가진 성질, 즉 "사람에게 본래 내재된 향상적 정신을 무궁히 진전케" 하도록 뒷받침하는 것으로 보았다.104) 이것은 앞 단계의 '활동주의적 도덕'에서 도덕 개념이 활동·본능과 긴밀히 연계된 점과 궤를 같이한다. 즉 이돈화는 사람성주의 형성의 초기 단계에서는 충동적·실행적 요소와 관련하여 우키타의 현대도

---

102) 李敦化, 위의 글, 18쪽.
103) 러셀은 모든 인류의 활동을 '충동에 귀(歸)케' 했는데, 이 충동에는 '소유충동'과 '창조충동'이 있다. '소유충동'에는 축재(蓄財), 권력, 전쟁에 대한 것이, '창조충동'에는 지식, 애(愛), 예술에 대한 것이 포함된다고 한다(李敦化, 위의 글, 21쪽).
104) 李敦化, 위의 글, 21쪽.

덕론에 주목했으나, 버트런드 러셀의 사회개조론이『개벽』에 소개된 1921년 5월 전후 시점부터는 러셀의 창조충동론이 충동적·실행적 요소에 더 적합한 논리임을 파악하고, 이를 적극 포섭하고자 한 것으로 이해할 수 있다.[105]

이 과정을 통해 이돈화는 인내천주의라는 종교사상의 토대 위에 더욱 사회일반적인 용어나 표현으로 사회개조의 이론틀을 갖추어갔다. "인세(人世)의 최종 이상이 이에 성립되었다함을 오인(吾人)이 대담하게 선고(宣告)하노라"라는 그의 언명에는 종교적 사회개조의 기초를 마련했다는 자부심과 만족감이 살 묻어난다. 하지만 이 단계의 작업은 주로 인내천주의의 실재론적 기반과 '문화=이상' 간의 결합에 국한되었으며, 앞 단계에서 제시한 활동주의적 도덕을 사람성주의의 체계에 포괄한 것은 아니었다. '사람성'에 대한 설명이 없고 러셀의 창조충동론이 두 개념과 단순 병렬된 점도 이와 관련이 깊다.

(3) 포괄성·체계성의 강화

이돈화는 세 번째 단계에서 이러한 새 개념을 중심으로 사상적 포괄성과 체계성을 강화해갔다. 이 과정에서 러셀과 포이에르바하 등이 수용되었다.

개조사상을 인내천주의의 구도로 포섭해서 종교성과 사회성의 결합을 이루려면 개조사상에 내재된 이상뿐만 아니라 그것에 도달하는 실천의 요소도 수용해야 했다. 이돈화에게 남은 과제는 도덕까지 포함해서 종교성과 사회성의 결합을 마무리하는 것이었다. 그것은 곧 1918년「신앙성과 사회성」단계에서 선보인 구상, 즉 '생활' 개념을 중심으로 양자를 연결한 구상을 실현하는 작업이었다.[106] 이돈화는 포이에르바하의 사람중심 철학에 기대고, 우키타의 입론을 보

---

105) 우키타 카즈타미의『사회와 인생』은 1915년에 발간되었고,『사회개조의 8대사상가』는 1920년 11월에 발간되었다. 이돈화는『사회개조의 8대사상가』가 발간된 지 두 달이 지난 시점인 1921년 1월에 '대식주의' 관련 글을『개벽』에 발표했으나, 그 내용을 살펴보면 아직『사회개조의 8대사상가』에 실린 러셀의 글은 인용하지 않고 있다. 김기전이『개벽』에 러셀을 소개한 시점은 1921년 5월이었고, 이돈화의 글 가운데 러셀의 창조충동론이 인용되는「사람성의 해방과 사람성의 자연주의」가 발표된 시점은 그보다 한 달 전인 1921년 4월이었다.

106) 이돈화는 이미 1919년 초 "인류 전체를 하나의 도덕체계로 간주한다는 것은 매우 중요하다.

충하면서 사람성주의의 체계화를 일단락했다. 여기서는 그 과정을, 첫째 우키타의 윤리론이 사람성주의에 결합되는 양상을 살펴보고, 둘째 포이에르바하의 영향을 받아 사람주의의 본령 항목을 매개로 '사람성의 무궁' 및 '사람성의 자연' 항목이 구조화되는 양상을 살펴보고자 한다.

첫째, 우키타의 윤리론이 사람성주의에 결합되는 양상을 살펴보자. 이돈화는 『개벽』 제17호에서 다시 한번 사람성주의에 관한 논설 「시대정신에 합일된 사람성주의」를 발표했다.[107] 「사람성주의」는 곳곳에서 핵심 문장을 간결하고도 눈에 띄게 정리·제시해서 테제와 같다. 전체는 '一. 사람주의의 본령, 二. 사람주의는 곧 사람성의 무궁을 증명하는 것이라, 三. 사람주의는 사람성의 자연을 발휘하는 주의'라는 제목의 세 항목으로 되어 있다. 「사람성의 해방」과 비교할 때 사상적 포괄성이 진전된 것은 '사람성의 자연' 항목이다. 추가된 내용의 요지는 다음과 같다.

사람성의 자연주의는 인류의 자유를 인격적으로 융합케 하는 것이라: 사람은 한 측면

이것은 인류의 사회생활을 영위하는 데 반드시 필요한 근본적인 공준(根本公準)이니라"고 하여, '도덕'을 사회생활을 영위하는 데 필수적인 요소로 거론한 바 있다[夜雷(이돈화), 「信仰性과 社會性(續)」, 『天道敎會月報』 101, 1919. 1, 16쪽]. 몇 달 뒤에 그는 당시 해월신사(海神月師)의 사인여천주의를 '애(愛)의 개방주의'로 의미 부여하면서(李敦化, 「愛의 開放」, 『天道敎會月報』 107, 1919. 7, 9쪽), 그것을 사회적 생활 혹은 노동문제·부인문제를 포함한 세계적 사회문제 등과 관련지어 논의하고 있었다(李敦化, 「事人如天主義」, 『天道敎會月報』 108, 1919. 8, 3~6쪽; 李敦化, 「現代思潮와 事人如天主義」, 『天道敎會月報』 115, 1920. 3, 4~7쪽). 이러한 논의를 보면 이돈화는 당시 천도교 사상 전통에서 최시형 대에 강조된 사인여천주의를 새롭게 부각시킴으로써 종교적 사회개조의 실천에 필요한 내적 구심을 확보하고자 한 것임을 알 수 있다. 사인여천주의는 도덕에 대한 관심과도 직접 연결되는 것이었다. 그러나 당시에는 도덕의 중요성을 사회문제와 관련하여 언급하는 수준에 그쳤을 뿐, '도덕' 개념을 종교적 사회개조의 이론에 개념적으로 위치 지우는 단계에는 미치지 못했다.

107) 李敦化, 「時代精神에 合一된 사람性主義」, 『開闢』 17, 1921. 11, 2~13쪽. 이 자료와 관련한 본문 서술에서는 특별한 경우가 아니면 자료의 출처를 따로 명기하지 않는다. 「사람성주의」와 '사람성주의'는 거의 같은 대상을 지칭하지만, 「사람성주의」는 『개벽』 제17호에 실린 논설을 가리키며, '사람성주의'는 「사람성주의」에서 제시한 이론 또는 사상 그 자체를 가리키는 용어로 사용한다.

에서는 사회적 생활, 다른 측면으로는 개인적 욕구를 가지고 있어, 양자 간에는 스스로 모순된 두 개의 행위를 가지고 있다. 전자를 톨스토이주의라 하며 후자를 니체주의라 하는데, 양자 모두 중용을 잃은 것이다. 사람성 자연주의의 자유란 사람의 내용상 인격으로부터 각 개인이 각개 인격의 자유를 체득하여 결국 나의 자유로써 타인의 자유와 융합케 하는 방침이다.[108]

이 인용문과 관련하여 두 가지를 언급할 수 있다. 하나는, 톨스토이주의와 니체주의를 모두 중용을 잃은 것이라는 대목이 『개벽』 제16에 실린 이돈화의 논설 「현대윤리사상의 개관, 동양식 윤리사상의 변천」(이하 '「현대윤리」'로 줄임)과 동일하다는 점이다. 즉 「현대윤리」에는 '니체와 톨스토이로 대표되는 개인주의와 사회주의는 둘 다 개인·사회 가운데 어느 한쪽에 치우쳐 중용을 잃은 것인데, 도덕의 원리는 항상 중용에 있다'고 되어 있다.[109] 이것은 우키타의 견해를 차용한 것이다.[110] 그는 이 부분을 「사람성주의」에 포괄하여 개인과 사회 간의 '중용적 도덕'을 더욱 강조하고자 한 듯하다.

다른 하나는, 개인과 사회의 관계를 자유로 연결한 점이다. 이 내용은 새로 추가되어 '인상적(引上的) 평등'과 호응을 이룬다. 이돈화는 이 '자유' 개념을 인간 능력의 자유발전으로 설명되던 '문화' 개념에서 끌어온 듯하다. 그 결과 '사람성주의'의 자유는 인격의 자유를 통해 타인의 자유와 융합할 것으로 의미가 부여되고, 평등은 그 시대의 높은 문화 수준에 민중을 끌어올리는 상향식 방법

---

108) 李敦化, 위의 글, 10∼11쪽.
109) 白頭山人(이돈화), 「現代倫理思想의 槪觀, 東洋式 倫理思想의 變遷」, 『開闢』 16, 1921. 10, 31쪽.
110) 「현대윤리」는 '윤리와 동서 문명의 융합', '윤리사상의 2대 특점(特點)', '윤리와 사교(社交)'의 세 부분으로 구성되어 있다. 이돈화는 '윤리와 동서 문명의 융합'의 내용을 우키타의 저서 『사회와 인생』 가운데 '(3) 동서 문명의 융합'에서 인용했고(浮田和民, 앞의 책, 39∼64쪽), '윤리사상의 2대 특점'은 동일 저서 '(7) 윤리총화(倫理叢話)' 중 '이기와 이타', '톨스토이주의와 니체주의'로부터(浮田和民, 같은 책, 119∼134쪽), 그리고 '윤리와 사교'는 '(7) 윤리총화' 중 '인격 수양의 방법'에서 끌어왔다(浮田和民, 같은 책, 149∼161쪽).

으로 의미가 부여되었다. 그는 근대 서구 정치사상의 핵심이라 할 두 개념, 즉 자유와 평등을 병립시키면서 사회사상적 포괄성을 강화했다. 이 경우 '개인-사회' 사이의 대립이나 절대평등보다는 조화를 강조했고, 상향식 평등의 입장을 취했다. 자유·평등에 대한 이런 관점은 문화주의 철학의 입장과 비슷했다.

둘째, 포이에르바하 철학에 기대 '사람성주의'의 두 핵심 개념이 결합되는 양상을 살펴보자. 이돈화는 『개벽』 제10호에서 「사람성의 해방」 이외에 포이에르바하의 '사람철학'을 소개했다.[111] 이돈화는 "그의 학설 중 ― 가장 힘 있고 중요한 사람적 철학 개념을 그의 종교관 상(上)으로부터 그 대의(大義)를 일언(一言)코저하는 바"라고 해서,[112] 포이에르바하의 '사람' 개념에 주목했다.[113] 포이에르바하 철학이 재조명되고 있는 최근과는 달리,[114] 일본 철학계에서도 별로 주목하지 않았던 1921년 시점에 이돈화가 그에 주목했다는 사실이 특이하다. 어쨌든 「사람성주의」에서는 포이에르바하의 영향이 적지 않게 보이는 것은 사실인데, 여기서는 특히 종교성과 사회성의 결합에 초점을 맞춰 그의 영향을

---

111) 夜雷(이돈화), 「페이엘빠하(Feuerbach)의 「사람」論에 就하야」, 『開闢』 10, 1921. 4, 34~46 쪽. 『천도교회월보』·『개벽』 등의 잡지 지면을 통해 이돈화가 발표한 논설 전체를 통관해도 그가 13쪽이나 되는 분량을 할애해서 사상·철학 관련 논설을 소개한 경우는 찾아볼 수 없다. 이로 미루어 짐작건대, 이돈화는 이미 그 시점부터 「사람성의 해방」이라는 글의 미흡함을 포이에르바하를 통해 보충하겠다는 의도를 가졌다고 해석해도 좋을 것이다.

112) 夜雷(이돈화), 위의 글, 34쪽.

113) 첫머리와 마지막에서 이돈화가 첨부한 간단한 언급을 제외하면, 대부분의 내용은 단순 발췌와 인용을 통해 작성한 글로 추측된다. 그런데 필자가 지금까지 조사한 바로는 이돈화가 일본으로부터 포이에르바하에 관한 글을 참조한 경로나 대상 저서를 파악할 수 없다. 일본에서 사회주의운동의 대두와 더불어 맑스·엥겔스의 저작이 출간되는 가운데 포이에르바하가 간접적으로 소개되었지만, 사회주의 저서가 본격적으로 나오는 시기는 적어도 1923년 이후로 보인다. 그뿐만 아니라, 내용적으로도 엥겔스나 맑스의 포이에르바하론은 포이에르바하를 비판적으로 극복하기 위한 내용이라서, 이돈화의 논설과는 기조가 다르다. 일본이 아닌 다른 유입 경로도 상정할 수 있고, 필자가 아직 살펴보지 못한 저서가 일본에서 발견될 가능성도 배제할 수 없다. 이 문제는 여전히 필자에게 의문으로 남아 있다.

114) 카와카미 무쓰꼬(河上睦子)는 그의 저서 『포이에르바하와 현대(フォイエルバッハと現代)』(東京: 御茶の水書房, 1997)에서 기존의 포이에르바하 연구, 특히 포이에르바하의 종교비판에 대한 해석이 '마르크스를 통해 포이에르바하를 보는 시각에 불과'했다고 비판하고(河上睦子, 같은 책, 8쪽), 포이에르바하의 종교비판을 마르크스의 문맥에서 떼어내 다양하게 해석할 필요가 있다고 주장했다(河上睦子, 같은 책, 11~17쪽).

살펴보자.

「사람성주의」의 최대 특징은 '사람성의 무궁'과 '사람성의 자연' 항목을 '사람주의의 본령'(이하 '본령'으로 줄임)으로 결합시킨 점이다. 이전 단계에서도 두 개념은 이미 '사람성'이라는 공통분모를 가지고 있었다. 그렇다면 사람성은 양자를 통합한 '본령' 항목과 무관하지 않을 것이다.

먼저 사람성에 대해서 살펴보자. 「사람성주의」에서 '사람성' 자체에 대한 명확한 개념 규정은 찾아보기 힘들다. 그러나 1910~1920년대 이돈화 논설의 전반적 용례를 통해 의미를 유추할 수 있다. 1912년의 논설에서 보이는 '인성(人性)'과 포이에르바하의 '사람성'이라는 번역어를 단서로 해서, 그것을 '사람성주의'에서의 용례와 비교해 보자.

그는 1912년 『천도교회월보』에 발표한 글에서 "현재 오인(吾人)에게 발현하는 인격이라는 현상도 역시 인간 본성에 관한 모든 현상은 아니니라. (…) 인성(人性)에는 현재의 인격 이외에 무한한 가능성을 가진 잠재력의 인격이 복재(伏在)하였느니라"라고 하여[115] 여기서 인성을 인간 본성의 차원에서 보고, 이를 인격 개념과 구별했다. 인성은 '인격'보다는 오히려 '영성' 개념에 더 가까웠다. 그러나 '사람성주의'에서는 영성 개념이 가진 종교적 뉘앙스 때문인지 이돈화는 '사람성'이라는 개념을 만든 듯하다. 마침내 그는 포이에르바하의 '사람성' 개념에도 주목했다.

포이에르바하의 사람성 개념을 '사람성주의'의 사람성과 비교해보면, 전자는 인간 고유의 차원에 머무르며 '이지(理知)·의지·감정'이라는 세 구성요소를 가진 데 비해,[116] 후자는 궁극적으로 현실자연과 연결되며 구성요소를 가지지 않는 차이가 있다. 이것은 포이에르바하의 입장인 '감각적 실재론'과,[117] 그의 논증

---

115) 李敦化, 「靈通力이 事實됨을 辨明훔」, 『天道敎會月報』 27, 1912. 10, 13~14쪽.
116) 포이에르바하의 경우, 엄밀한 의미의 의식을 사람성의 본질로 했다. '엄밀한' 의식이란 인간만이 가진 의식을 가리킨다. 이 의식은 "사람의 종속(種屬) 및 사람의 본질적 성질을 사유의 대상으로 할 수 있"다〔夜雷(이돈화), 「페이엘빠하(Feuerbach)의 「사람」論에 就하야」, 37쪽〕.
117) "'페이엘빠하'의 철학은 경험적으로 구체적 실재, 즉 감각적 실재 그것이라 할 것"이라고 언급

에서 주요 입장인 '범신관적 실재론'의 차이에서 비롯했다고 할 수 있다. 그러나 사람을 중시하고 그것을 실재로 보았다는 점에서 양자는 일치한다.[118] 이 점에서 이돈화는 포이에르바하에 주목하게 된 듯하다. 「사람성주의」의 '본령' 항목에는 포이에르바하의 이러한 입장이 크게 반영되었다.

'본령' 항목의 "이상과 사실을 다같이 <u>사람 자기들의 생활 만족</u>에 부합케 하는 일"(밑줄은 인용자)이라는 대목은, 포이에르바하 철학을 소개하는 글에서 "그에서(사람에게서 — 인용자) 처음으로 사상과 실재 또는 객관과의 대립은 스스로 서로 소멸(消散)한다고 하였다"라고 한 것과 동일한 문맥이다.[119] 이돈화는 포이에르바하의 철학에 기대 사람을 중심으로 이상(또는 사상)과 사실(또는 실재)을 합치시켰다. 이런 결합방식은 1918년 「신앙성과 사회성」에서 종교(=이상)와 사회(=현실)를 '생활'로 결합한 것과 기본적으로 동일했다. 「사람성주의」의 체계상에서 그것은 '본령' 항목이 '사람성 무궁' 항목과 '사람성 자연' 항목을 결합시키는 형태로 나타났다.[120] 1910년대 후반에서 1920년대 초에 이르는 사람성주의의 형성 과정을 도식화하면 〈표 11〉과 같다.

지금까지 사람성주의의 형성 과정을 세 단계로 나누어 살펴보았다. 사람성주의의 형성 과정은, 인내천주의가 문화주의·개조론과 결합하면서 종교적 색채가 희석되고 사회개조론으로 탈바꿈하는 과정이었다. 또한 그것은 종교적 사회개조의 기치 아래 사람을 주체로 해서 사람성의 이상을 현실에서 실현하기 위한 이론 형성 과정이었다. 이 과정에서 이돈화는 문화주의 철학의 이론과 실천의 요소, 즉 문화와 인격, 도덕 개념을 수용하면서도 그것을 인내천주의의 실재론

되었다[夜雷(이돈화), 위의 글, 35쪽].

118) "그(포이에르바하 — 인용자)는 말하되, 진실하고 의심할 수 없는 실재, 이성의 주체는 오직 이 '사람' 뿐인데 자아는 실로 이성이 사유하는 것이 아니고 사람 그 자가 사유하는 것이었다. '사람'은 가장 실재의 실재였다."[夜雷(이돈화), 위의 글, 35쪽]

119) 夜雷(이돈화), 위의 글, 36쪽.

120) 「사람성의 해방」에서 두 개념과 병렬되었던 러셀의 창조충동론이 「사람성주의」에서는 '사람성 무궁' 항목 안으로 편제되면서 사람의 '영원진화'를 추동하는 힘으로 설정되었다. 이것 또한 체계화라는 측면에서 볼 때 이전보다 진전된 모습이다.

〈표 11〉 '사람성주의'의 형성과정

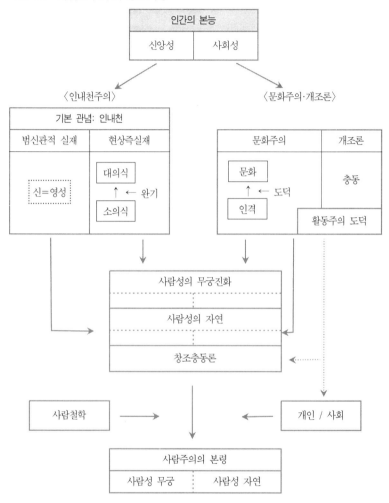

적 기반 위에서 그에 맞게 변형했다. 특히 문화주의의 '인격' 개념에 내재된 형식성과 관념성을 불식시키기 위해 포이에르바하의 '사람철학'도 실재론의 입지 위에서 적극 수용했다. 그 결과 인격은 '사람성'으로 변모했고, 문화와 자연의 대립은 범신적 대자연에 기반한 '조화의 관계'로 전환되었다. 또한 이상과 자연의 대립은 지양되어 우주와 인간을 관통하는 '무궁' 개념으로 전환되었다.

이렇게 형성된 사람성주의는 '사람주의의 본령' 항목으로써 '사람성의 무궁'과 '사람성의 자연' 항목으로 결합되었다. '사람성의 무궁'은 주로 진화론과 향상·발전이라는 시간적 구도 위에서 '우주－인간'의 관계를 중심으로 삼았다. 따라서 그것은 세속화된 종교성에 상응했다. '사람성의 자연'은 범신론의 영향도 컸으나 점차 '인간－자연' 또는 '개인－사회' 등 공간적 구도 위에서 사회성의 측면을 강조해갔다. 그래서 전체적으로 사람성주의는 '우주－인간'의 종축과 '개인－사회'의 횡축이 '사람' 개념을 중심으로 결합해 있었다.

2) 사회사상적 의의와 한계

용어와 논리적 구조에 유의해서 '사람성주의'를 1910년대 말의 인내천주의와 비교하면, 이전의 사회(현상)와 종교(실재) 개념은 각각 현실과 이상으로 변형되었고, 이전에 현상과 실재를 단순 매개하던 '즉(卽)'의 논리는 현실과 이상을 연결하는 도덕의 개조라는 구체적인 실천방략으로 전환했다. 나아가 이 '도덕' 개념은 개인과 사회를 조화시키는 원리로도 주목되었다. 이렇게 해서 종교사상적 범주에 머물렀던 인내천주의는 개념의 내용과 형식이나 그를 포함하는 이론면에서 종교적 색채를 벗어나 사회사상적 성격을 갖게 되었다. 인내천주의 단계에서 강조한 '종교적 실천'은 이제 '도덕의 개조'라는 좀 더 보편화된 실천을 뜻하는 용어로 전환되었다.

문화주의 철학에 담긴 '이상으로서의 문화' 개념은 '사람성' 개념으로 치환되어 이 시기 『개벽』의 문화운동론에 중요한 준거로 작용했다. 당시의 『개벽』 기사를 관통하는 입장은 '사람중심주의'였는데 이러한 사람중심주의적 지향은 이돈화의 '사람성주의'에서 논리화되고 체계화된 형태로 제시되고 있었다. 이런 점에서 사람성주의는 이돈화 개인의 이론적 산물에 국한되지 않고 문화운동기 『개벽』의 논조를 대표하는 중심 이념이라 할 만하다. 기존의 연구에서는 1920

년대 초 문화운동의 중심 이념을 문화주의로 보는 경향이 강했다.[121] 그러나 이 경우『동아일보』와『개벽』의 논조나 지향이 가진 차이를 주목하지 않은 채, 주로『동아일보』세력의 지향을 부르주아 우파 전체의 입장으로 일반화해서 파악한 측면이 크다.[122] 따라서『개벽』의 문화운동에 중심 이념이 된 것은 일본의 문화주의나 천도교의 인내천주의보다는 '사람성주의'로 보는 것이 타당하다.

사람성주의의 핵심 입장은 '사람 본위'였는데, 이것을 실현하는 데 가장 중요

---

[121] 이지원, 김명구, 김형국 등의 연구가 대표적이다. 이지원은 1920년대 신문화운동이 일본의 문화주의에 토대한 것으로 근대 자본주의 신문화 건설을 추구한 것이라 보았다(이지원,『한국 근대 문화사상사 연구』, 혜안, 2007, 188~203쪽). 김명구는 부르주아 민족운동 우파의 민족운동론을 이해하는 근본 개념으로 문화주의를 제시하고,『동아일보』의 문화주의가 전반적인 부르주아적 시민사회 건설을 지향했으며, 정치적 방면으로 진출하지 않았다고 보았다(金明久,「1920년대 국내 부르주아 민족운동 우파 계열의 민족운동론—『동아일보』주도층을 중심으로」,『한국근현대사연구』, 20, 2002, 165~166쪽). 김형국은 문화주의를 1920년대 자유주의적 지식인들이 전개했던 문화운동의 이념 혹은 사상적 배경으로 보았다(김형국,「1920년대 한국 지식인의 사상분화와 민족문제 인식 연구」, 한국정신문화연구원 한국학대학원 박사학위논문, 2003, 3~5쪽). 한편 이러한 경향과 다른 견해를 가진 연구자로는 손유경, 최수일 등이 있다. 손유경은 문화운동의 주도 이념을 니체의 역만능주의, 강력주의 사조로 보았다(손유경,「『개벽』의 신칸트주의 수용 양상 연구」,『철학사상』20, 2005, 100쪽). 최수일은 문화주의가 개조주의의 일부이며,『개벽』의 전체 논지는 초기의 개조주의가 좌절되고 사회주의의 전면화로 나아갔다고 보았다(최수일, 앞의 책, 441쪽·484쪽).

[122] 식민지시기 부르주아 우파의 운동과 관련하여 가장 큰 영향력을 끼친 것은 박찬승의 연구로서, 그는 문화운동의 이론적 기둥을 '신문화 건설, 실력양성론'과 '정신개조, 민족개조론'의 두 계열로 나누어 설명했다. 전자의 계열에 대해서 그는 신문화 건설과 실력양성론이 미묘한 관계에 있음을 주목하면서, 특히『동아일보』에서 1920년에 거의 동일한 논리를 갖고 상호 보완적으로 존재했던 양자가 1921년에 들어서면서 서로 긴장관계에 놓이게 되고 결국 사회진화론에 근거한 실력양성론의 입장이 전면화한다고 보았다. 초기 문화운동에서 실력양성론을 설명할 때 그는 주로『동아일보』에 한정하여 거론하는데, 이는 그가『개벽』과『동아일보』간에 논조상의 차이가 있음을 이미 감지하고 있었기 때문으로 생각된다. 한편 두 이론적 기둥 가운데 후자의 계열에 대해서 설명하면서, 박찬승은 그것이 일본 문화주의와 밀접한 관련이 있다고 설명했다. 그리고 이 부분의 설명에는 대체로『개벽』의 기사를 많이 인용했다(박찬승, 앞의 책, 197~217쪽). 물론 그는 두 매체의 입장 차이를 명시적으로 드러내지 않았으며, 실력양성론과 문화주의라는 다소 상충되는 입장을 모두 문화운동의 이론적 기둥으로 거론한 셈이다. 이러한 논리 전개는 당시 문화운동의 복잡성에서 기인하기는 했지만, 두 매체의 차이나 두 '이론적 기둥' 사이의 주종관계 설정을 불분명하게 함으로써 이후 논자들이 그의 논지를 독해(讀解)하는 데 일정한 혼란을 초래하기도 했다. 예컨대 논자에 따라 문화운동의 중심 이념을 문화주의로 독해하는가 하면, 실력양성론으로 독해하기도 했다.

한 실천적 의의를 가진 것이 '도덕' 개념이었다. 그런데 이 '도덕' 개념은 애초이 개념의 소재처로 주목했던 문화주의 철학의 '도덕' 개념과는 차이가 있었다. 앞에서 사람성주의의 형성 과정에서 문화주의 철학은 인내천주의와 상호 결합하면서 변형된 형태로 수용되었다고 했는데, 여기서 '도덕' 개념은 세 가지 점에서 그 위상이 변화했다.

첫째, 현실과 이상을 매개하되 이상에 좀 더 치우쳐 있던 문화주의 철학의도덕 개념은 현실과 이상에 두루 밀착하는 도덕 개념으로 변화했다. 이 점은이돈화가 '도덕적 생활개조'를 역설한 다른 글에서 더욱 확실히 살펴볼 수 있다. 이돈화는 조선의 청년 일반에게 도덕적 생활개조의 필요성을 말하면서, "다만 먹고 입는 것만이 생활이 아니며, 다만 동(働)하고 작(作)하는 것만이 생활이아니다. 넓은 의미에서 법률·정치·과학·경제 같은 것이 모두 생활의 조건이며, 종교·도덕·예술과 같은 것이 다 같이 생활의 범위에 드는 것"이라고 설명했다.123) 또한 같은 글의 다른 곳에서 "우리의 생활조건이 즉 도덕이 된다"고도했다.124) 이돈화는 도덕 개념을 한편에서는 '생활의 범위'로, 다른 한편에서는'생활의 조건'으로 언급한다. 중요한 점은 이돈화가 도덕을 종교 및 예술과 함께 거론하면서도 사실상 법률·정치·과학·경제와 함께 모두 생활에 포괄되는 것으로 바라본 점이다. 이 같은 관계 설정은 정치·경제·법률이 현실적 사실로 분류되어 도덕과 확실하게 구분되던 문화주의 철학의 구분법과는 크게 차이가 나는 부분이다.125) 이를 도표로 제시하면 〈표 12〉와 같을 것이다.

〈표 12〉에서 보는 바와 같이 도덕적 생활개조를 언급하면서 이돈화가 치중한 것은 예술·학술과 정치·법률·경제를 구분하는 것보다 '생활'과 '생존'을 구

---

123) 李敦化,「生活의 條件을 本位로 한 朝鮮의 改造事業」,『開闢』15, 1921. 9, 6쪽.
124) 李敦化, 위의 글, 10쪽.
125) 이 책의 제2부 3장 122~125쪽에서 살펴본 바와 같이, 문화주의 철학에서는 '현실적 사실'과 '문화·이상'이 확실하게 구분되고, 도덕 개념은 그 중간에 위치하면서도 한편으로는 넓은 의미의 문화·이상에 포괄되는 것으로 정의되었다. 이 현실적 사실에는 정치·경제·법률 등이 포함되었다.

〈표 12〉 쿠와키 겐요쿠와 이돈화의 '도덕' 개념 상호 비교

쿠와키 겐요쿠		이돈화		
문화·이상	예술	예술	생활의 범위	생활
	풍속	종교		
	학술			
	도덕	도덕		
현실적 사실	정치	정치	생활의 조건	
	법률	법률		
	경제	경제		
		과학		
				생존

비고: 이 표는 쿠와키의 저서(『문화주의와 사회문제』)와 이돈화의 논설(「生活의 條件을 本位로 한 朝鮮의 改造事業」) 내용을 토대로 필자가 작성했다.

분하는 일이었다. 생존이란 "생명을 가진 동물이 겨우 생명을 유지함에 그치는 것"을 의미한 반면, 생활이란 "모든 생활의 향락을 증대케 하는 방침"을 뜻했다.[126] 그가 말하는 생활 개념은 경제도 포함될 만큼 넓다. 그는 경제적 관념을 일으켜 생활의 향상을 도모해야 한다고 했다.[127] 또한 경제적 생활이란 소극적 의미로 볼 때 검소하게 먹고 입는 것을 뜻할 뿐만 아니라, 적극적으로 보면 모든 노동의 능률을 증진케 함이었다.[128]

이처럼 이돈화는 생활 개념에 경제 등도 포함시키고, 도덕 개념을 생활에 결부시킴으로써 결과적으로 인간의 도덕적 실천을 경제·법률 등 현실 방면에까지 확장했다. 문화주의 철학과는 달리, 그가 도덕을 이상뿐만 아니라 현실 방면과도 밀착시킨 데는 다음 두 가지 이유를 들 수 있다.

하나는 당시의 시대적 분위기에서 찾을 수 있다. 당시에는 정신문제라는 추

___

126) 李敦化, 「生活의 條件을 本位로 한 朝鮮의 改造事業」, 13쪽.
127) 李敦化, 위의 글, 19쪽.
128) 李敦化, 위의 글, 18쪽.

상적 개조문제에 대해서 점차 싫어하는 풍조가 유행했다. 이돈화는, 정신과 생활조건을 구별하여 정신현상은 생활조건에 관계가 없다고 생각하는 사고방식을 비판했다.[129] 이는 당시 문화운동의 방법론에 한계를 느낀 자들의 비판을 의식한 것이라 생각된다.[130] 이런 정세 속에서 그는 정신문제가 사회경제적 문제와 긴밀하게 관련되어 있음을 보이고자 했다. 이를 위해서 문화주의에서 '현실적 사실'과 '도덕' 사이에 놓인 간극을 메우고 서로 연결시킬 필요성이 있었던 것이다.

다른 하나의 이유는 사람성주의의 '사람성의 무궁' 개념에 작용하고 있던 독특한 시간 인식과 관련 있다. 이돈화는 사람성 무궁 개념을 설명하면서 사람성주의의 근본 지향인 '사람 그대로'를 회복하기 위해서는 '깍지에 싸인' 현실을 벗어나야 하고, 그것은 하루아침에 이루어지는 것이 아니라 끊임없는 향상·진보의 과정이 필요하다고 했다. 그런데 이러한 과정은 사람들로 하여금 현상태를 초월하도록 부단히 추동하지만, 그러한 초월의 귀착점은 아직 오지 않고 경험도 해본 적이 없는 먼 미래가 아니라 '잃어버린 본래 모습의 회복'으로 상정되었다. 이것을 이돈화는 사람성 자연 개념 속에 담긴 '대자연' 등으로 설명했다.[131] 즉 사람성주의는 '재귀(再歸)적 초월'을 지향했다고 말할 수 있는데,[132] 이런 구

---

129) 李敦化, 위의 글, 5쪽.

130) 김기전은 "정신을 기른다 하여 육체를 소홀히 할 수 없도다"라고 하면서 "근일의 우리 조선 형제들은 경제 방면을 너무 소홀히 하는 경향은 없는가"라고 반문했다(金起瀍, 「經濟的 觀念의 稀薄을 是憂하노라－天을 仰한다 하야 地를 忘却할 수 업도다」, 『開闢』 8, 1921. 2, 10쪽·15쪽). 그리고 농촌개량에 힘쓸 뿐 아니라(金起瀍, 「農村 改善에 關한 圖案」, 『開闢』 6, 1920. 12), 조선인 부르주아의 주도로 전개된 산업운동에 대해 깊은 관심을 표하기도 했다(金起瀍, 「우리의 産業運動은 開始되엇도다」, 『開闢』 15, 1921. 9).

131) 「사람성주의」 첫머리에 나오는 '집 잃은 아이'라는 표현도 이런 맥락에서 나온 것이라 생각된다. "마치 집을 잃은 외로운 아이가 멀리 이역풍토(異域風土)에 유리(流離)하다가 어떤 동기로 인해 고향을 찾고 부모를 만나 따뜻한 자가(自家)의 생계를 경영함과 같이, 시대의 정신은 오랫동안 신화의 미신에 방황하고 낭만의 공상에 배회하다가 이제야 처음으로 자기의 고향 되는 현실의 세계로 돌아왔다."

132) 초월성과 내재성이 서로 결합되어 있는 '재귀적 초월'은 궁극적으로 보면 내재신(內在神)과 초월신(超越神)의 속성을 구비했던 최제우의 신관에서 유래한 듯하다(李赫配, 앞의 글, 1988, 23쪽). 이혁배는 천도교의 신관 변천사에서 이돈화가 갖는 위상에 대하여 고찰한 바 있다.

도 속에서 그의 '도덕' 개념은 이상뿐 아니라 현실, 나아가 과거와도 밀착한 위상을 갖게 된 것이다.

둘째, 도덕 개념의 적용 범위가 현실과 이상을 연결하는 데 중점을 둔 문화주의 철학과는 달리, 개인과 사회를 연결하는 덕목으로도 자리잡게 되었다. 이돈화는 이러한 도덕을 '사회적 도덕성'으로 부르고, 그것을 '개인과 사회의 호상(互相)적 조화'로 정의했다.[133] 그는 이러한 의미의 도덕 개념을 우키타 카즈타미의 입장을 받아들여, 니체와 톨스토이로 대표되는 개인주의와 사회주의는 둘 다 개인·사회 가운데 어느 한쪽에 치우쳐 중용을 잃은 것인데, 도덕의 원리는 항상 중용에 있다고 했다.[134] 또한 윤리의 원칙은 개인과 사회를 잘 조화하는 점에 있다면서, 이를 '사교(社交)'로 정의한 바 있다.[135]

셋째, 문화주의 철학의 도덕 개념에는 보이지 않았던 충동적·실행적 요소가 사람성주의의 도덕 개념과 결합해서 '활동주의적 도덕'으로 제시되었다. 이 과정은 사람성주의의 형성 과정에서 이미 언급한 것처럼, 처음에는 이와 관련하여 우키타 카즈타미의 '현대도덕론'을 받아들였다가 점차 러셀의 '창조충동론'으로 기울어져갔다.

이처럼 문화주의 철학의 도덕 개념에 비해 사람성주의의 도덕 개념이 시간적·공간적·내용적으로 그 적용 범위가 확장된 사실을 살펴보았는데, 그 이유는 무엇일까를 생각할 필요가 있다.

첫째, 일본과 조선의 사회적 조건 차이와 관련된 사상 형성 주체의 입장 차이를 들 수 있다. 문화주의 철학도 개조의 시대를 맞이하여 세계개조의 철학적 기초를 대내외적으로 전파하기 위해 노력하는 와중에 널리 알려지기는 했지만, 기본적으로 그것은 일본 다이쇼기 강단철학의 토대 위에서 형성되고 유통된 것이었다. 이에 비해 사람성주의는 독학으로 근대사상을 섭취한 종교적 이론가가

---

133) 李敦化,「民族的 體面을 維持하라」,『開闢』 8, 1921. 2, 3쪽.
134) 白頭山人(이돈화),「現代倫理思想의 槪觀, 東洋式 倫理思想의 變遷」,『開闢』 16, 1921. 10, 31쪽.
135) 白頭山人(이돈화), 위의 글, 32쪽.

동학사상의 토대 위에서 외래 사상을 짧은 시간에 받아들여 종교적 사회개조의 실천적 목적에 맞게 재구성한 것이었다. 이돈화도 물론 사상 간의 차이 등에 대해 고민한 흔적이 보이지만, 사실 그에게 더 중요하고 절실했던 것은 천도교의 인내천주의가 가진 사상적 포괄성을 선전하면서 여기에 그 시기에 유행하던 문화주의 철학, 개조론 등을 다시 포용해서 종교적 사회개조의 실천적 논리로 전환하는 일이었다. 사상, 철학적 엄밀성과 같은 이론적 문제는 부차적이었다고 생각된다.

둘째, 사상 내적 전통의 차이를 들 수 있다. 문화주의 철학을 주장한 쿠와키 겐요쿠는 독일 유학을 통해 서구 근대사상의 이원론적 사유와 마주쳤고 그에 따라 전통적인 사유의 동요와 사상적 혼란을 경험하고 이를 극복한 경우였다. 이에 반해 이돈화는 동학사상의 범신론적 전통과 함께 유기체적 인식의 강한 영향을 받았으며, 이노우에의 현상즉실재론 철학도 그러한 바탕 위에서 받아들였다. 이런 배경의 차이로 인해 사람성주의의 형성 과정에서도 이상·문화와 자연을 분리해서 파악하는 문화주의 철학과 달리 양자를 연결해서 파악하는 방향으로 사상을 구성해갔던 것이다.

이처럼 이돈화의 사람성주의가 당시의 사회적 상황이나 사상적 전통의 영향을 받아 특정한 경향성을 보인 점을 살펴보았다. 이제 남은 것은 이러한 사상적 결과물의 성격을 어떻게 평가할 것인가이다. 종교적 실천의 범위에 머물렀던 인내천주의 단계에 비하여 사람성주의는 '도덕'이라는 사회적 실천의 층위를 확보했다는 점에서 종교적 사회개조론의 형성에 부합하는 의의가 있다. 그러나 그러한 실천을 담당할 주체의 형성과 관련된 문제는 적극적으로 이론화하지 못한 한계를 가졌다고 생각된다. 이 문제를 상술해보자.

우선 이돈화가 주체 형성의 문제에 무관심했다고 보기는 어렵다. 사람성주의가 지향하는 '사람 본위'는 『개벽』의 초기 논조에서 지배적이었다. 이돈화를 비롯한 『개벽』 주도세력들의 목표·이상은 '오직 사람 그대로 사는 것'이었다.[136] 그들에게 '개벽'이든 '개조'든 당시 세계의 모든 운동은 '사람 그대로 살기 위한

수단'에 불과했다.[137] '사람 그대로'란 남녀, 강약, 영육, 성현범부(聖賢凡夫), 군신부자(君臣父子) 등 모든 상대적 관계망에서 풀려난 것을 뜻했다.[138] 그것은 '나'의 한 귀퉁이를 '부모에게, 형제에게, 임금에게, 연인에게 쪽쪽이 떼어 줘서 모두 없애버리는'[139] 전통적 방식에서 벗어나는 것이었다. 이때의 '사람 그대로'라는 표현은 사람성주의에서 '깍지를 벗고 해방되는' 것과 동일한 것이었다. 그것은 '완전한 나'를 회복하는 것이었다.

나아가 이돈화는 자신의 사회적 실천을, 신인을 통한 사회개조의 기획으로 생각했다. 사회를 바꾸기 이전에 먼저 그 사회를 운영하는 주체, 즉 인간을 개조해서 신인간으로 양성한다는 것이다. 이돈화에게 사회의 개조란 이러한 신인간을 통해 담보되어야 할 것이었다. 또한 이 신인간은 도덕적 주체로 설정되었다. 그는 이러한 도덕적 주체 형성의 문제를 당시의 청년층에게 투사했다. 그 자신이 천도교청년회를 주도하면서, 일반 청년회에 대해서도 "청년회 혹은 구락부(俱樂部)라 부르는 조직기관"에 대해 "최대의 인상(印象)과 최대의 연구 재료"를 얻게 되었다고 하여 커다란 관심을 나타냈다.[140] 그는 이러한 청년의 신활동이 '자각적·자발적'이라는 점에 주목했다.[141] 그는 청년이 가지고 있는 실천적 가능성을 구체적으로 언급할 때 주로 '도덕'을 중심으로 삼았다. 같은 맥락에서 그는 '구(舊)도덕'이 사람 본능의 욕(慾), 즉 정(情)적 방면을 억압함이 과도했고,[142] 실제 활동의 원력(原力)을 위축함이 많았다고 비판했다.[143] 그는 청

---

136) (필자 미상), 「吾人의 新紀元을 宣言하노라」, 『開闢』 3, 1920. 8, 5쪽.
137) (필자 미상), 위의 글, 5쪽.
138) (필자 미상), 위의 글, 5쪽.
139) 외돗, 「'나'라는 것을 살리기 爲하야, 이글을 東京에 멈을러 잇는 東初兄에게 드리노라」, 『開闢』 2, 1920. 7, 101쪽.
140) 白頭山人(이돈화), 「一般의 期待 下에 立한 二大靑年團體」, 『開闢』 3, 1920. 8, 57~58쪽.
141) 白頭山人(이돈화), 위의 글, 58쪽.
142) 이돈화는 구도덕, 즉 종래의 도덕이 자유의지를 멸시하고 절대적으로 신성불가침의 허위를 지켜왔다고 비판하면서, 현대도덕을 그것과 대비시켰다. 그는 현대도덕의 특색으로 자주자유의 도덕, 활동주의의 도덕, 공동생활을 목적하는 도덕을 들었다〔滄海居士(이돈화), 「大食主義를 論하노라 (其一)」, 11~13쪽〕.
143) 滄海居士(이돈화), 위의 글, 11쪽.

년의 위상을 더욱 넓은 차원에서 다음과 같이 언급했다.

내가 이제 조선의 개조사업이라 제목을 붙이고 종교를 논하며 도덕을 논하며 예술 및 기타 모든 것을 추상적으로나마 언급하고자 하는 것은 그 뜻이 다른 곳에 있는 것이 아니다. 우리 조선은 소년의 조선인 까닭이며 소년조선은 청년의 원기에 의하여 건설될 것이기 때문이며, 그리하여 청년의 원기는 정신개조에 의하여 철저히 자각이 날 것이며 정신의 개조는 종교·도덕·예술과 같은 정신적 각성 여하에 의하여 건설될 것이기 때문이다.144)

여기서 '소년의 조선'이란 이제 막 출발점에 서 있어서 무한한 가능성을 앞에 둔 조선이라는 이미지를 표현한 것이다.145) 그는 청년을 민족·소년조선에서 개조사업을 담당할 주체로 보면서, 종교·도덕·예술에서의 정신적 각성을 통해 '정신개조 → 청년의 원기 → 소년의 조선'의 경로를 통해 조선 전체의 문제에 연계되는 구도를 제시했다.146)

그런데 이돈화가 청년과 도덕을 연결시켜 중요한 실천적 의미를 파악하고자 했음에도 불구하고, 도덕적 주체 형성의 문제를 이론적으로 정초했다고 보기는 힘들다. 사람성주의에서 '도덕' 개념은 현실과 이상, 개인과 사회를 매개하는 실천적 층위로 설정되었지만, 그곳으로부터 현실과 이상, 개인과 사회를 어떻게 연결시킬 것인가에 관한 방안이 구체적으로 나타나 있지는 않았다.

사람성주의에서 '도덕' 개념은 이상뿐 아니라 현실, 나아가 과거와도 밀착한 위상을 가졌다는 점을 바로 앞에서 살펴보았는데, 실천적 개념이 통시대적인 맥

---

144) 滄海居士(이돈화), 위의 글, 11쪽.
145) "나는 우리 조선의 현재를 일러 소년의 조선이라 함을 마지 아니한다. 장강(長江)의 초발원(初發源)처럼 만리의 전정(前程)을 둔 조선이며, 일양(一陽)의 초동기(初動機)처럼 삼춘(三春)의 장래를 예기한 조선이며, 그리하야 성철영걸(聖哲英傑)의 자격을 준비하고 잇는 수재와 같이 소년의 조선반도임을 선언하고 싶다."〔滄海居士(이돈화), 위의 글, 2~3쪽〕.
146) 한국 근대사에서 청년 담론의 도입과 역사적 변화 양상에 관해서는 다음의 선행 연구를 참조. 李基勳, 「日帝下 靑年談論 硏究」, 서울대학교 대학원 국사학과 박사학위논문, 2005. 8.

락에 놓이게 됨에 따라 역설적으로 그러한 실천이 역사성과 구체성의 기반 위에서 논의되기 어려웠다. 이것은 그의 과도기 인식에 잘 나타나 있다.

그는 제1차 세계대전 이전을 크게 보아 '문명' 단계로 보고, 그 이후 당 시점까지를 '문화' 단계로 보았다.[147] 그는 문명에 대해 정신이나 형식에 찬연한 문물이 전개되었다라는 의미라고 보면서도, 대체로 그것은 정신보다 물질 부문이 과중해졌다는 의미로 보았다. 이에 비해 문화란 그 반동(反動)으로 정신 부문에 치중한 말이라고 했다.[148] 이것은 문명과 문화를 각각 물질편중과 정신중심으로 대비시키고 있다는 점에서 문화주의적 시간 인식과 유사하다고 할 수 있다. 그러나 그의 시간 인식에서 보이는 특징은 문명과 문화, 그리고 문명 이전의 '개화' 단계로 설정한 시기를 모두 '과도기'로 명명하고 있다는 사실이다. 그가 과도기 1기로 명명한 개화가 갑오년을 기점으로 하고 있음에 비춰, 그것은 1894년 동학농민전쟁의 발발을 기준으로 한 듯하다. 그는 약 30년간을 계속 과도기로 설정함으로써 그 자신이 채택하고 있는 문명 단계와 문화 단계의 시기 구분을 내적으로 무화시키는 결과를 낳았다.

과도기에 대한 이돈화의 인식은 과도기의 주역이 될 청년층에게도 투영되었다. 그가 보기에 조선의 청년은 신지식에 대한 아무런 역사적 지도(指導)가 없이 돌연히 신사상에 접촉되었기 때문에 가정에서는 부형(父兄)의 가르침(訓諭)을 믿지 못하고 사회에서는 선배의 지도를 존중하지(鐵案視) 못하게 되었다.[149] 따라서 조선의 청년들은 기성세대나 선배들의 지도 없이 스스로 신지식을 습득해야 했다. 이런 관심은 당시 청년에 대해서 자수자양(自修自養)을 강조하거나 자각을 강조하는 일반적 흐름과 궤를 같이하고 있었다.

그러나 이돈화는 오히려 과도기의 청년이 가진 활동성을 충동적이고 실행적인 요소와 더 밀접하게 관련지었다. 그에 따르면 과도기에는 역사적 경험이나

---

147) 李敦化, 「混沌으로부터 統一에」, 『開闢』 13, 1921. 7, 5쪽.
148) 李敦化, 위의 글, 6쪽.
149) 李敦化, 위의 글, 7쪽.

이성적 이해판단(利害判斷)으로 활동하기에는 힘들며,150) 정확한 계획이나 목표보다는 충동적·실행적 요소로부터 시작할 수밖에 없다는 것이다.151) 과도기에는 혼동, 몽롱, 방황이 일반적이기 때문이다. 그는 과도기에 처한 청년층의 사명을 "용마(龍馬)를 탄 청년용장(靑年勇將)이 적군을 따라 낯선 진지(陣地)를 한없이 돌격하고 달리는 것처럼, 가는 곳마다 혼돈, 몽롱, 방황을 경험하면서 이상(理想)이라는 한 줄기 뛰는 맥박(生脉)으로 달려 무한히 전진할 뿐"으로 묘사했다.152)

이돈화의 이러한 주체 인식은 사람성주의의 형성 과정에서 제시한 '활동주의적 도덕'의 내용에 상응하는 것이었다. 그가 주목하는 청년 주체는 이성과 합리성보다는 충동과 본능을 위주로 한 낭만주의적 인간형에 가까웠다. 그는 이 같은 속성을 지닌 청년 주체가 과도기를 헤쳐 나가야 한다고 생각했다. 그러나 다른 관점에서 본다면, 이돈화의 생각은 식민지 조선이 처한 현실을 구체적으로 분석하고 그 바탕 위에서 적절한 실천방략을 제시하는 방식이 아니라, 현실을 총체적·근본적으로 부정하는 차원에서 크게 벗어나지 못한 것이었다.

이런 측면은 개인과 사회의 관계를 파악하는 데서도 마찬가지로 드러난다. 그는 사람성주의에서 개인과 사회, 자유와 평등 등을 조화시키고자 했다. 이 입장은 '개인주의와 사회주의의 공화(共化)', '동양 사상과 서양 사상의 조화' 등의 주장에서도 나타났다.153) 그러나 사람성 자연주의를 설명하면서 "사람성 자연주의의 자유란 사람의 내용상 인격으로부터 각 개인이 각개 인격의 자유를 체득하여 궁극적으로 나의 자유로써 타인의 자유와 융합케 하는 방침이다"라고 한 데서 단적으로 드러나듯이, 그는 사람들 간에 존재하기 마련인 이해관계의 대립과 갈등을 그 자체로 직시하면서 조정하려는 노력보다는 개인들의 인격도야·도덕개조와 같은 추상적·정신적 해법에 의존하고 있었다.

---

150) 白頭山人(이돈화), 「一般의 期待 下에 立한 二大靑年團體」, 『開闢』 3, 1920. 8, 57~58쪽.
151) 李敦化, 「混沌으로부터 統一에」, 2쪽.
152) 李敦化, 위의 글, 2쪽.
153) 白頭山人(이돈화), 「現代倫理思想의 槪觀, 東洋式 倫理思想의 變遷」, 『開闢』 16, 1921. 10, 32쪽.

개인과 사회의 갈등을 해소하는 문제는 곧 근대적 '공(公)' 개념의 형성과 관계 깊다. 박영은에 따르면 '공(公)'은 "갈등과 대립에 처한 구체적 개인들이 하나의 집합체를 만들어가는 과정"이다.154) 서구에서 공론은 단순한 사적 개인들의 의견집합이나 자연적으로 생겨난 합의가 아니라, "논쟁과 토론 속에서 형성된" 것이며 "우리 모두로부터 우리 모두가 함께 나누는 것으로 인정된 것"이다.155) 이에 비해 이돈화는 개인 간의 갈등 해소의 해법을 논쟁이나 토론 등의 과정이 아니라 제3의 영역에 존재한다고 상정된 '본질'에 기대고 있었다는 점에서 본질주의적이고 공상성이 강한 특징을 지녔으며, 근대적 '공(公)' 개념에 따른 해법과는 커다란 차이가 있었다.156)

이돈화가 가진 이런 '관념적 부정성'의 요소는 도덕 개념이 가진 실천적 의미를 약화시키는 방식으로 작용했는데, 그 이면에는 사람성주의에 제시된 인간관이 영향을 끼쳤다. 그의 '인간'은 시간적으로 과거와 미래에 걸쳐 진화의 도정에 있는 존재라는 점에 초점이 맞춰 있었고, 공간적으로는 사람의 본성과 자연의 본성이 궁극에서 일치한다는 점에 강조점이 있었다. 여기서 '사람성' 개념의 중요성이 다시금 확인된다. 즉 그는 세상의 모든 이상·가치가 다름 아닌 사람성을 바탕으로 지어졌으며, 그 이상 실현의 동력도 사람성에 갖춰져 있다고 보았다. 이런 인식의 연장선상에서 이돈화는 개인과 개인 간 충돌을 조화시키는 방식도 결국은 '사람성'이라는 본질적 차원에 기대야만 가능하다고 본 듯하다.

이돈화는 자신의 종교적 사회개조론을 '사람성주의'로 부를 만큼 '사람성' 개

---

154) 박영은, 『현대와 탈현대를 넘어서 – 한국적 현대성의 이론적 모색』, 역사비평사, 2004, 297쪽.
155) 박영은, 위의 책, 263~264쪽.
156) 박영은은 동학운동에서 자유·평등의 '공' 개념에 공상적 성격이 있음을 지적했다. 그에 따르면, "동학운동에서 평등의 공(公)은 일종의 유토피아적 사회, 후천개벽의 사회를 꿈꾸는 공상적 성격이었다. 이것은 당시 사족계층과 부호·부민층의 틀을 초극하려는 시도임에는 틀림없다. 그러나 (…) 지배계층 스스로의 '자기비판'이 거의 없었다. 이러한 상황에서 오로지 피지배계층으로부터 요구되었다는 점에서 현실을 초극하려는 의지와 꿈은 강하지만, 구체적 실천프로그램을 만들어내지 못하고 종교적 수준으로 수렴된다."라고 비판했다(박영은, 위의 책, 299쪽). 동학운동 당시의 이러한 '공' 개념은 이돈화 단계에 와서도 크게 달라진 것 같지 않다.

념을 중요시한 것 같다. 그런데 그가 사람성에 대해 취한 본질주의적 접근방식은 1910년대 말 인간의 본능을 신앙성과 사회성으로 설명하던 방식을 연상케 한다. 1910년대 말에 이돈화는 새롭게 주목한 사회적 관심을 종교적 가치와 연결시키기 위해 인간의 본능에 신앙성과 더불어 사회성이 있다고 한 바 있다. 이와 유사하게 사람성주의에서도 사람성이 세상의 모든 이상·가치의 근본이 될 뿐만 아니라, 이상을 실현하는 동력도 갖추고 있다고 본 것이다. 나아가 사람성은 인간과 자연을 연결하는 지점이고, 개인과 타인을 하나로 연결하는 장소로도 상정되었다. 결국 이돈화에게 사람성 개념은 '실재' 그 자체와 다르지 않다. 그가 현상에 대한 분석과 사회적 실천을 염두에 두고 도덕 개념을 전개했음에도 불구하고, 그의 사유는 부단히 사람성이라는 실재의 층위로 회귀하고 있었던 것이다.

이는 곧 이돈화의 사유에서 서구의 이원론적 사유나 그와 연관된 주체 형성의 논리가 취약했음을 뜻한다. 이런 취약성은 사람성주의나 인내천주의, 그리고 1910년대 그의 글에서 강하게 나타났던 범신론의 영향과 관계 깊은데,157) 이같은 범신론적 인식은 궁극적으로 민중종교 동학이 가진 "'천지=자기'형 코스모로지"의 일원론적 사유에서 연원했다. 또한 사회적으로는 이러한 일원론적 인식이 서구의 이원론적 사유의 영향과 충격을 받고 심각한 혼란을 초래할 만큼 식민지 조선사회의 지적 동향이나 사회적 변동이 근대화되지 못했거나, 서구의 이원론적 가치가 이돈화에게 충분히 내면화되지 않았기 때문이었다고도 말할 수 있다.

---

157) 김기전도 사회를, 개인이 모여서 이루어진 집단이 아니라 자기의 연장이며 초개인아로 보았다. 나아가 우리의 참 인격은 무한대여서 '자기인 동시에 사회이며 우주이다'고 했다(金起瀍, 「社會 奉貢의 根本意義」, 『開闢』 10, 1921. 4, 6쪽). 이는 1910년대 말 『천도교회월보』에서 이돈화가 우주와·인간, 사회를 모두 인내천주의의 관점에서 통일적으로 바라보던 생각과 일맥상통한다고 생각된다. 이러한 '개인－사회'관은 인내천주의에 내재된 범신론적 인식에 기반한 것이다.

제4장
종교적 사회개조론의 전개

1. 민족과 인류의 경계

1) 민족 담론에 대한 관심

1921년 11월은 여러 면에서 『개벽』에게 의미심장한 달이었다. 『개벽』의 문화운동을 논리적으로 뒷받침하는 글이라 할 '사람성주의'가 『개벽』 11월호(제17호)에서 완성된 형태로 제시되었다. 국내 문화운동의 분화에 중요한 계기가 된 워싱턴회의(일명 태평양회의)도 이달에 개최되었다. 또한, 비록 이듬해 5월에 발표되었으나 이광수가 워싱턴회의의 개최에 즈음해서「민족개조론」을 집필한 때도 바로 이달이다. 이 무렵부터 『개벽』에 민족 담론에 관한 기사가 실리기 시작해서, 1923년 초에는 『개벽』의 민족 인식을 대표하는 '범인간적 민족주의'의 발표로 이어졌다. 이 기간에 민족 관련 논의를 중심으로 한 『개벽』의 논조가 그 이전의 문화 담론 중심이나 1924년 무렵 이후의 사회주의적 계급 담론 중심의 논조와 구별된다는 점에 주목하면서, 이 시기를 2단계로 나눠 살펴보고자 한다. 우선 1921년 11월 무렵부터 범인간적 민족주의가 발표되기 직전까지의 민족 논의를 『개벽』의 독자적인 민족 인식이 제시되기 이전의 과도기적 논의로 파악하는 입장에서 구체적인 논의의 전개 양상을 살펴볼 것이다.[1]

워싱턴회의는 미국·일본·영국 사이에 태평양에서의 군비축소와 중국에서의 이권조정 문제 등을 주된 의제로 삼았다. 이 회의가 개최된다는 예고가 1921년 7월쯤 발표된 후 일부 한국인들은 기대감을 갖고 이 회의에서 한국문제가 다뤄질 수 있도록 노력했으나, 그해 11월부터 이듬해 2월 초까지 한국문제는 한 번도 논의되지 않아서 크게 실망했다.[2] 당시 국내에서는 정의, 인도, 개조의 이상주의적 기조 속에 뭉뚱그려 있던 다양한 경향 속에 한편에서는 강력주의에 기반한 실력양성론이 세력을 얻어갔고, 다른 한편에서는 사회주의적 경향도 두각을 나타내고 있었다. 워싱턴회의의 결과로 두 세력의 입지는 더욱 강화되었으며,[3] '김윤식 사회장 논쟁' 등을 거치면서 1922년 4월 조선청년회연합회가 분열되는 등 문화운동 진영은 이념에 따라 분리되어갔다.[4] 사회주의자들은 문화운동의 운동방침을 총체적으로 비판하기 시작했다.

이 무렵 『개벽』에도 그간의 문화운동에서 나타난 문제점을 진단하고 비판하

---

1) 박찬승은 부르주아 우파의 실력양성운동이라는 범주 아래에 문화운동 단계와 자치운동 단계를 구별하여, 문화운동이 한계에 부딪혔을 때 자치운동을 전개했다고 보았다.(박찬승, 『한국근대정치사상사 연구』, 역사비평사, 1992, 25쪽). 김명구는 이런 통설의 이해방식을 비판하면서 부르주아 민족운동 우파의 민족운동론을 '문화주의'로 규정하고 정세 변화에 따른 구체적인 운동론의 변동을 '신문화 건설론 → 물산장려론 → 자치론'으로 설정했다(金明久, 「1920년대 국내 부르주아 민족운동 우파 계열의 민족운동론 — 『동아일보』 주도층을 중심으로」, 『한국근현대사연구』, 20, 2002, 166쪽). 김형국은 박찬승의 논지를 비판하는 입장에 서면서도, '신문화 건설운동은 정치운동의 기반 마련을 위한 운동이었다'고 하여 김명구보다도 문화운동과 자치운동의 유기적 연결성에 더욱 초점을 맞춰 바라보았다(김형국, 「1920년대 한국 지식인의 사상분화와 민족문제 인식 연구」, 한국정신문화연구원 한국학대학원 박사학위논문, 2003, 5~6쪽). 이상의 연구는 문화운동과 자치운동의 관계를 파악하는 데 크고 작은 차이를 보이고 있으나, 운동 주체의 측면에서는 '부르주아 우파'(박찬승, 김명구)와 '문화주의자'(김형국)의 범주에 속하는 인물이 크게 나르시 않나(김형국, 같은 글, 4쪽 참조). 이 책에서는 『개벽』의 경우에, 문화운동과 자치운동 단계를 구분해서 보는 박찬승의 관점을 취하면서도, 『개벽』이 '부르주아 우파'나 '문화주의자' 일반으로 분류되지 않는 독자적 지향을 지녔다고 보는 입장에 서 있다.
2) 박찬승, 위의 책, 173~175쪽.
3) 박찬승, 위의 책, 176쪽.
4) 박찬승, 위의 책, 205쪽. '김윤식 사회장 논쟁'에 관한 자세한 내용은 다음 두 연구를 참고할 것. 임경석, 「1922년 상반기 재 서울 사회단체들의 분규와 그 성격」, 『史林』 25, 수선사학회, 2005, 211~240쪽; 박종린, 『日帝下 社會主義思想의 受容에 關한 硏究』, 연세대 사학과 박사학위논문, 2006, 42~56쪽.

는 글이 많이 실렸다. 김기전은 한국 개조운동이 미약했던 2대 원인을 '주동자의 탐구 없는 충동'과 '군중의 미자각(未自覺)'에서 찾았다.[5] 이러한 문제의식은 좀 더 구체적으로 표현되어 청년회 조직과 강연회 활동에 대한 비판으로 이어졌다. 김기전, 박달성 등은 전국적으로 조직되었던 청년회에서 역량 있는 인물이 부족했던 결과 거짓과 허위 아래에서 파벌을 짓고, 서로 다투며, 허황됨이 많이 생겼다고 꼬집었다.[6] 강연회의 경우에도 세상 물정도 모르는 여자나 중학교 학생이 몇 백 몇 천의 군중 앞에서 일반의 각성을 절규했던 문제점이 있었으며,[7] 여러 청년회, 강연회 단체 등이 본회에 수십 차례씩 재정 지원을 요청함에 따라 주최자와 후원자가 서로 힘든 상황에 처하는 일이 많다고 지적하면서, 어떤 단체를 막론하고 강연이나 연극을 후원측에 의뢰하려면 당초 행사를 시작할 생각부터 하지 말라고 비판했다.[8]

이처럼 기존의 문화운동에 대한 『개벽』의 비판은 운동의 '주체'와 '방식'에 초점을 맞춘 것이었다. 청년회 비판이 전자에 해당한다면, 강연회 비판은 후자에 해당했다. 특히 강연회 문제는 결국 엘리트가 민중을 만나는 방식과 관계 깊은 사안이기도 했다. 그래서 『개벽』은 "신문화 건설을 부르짖는 소리가 민중에게 얼마나 철저했으며, 개조·창조의 선전은 일반에게 얼마나 철저했는가"를 자문하면서,[9] 역대 문화운동을 민중과의 연결 여부로 평가했다.[10] 『개벽』의 이러한 인식은 그동안의 문화운동이 선전에 치중했지만 이제부터는 실행에 치중해야 한다는 주장으로 이어졌다.[11] 『동아일보』측이 주도하던 교육 및 산업진흥

---

5) 金起瀍, 「社會의 實相과 밋 그의 推移에 着目하라」, 『開闢』 11, 1921. 5, 4~5쪽.
6) "합당한 인물이 없어서 그 폐단이 적지 않으니 즉 거짓 명예를 좇는 마음으로 편당(便黨), 분쟁, 들뜸이 많이 생겨 유명무실, 용두사미, 조기모소(朝起暮消)의 참극이 많으며 재정난으로 인하야 하고자 하는 일, 하던 일까지 중지하여 서로 얼굴만 쳐다보며 하늘에다 탄식하고, '돈아 돈아'라는 비명을 내는 것이 현재 조선청년회 중 대부분의 내막임은 누구나 잘 아는 바입니다."(朴達成, 「回顧 夏路七千里」, 『開闢』 16, 1921. 10, 42~43쪽)
7) 金起瀍, 「青天白日下에서 이 적은 말을 敢히 여러 兄弟에게 들임」, 『開闢』 14, 1921. 8, 16쪽.
8) 朴達成, 「回顧 夏路七千里」, 『開闢』 16, 1921. 10, 44쪽.
9) (필자 미상), 「民族興替의 分岐點」, 『開闢』 20, 1922. 2, 1쪽.
10) (필자 미상), 「文化 運動의 昔今」, 『開闢』 21, 1922. 3, 2쪽.

활동에 『개벽』이 적극적인 관심을 기울인 것도 같은 맥락에서였다.12)

그러나 적어도 1922년 말까지 『개벽』은 구체적인 사업을 실행하기보다는 민족성개조를 비롯한 민족 담론의 소개와 전파에 치중했다.13) 이런 노력은 두 가지 방향으로 전개되었다.

첫째, 『개벽』 주도층은 민족개조에 관한 이광수의 구상을 적극적으로 게재하기 시작했다. 이광수의 논설은 『개벽』 제14호에 「팔자설을 기초로 한 조선민족의 인생관」으로 운을 뗀 뒤, 『개벽』 제17호부터 제21호에 이르기까지 5회에 걸쳐 「소년에게」가 연재되었다. 또한 연이은 『개벽』 제22호에서는 르봉의 민족심리학 가운데 중요 부분을 번역한 「국민생활에 대한 사상의 세력」이 발표되었다. 노아(魯啞) 또는 노아자(魯啞子)라는 필명으로 일련의 연재논설을 통해 개진되었던 이광수의 민족개조 구상은 『개벽』 제23호에 드디어 '이춘원(李春園)'이라는 이름을 달고 「민족개조론」으로 제시되었다.14) 이광수가 주장한 '민족개조'의 요점은 중심 인물의 조직적 활동을 통한 민족성개조에 있었다. 중심 인물과 조직의 중요성을 설파하는 이광수의 입장은, 기존 문화운동의 문제점을 운동 주체와 운동방식의 두 측면에서 진단하던 『개벽』 주도층의 생각과 일맥상통했다. 『개벽』에 이광수의 논설이 활발하게 실린 데에는 이런 이유가 컸다고 생각된다.

둘째, 『개벽』 주도층은 민족성개조에 관한 이광수의 견해를 소개하는 데 그치지 않고, 독자적으로 생각을 개진했다. 「민족개조론」이 실린 『개벽』 제23호

---

11) 金起瀍, 「우리의 社會的 性格의 一部를 考察하야써 同胞兄弟의 自由處斷을 促함」, 『開闢』 16, 1921. 10, 4쪽.

12) (필자 미상), 「새로운 局面은 열니려 하도다」, 『開闢』 15, 1921. 9.

13) 민족에 관한 논의는 『개벽』 초기에도 발견된다. 그러나 『개벽』 주도층이 민족 담론을 본격적으로 기획하고 의도적으로 지속시킨 시점은 1921년 말~1922년 초라고 보는 것이 타당하다. 이에 관해서는 다음을 참조. 김정인, 「『개벽』을 낳은 현실, 『개벽』에 담긴 희망」, 임경석·차혜영 외, 『『개벽』에 비친 식민지 조선의 얼굴』, 모시는사람들, 2007, 254쪽.

14) 민족개조론에 관한 자세한 분석은 이 책에서 생략한다. 「민족개조론」에 관한 최근의 연구로는 김현주의 다음 성과가 주목할 만하다. 김현주, 「논쟁의 정치와 「민족개조론」의 글쓰기」, 윤해동·천정환·허 수·황병주·이용기·윤대석 엮음, 『근대를 다시 읽는다』 2, 역사비평사, 2006, 308~333쪽.

에는 『개벽』의 편집인이자 천도교의 간판 이론가였던 이돈화의 논설 「공론(空論)의 인(人)에서 초월하야 이상(理想)의 인(人), 주의(主義)의 인(人)이 되라」도 실렸다. 이 글에서 이돈화가 전개한 민족성개조 논의는 다음 두 개의 명제로 압축된다.

조선인으로서 사회성을 완전히 하려면 먼저 민족성의 향상을 도모해야 한다.
민족성을 향상하기 위해서는 민족성의 근본 정신이 되는 민족적 공통 생명철리(生命哲理)에 집착해야 한다.[15]

첫째 명제를 이해하기 위해서는 먼저 이돈화의 '사회성' 논의를 검토할 필요가 있다. 이돈화는 사람성이 우주진화의 최신기(最新期)에 형성된 것이며, 여기에는 만물의 성(性)이 포용되어 있다고 했다.[16] 그리고 사람성에는 '개성'과 '사

---

15) 李敦化, 「空論의 人으로 超越하야 理想의 人, 主義의 人이 되라」, 『開闢』 23, 1922. 5, 11~12쪽.
16) 夜雷(이돈화), 「朝鮮人과 社會性의 如何」, 『天道敎會月報』 146, 1922. 11, 15쪽. 『천도교회월보』 제146호(1922. 11) 논설과 『인내천-요의』에 제시된 '사람성' 도식을 비교해보면 다음과 같다.

『천도교회월보』 146, 15쪽   『인내천-요의』, 123쪽

甲=無機物的 性   甲=無機物 의식계
乙=植物的 性   乙=植物性的 의식계
丙=動物的 性   丙=動物性的 의식계
丁=사람性   丁=사람性的 의식계
                         戊=사람性 無窮의 의식계

두 도식은 사람성에 관한 설명인 동시에 의식발달 과정을 나타낸 것이다. 네 개의 영역이 있고 각 영역의 경계선을 甲~丁(戊)로 표시했다. 두 도식은 거의 같은 내용이지만, 두 가지 차이점

회성'이 함께 있다고 보았다.[17] 그에 따르면 '개성'은 선천적 유전과 후천적 감수성이 결합된 산물이며, 각 개인의 개성은 얼굴이 서로 다른 것처럼 각각 특수한 성격을 가졌다. 이에 반해 '사회성'은 동물적 성(性)을 초월한 것이며 사람성 중에서 가장 위대한 미점(美點)으로서 인류 결합의 핵심(眞諦)으로 설명되었다.[18] 그리하여 사람은 개성을 고집할수록 고립적·편벽적이 되지만, 그것을 연마할수록 개성 속에 포용되어 있는 사회성이 발달한다고 했다.[19]

이렇게 본다면 이돈화는 개체나 집단이 자신의 이해관계에 치중하는 것을 '개성'으로 보고, 그 이해관계를 초월하는 것을 '사회성'으로 설정한 듯하다. 그렇다면 위의 첫 번째 명제는 '조선사람이 개인의 제약을 넘어서 자신에게 잠재되어 있는 미점인 사회성을 완전하게 발현시키기 위해서는 민족성의 향상에서 시작해야 한다'로 이해된다. 그 의미를 부연하자면 인류를 하나로 결합하기 위해서는 사회성을 완전히 발현시켜야 하는데, 사회성을 발현하기 위한 현실적인 출발점은 민족 차원, 즉 민족성의 향상을 도모해야 한다는 의미이다.

그러면 민족성을 향상하려면 어떻게 해야 할까. 그 해답은 '민족성의 근본 정신을 중시해야 한다'는 두 번째 명제에 나타나 있다. 두 번째 명제의 '민족적 공통 생명철리'와 관련하여, 이돈화는 우주의 최고 생명이 인류의 생명으로 나

이 있다. 첫째, 각 영역을 가리키는 이름을 붙이면서 『천도교회월보』에서는 性을 강조한 반면, 『인내천-요의』에서는 의식을 강조했다. 이는 『인내천-요의』 집필이 맑스주의의 대두에 대응하여 이루어졌으며 이돈화 글에서 계급의식과 초월의식 등이 등장하는 것과 관계있다고 생각된다. 둘째, 『인내천-요의』의 도식에서는 '戊'가 첨가되면서 丁/戊가 가리키는 선은 일부는 실선, 일부는 점선으로 되어 있다. 이전 도식의 '사람성'은 여기서 '사람성적 의식계'와 '사람성 무궁의 의식계'로 나누어 설명된다. 이돈화는 이에 대해 다음과 같이 설명한다. "甲선은 무기물의 의식, 乙선은 식물성적 의식계 (…) 丁선은 사람성적 의식계, 丁선 이외의 戊 ─ 아직 선을 형성치 못한 부분은 사람성 무궁주의 의식계가 되는 것이라."(이돈화, 『인내천-요의』, 1924, 124쪽) 이돈화는 '사람성 무궁'을 통해 사람성이 과거와 현재뿐만 아니라 미래의 가능성까지 가지고 있다는 사실, 즉 사람성이 진화의 도정에 있는 모든 것을 구현했고, 또 앞으로 구현할 것이라는 점을 말하고자 했다.

17) 夜雷(이돈화), 「朝鮮人과 社會性의 如何」, 15쪽.
18) 夜雷(이돈화), 위의 글, 15쪽.
19) 夜雷(이돈화), 위의 글, 13쪽.

타났고, 인류의 생명이 흘러 조선민족의 생명이 되었다는 강한 유기체적 민족관을 피력했다. 나아가 민족적 생명의 골수(骨髓)와 혈액이 영원히 자자손손 유전(流傳)된다고 했다. 그러므로 조선사람 개개인은 자신이 민족적 대생명 속의 한 존재임을 자각할 때, 비로소 각자의 활동은 '영구적인 근기(根氣)와 정력' 아래에서 이루어지며, 또 '영원한 개조와 원기'를 얻게 된다는 것이다. 이돈화는 이러한 의미를 지닌 '생명무궁주의(生命無窮主義)'가 민족개조의 중심 내용이 되어야 한다고 결론지었다.[20]

이돈화의 민족개조 논의를 이광수의 그것과 비교해보면, 둘 다 기존의 문화운동을 비판하고 대안을 모색하는 차원에서 논의를 시작하고, 민족개조의 문제를 '민족성의 개조'라는 추상적·도덕적 차원의 개조를 중심에 두었다는 점에서 닮아 있다. 이런 점에 유의하면서 두 사람의 논설 발표 시점이나 내용 등과 함께 고려한다면, 민족개조에 관한 이돈화의 논의는 이광수로부터 많은 영향을 받았으리라고 생각된다.

그러나 두 사람의 논의에는 닮은 점 못지않게 차이점도 컸다. 그것은 민족성의 위상과 민족개조의 구체안에서 두드러졌다. 르봉의 민족심리학에 근거를 둔 이광수의 「민족개조론」이 소수 선각자에 의한 점진적·조직적 실천을 강조하면서 그 세부 단계를 구체적으로 제시했다면, 이돈화의 민족개조는 그 위상 자체가 사회성의 향상과 인류 결합을 위한 구체적인 출발점에 그치고 있으며, 내용적으로도 생명이라는 보편적 실체와 불가분의 관계를 가지고 있었다. 이 시기에 와서 두 사람 모두 민족을 현실정치의 구체적인 장소로 인식하기는 했으나, 이돈화의 민족 인식은 종교적 보편주의에 의해 견제되고 있었던 것이다. 이에 비해 이광수는 그러한 측면이 약했다. 이광수는 '사회는 종교로만 성립된 것이 아니기 때문에 야소교인이나 천도교인은 사회의 중심이 될 수 없다'는 반종교적 태도를 가지고 있었다.[21]

---

20) 李敦化, 「空論의 人으로 超越하야 理想의 人, 主義의 人이 되라」, 16~17쪽.
21) 魯啞, 「中樞階級과 社會」, 『開闢』 13, 1921. 7, 27쪽.

지금까지 이광수와 이돈화의 '민족성개조'를 중심으로, 문화운동 비판기에 전개된『개벽』의 민족 논의를 살펴보았다. 그러나 이 시기 이돈화의 민족성개조가『개벽』의 민족 인식을 대표한다고 보기는 힘들다. 그의 논의는 이광수 등의 민족성개조 논의를 수용하면서도 종교적 보편주의를 가미해 독자적인 의미를 부여하고자 했지만, 아직은 단편적이고 추상적 상태에 머물렀다. 이뿐만 아니라 공공연하게 '탈정치'를 선언했던 이광수의「민족개조론」과는 달리, 이돈화의 논의에는 여전히 정치에 대한 관심이 내재해 있었다. 다만, 당시 서로 대립하고 있던 민족주의 세력 및 사회주의 세력에 대한 태도는 분명하게 표현되지 않았다. 이 시기 이돈화는 민족주의에 대해서 거리를 유지했지만, 그렇다고 사회주의에 경도되었던 것은 아니었다. 그는 김윤식 사회장 논쟁을 주시하면서 사회주의 세력의 여론 형성에 대한 방식이 공정함을 잃었다고 비판한 바 있고,22) 같은 맥락에서 미숙한 청년이 여론의 탁류에 휩쓸리는 것에 우려를 표시했다.23) 이는 청년의 신각성과 신활동에 큰 기대감을 나타냈던『개벽』초기의 논조와는 확실히 다른 것이었다.24) 이의 논의와 관련해 중요한 점은 그러한 사회주의에 대한 비판적 관점이 그의 민족성개조 논의에는 별로 드러나지 않는다는 것이다. 이 시기『개벽』의 전체적인 논조와 이돈화의 각 논설에서 나타나는 정치적 태도, 즉 민족주의와 사회주의에 관한 양 방향의 거리두기는 '범인간적 민족주의' 단계에 가서야 분명하게 드러난다.

---

22) "최근 사회장(社會葬) 문제로 사회의 여론이 일어날 때 그 여론으로써 여론이 목적으로 삼은 바가 이미 이루어졌음에도 불구하고, 그 세력에 편승하여 사회의 공기(公器)되는 모(某) 신문의 비매동맹회(非買同盟會) 혹은 매장운동이라는 극단의 행위를 감히 사회에 제출한 것으로 보면 이는 당초에 공(公)을 표방한 여론이 도리어 사(私)로 종결을 맺고자 하는 실수가 아니리오." (李敦化,「輿論의 道」,『開闢』21, 1922. 3, 10~11쪽)

23) 李敦化, 위의 글, 12쪽.

24) 白頭山人(이돈화),「一般의 期待下에 立한 二大靑年團體, 前途의 希望이 多大한 靑年會聯合 期成會 靑年團體 中 異彩를 放하는 天道敎靑年會」,『開闢』3, 1920. 8, 57쪽.

2) 범인간적 민족주의

여기서는 1923년 1월부터 1924년 사회주의 담론이 본격적으로 소개되는 시점 이전까지의 시기를 대상으로 『개벽』의 범인간적 민족주의 및 이와 관련된 논설을 분석하고자 한다. 1923년 1월부터 『개벽』 주도층은 문화운동의 한계를 극복하기 위한 구체적인 행동에 들어갔다. 조선의 실상을 정확하게 파악하기 위한 조선문화의 기본 조사에 착수했고, 1922년 9월에 이루어진 총독부의 정치기사 게재 허용조치를 계기로 '주의(主義)적 단결', 즉 민족적 중심세력의 단결을 주장했다. 특히 '주의적 단결' 주장은 1923년 초부터 개벽사 사우제(社友制)의 실시로 가시화되었다.[25) 또한 이와 같은 사회적 실천을 뒷받침하고 총괄하는 조직적 중심으로, 당(黨)적 조직을 표방한 천도교청년당이 건설되었다.[26)

이러한 움직임은 『개벽』에도 반영되어 『개벽』의 표지와 내용 구성에서 이전과 구별되는 뚜렷한 특징이 나타났다. 먼저 1923년 1월의 『개벽』 제31호 표지에는 동북아시아 지도 위에 '의재신원(意在新元) 계해년(癸亥年) 특대호(特大號)'라 되어 있고, 제호인 '개벽(開闢)' 글자 위에는 '창조(The Creation)'를 뜻하는 에스페란토 'LA KREADO'가 처음 선보였다.[27) 이 단어는 그해 7월호까지 연

---

25) 사우제란 "개벽사의 '민족운동'에 동감하는 개인들을 유기적으로 연결하여 조직화시킨다는 취지"하에 만들어진 것으로, "독자와 출판사의 일반 계약관계를 끈끈하고 지속적인 관계로 전환시킴으로써 『개벽』의 유통을 좀 더 안정적으로 만들 수 있는 획기적인 조치"였다(최수일, 『『개벽』 연구』, 소명출판, 2008, 278~279쪽).

26) "지상천국의 건설, 이것은 그 당의 주의오. 사람성 자연에 들어맞는 새 제도의 실현, 사인여천의 정신에 들어맞는 새 논리의 수립, 이것은 그 당의 강령이오. 당의 결의에는 절대로 복종할 것, 이것은 그 당의 약속이다." 小春, 「思想과 傾向」, 『開闢』 39, 1923. 9, 128쪽 참고.

27) 당시에는 에스페란토에 대한 관심이 적지 않았다. 당시 『개벽』에는 김억의 '에스페란토 자수실(自修室)'이 연재되었고, 일본의 대표적인 잡지 『개조(改造)』에도 에스페란토에 관한 상세한 내용이 소개되고 있었다. 그런데 『개조』의 표지에 '개조'의 일본식 발음을 영어로 표기한 'KAIZO'라고 되어 있는 것과 비교할 때, 『개벽』의 표지가 에스페란토로 장식된 점은 의미심장하다. 즉 여기에는 지상천국을 목표로 하는 『개벽』 주체들의 종교적 이상주의가 반영된 것이라 할 수 있다. 에스페란토에 관한 『개벽』의 언급은 「일별(一瞥)」이라는 기사에 실린 '注意할 만한 世界語의 流行'을 참조할 것, (필자 미상), 「一瞥」, 『開闢』 37, 1923. 7, 75~76쪽. 한편 『개벽』 제1호에서 제72호에 걸친 표지를 보면 특정 문구의 문자로 장식되거나 계절적

속해서 나타나고, 9월호와 1924년 1월호 표지에도 나타났다. 이 기간은 개벽사 주최하에 전국적으로 일제히 조선문화 기본 조사가 시작되어 그 결과물이 『개벽』 4월호부터 '도호(道號)'로 발행되는 등, 『개벽』 주도층과 천도교청년회·천도교청년당 조직의 활동이 왕성한 시기와 겹친다.

『개벽』 주도층은 이런 상징적 작업과 현실적 활동을 '범인간적 민족주의'라는 일종의 정치사상으로 수렴해 제기했다.[28] 『개벽』 제31호에 발표된 「범인간적 민족주의」라는 글이 그것이다.[29] 여기에는 『개벽』 주도층의 민족에 대한 인식이 잘 드러나 있었다. 그들은 민족적 사상으로 '범인간적 민족주의'를 가져야 한다고 명백히 주장했다.[30] 범인간적 민족주의의 핵심 주장은 다음 세 가지였다.

첫째, 세계를 국가단위에서 민족단위로 나아가게 하자. 둘째, 각 민족이 서로 도덕적 원조하에 각자 성장을 이루자. 셋째, 현대의 가장 최선(最善)한 문화를 표준점으로 하고 세계 각 민족의 정도를 그 표준점의 수평선상으로 인상(引上)케 하자.

분위기를 보여주는 그림 등이 대부분이다. 지리적인 권역을 보여주는 것으로는 호랑이 그림 2회(제1호와 제11호), 도별(道別) 특집기사를 실을 때 해당 도를 표시하기 위해 한반도 지도에 그 지역을 표시한 표제 그림이 몇 회가 있을 뿐이며, 동북아시아 지도가 나오는 경우는 오른쪽에 제시한 1923년 1월호(제 31호)와 창간 3주년 기념호인 1923년 7월호이다. 호랑이 그림은 창간호에 나왔다가 그것이 한반도를 의미한다는 이유로 검열에 의해 강제 삭제된 후 1주년 기념호인 제13호 표지에 다시 등장했다.

28) 윤해동은 자치운동을 '민족개량주의'로 보는 기존의 견해를 비판하고, 일제하 정치사를 구성하는 데 하나의 시금석으로 삼을 것을 제의한 바 있다(윤해동, 『식민지의 회색지대』, 역사비평사, 2003, 38쪽). 이때의 '정치'는 기존의 독립운동이나 민족해방운동이라는 운동사적 의미를 배제하지 않으면서도 그보다 훨씬 넓은 의미로 사용되었다. 여기서의 '정치' 개념도 이와 동일한 의미임을 밝힌다.

29) 1923년 벽두에 간판 논설로 발표된 필자 미상의 이 글은 이돈화가 썼다고 보는 것이 타당할 듯하다. 내용 및 주요 개념이나 논리구조, 그리고 글의 비중 등으로 볼 때도 그러하거니와 1920년대 후반이 되면 그가 이전에 전개했던 개조 관련 논의를 '정신개벽·민족개벽·사회개벽'의 '3대개벽'론으로 정리하는 것에서도 그 연관성을 찾을 수 있기 때문이다. 이 가운데 '민족개벽'은 범인간적 민족주의 단계를, '정신개벽'은 사람성주의 단계를 가리키는 것으로 보인다.

30) (필자 미상), 「汎人間的 民族主義」, 『開闢』 31, 1923. 1, 8쪽.

본격적인 내용 분석에 앞서 범인간적 민족주의와 사람성주의의 '연속 / 단절'
의 양면적 관계부터 짚어보자. 전체적으로 보면 범인간적 민족주의에서는 사람
성주의에서 활용된 도식, 즉 '정신 – 물질' 및 '이기주의 – 이타주의'의 조화를
추구하는 입장이 이어지면서도, 그 구체적인 적용 범위가 '개인' 차원에서 '민
족' 차원으로 바뀐 차이를 보인다. '정신 / 물질' 구분법은 '민족 / 국가'의 구분
법으로 대체되었고, '이기주의 – 이타주의'의 조화는 '민족주의 – 인류주의'의
조화로 대체되었다. 또한 사람성주의에서 개인 차원으로 거론되었던 '창조충동'
이나 '인상적(引上的) 평등' 등은 범인간적 민족주의에서 '민족에 대한 도덕적
원조'나 '각 민족의 문화적 표준 제고' 등으로 변모했다. 범인간적 민족주의에
서 사람성주의의 기본 도식이 반복되면서도 그것이 이전과 달리 '민족' 차원에
서 논의되었던 것은, 이 단계에 와서야 『개벽』 주도층이 다른 논자들의 민족
논의를 게재하고 이에 영향받는 단계에서 벗어나 자신들의 민족 담론을 생산하
게 되었음을 뜻한다.[31]

범인간적 민족주의의 내용을 살펴보면, 약소민족의 입장을 견지하면서 민족
주의와 인류주의의 장단점을 검토한 뒤, 양자를 지양(止揚)한 제3의 방향을 제시
한 것이 가장 큰 특징이다. 당시 이돈화를 비롯한 『개벽』 주체들은 식민지 지식
인의 입장에서 민족주의의 배타적 속성을 경계하고 있었다. 그들은 민족주의가
자기의 민족만 시인하고 타민족을 멸시·배척한 결과, 타민족의 생존권을 침해·
약탈한다고 보았다. 그 대표적 예로, 식민지를 확장하여 타민족의 토착권을 침

---

31) 기존 연구 중 다수는, 식민지 조선에서 문화주의가 일본과 달리 민족주의와 친연성을 가졌다고
본다. 김형국은 한국의 문화주의가 일본의 그것과 달리 민족 담론과 결합했다고 했다(김형국,
앞의 글, 18쪽). 최수일도 "문화주의는 '민족주의'의 틀 속에 갇혔다"고 지적했다(최수일, 앞의
책, 450쪽). 한편 이와는 초점이 좀 다르지만, 이경돈은 『개벽』에 존재했던 실력양성론과 문화
주의의 대립은 '근대화 담론의 방법론적 차이'에 불과하며, 더 근본적인 것은 '근대화 담론과
민족 담론의 착종·대립'이었음을 강조했다(이경돈, 「1920년대초 민족의식의 전환과 미디어의
역할－『개벽』과 『동명』을 중심으로－」, 『史林』 23, 2005, 33쪽).
이러한 지적은 일리가 있지만, 필자의 관점에서 엄밀하게 말하자면 『개벽』의 경우 문화주의와
민족주의의 관련성은 '사람성주의'가 민족 담론과 결합하는 문제로 드러났다고 할 수 있다.

해하고, 자기 민족의 번영을 시도하는 근대 군국주의·제국주의의 발호(跋扈)를 들었다.32) 그러므로 그들이 보기에 민족주의는 '이기주의의 확대', 즉 이기(利己)의 관념을 일개인으로부터 연장하여 민족이라는 자기의 종족(種屬)에 그 관념을 옮겨놓은 것이었다.33) 이러한 생각은 약소민족으로서 조선 지식인이 지닌 자의식에서 나온 것으로서, 동학과 천도교 사상에서 유래하는 종교적 보편성과도 무관하지 않은 것으로 생각된다.

그러나 민족주의에 대한 그들의 경계심이 곧바로 인류주의, 즉 사해동포주의를 지지하는 것으로 기울어지지는 않았다. 『개벽』 주도층은 기존의 민족주의에서 보이는 배타성을 지적하면서, 인류주의가 약소민족의 구성원을 보호할 수 없다는 지적도 빠트리지 않았다. 나아가 그들은 민족주의를 '이기적 사상의 결정(結晶)'으로, 인류주의를 '이타적 사상의 결정'으로 보았으나, 인습적 민족주의를 절대 배척하는 동시에 극단의 몰아(沒我)적인 인류주의도 배척한다고 했다.34) 범인간적 민족주의는 다음 대목에서 더욱 구체적으로 드러난다.

우리는 유래(由來)의 민족주의를 합시대(合時代)적으로 개조하야 그 주의(主義)를 선(善)히 인류주의와 영합(迎合)할 포용성을 기르게 하고, 또 인류주의는 당분간 세계 각 민족을 단위로 하고 민족과 민족 간의 권리 행복을 평균케 함이 인류주의 발전상 당연한 순서(順序)가 되리라.35)

위 글에서 '인류주의'라는 용어는 한편으로 톨스토이 사상을 가리키기도 하고, 다른 한편 '사회주의'를 가리키기도 했는데, 이 용어가 사용된 문맥을 잘 살펴보면 강조점은 민족주의를 넘어선 보편주의적 사조 일반을 거론하면서 민족주의에 나타난 배타성을 상대화하는 데 두어졌다고 판단된다.36) 이러한 사실

---

32) (필자 미상), 「汎人間的 民族主義」, 4~5쪽.
33) (필자 미상), 위의 글, 4쪽.
34) (필자 미상), 위의 글, 7쪽.
35) (필자 미상), 위의 글, 7~8쪽.

은 범인간적 민족주의의 요점을 밝힌 다음 글에서 잘 드러난다.

> 대개 인류의 욕망은 무한하고 물질의 소유는 유한하거늘 무한한 욕망으로써 유한한
> 물질을 취하고자 하면 어쩔 수 없이 남의 이익을 침해하게 될 것이라. 그러므로 <u>이에
> 범인간적 민족주의는 민족으로써 타민족의 소유권 침해를 금지(防遏)할 뿐만 아니라
> 나아가서는 인류의 무한한 욕망을 유한적 물질적 경쟁에 희생치 말고 무한(無限)한
> 창조적 생산에 용심(用心)하게 되면</u> 인류는 스스로 각자의 행복하에 인도적 생활을
> 경영하게 될지니 이것이 범인간 민족주의의 요점이라. 즉 한 민족이 다른 민족의 소
> 유를 침해하지 말고, 그 힘을 무한한 창조충동의 방면으로 이용하야 자기 천연(天然)
> 의 힘으로써 자기 생활의 힘을 조장케 하자는 것이다.[37] (밑줄은 인용자)

'사람이 가진 물질에는 제한이 있으나 사람의 욕망은 끝이 없다. 따라서 끝없
는 욕망을 유한한 물질적 경쟁을 추구하는 데 쏟으면 결국 타민족을 침해하게
된다. 우리 모두가 행복하고 인도적인 생활을 해나가려면 그러한 욕망을 무한한
창조적 생산에 몰두해야 한다'는 것이 위 인용문의 핵심 주장이다. 유한한 물질
적 경쟁에 대한 이돈화의 비판은 물질적 무한경쟁을 추구하는 자본주의 문명을
겨냥한 것으로 보인다.

여기서 '소유'와 '창조'를 대비시키는 논법이나, '창조충동'이라는 개념의 사
용은 러셀의 사회개조론에서 따왔음이 분명하다. 즉 위 글에는 제1차 세계대전
의 발발을 그동안의 자본주의적 물질편중 발달과 그로 인한 제국주의적 침략으
로 파악하는 러셀의 현실 인식이 영향을 끼치고 있다고 볼 수 있다.

결국 범인간적 민족주의는 민족주의와 인류주의의 조화·지양을 추구했으며,

---

36) 물론 범인간적 민족주의에서 "근일 우리들의 조선 사상계에 잇서는 민족주의와 <u>인류주의(사회
주의)</u>가 양양병립(兩兩倂立)하야"(밑줄은 인용자)라는 표현을 고려할 때〔(필자 미상), 위의 글,
3쪽〕, '인류주의'는 당시 조선사회에서 민족주의와 대립·경쟁하면서 현실에서 세력을 키워가던
사회주의운동 세력을 염두에 둔 것은 부정할 수 없다.

37) (필자 미상), 위의 글, 9쪽.

러셀의 사회개조론은 민족주의가 가진 배타적 성격을 견제하는 논리로 활용되고 있었다. 러셀의 사상은 사회주의 사상을 수용하는 과정에서 더욱 중요하게 부각된다.

2. 맑스주의의 선택적 수용

1) 맑스주의의 대두 과정

『개벽』 창간 초기부터 개조론의 하나로 주목되던 맑스주의는 점차 사회운동의 중심세력으로 대두했다. 그 영향은 천도교단의 분열과 김윤식 사회장 논쟁, 문화운동 비판 등으로 나타났다. 이에 따라 『개벽』 주도층은 1923년 중반부터 한편에서는 맑스주의 사상과 운동에 관한 기사를 『개벽』에 적극 소개하기 시작하면서 맑스주의에 대한 사회적 관심에 부응하고자 했다.[38] 다른 한편에서는 당시 유행하던 맑스주의를 천도교와 『개벽』 주도층의 입장에서 파악하고 대응해가고자 했다. 전자의 노력은 주로 김기전이, 후자의 노력은 주로 이돈화가 주도해갔다.

이돈화는 천도교 청년조직과 개벽사의 대외적 활동이 활발히 전개되던 1923년 2월부터 1924년 2월까지 1년 동안 기이하게도 돌연 절필에 가까운 침묵을 보인다. 이 기간 동안 그는 1923년 8월에 『개벽』과 『천도교회월보』에 각각 한 편의 글만 발표했을 뿐이다.[39] 이는 매달 평균 3～4편씩 글을 발표했던 1920년 전후 시기와 비교할 때 커다란 차이를 보이는 숫자이다. 이뿐만 아니라

---

38) 『개벽』의 맑스주의 소개 양상에 관해서는 다음의 선행 연구를 참조할 것. 許洙, 「『개벽』의 '表象空間'에 나타난 매체적 성격─표지 및 목차 분석을 중심으로」, 『대동문화연구』 62, 2008, 368～370쪽.
39) 猪嚴(이돈화), 「暗影 中에 무쳐 잇는 普天敎의 眞相」, 『開闢』 38, 1923. 8; 李敦化, 「布德의 槪念」, 『天道敎會月報』 155, 1923. 8.

1922년이나 1924년과 비교해도 현저히 적다.[40] 이 기간에 그는 맑스주의에 대한 사상적 대응을 고민한 듯하다.[41] 그 이후 그의 논설에서 맑스주의의 영향이 나타나기 때문이다.

그 양상에 대한 구체적 분석에 앞서 그가 맑스주의에 관심을 갖게 된 계기부터 살펴볼 필요가 있다. 가장 직접적인 계기는 천도교 제1차 분규였다. 그것은 당시 사회 일각에서 기세를 떨치던 맑스주의가 교단에까지 파급되어 일어난 사건이다. 이미 1921년 4월부터 가시화한 천도교 혁신파의 교단 민주화 요구는 1922년 1월 17일 「천도교종헌(天道敎宗憲)」의 공식 반포로 교단 차원의 전반적 지지를 얻는 듯했으나, 우여곡절 끝에 1922년 12월 말 오지영 등 연합회파가 교단을 이탈해 천도교연합회로 분립하는 것으로 귀결되었다.[42]

이돈화 등 천도교청년회측은 1922년 1월 시점에 연합회파에 의한 천도교 혁신에 대해 높이 평가했다.[43] 그러나 교단 분규가 파국으로 치닫던 1922년 10월쯤에는 비판적 논조를 내세웠다. 『개벽』의 '양동실주인(洋東實主人)'이라는 필명으로 기고한 「만인주시(萬人注視)의 흥미 중에 둘러싸인 금후의 천도교」라는 글은 『개벽』측의 인식을 잘 보여준다. 그런데 이 글은 이돈화가 작성한 것으로

---

40) 개략적인 추세를 비교하면, 그가 『개벽』에 발표한 논설은 1922년 1년 동안 9편, 1924년 1년 동안 7편으로서 1923년 한 해 동안의 2편보다 훨씬 많다. 『천도교회월보』와 『신인간』에 발표한 논설을 합친 숫자도 비슷한 경향을 보인다. 1922년에는 17편, 1924년에는 10편인 데 비해, 1923년에는 3편에 불과하다.

41) 송민호는 필자의 이러한 판단에 대해 원인과 결과를 혼동했다는 요지로 비판했다. 즉 그는 이돈화의 침묵이 "『개벽』 내에서 사회주의 담론의 확대의 결과가 아니라 오히려 그 원인이 된다"고 추론했다. 이를 뒷받침하는 근거로, 첫째 '이돈화도 조선문화 기본 조사에 매진했다'는 점, 둘째 "이돈화가 『개벽』에 글을 싣지 않기 시작한 제31호 무렵 이전에 실제로 『개벽』에 사회주의 담론이 활발하지 않았다"는 점을 들었다(송민호, 「1920년대 근대 지식 체계와 『개벽』」, 『한국현대문학연구』 24, 2008. 4, 25쪽). 그런데 이돈화가 조선문화 기본 조사에 참여한 빈도나 정도는 김기전, 박달성, 차상찬 등에 비하면 매우 적고, 참여 사례나 남긴 글이 별로 확인되지 않는다. 또한 필자는 이돈화가 『개벽』에 사회주의 논설이 실리면서 침묵했다고 말한 것은 아니며, 당시 교단 내외의 사건 등과 관련하여 사회주의 담론에 대응할 필요성을 느껴 사회주의에 대해 연구하기 시작했다고 보았다.

42) 김정인, 『천도교 근대 민족운동 연구』, 한울, 2009, 139~156쪽.

43) 李敦化, 「新紀元을 劃한 우리敎의 新面目」, 『天道敎會月報』 137, 1922. 1.

보인다. 그 근거로는 '사람성 무궁'이라는 개념을 중요시하고, '종교의 소질'로 들고 있는 5개 항목이 『개벽』 제8호에 실린 이돈화의 「인내천의 연구」 내용의 그것과 동일한 점, 국외자(局外者)의 어투를 빌렸으나 천도교 내부 사정에 정통한 점 등을 들 수 있다.[44]

그는 이 글에서 천도교와 사회 일반의 사상 방면을 완고파, 파괴파, 문화파로 구분하면서 '파괴파'에 대해 비판했다. 즉 파괴파는 '오즉 선동의 선구자로, 고정(固定)한 정견(定見)하에서 오직 파괴를 능사로 보는 자'이며, 천도교는 신개조(新改造)에 의해 '교주제(敎主制)도 폐지하엿스며 두목제(頭目制)도 개선'하는 등 '영단(英斷)의 개혁과 급격한 변화'를 했지만,[45] 그들 중 일부는 아직도 완고한 주장을 하니 '조선민족이나 동(同) 교회를 위하야 너무도 파괴에 치중하는 편벽(偏僻)된 행위가 아닌가'라는 의혹을 내비쳤다.[46] 그리고 천도교 분규와 이번의 신개조는 '세계대전 이후에 급격한 사상 변동이 일어남과 동시에 천도교도(天道敎徒) 일반의 정신도 신사조에 물든 바 있'었기 때문으로 보았다.[47] 여기서 '파괴파'나 '신사조'는 맑스주의 세력을 말한다. 같은 글에서 그는 교주 손병희 사망 이후의 천도교 진로에 대한 해법과 관련하여, 가장 중대한 문제가 신앙문제에 있다고 보면서 '사람성 무궁주의'의 종교적 사상이 향후 영구적인 천도교 발전의 근본이라고 보았다.[48] 여기에 나타난 교단 분규의 원인과 향후 전망을 보면, 그가 인내천주의와 사람성 무궁주의 입장에서 맑스주의에 대한 견제 심리를 표명하고 있었다고 생각된다.

이런 상황에서 『개벽』 주도층은 맑스주의에 대해서 두 가지 대응방식을 취

---

44) 洋東實主人(奇), 「萬人注視의 興味中에 싸힌 今後의 天道敎」, 『開闢』 28, 1922. 10, 15~20쪽.

45) 여기서 '신개조(新改造)'란 1922년 8월 「천도교교헌(天道敎敎憲)」의 통과로 천도교에서 교주제가 완전 폐지되고 종리사(宗理師)들에 의해 집단지도체제가 이루어진 것을 가리킨다(김정인, 앞의 책, 153쪽 참조).

46) 洋東實主人(奇), 「萬人注視의 興味中에 싸힌 今後의 天道敎」, 13~15쪽.

47) 洋東實主人(奇), 위의 글, 13쪽.

48) 洋東實主人(奇), 위의 글, 20쪽.

<表 13>『개벽』후반기(1923년 중반 이후)의 사회주의 소개 양상

연번	호수	발간연월	기사 제목	필자
1	37	1923. 07.	社會主義와 藝術, 新個人主義의 建設을 唱함	林蘆月
2	40	1923. 10.	빠르뷰스對 로맨·로란間의 爭論, 클라르테운동의 世界化(꿋) 1921년 12월 巴里에서	金基鎭
3	40	1923. 10.	社會主義 學說 大要	
4	41	1923. 11.	떠스터예브스키라는 사람과 밋 더의 작품과	吳天錫
5	41	1923. 11.	社會主義와 資本主義의 立地, 社會主義學說 大要(其二)	사까이·도시히꼬 講演
6	42	1923. 12.	唯物史觀과 唯心史觀, -社會主義學說 大要(其三)	사까이·도시히꼬 講演
7	43	1924. 01.	唯物史觀의 「要領記」, 社會主義學說 大要=其四	사까이·도시히꼬 講演
8	45	1924. 03.	歷史進化의 事實的 說明, 社會主義學說 講論(終結)	堺利彦
9	46	1924. 04.	칼 리북네히트와 로샤 룩셈뿌르그를 追想함, 第7週紀念祭를 마즈면서	白綽 抄譯
10	46	1924. 04.	世界社會主義運動의 史的 記述	小春 抄
11	48	1924. 06.	「惡의 花」를 심은=뽀드레르論	朴英熙
12	51	1924. 09.	近世社會思想史	玉川生
13	51	1924. 09.	民族과 階級, 現代 政治에 在한 民族과 階級과의 關係	大山郁夫, YS譯
14	52	1924. 10.	싼·씨몬의 社會思想과 푸리에 新社會案, 그들은 이러케까지 우리에게 사색할 것을 주엇다, 近世社會思想講述(其二)	玉川生
15	54	1924. 12.	溫情主義의 오벤과 社會主義의 오벤, 『社會思想史』의 其3	玉川生
16	65	1926. 01.	푸로레타리아 哲學, 안톤·판에콕에 의한 序論	J Die'zen 原著 崔火雲 譯
17	66	1926. 02.	토마쓰 모-르부터 레닌까지	고레프(著), 쇠뫼(譯)
18	66	1926. 02.	이날에 追憶되는 두 同志, 칼과 로사를 그리워하면서	鳴聲
19	67	1926. 03.	칸트哲學과 쁠조아思想, 푸로레타리아 哲學(其二)	J Dietzj en 原著 崔火雲 譯
20	68	1926. 04.	헤-켈 哲學과 엔겔스, 푸로레타리아 哲學(其3)	J Dietzj en 原著 崔火雲 譯

했다. 첫째는 맑스주의를 『개벽』에 적극적으로 소개하기 시작했다. 『개벽』이 창간호부터 1921년 가을 무렵까지 거의 매월 개조론 중심으로 서구 근대사상을 소개한 사실은 이미 살펴본 바와 같다. 이런 소개 작업은 한동안 거의 중단되었다가 1923년 여름부터 다시 빈번해졌다. 〈표 13〉에서 보듯이 1923년부터 시작해서 1926년 폐간될 때까지 주로 소개된 서구 사상은 맑스주의를 비롯한 사회주의 사상이었다.

맑스주의 등의 소개는 『개벽』이라는 유력한 매체가 가진 사회적 '공기(公器)'로서의 성격에 기인한 것이지만, 『개벽』 주도층이 당대 유행하던 사조를 천도교 사상 속에 전유하기 위한 사전 작업이기도 했다. 이 점은 두 번째로 살펴볼 맑스주의의 전유 작업에 해당한다.

둘째, 『개벽』 주도층은 맑스주의를 소개하는 데 그치지 않고 이를 전유하고자 했다. 이는 1920년대 초 문화운동기에 문화주의 철학과 개조론 등을 집중 소개한 뒤 사람성주의를 제시했고, 1922년 무렵부터는 민족성 논의를 소개한 뒤 『개벽』의 민족주의라 할 '범인간적 민족주의'를 제시한 것과 유사한 방식이었다. 이러한 전유 작업에는 이돈화가 중심에 있었다.

이돈화는 1년에 걸친 '침묵' 기간 동안 단행본의 집필에 몰두한 듯하다. 그 공백이 끝난 뒤 1924년 3월에 『인내천-요의』를 출간했기 때문이다. 이 저서는 1910년대에 이미 기초를 형성한 자신의 이론을 정리해서 출간한 것이다. 그는 사회주의의 대두와 교단에 대한 영향이 증가하자, 종교사상인 인내천주의를 강화함으로써 이에 대응하고자 했던 것으로 보인다.

이 저서와 관련하여 맑스주의에 대한 이돈화의 태도는, 맑스주의에 커다란 영향을 받고 교단의 개혁을 요구하다 천도교단을 탈퇴한 오지영의 생각과 비교함으로써 더 잘 살펴볼 수 있다. 오지영은 최시형의 장자 최동희와 함께 1921년 7월부터 교단의 지방분권화와 중의제 실시를 요구하는 혁신운동에 앞장섰다가 이것이 여의치 않게 되자, 1922년 12월 천도교연합회를 창설해서 천도교단을 이탈한 인물이다.[49]

〈표 14〉 이관, 이돈화, 오지영의 종교통일론 비교

필자	문체	근거 1*	근거 2**	주목점
이관	한문	道·性＝歸一 帝, 一水로 萬類創造 長江入海	法性＝敎體 明水＝敎式	성리학적 요소 上帝
이돈화	국한문 혼용	長江入海 종교발달사 인류의 公腦	萬종교 萬철학 萬진리	不然其然 비유 다수
오지영	순한글	사람 용모, 행동의 동일 한울卽사람 → 公論	×	한울교·한울도 육신, 성품, 기운, 영혼

전거: 李瓘,「宗教統一論」,『天道教會月報』10, 1911. 5; 李敦化,「宗教統一은 自然의 勢」,『天道教會月報』11, 1911. 6; 源菴 吳知泳,〈諺文部〉종교의 통일」,『天道教會月報』20, 1913. 3.

비고: ① * = '문호적 종교가 장차 통일적 종교로 모이게 되는' 근거
② ** = '천도교가 그 주인공이 되는' 근거

이돈화와 오지영은 1910년대 초부터 동일한 사안에 대해 상이한 정서와 접근법을 보인 바 있다. 〈표 14〉에서 볼 수 있는 것처럼 당시 이돈화, 오지영, 이관은 거의 비슷한 시기에 종교통일론을 언급했는데, 이들은 천도교가 통일적 종교의 자격이 있다는 인식을 공유하면서도 논법과 문체, 글의 성격 등 여러 방면에서 뚜렷하게 구별되었다. 이관이 성리학적 개념과 표현으로 일관했다면, 이돈화는 근대적 개념과 국한문혼용체를 사용했으며, 오지영은 성리학적 내용과 문체의 글을 쓰면서도 동시에 대중적이고 평이한 내용과 순한글체를 사용한 것이 특징이다. 오지영은 성리학적 교양을 체화한 인물이지만, 민중지향적 성향도 지니고 있었는데, 이는 그가 동학농민전쟁 당시 남접(南接)의 일원으로 참여한 경험과 관계 깊다고 생각한다. 오지영은 『천도교회월보』에 성리학적이고 한문투의 논설을 발표하면서, 동일한 내용을 순한글체로도 게재하는 경우가 더러 있었다. 『대종정의』에 혼재되어 있던 성리학적 경향과 근대철학, 종교발달론 등의 영향이 이 시점에서 각기 강조점을 달리해서 표현되었던 것이라 할 수 있

---

49) 김정인, 앞의 책, 139~156쪽.

〈표 15〉『인내천-요의』의 장별 구성

『인내천-요의』 장 목차	쪽수	분량(쪽)	비율(%)
제1장. 서언	1~26	26	9.25
제2장. 인내천과 天道	27~38	12	4.27
제3장. 인내천과 眞理	39~140	102	36.30
제4장. 인내천의 목적	141~184	44	15.66
제5장. 인내천의 修煉	185~232	48	17.08
제6장. 인내천의 雜感	233~281	49	17.44
쪽 합계 (분량 / 비율)		281	100.00

〈표 15-1〉『인내천-요의』 주요 내용의 세부 구성

제3장 인내천과 眞理	쪽수	분량(쪽)	비율(%)
* 장제목 및 도입	39~40	2	
제1절. 천도교의 종지	41~42	2	0.98
제2절. 인내천의 發源	43~48	6	6.86
제3절. 인내천의 신앙	49~80	32	33.33
제4절. 인내천의 哲理	81~140	60	58.82 (** 21.35)
* 도입	81~82	2	
현실과 인내천	83~90	8	
實在와 인내천	91~101	11	
汎神觀과 인내천	102~103	2	
生命과 인내천	104~113	10	
意識과 인내천	114~125	12	
영혼과 인내천	126~130	5	
진화와 인내천	131~140	10	

비고: ① * 필자가 내용을 고려하여 임의로 붙인 제목이다.
② ** 제4절이 책 전체에서 차지하는 비중을 표시한 것이다.
③ 장 제목과 달리, 절과 항 제목은 쪽을 바꾸어 표시하지 않고 바로 앞의 절·항 내용이 끝난 다음 줄에 두었다. 이 경우 각 절·항의 분량을 산정하기 쉽도록, 절·항 제목의 위치가 해당 쪽의 중간 이후에 있으면 그 제목은 다음 쪽에 있는 것으로 표시했다.

다. 세 사람의 글은 상이한 독자층, 즉 각각 성리학적 교양인층(이관), 근대교육을 받은 신지식인층(이돈화), 농민대중과 부녀자층(오지영)을 독자로 상정하고 있었던 듯하다.

이렇게 정서나 문체, 독자층 등에서 차이를 보였던 이돈화와 오지영은 맑스주의 수용 태도에서도 전자는 소극적, 후자는 적극적이었다. 이러한 차이의 바탕에는 진화론에 대한 입장 차이가 놓여 있었다. 이 점을 이돈화의 『인내천-요의』와 오지영의 『신인내천(新人乃天)』 내용을 비교하여 살펴보자. 『인내천-요의』의 구성과 특징은 〈표 15〉 및 〈표 15 - 1〉과 같다.

모두 6개의 장으로 구성된 이 책에서 제3장 '인내천과 진리'가 점하는 비중이 36.3%로 가장 높다. 제3장은 다시 4개의 절로 구성되었는데, 분량면에서 제4절인 '인내천의 철리(哲理)'가 절반을 넘는다. 또한 제3장 제4절은 저서 전체의 항목 수로 보면 25개 절 가운데 하나에 불과하지만, 내용의 분량면에서는 21.35%를 차지해서 전체의 1/5을 넘는다. 일단 양적으로만 봐도 이돈화가 이 저서에서 치중한 내용이 무엇인지 알 수 있다. 이 점은 질적으로 봐도 마찬가지다. 세부 목차에서 알 수 있듯이, 제4절에는 이돈화가 1910년대부터 정력적으로 전개해왔던 인내천 논의의 핵심이 고스란히 반영되어 있다.

제3장 제4절의 내용은 '인내천과 진리'라는 장 제목이나 '인내천의 철리'라는 절 제목이 암시하듯 인내천을 철학적으로 풀이하는 것, 그리고 '종교·철학·과학'의 구분법 등을 상기시킨다. 그 핵심에는 일본의 현상즉실재론 철학의 영향이 놓여 있었다. 그렇다면 이돈화가 맑스주의에 대응할 때 왜 현상즉실재론 철학의 성과를 강조해서 정리했을까 궁금해진다. 물론 그동안의 이론적 성과를 정리하는 것만으로도 맑스주의에 대한 이론적 대응의 출발점이 될 수도 있었겠지만 그보다 좀 더 적극적인 대응의 노력에 해당하는 요소도 있었다고 보인다. 이는 오지영과의 비교에서 더 잘 드러난다.

오지영 등은 교단 분규 및 탈퇴·분립과 관련하여 자신들 활동에 대한 정당성을 입증하기 위해 1920년대 중반부터 『동학사(東學史)』라는 교사(敎史)와 『신인내천』·『새사람과 새한울』이라는 교리서를 저술하기 시작한 것으로 보인다.[50] 제목에서도 드러나듯이 천도교 주류의 입장을 대변하는 이돈화의 『인내천-요의』를 크게 의식했던 『신인내천』은 서문에서 책의 의의를 다음과 같이 밝혔다.

> 인내천이 나온 금일에 또다시 신인내천(新人乃天)이 나오게 됨은 그 무엇인가. 인내천, 그 정체를 말하고자 함에 불과한 것이다. (…) 인내천을 말하는 자, 만일 깨닫는 바가 있다면 그 말과 그 글이 같아야 할 것이고 인내천주의에 상반되는 점은 반드시 고쳐야 할 것이다. (…) 인내천의 본뜻은 세상일을 개혁(改新)함을 목적으로 삼는 것이라.[51]

이는 교인들의 평등한 생활을 강조하며 지방분권적 교회조직을 요구했던 천도교연합회측의 활동이 인내천주의의 본뜻에 부합한다는 뜻을 밝힌 것이라 생각된다. 그렇다면 이러한 주장은 교리 해석에서 어떻게 나타났으며, 이돈화의 저서와는 어떤 차이가 있을까. 『신인내천』은 모두 21개 장으로 이루어져 있다. 「제1장 인내천의 정체」에서 오지영은 다음과 같이 서술했다.

> ① 사람을 어째서 한울이라 하고 한울을 어째서 사람이라고 하는가. 한울의 정신이 곧 사람의 정신이요, 사람의 정신이 곧 한울의 정신이기 때문이다. (…) 무형과 유형이 합하여 변화체(變化體)로 된 것이 곧 사람의 정신이니 (…).

---

50) 盧鏞弼, 『『東學史』와 執綱所 研究』, 國學資料院, 2001, 78~79쪽. 노용필에 따르면 『신인내천』은 국한문혼용체로 쓰였으며, 간행 시점은 1936년이고, 동일한 내용을 국문으로 쓴 『새사람과 새한울』의 서문은 1927년에 쓰였다. 이는 『동학사(東學史)』 초교본의 저술(1925년) 및 간행(1940년) 시점과 근접한다. 그러므로 세 책의 내용이 그 윤곽을 드러낸 시점은 1920년대 중반이었다고 할 수 있다(盧鏞弼, 같은 책, 70쪽).

51) 吳知泳, 「新人乃天序」, 『吳知泳全集』 1, 亞細亞文化社, 1992, 270쪽. 이 서문의 작성자는 '우일(于一)'로 되어 있다. '우일'은 유공삼(柳公三)의 호(號)이다. 유공삼은 『신인내천』 간행을 주관했으며, 간행 당시 천도교연합회 본부 원장으로 있었다(盧鏞弼, 위의 책, 79쪽). 그는 1924년에 『동학사』의 서문도 작성했다(盧鏞弼, 같은 책, 33~34쪽).

② 만일 사람이 한울이라면 생멸변화와 화복고락(禍福苦樂)을 사람이 능히 할 수 있는가 하는 의심을 갖는 자도 있는데, 이는 곧 사람이 사람으로 된 이치를 깨닫지 못하기 때문이다.

무위체(無爲體)로 된 것도 사람이고 유위체(有爲體)로 된 것도 사람이며, 지체(知體)로 된 것도 사람이고 부지체(不知體)로 된 것도 사람이니, 유위체와 지체만을 사람으로 보고, 무위체와 부지체만을 한울로 보는 것은 선천(先天)적 관념이니라. 사람이 사람을 낳아도 그 낳는 이치를 알지 못하며, 사람이 호흡시청(呼吸視聽)하며 굴신동정(屈伸動靜)하되 호흡시청하고 굴신동정하는 이치를 알지 못하나니, 이것을 알지 못한다고 해서 사람이 하지 않고 한울이 한다고 말하는 것은 무위이화(無爲而化)의 법칙을 알지 못하기 때문이니라. 세상 사람이 자기가 알지 못하는 바를 신이한다고 하여 저 허공을 향해 어떤 것을 구하고자 하나니, 그 신이 내게 있음을 깨닫지 못하기 때문이다.[52]

인용문 ①에서 오지영은 사람과 한울이 일치하는 근거로 '정신'이라는 공통 요소를 들고 있으며, 사람의 정신을 "무형과 유형이 합해서 생긴 변화체"로 설명했다. ②는 이돈화가 1920년대 초에 받았던 질문, 즉 '인내천이라 했으니 사람은 전지전능한가'라는 질문을 연상시킨다.[53] 오지영의 답변은 '인즉신(人卽神)'으로 귀결되었다. 즉 "사람들이 잘 깨닫지 못하지만 실은 사람에게는 신이 내재해 있다"는 것이다. 종합해보면, 오지영의 인내천 논의는 '천(天)'이 '신(神)'으로 바뀐 것만 다를 뿐, 양한묵의 성리학적 해석과 동일하다. 오지영의 입장은 '신의 내재(內在)'라는 차원에서 이돈화의 '범신론'이나 양한묵의 입장과 크게 다르지 않다.

오지영과 이돈화의 가장 큰 차이는 진화론에 대한 태도였다. 이돈화와 달리 오지영은 '인즉신'의 설명에 진화론을 적극 끌어들이고 있지 않다. 인간의 불완

---

52) 吳知泳, 「新人乃天」, 『吳知泳全集』 1, 亞細亞文化社, 1992, 273∼274쪽.
53) 夜雷(李敦化), 「人은 果然 全知全能이 될가(人乃天究研 其九)」, 『開闢』 9, 1921. 3.

전성에 관한 질문에 대해 '사람들이 자기를 불완전하다고 생각하는 것은 자기에게 무위체(無爲體)와 부지체(不知體), 즉 신적인 속성도 함께 있음을 모르기 때문이며, 그 결과 사람들은 자신들의 바깥에다 신을 설정하게 되었다'고 답변할 뿐이다. 이 책의 논의와 관련해서 오지영의 입장을 이돈화와 비교해서 분석하자면, 그의 인내천 논의에서 진화론이 부재한 것은 결국 현상즉실재론을 수용하지 않았던 결과라 할 수 있다. 그렇다면 현상즉실재론의 수용 유무가 가진 의미는 무엇일까. 이돈화가 현상즉실재론의 '실재' 위치에 '신·범신'을 위치시키고 여기에 '현상 방면에 적용되는' 진화론을 수용했다면, 오지영은 현상 방면에 대한 설명에서 진화론적 설명틀이 가진 점진주의적 경향에 대한 거부감이 있었다고 생각된다. 오지영의 맑스주의 수용 과정을 자세히 알 수 있는 사료가 없어서 단언하기는 어렵지만, 진화론이 가진 점진주의적 경향의 수용 유무가 오지영과 이돈화의 맑스주의 수용 과정에 일정한 영향을 끼쳤다고 보이는데, 이는 이돈화의 맑스주의 수용 양상을 통해 좀 더 면밀하게 고찰할 수 있다.

2) 비판적 차별화: '초월'과 '생명'

맑스주의의 강한 사회변혁적 지향은 천도교가 기반하고 있는 농본주의 혹은 인민주의적 정서나 '사람성주의', 특히 '사람성 무궁' 개념에 담긴 현상비판적 초월성과 상통할 여지가 있었다. 이돈화는 한편으로 맑스주의의 계급 개념 등에 영향을 받으면서, 다른 한편으로는 러셀의 사회개조론을 이루는 요소인 창조, 초월, 점진성을 부각시키면서 민중·혁명 등을 중요시하는 맑스주의의 입장과 차별화하는 노력을 병행했다. 그 과정을 자세히 살펴보자.

1924년 이후 『개벽』에서도 맑스주의적 경향의 논설이 중요한 비중으로 발표되기 시작했다.[54] 이제 맑스주의는 청년 지식인층의 필수 교양이 되었다. 이

---

54) 이성태의 논설 「원편을 밟고서」 등이 대표적이다. 李星泰, 「원편을 밟고서」, 『開闢』 44, 1924. 2.

론적 측면에서는 사람성주의의 실재론적 기반 속에 맑스주의의 물적 개조론이 포괄될 수 있었다. 그러나 현실운동에서 맑스주의 세력과 천도교 세력은 문명비판의 사회개조론적 지향을 두고 서로 경쟁관계에 있었다. 따라서 이 시기 맑스주의 사상에 대한 이돈화의 대응은 '사회성'과 '창조성' 개념을 중심으로 한 비판적 수용 태도를 취했는데, 시간적으로는 우선 맑스주의에 관심을 가지고 일부를 수용하는 태도를 취했다.

「세계 3대종교의 차이점과 천도교의 인내천주의에 대한 일별(一瞥)」에서 이돈화는 진화를 '조직의 변화'라는 관점에서 언급했다. 즉 진화는 '불완전하던 조직이 더욱 완전한 타조직으로 변화'는 것이었다.[55] 이와 같은 파악 방식은 진화를 주로 사람성의 발전 과정으로 언급했던 이전의 접근과는 큰 차이가 있다. 곧이어 그는 '오인(吾人) 인류사회의 진화법칙도 또한 조직의 개조 여하에 의하여 행복과 재화(災禍)의 분기점을 얻게 되는 것'이라고 하면서,[56] 주된 관심을 사회적 조직의 개조문제로 옮겼다. 이런 입장에 서서 그는 '현대의 경제조직은 민생(民生)의 행복을 불완전한 상태에 빠지게' 했다고 보고, 무산자(無産者)운동에 대해서는 '현대 경제조직의 불완전으로부터 생긴 일종의 조직개혁운동'이라는 의미를 부여했다. 나아가 인간의 악행 또한 '사람성에 고유한 것이 아니라 사회제도의 나쁜 인습'에 따른 것이라 했다.[57] 이돈화는 크로포트킨의 '상호부조론'을 이런 맥락에서 수용하고 있었다. 특히 다음 인용문에서 당시 그에게 끼친 맑스주의의 영향력을 볼 수 있다.

현재 우리 사람들의 지능으로 말하면 모든 계급, 특히 경제계급의 압박으로 인해 재능이 있는 자가 능히 그 재능을 키울 만한 제도가 없도다. 아무리 능력 있는 사람이라도 그 영혼이 한번 무산자의 가정에 떨어지는 날이면 그 능력과 재능은 문득 초목

---

55) 李敦化, 「世界三大宗敎의 差異點과 天道敎의 人乃天主義에 對한 一瞥」, 54쪽.
56) 李敦化, 위의 글, 54쪽.
57) 李敦化, 위의 글, 56쪽.

과 같은 신세를 면치 못하니 이는 사람성의 자유를 막을 뿐 아니라 사람성의 평등발
육을 방해하는 것이라.[58]

위 글에는 현실적 계급관계가 사람들의 발전 가능성을 원천적으로 봉쇄한다
는 사실에 대한 비판적 인식이 나타나 있다. 그 결과 이돈화의 평등론, 즉 '인내
천주의의 평등'은 '계급의 소멸을 의미하는 평등'으로 규정되기에 이르렀다.[59]
이처럼 이돈화의 논설에서는 이전과 달리 사회주의 사상의 영향이 적지 않게
반영되었다.

사회주의의 영향은 그로 하여금 사회문제를 사회제도의 문제로 파악하게끔
유도했다. 그는, 당시 남편을 독살해서 세간에 화제가 되었던 '독부(毒婦) 김정
필 사건'에 대해서 주목했다. 이 사건에 대해 그는 김정필이라는 일개인의 문제
가 아니라고 하면서, 자기 개성과 남의 개성 사이의 갈등이 제도화된, 사회의
죄악으로 돌렸다.[60] 또한 당시 유행하던 자선(慈善) 행위에 대해서도 비판적으
로 바라보았다. 자선이라 하는 말처럼 계급적이고 불합리한 행위는 없다는 것이
다. 자선이라는 단어 자체가 '지배계급과 피지배계급의 대립을 예상하여 놓고
하는 말'이기 때문이다. 그리고 자선을, '떡 짐은 도적에게 빼앗기고 도리어 도
적에게 존호(尊號)를 올려가면서 떡 부스러기를 얻어먹는 행위와 비슷하다'고
비판했다.[61] 이뿐만 아니라, 중국 남만주(南滿洲) 기행 도중 무순(撫順)에서 중국
인 갱부(坑夫)들이 일하는 모습을 보고는, "진미(珍味)를 먹고 미인을 안고 가무
(歌舞)를 즐기는 저들 자본주(資本主)의 호강은, 알고 보면 저들 수천 명 되는 노
동자의 피땀이 쏟아진 잉여기치(剩餘價値)를 착취하는 무리가 아니고 무엇입니
까"라고 분개했다.[62] 이와 같이 맑스주의의 영향을 받아 사회 현실에 대해 비

---

58) 李敦化, 위의 글, 56쪽.
59) 李敦化, 위의 글, 56쪽.
60) 李敦化, 「教外別傳」, 『開闢』 53, 1924. 11, 8쪽.
61) 李敦化, 위의 글, 9쪽.
62) 李敦化, 「南滿洲行(第一信)」, 『開闢』 61, 1925. 7, 107쪽.

판적 견해를 표현한 글은 그 뒤『인내천-요의』에 실릴 때 총독부 당국의 검열로 삭제되기도 했다.[63] 또한 '실제의 천국을 이 지상에 건설할 여명기가 왔'다는 그의「천국행」도 검열에 걸려 발표되지 못했다.[64]

한편, 이돈화는 맑스주의의 일부 내용을 받아들이는 이면으로, 그것을 인내천주의적 관점에서 비판하는 작업도 병행해갔다. 이는 곧 맑스주의의 비판적 수용이자 차별화 과정이었다. 맑스주의에 대한 이돈화의 비판은 1924년 3월, 자신의 명의로 출간한『인내천-요의』에 잘 나타나 있다.

> 칼 맑스의 유물론에 따라 말하면 사람의 심리는 내계(內界)로부터 우러나온 것이 아니요, 외계로부터 수입(輸入)된 역사인습(歷史因襲) 그것뿐이라 함이 이것이라. (…) 그러나 유물론에 나타난 이런 심리는 단지 하나를 알고 둘을 알지 못하는 결함이 있다. 즉 현상적 사람 그것만 알고 현상의 깊은 이면에 있는 <u>창조적 사람은 알아보지 못한 것이로다.</u>[65] (밑줄은 인용자)

『인내천-요의』에서는 맑스주의 인식론의 '반영론'적 경향을 비판하고 '창조적 사람'의 중요성을 강조했다. 또한 이 책의 집필기간 동안 그는 대외적으로 발표한 몇 안 되는 논설에서 러셀의 창조충동론을 제시함으로써 맑스주의 비판의 이론적 입각점을 분명히 했다.

---

63) 『개벽』기사(李敦化,「世界三大宗敎의 差異點과 天道敎의 人乃天主義에 對한 一瞥」)와『인내천-요의』의 관련 내용을 대조해보면,『개벽』기사 중 두 군데가 단행본으로 편집되면서 삭제되었음을 알 수 있다. 이는 총독부 당국이 어떤 점에 촉각을 곤두세우고 있었는지를 보여준다. "금일 세계를 통하야 무산자의 운동이라 하는 것은 현대 경제조직의 불완전으로부터 생긴 일종의 조직개혁운동으로 볼 수 있나니"(李敦化, 같은 글, 55쪽) 부분은『인내천-요의』275쪽에 삭제되어 동일 분량의 공란으로 처리된 채 수록되어 있다. 또한 "사회의 제도를 완전히 개조한다 하면 사람들은 악을 행할 외재적 동기가 자연 소멸하므로 인간사회는 하등 제재(制裁)적 권력이 없어도 만인(萬人)이 하나같이 상호부조의 원칙 아래 참자유(眞自由)의 생활을 할 수 있다"(李敦化, 같은 글, 56쪽)라는 부분은『인내천-요의』278쪽에 삭제되어 동일 분량의 공란으로 처리된 채 수록되어 있다.
64) 李敦化,「天國行」,『開闢』49, 1924. 7.
65) 夜雷 李敦化,『人乃天-要義』, 開闢社, 1924, 200~201쪽.

이돈화는 1923년 8월 『천도교회월보』에 발표한 「포덕(布德)의 개념」에서 사람성주의를 연상케 하는 '사람성 본능'이라는 용어를 사용했다. 뒤이어 그는 사람성 본능을 '사회성(社會性)'과 '창조성(創造性)'으로 나눠 상술했다. 사회성과 관련해 그는 '제국주의·군국주의의 국가적 단체생활'을 비판하고 '종교적 단체생활'을 옹호했다.[66) 창조성과 관련해서는 물질적 경쟁을 지향하는 맑스주의를 비판하고, 맑스주의의 사회개혁론과 경쟁할 수 있는 논리로 버트런드 러셀의 창조충동론을 강조했다. 그런데 사회성 관련 논의에서는 '사람성 자연'이 거론되고 창조성 관련 언급에서는 '사람성 무궁'이 거론되는 것으로 보아, 사회성·창조성 개념은 사람성주의에서 따왔다고 볼 수 있다. 특히 사람성 무궁에서 중요하게 인용되었던 러셀의 창조충동론이 창조성 논의에서도 거론된 점에 주목할 필요가 있다. 창조충동은 소유충동의 반대 개념으로, '가치를 가지되 독점할 수 없는 것, 예를 들면 지식·예술 등을 추구하는 충동'이다.[67) 러셀의 사회개조론은 소유충동을 비판하고 창조충동을 옹호했다는 점에서는 당시 맑스주의의 사회개조론과 대립적 입장을 취했다. 이후의 논의 전개 과정을 염두에 두고 본다면, 이 논설에서 이돈화는 러셀의 창조충동론을 강조함으로써 맑스주의에 대한 비판적 수용의 기준점을 이미 제시했다고 할 수 있다.

이후 맑스주의에 대한 이돈화의 이론적 대응은, 첫째 맑스주의의 '민중주의'를 비판하고 러셀의 '창조충동'을 강조하며, 둘째 맑스주의의 '계급의식'을 비판하고 '초월의식'을 강조하는 것으로 나타났다. 그리고 셋째 '충동'과 '의식'을 종합하는 '생명' 개념을 기초로 '생명사관'을 제시하여 이를 맑스주의의 유물사관에 대립시켰다. 먼저 『개벽』 지면에 나타난 변화 양상을 개관한 뒤 각각에 대하여 상술하기로 한다.

맑스주의에 대한 이돈화의 대응은 『개벽』의 목차 구성에서도 알 수 있다. 〈표 16〉에서 볼 수 있듯이 목차상에 오랫동안 등장하지 않던 이돈화는 『개벽』

---

66) 李敦化, 「布德의 槪念」, 『天道敎會月報』 155, 1923. 8, 7~8쪽.
67) 李敦化, 위의 글, 9쪽.

〈표 16〉『개벽』후반부 이돈화·김기전 논설의 목차상 위치(제45호~제59호)

호수	발간연월	사설 / 권두언	이돈화	김기전
45	1924. 03.	甲申年來의 「思想」과 壬戌年來의「主義」	世界三大宗教의 差異點과 天道教의 人乃天主義에 對한 一瞥	② 上下·尊卑·貴賤, 이것이 儒家思想의 基礎觀念이다 ③ 二千年 前의 勞農主義者—墨子
46	1924. 04.	事必歸正	朝鮮勞農運動과 團結方法	④ 世界社會主義運動의 史的 記述 ⑤ 赤色組合과 黃色組合
47	1924. 05.	最近의 感		④ 떠드는 世上. 變하는 세상 이것을 츄려서 쓰면 이러케 된다
48	1924. 06.		① 仁愛天命,勤勉에 對한 疑問	녜로 보고 지금으로 본 서울 中心勢力의 流動 在京城 各教會의 本部를 歷訪하고
49	1924. 07.		② 天國行 夏休中의 학생제군을 위하야—어린이들과 結誼하라	④ 朝鮮苦 世上은 또 이만큼 變하얏다 國際漫話 夏休 中 歸鄕하는 學生 諸君에게—첫째, 사람 냄새를 좀 맛다 볼 일
50	1924. 08.		② 天國行	① 不知手之舞·足之蹈之
51	1924. 09.		① 現代青年의 新修養	朝鮮文化基本調查(其八)—平安道號 西鮮과 南鮮의 思想上 分野, 政治運動에 압장 서고 社會運動에 뒤떠러진 西鮮
52	1924. 10.			
53	1924. 11.	黑帝의 幕下에 모여드는 無産軍	① 教外別傳	
54	1924. 12.			② 甲子一年總觀, 생각나는 癸亥一年
55	1925. 01.		① 赤子主義에 돌아오라, 그리하야 生魂이 充溢한 人種國을 創造하쟈	② 허튼 수작 甲子一年總觀(續)
56	1925. 02.	新春이나 窮春이냐, 救濟를 要할 가장 緊要한 時機는 왔다	① 사람의 힘과 돈의 힘, 사람의 힘으로 사람을 돕는 社會를 만들어 노하야 할 것이 안입니까	
57	1925. 03.			① 죽을 사람의 生活과 살 사람의 生活 喜悲交集의 教育界의 昔今
58	1925. 04.			선생님네 處地에 鑑하야
59	1925. 05.	五月一日	① 사람性과 意識態의 關係	

비고: 기사 제목 앞에 ①~⑤의 숫자는 권두언을 제외하고 계산한 목차상의 순서를 가리킨다. 이 숫자에 해당하는 기사는 대체로 '주요 논설'에 해당한다.

제48호가 나온 1924년 6월 무렵부터 '주요 논설'에 글을 게재하기 시작했다.[68] 이돈화만큼 극적이지는 않지만, 김기전의 논설도 이 무렵부터 더욱 중요한 위치에 실리기 시작했다. 『개벽』 제48호의 분기점적 성격은 『개벽』 주도층의 핵심이라 할 이돈화·김기전의 논설 비중이 강화되었다는 형태적 측면뿐만 아니라 내용적 측면에서도 확인할 수 있다. 즉 이 무렵에 실린 이돈화의 글은 사회주의의 계급 담론을 대폭 수용하고 있음에도 불구하고 오히려 관심의 초점은 천도교의 종교적 관점을 전면에 제기하는 데 있었던 것이다.[69] 이돈화는 이미 「세계 3대종교의 차이점과 천도교의 인내천주의에 대한 일별(一瞥)」(『개벽』 45호: 사상비판호)에서 기독교나 유교의 핵심사상을 비판하고 천도교의 종교적 특장(特長)을 강하게 부각시켰다. 그리고 이러한 논조는 「인애(仁愛), 천명(天命), 근면(勤勉)에 대한 의문」(『개벽』 제48호)으로 이어졌다. 그런데 이 이전까지 사회주의적 계급의식과의 차별화는 잠재적이었으나, 이 시점부터 「교외별전(敎外別傳)」(『개벽』 제53호)에서 '양심'의 강조로 나타나기 시작하다가 「사람성과 의식태(意識態)의 관계」(『개벽』 제59호)에서 '초월의식' 강조로 뚜렷해진다. 『개벽』의 이돈화 논설이 종교성을 강하게 띠고 게재된 것은 창간호부터 이루어진 「인내천의 연구」 연재 이후 처음 있는 일이었다.

이러한 상황에서 맑스주의에 대한 이돈화의 대응은 다음과 같이 이루어졌다. 첫째, 민중주의적 경향에 대한 비판과 관련하여 맑스주의에 '창조'에 관한 내용이 취약하다는 점을 더욱 강조했다. 1925년 벽두에 『개벽』의 권두논설에서 그는 청년들을 향해 "적자주의(赤子主義)에 돌아오라"고 외쳤다.[70] 적자주의에서

---

68) '주요 논설'이란 목차에서 권두언을 포함해 위치상 상위 평균 4~5번째의 논설을 가리키는 것으로서, 잡지의 전체 구성 중 가장 중요하고 방향 제시적인 글이 많다. 자세한 것은 허 수의 연구(許 洙, 앞의 글, 2008, 362쪽 각주 12)를 참조.

69) 이돈화가 사회주의와의 차별화를 위해 천도교의 종교성을 강조하고, 그의 논설이 목차의 제일 앞자리를 차지하는 양상은 초기의 '개조론' 수용 당시와 매우 흡사하다. 이돈화는 나중에 1920년대에 전개된 자신의 사상적 경로를 '정신개벽·민족개벽·사회개벽'으로 개념화하는데, 필자가 보기에 '사회개벽'의 기점을 이 시점으로 올려잡아도 무방할 것 같다.

70) 李敦化, 「赤子主義에 돌아오라, 그리하야 生魂이 充溢한 人種國을 創造하쟈」, 『開闢』 55,

'적자'란 아기를 뜻하며 적자주의란 '어린아이가 우물에 들어가는 것을 보고 구하지 않는 도적이 없고 악마가 없다'는 맥락에서 나왔다. 그가 규정하는 '적자'란 과거가 없고 미래의 광명뿐이며, 금전·권력의 소유가 없는 점에서 약한 듯하나 창조의 충동과 생혼(生魂)의 약동에 충만한 강한 존재였다. 이 적자주의에서 러셀의 창조충동론이 중요하게 인용되었다. 이돈화는 맑스주의에 대하여 러셀의 창조충동론을 다음과 같이 대립시켰다.

> 우리는 러셀의 말에 '창조충동과 소유충동'이 우리의 심리를 지배한다고 하는 학설을 <u>유리하게 해석하지 않으면 안 된다.</u> 이 말처럼 우리의 심리(心理)에 외래적 충동으로 생긴 소유심(所有心)과 본래의(本有的) 충동을 가진 창조심이 병립하고 있다면, <u>순(純)</u> <u>물질론자의 '심리는 물질의 그림자'라는 표어는 심리의 일면을 정확히 간주한 대신</u> <u>에, 다른 일면에 잠재해 있는 비물질적 창조심을 망각한 것이다.</u> 소유심이 순전히 외계의 그림자로 된 것이라 하면, 창조심은 적어도 외계를 초월한 자주적 충동이 되지 아니치 못할 것이다. 이 점에서 현대인의 심리는, 현대사회의 결함으로 생긴 병적 심리를 가진 사혼(死魂)과 현대사회의 결함을 초월하여 항상 신사회를 창조하고자 하는 생혼(生魂)의 대립을 면치 못할 것이며, 따라서 신사회 건설의 신인종(新人種)이라 하면 말할 것도 없이 이 생혼의 소유자를 지칭하야 말하는 것이요, 인종의 인종을 각 방면에 파종(播種)하자는 말은 생혼을 각 방면에 파종하여 사기(死氣)가 충만한 조선에 생혼(生魂)이 가득한 인종국(人種國)을 창조하자 함이다.[71] (밑줄은 인용자)

여기서 이돈화는 맑스주의의 유물론에 대응하여 러셀의 창조충동론을 대립시키면서도 특히 '창조'에 초점을 맞춰, 비(非)물질적 창조심과 초월, 생혼을 강조했다.

1925. 1. 편집후기에서 "권두의 이돈화씨의 『적자주의』를 비롯하여 (…) 제씨(諸氏)의 논문은 한 살 더 먹은 이만큼 묵직하고 새로워 보인다"고 했다. 이돈화의 글을 강조하려는 편집자의 의도가 엿보이는 부분으로 해석할 수 있다.

71) 李敦化, 위의 글, 5~6쪽.

둘째, 이돈화는 현대인의 의식상태를 '기계(機械)의식·계급의식·초월의식'의
세 가지로 구분했다.[72] 계급의식에 대해, '기계의식이 기계적 노예성을 각파(覺
破)하는 순간 그를 해방코자 하여 모든 인습적 대상을 반항(反抗)하고 일어나는
의식'이라고 하여[73] 일정한 긍정성을 부여했다. 기계의식은 '의식의 작용이 자
유와 창조적 본능을 잃어버리고 특권 행사나 물질 행사의 노예가 된 것'을 가리
킨다.

한편 그가 계급의식과 초월의식 사이에 벽을 쌓고 계급의식에 부정 일변도의
태도를 취한 것은 아니었다. 그가 보기에 계급의식은 기계의식을 타파하고 인간
의 노예화를 방지한다는 점에서 현대사회의 개조에서 그것을 고조시킬 필요가
있었다.[74] 다만 계급이 변함에 따라 의식이 변하기 때문에 한계가 있으므로 이
를 보완하기 위해서는 '우주적 생명, 인격적 생명의 충동본능으로 생(生)하는 의
식'인 초월의식이 필요하다고 했다. 이때 계급의식에 관한 언급은 사회주의적
계급의식을 가리키는 것으로 보인다. 그는 사회주의적 계급의식이나 사회운동
을 정면으로 부정하기보다는 조선의 상황에서 그것이 가진 장점을 일면 흡수하
되, 그것만으로는 불충분하다는 입장을 견지한 것으로 보인다.

이렇게 '초월'에 대한 관심은 그의 '환절기(換節期)'론 및 '초월의식'과 연계
되었다. 그는 신구 사상이 충돌하는 환절기의 상식이 가져야 할 첫 번째 조건으
로 '환경을 초월하는 상식'을 들었다.[75] 그가 초월과 관련해서 환절기를 강조하
는 것은 고정(固定)적 시대에는 초월이 힘들지만, 오늘날 같이 동요하고 반역이
생긴 시대에는 "한 번만 눈을 감고 초월한 의식을 가진다 하면 조금도 어려운
일(難事)이 될 것이 없"기 때문이다.[76] 즉 그는 초월의식을 가지는 것이 가능하

72) 李敦化, 「사람性과 意識態의 關係, '機械意識'·'階級意識'·'超越意識'」, 『開闢』 59, 1925.
   5, 5쪽.
73) 李敦化, 위의 글, 5~6쪽.
74) 李敦化, 위의 글, 6쪽.
75) 李敦化, 「換節期와 新常識」, 『開闢』 60, 1925. 6, 8쪽.
76) 李敦化, 위의 글, 8쪽.

다는 점을 말하기 위해 당시가 '환절기'임을 강조한 것이다.

셋째, 맑스주의 사상에 대한 이돈화의 견해가 종합적인 형태로 제시된 것은 「생명의 의식화와 의식의 인본화」라는 글에서였다. 이 글은 이돈화의 '생명주의 역사관'이라 부를 수 있는 것으로, 이전의 논설에서 자주 거론되었던 '본능·충동'과 '의식' 개념은 '생명' 개념으로 일원화되었고 우주와 인간, 개체와 우주 (혹은 자연) 사이의 유기적 연결관계는 '생명의 진화 과정'으로 설명되었다.[77] '생명의 의식화'는 태초의 우주에서 인간에 이르는 생명의 진화 과정을 말한 것으로, 만물의 근저(根底)에 활력으로서 존재하는 생명은 자율적 창조운동을 통해 '약동·충동'이라는 단순한 차원에서 '본능'으로 진화하고, 다시 그것이 인간의 '의식'에 이르게 되었다고 했다. 한편 '의식의 인본화'는 인간 역사에 관한 거시적 설명으로, 인간의 역사는 '신 본위 → 영웅 본위 → 자본 본위'와 같이 '본위(本位)'의 전환 과정을 겪었으며, 앞으로는 '사람 본위'로 가야 한다는 것이다.

이돈화는 인간을 "먼 옛적부터 인간 자기네의 무리를 떠나" 신과 영웅, 자본을 숭배한 부랑자에 비유하면서, 이제는 '인간 본위'라는 "인간 자기네의 본가(本家)"로 돌아와야 함을 주장했다.[78] 이 주장은 곧바로 '자본 본위에서 사람 본위로', '자본주의의 인간화' 등의 주장으로 이어졌다. 다음 글은 사람을 본위로 한 그의 주장이 자본주의 비판으로 이어지는 모습을 잘 보여준다.

> 자본 본위는 자본이 주체가 되고 인간이 객체가 된 본위이다. (⋯) 자본 본위는 그 성질상 자본집중의 법칙에 의하여 어느덧 자본과 인간의 대립을 보게 되었다. (⋯) 자본이 인간을 위하여 있지 않고 자본이 그 자체 집중권을 유지하기 위하여 있게 되었다. 그래서 자본적 특권과 인간적 평등 사이에는 큰 소동이 나게 되었으니, 이것이 오늘날의 세상이며 그리하여 이것이 자본주의의 실각(失脚)을 예언하는 것이다. (⋯) 인간 본위는 말할 것도 없이 자본주의의 인간화를 이름이다. (⋯) 그리하여 다가올

---

77) 李敦化, 「生命의 意識化와 意識의 人本化」, 『開闢』 69, 1926. 5.
78) 李敦化, 위의 글, 9쪽.

사회는 확실히 인간 본위에 있는 것을 예언할 수 있다. (…) 인간 본위와 자본 본위의 전막(戰幕)은 이미 열린 지 오래다. (…) 인간 진화의 법칙은 인간 장래의 승부처가 어디에 있을 것인가를 확실히 알 수 있다.[79] (밑줄은 인용자)

이 인용문에서도 볼 수 있듯이 이돈화는 자본주의 사회가 '자본 본위'로 움직인다고 보고 이를 비판하면서도, 대안적인 방향을 맑스주의의 유물사관에 입각한 물적 개조보다는 생명사관에 입각한 사람 본위의 사회 건설에 두고 있었다. 『개벽』 주도층이 러셀의 사회개조론에 주목하고 그것을 맑스주의를 비판하는 논리로 활용한 점은 『동아일보』·『조선일보』 등 부르주아 우파 일반의 그것과 유사하다. 그러나 『개벽』 주도층은 자신들의 사회개조론을 형성하는 과정에서 러셀의 사회개조론을 사상적 균형추이자 촉매제로 전유함으로써 수용 단계에까지 도달했다. 이런 측면에서 러셀의 사회개조론은 단순한 '소개' 차원에 그친 『동아일보』 등과는 크게 달랐다.[80]

이돈화는 러셀의 사회개조론을 수용함으로써 맑스주의의 사적유물론적 패러다임을 견제할 '일반적인' 논리(종교적 언어가 아니라)를 얻게 되었다. 그러한 논리를 바탕으로 삼아, 이돈화는 다른 사상에 대해서와 마찬가지로 맑스주의를 단

---

79) 李敦化, 위의 글, 8~9쪽.
80) 러셀의 사회개조론에 관해서는 최근 류시현이 두 편의 선구적인 연구 성과를 발표한 바 있다. 류시현에 따르면 러셀의 사회개조론은 생디칼리즘 혹은 길드사회주의적 지향을 가진 것으로서, 볼셰비즘에 비판적이었으나 자본주의에 대해서도 비판적이었기 때문에 부르주아민주주의 우파의 논리를 대변했던 것은 아니다(류시현, 「식민지시기 러셀의 『사회개조의 원리』의 번역과 수용」, 『한국사학보』 22, 2006, 225쪽). 그럼에도 불구하고, 『사회개조의 원리』, 『볼셰비즘』 등 러셀의 저작은 볼셰비즘을 지지하지 않는 지식인층에게 비판논리로 활용되었으며, 1920년대 중반 이후에는 러셀에 대한 관심도 급격히 감소되었다. 이런 점에서 러셀 사상의 번역 과정은 러셀 사상의 수용이라고는 보기 어려우며, 맑스·레닌주의에 대항해 민족주의 계열의 논리를 강화하기 위한 모색의 방안에 불과했다(류시현, 「일제강점기 러셀 저작의 번역과 볼셰비즘 비판」, 『歷史教育』 100, 2006, 255쪽). 류시현의 연구는 식민지 조선에서 러셀의 사회개조론이 가진 사상사적 중요성에 착목한 선구적인 연구로서 그 의미가 크다. 그러나 『개벽』의 러셀 수용 양상에 대해서는 분석의 중심에서 제외시킴으로써, 결과적으로 이 시기 사상사를 바라보는 기존의 인식 지형 그 자체는 문제 삼지 못한 아쉬움이 있다.

지 배척만 한 것이 아니라, 그것이 가진 '물적 개조'의 요소를 자신의 사상체계에 포섭해갔다. 이 같은 양상은 이미『개벽』의 1925년과 1926년 논설 등에서도 맹아적으로 나타나지만, 그 이후에 더욱 적극적으로 이루어져 1931년 그의 명의로 발간한『신인철학』에서 분명한 형태로 나타난다.

지금까지 제4장에서는 이돈화가 '사람성주의'의 기반 위에서 당시 유행하던 민족 담론과 계급 담론을 수용하여 독자들에게 제시하는 과정을 살펴보았다. 이 과정에서 그는 사람성주의의 기본 입장을 민족주의와 맑스주의를 이해하는 데 적용했다. 사람성주의에서 '개인－사회 간의 조화'를 추구하는 입장은 '민족주의－인류주의의 조화'를 지향하는 '범인간적 민족주의'로 이어졌다. 사람성주의에 있던 강한 현실 비판의 입장은 맑스주의의 '자본주의 비판'을 수용하는 것으로 이어졌으나, 사람성주의에 수용된 '창조충동'이라는 러셀의 실천론에 의해 맑스주의의 민중성, 계급의식, 유물사관은 비판되었다. 이러한 입장이 '적자주의', '자본주의의 인간화' 주장으로 나타났다.

이돈화의 이러한 작업은 문화주의 철학을 수용해서 사람성주의를 도출하는 작업과 거의 동일한 배경에서 이루어졌다. 즉『개벽』의 문학 담론 형성을 고찰한 김건우의 지적대로, "『개벽』을 주도하던 천도교 청년 지식인들이 보여주고 싶었던 것은 당대 '지식 담론 일반'을 포괄할 수 있는 힘을 천도교리가 가지고 있다는 점"에 있었다.[81] 그러므로 '범인간적 민족주의'와 '적자주의' 등은 이돈화 개인의 생각을 넘어『개벽』주도층의 현실 인식을 대변하는 것이었다. 그러나 사람성주의 단계와 마찬가지로 주체 형성의 논리는 여전히 취약했다. '민족' 단위의 이해관계는 '인류'라는 보편적 관점에 의해 견제되었고, '계급'적 이해관계는 '인간 일반'의 입장에서 극복해야 할 것으로 설정되었다. 이러한 인식은 민족 담론이 가진 제국주의 비판의 함의와 계급 담론이 가진 사회모순에 대한

---

81) 김건우, 「『개벽』과 1920년대 초반 문학담론의 형성」,『한국현대문학연구』 19, 2006, 239쪽. 이와 관련하여 김건우가 "1920년대에『개벽』이 문학을 포함하여 '지식인 주체의 계몽 담론'을 대표적으로 매개하는 공간이 됨으로써, 결과적으로 그들이 원하는 바는 이루어졌다"고 본 것은 정곡을 찌른 평가라고 생각된다.

구조적 이해의 노력을 경시했다는 점에서, 일제의 지배하에 민중운동이 성장하던 식민지 조선에서 폭넓은 담론적 권위를 행사하기 어려웠다.

제3부
'사회'의 균열과 철학의 전경화
(1927~1945)

제5장
맑스주의와의 대립과 충돌

1. 종교적 이상주의의 강조

1) 유토피아에 관한 이야기

1926년 8월에 『개벽』이 강제 폐간되었다. 『개벽』 제72호에 실린 박춘우(朴春宇)의 논설 「모스코에 신설된 국제농학원(國際農學院)」이 문제가 되어 최종적으로 발행금지 처분을 받고 폐간된 것이다.[1] 『개벽』의 폐간은 그 시점의 일회적 검열에 따른 발매금지가 아니라 1920년 창간호부터 지속적으로 이루어진 검열과 삭제, 압수, 발매금지, 발행정지 처분 등의 최종 결과였다.[2] 『개벽』의 폐간으로 이돈화는 그동안의 중요한 활동 무대를 잃게 되었다. 게다가 개벽사에서는 『개벽』의 폐간 이후 더 이상 그와 같은 비중이나 영향력이 있는 잡지를 발간하지 못했다.

이돈화 등 『개벽』 주도층의 사상과 관련해서 『개벽』의 폐간은 곧 맑스주의 사상과의 소통공간이 상실됨을 뜻했다. 1920년대 중반 이후 『개벽』 주도층은

---

1) 高廷基, 「민중을 위한 민중의 종합지 『開闢』」, 『新人間』 창간60주년 특집호, 44쪽.
2) 당시 시점에서 폐간 조처는 총독부와 『개벽』측과의 합의(사전 검열제) 불이행, 6·10사건, 제2차 공산당 사건 등의 정치적 배경이 작용했다.

〈그림 2〉『개벽』주도층의 논설과 사회주의 논설의 공존 양상

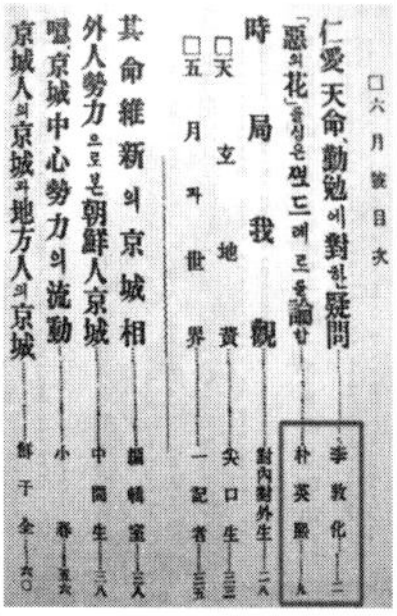 제48호(1924. 6)	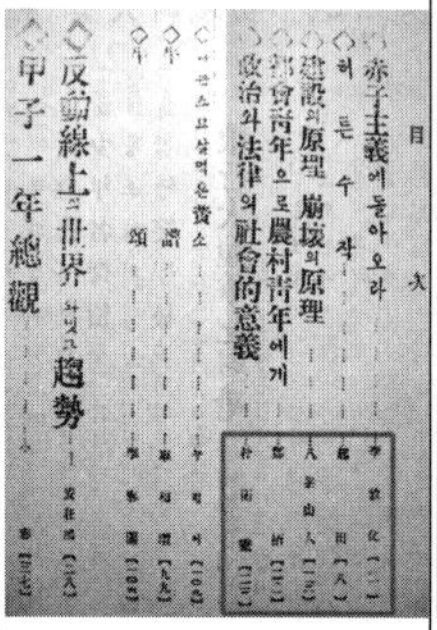 제55호(1925. 1)	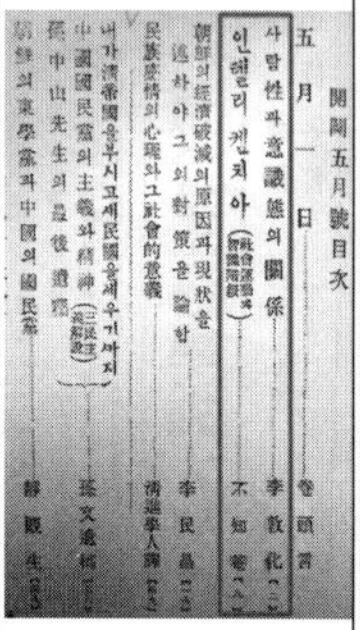 제59호(1925. 5)	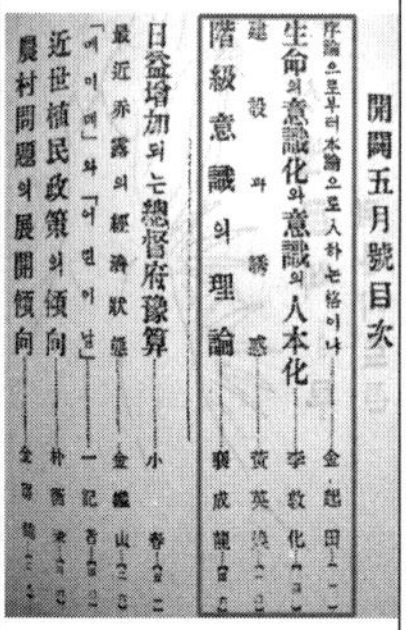 제69호(1926. 5)

한편에서는 맑스주의를 독자대중에게 소개하면서, 다른 한편에서는 이에 대해 비판적 차별화를 도모해왔다. 이돈화 역시 맑스주의에 대결하는 자세를 취하면서 비판적 태도를 취해왔지만, 적어도『개벽』공간에서는 전면적인 대결이나 비판보다는 비판적 수용의 틀에서 맑스주의를 대상화했다. 이런 양상은『개벽』의 목차상 배치에서도 상징적으로 나타났다. 〈그림 2〉에서 볼 수 있듯이 목차의 앞부분, 제일 중요한 영역에서 이돈화, 김기전 등 창간 주체의 글이 핵심적 지위를 유지하면서 사회주의적 언설과 기묘하게 공존하고 있었다. 그러나『개벽』의 폐간으로 인해 개벽사에서 발행하는 후속 잡지나 이돈화가 이후 논설을 싣는『조선농민(朝鮮農民)』에서는 더 이상 이러한 공존이 보이지 않게 되었다.

한편『개벽』의 폐간을 스음한 시점에 맑스주의 세력과 천도교 운동세력은 농민 획득을 둘러싸고 격렬하게 경쟁하고 있었다. 1925~1926년 무렵부터 사회운동, 특히 농민운동이 활발해졌다. 조선청년총동맹(朝鮮青年總同盟)과 조선노농총동맹(朝鮮勞農總同盟) 등에서 농민에 관한 사업에 주목하기 시작했고, 사회주의 영향하의 소작인조합들도 농민문제 일반을 취급하는 농민조합으로 개조되기 시작했다. 기독교계 농민운동에서도 1925년 무렵부터 흥업구락부가 주도하

는 YMCA 농촌사업과 기독교농촌연구회 그룹이 주도하는 장로회 농촌운동이 활발하게 전개되었다. 이런 분위기에서 천도교 신파도 1925년 4월 초, 천도교 청년당 중앙위원회에서 대중적인 농민계몽운동단체의 결성을 결의했다. 이런 노력은 1925년 10월 29일 조선농민사 결성으로 이어졌다. 이돈화는 준비모임 단계부터 참여하여 기관지 『조선농민』의 편집국장을 맡았다.[3]

이돈화는 1926년 6월 『조선농민』의 논설에서 "도시주의로부터 전원주의(田園主義)에 돌아오라"고 역설했다.[4] 전원주의는 이돈화만 제창한 것이 아니었다. 그의 논설이 실린 지면 자체가 '전원 중심호'였다. 『조선농민』의 주간이었던 이성환(李晟煥)도 창간호에서 『조선농민』의 3대 제창으로, "一. 우리 조선은 농민의 나라이다, 二. 모든 힘을 농민에게로 돌리자, 三. 오는 세상은 농민의 것이다"라고 선전했다.[5] 『조선농민』이 조선농민사의 기관지이고, 조선농민사가 천도교청년당 주도로 창립되어 일제하에서 농촌계몽운동을 전개한 대표적 단체임을 감안하면, 농민과 전원주의에 대한 강조는 별반 새로울 것이 없다고도 할 수 있다. 그러나 농민과 전원주의의 선전에는 문명비판에 대한 강한 정서가 있었음에 주목할 필요가 있다. 이돈화는 전원주의로 돌아와야 할 이유를 다음과 같이 말했다.

대개 오늘날 문명이라는 것은 도회문명이며, 도회문명은 곧 기계문명이었다. 기계가 발달이 되면서 사람들은 점점 자연의 행복지인 전원을 떠나 도회로 몰려들게 되었다. 그래서 도회가 점점 커짐에 따라 전원은 점점 쇠퇴해졌다. (…) 그래서 기계는 점점 커지고 노동자는 점점 많아지게 되었다. 한 기계공장에 수천수만의 사람이 사용되게 되었다. 기계가 커진다는 말은 자본주의가 커진다는 말인즉, 말하자면 어느 나라든지 대다수 많은 사람은 자본주의의 고용군이 되었다. 이것이 사람으로 하여금 기계에

---

3) 김정인, 『천도교 근대 민족운동 연구』, 한울, 2009, 227~230쪽 참조.
4) 李敦化, 「사람의 진정한 幸福은 都市에 잇는가 田園에 잇는가」, 『朝鮮農民』 2-6, 1926. 6, 6쪽.
5) 李晟煥, 「『朝鮮農民』의 三大提唱」, 『朝鮮農民』 1, 1925. 12, 2쪽.

붙어서 벌어먹는 벌레가 되게 한 것이다. 그러므로 오늘날 사람은 대부분이 기계의 종이 되고 말았다. 사람이 기계를 부리는 것이 아니요, 기계가 사람을 부리게 된 것이다. (…) 기계가 중요한 물건이 되고 사람이 천한 물건이 되었다. (…) 도시문명이 커지면 커질수록 사람은 고통을 받게 되는 것인즉, 이 폐해를 줄이는 큰 방법으로 우리는 전원주의를 부르짖는 것이다.[6]

이돈화는 자본주의가 발달함에 따라 도시인구는 증가하지만, 사람들, 특히 노동자는 더욱 궁핍해지고 소외된다는 점을 명확히 인식하고 있었다. 그래서 그 대안으로 전원주의를 제창한 것이다. 이돈화뿐만 아니라 천도교 청년들의 농촌 지향은 어제 오늘의 일이 아니었다. 그들은 자신의 세력 기반이 농촌이었기 때문에 1920년대 초 문화운동 시기부터 이미 농촌개량에 관심을 피력하고 있었다. 그렇다면 이돈화 등은 왜 하필 이 시점에서 전원주의를 주장했을까. 그것은 그가 관여하고 있던 조선농민사의 '사세(社勢) 확장'과 관련 있었다.

조선농민사는 처음에는 『조선농민』을 발간하는 잡지사에 불과했으나, 1926년부터 사우회(社友會)와 청년당 지방당부 산하의 농민조직이 확대·발전되면서 하부조직을 갖춘 운동단체로 변모해갔다.[7] 이런 추세 속에서 이돈화는 지방을 순회하며 농촌문제에 대해 강연했는데,[8] 그것은 사우회의 조직을 지원하는 성격을 띤 것으로 보인다. 그런데 그의 지원활동은 순회강연에만 그치지 않았다. 『개벽』에서와 마찬가지로 『조선농민』에 글을 발표함으로써 독자대중의 계몽에 노력했다. 당시 사우회 등 지방조직의 확장은 『조선농민』의 구독을 매개로 하고 있었다.[9] 따라서 『조선농민』의 독자층 증가가 중요시되었음은 당연했다. 그러나 "사실상 우리 『조선농민』 잡지가 달마다 농민을 위하야 애써 발행하지만

<hr />

6) 李敦化, 「사람의 진정한 幸福은 都市에 잇는가 田園에 잇는가」, 5~6쪽.
7) 池秀傑, 「朝鮮農民社의 團體性格에 관한 硏究」, 『歷史學報』 106, 1985, 179~180쪽.
8) 통영지부(統營支部)에서는 그곳 소식을 전하는 가운데 "3월 2일 본사 이사(理事) 이돈화 선생을 초청해서 농촌문제 강연이 있다"고 했다. (편집실), 「支部通信」, 『朝鮮農民』 2-4, 1926. 4.
9) 池秀傑, 앞의 글, 179쪽.

정작 농민으로서 이것을 애독하는 사람은 과연 몇 사람이나 되는가?"[10]라는 자기비판도 나오고 있었다. 이 같은 자기비판은 농촌문맹 타파를 주장하는 맥락에서 나온 것이지만, 사실 『조선농민』은 농민층 독자의 주의를 끌기 위한 여러 시도들, 예컨대 만화의 이용, 한자 사용의 억제, 농사에 관한 실용적 지식 수록 등 다양한 노력을 하고 있었다.

이러한 상황에서 이돈화는 『개벽』의 주독자층이었던 청년학생이 아니라 농민과 도시 대중을 주독자로 상정하여 문필활동을 전개했다. 문체는 이야기체를 많이 사용했고, 내용은 사회적 현실에서 거리를 둔 역사물·전설·공상적 소설·기담 등을 주로 썼다. 『개벽』 주도층이 가진 농본주의적 정서와 1920년대 초 『개벽』의 주 독자였던 도시 청년학생층을 향해 세계개조 및 사회개조, 나아가 '자본주의의 인간화'를 주장했던 1920년대 초의 지향이 어우러져, 이제 농촌 청년을 향해 유토피아를 선전하게 된 것이다. 이 점을 더 자세히 살펴보자.

이돈화는 1926년 무렵부터 폐간 직전의 『개벽』과 새로 창간된 『조선농민』, 『별건곤(別乾坤)』 및 종교월간지인 『신인간』 등에 이야기체 글쓰기를 선보였다. 이돈화의 글에서 식민지시기 전체를 통틀어 이 같은 형식의 글쓰기가 집중된 시기는 1920년대 후반이 유일하다. 물론 이돈화의 비(非)논설적 글쓰기로는 『천도교회월보』의 '임필록(任筆錄)'이나 1921년 9월과 10월에 각각 발행된 『개벽』 제15호·제16호에 실린 「속(續) 토분록(兎糞錄)」 등이 있어, 아주 없지는 않았다.[11] 이전의 비논설적 글쓰기는 수필이나 기행문 등이 대부분이었으나, 이 시기의 강담류는 질적·양적으로 전혀 다른 형태의 글쓰기에 속한다고 할 수 있다. 이야기체 글쓰기가 질적·양적으로 가장 두드러진 『조선농민』, 『농민』, 『개벽』부터 살펴보자. 『농민』은 『조선농민』의 후신이며, 폐간되기 직전 『개벽』에 실린 「도척(盜跖)」 2편은 『조선농민』에 다시 연재되므로, 강담류 글에 관한 한

---

10) (필자 미상), 「此際의 方針」, 『朝鮮農民』 2-9, 1926. 9, 11쪽.
11) 이와 관련하여 당시 『개벽』에 사용된 '기록 서사' 등의 글쓰기 방식에 대해서는 최수일의 연구를 참조할 것. 최수일, 『『개벽』연구』, 소명출판, 2008, 545~562쪽.

〈표 17〉『개벽』·『조선농민』·『농민』에 발표된 이야기체 글쓰기

잡지명	호수	필명	발간일	기사 제목
조선농민	제2권 제3호	夜雷(談)	1926. 03. 12.	不死藥에 아들 죽어
개벽	제71호	夜雷	1926. 07. 01.	〈綠陰奇話〉盜跖
개벽	제72호	夜雷	1926. 08. 01.	〈綠陰凉話〉盜跖(續)
조선농민	제2권 제9호	夜雷	1926. 09. 27.	〈秋窓夜話〉盜跖
조선농민	제2권 제10호	夜雷	1926. 10. 27.	盜跖(二)
조선농민	제2권 제11호	夜雷	1926. 11. 27.	盜跖(三)
조선농민	제2권 제12호	夜雷	1926. 12. 27.	盜跖(四)
조선농민	제3권 제8호	李敦化	1927. 08. 10.	〈綠陰閑話〉農夫 陶淵明記
조선농민	제4권 제9호	夜雷	1928. 12. 28.	〈溫突夜話〉어둣광이의 죽엄 外
조선농민	제5권 제7호	李敦化	1929. 12. 01.	打場날 農夫「秋正實」의 思考
농민	제1권 제1호	李敦化	1930. 05. 08.	〈新綠野話〉호랑의게 물여가도 精神만 찰이면 산다는 格言의 實活

이 세 잡지는 동일하게 묶을 수 있다. 이 세 잡지에 실린 이야기체 글쓰기의 면면은 〈표 17〉과 같다.

〈표 17〉의 이야기체 글에는 시골 어느 마을에서나 있을 법한 친근한 소재가 중심을 이루고 있다. 호환(虎患)이나 귀신, 상사병(相思病), 전원생활, 불공(佛供) 등이 그것이다. 교훈적이고 계몽적인 주제도 보인다. 기사 날짜와 제목 앞에 장식되어 있는 수식어를 보면, '신록야화(新綠野話: 5월), 녹음량화(綠陰凉話: 7·8월), 추창야화(秋窓夜話: 9월), 온돌야화(溫突夜話: 12월)'와 같이 계절에 어울리는 표현을 사용해 독자의 눈길을 끌고자 했다.

친근하고 쉬운 소재와 문체, 짧은 이야기 형식의 이면에는 결코 가볍지 않은 주제의식도 담겨 있었다. 특히 농부 '추정실(秋正實)' 이야기는 소작제도의 모순을 강하게 암시하면서도, 제도의 근본적 모순을 타파하고자 하는 사회주의적 방법보다는 개인 차원에서 할 수 있는 일을 준비해가는 현실개량적 방법을 제시하고 있다.[12] 벼 한 톨을 벼의 생명과 인간의 정신적·육체적 노력이 합성(合成)된 결과로 파악하는 입장은, 사회를 '생산력 — 생산관계'의 도식으로 바라보는 사회주의의 입장보다 『신인철학(新人哲學)』에서 이돈화가 피력한 바 있는, 사회 변화의 계기를 '개성(個性)·자연·사회라는 3대 특징의 합성'이라는 시각에서 파악한 '사람성 자연의 사회관'에 더 가까운 것으로 생각된다.

「도척」은 연재 횟수나 내용 구성에서 이돈화가 공을 많이 들였을 뿐만 아니라 그 이후 독자층의 반응을 파악할 수 있다는 점에서 특히 주목할 필요가 있다. 「도척」은 『개벽』에 이어 『조선농민』에 다시 연재되었다.[13] 줄거리는 공자가 도척을 개과천선시키려고 그가 머무는 산중 소굴을 찾아간다는 내용으로, 가는 중간에 도가(道家) 계열의 동자와 노인을 만나 한 수 가르침을 받는다. 공자는 도척을 만나지만 오히려 그로부터 호된 질책을 받고 혼비백산해서 되돌아온다. 당시 조선농민사측은 「도척」에 관해 독자들의 소감을 현상공모하여 당선작의 일부를 『조선농민』에 게재했다.[14]

3등 당선작을 쓴 독자는 '세상이 공인하는 대성인(大聖人) 공구(孔丘)와 세상이 욕하는(共罵하는) 만고 흉한 사람인 도척의 진상(眞相)적 실화를 알게 되었다'고 했다. 그의 과격한 표현을 빌리면, '과연 도척은 도척(道拓)이요, 공구는 공구(孔狗)'라는 것이다. 공자는 인의(仁義)로 덕화를 펴고 선왕의 정교를 본받도록 설파했으나, 그 주장은 결국 충신, 열녀, 효자 등의 굴레(羈網)로 민중의 천금같

---

12) 「打場날 農夫 「秋正實」의 思考」는 평년작의 절반에 불과한 곡식을 타작하는 날 농부 '추정실(秋正實)'의 단상을 적은 글이다. 먼저 그는 곡식 한 알 속에는 벼(稻)의 생명과 자신의 육체적 노력, 그리고 정신적 노력의 세 요소가 조화를 이루고 있음에 경이로움을 느낀다. 둘째, 그럼에도 불구하고 타작한 곡식을 지주에게 바치고, 작리(作利) 빚을 갚고, 세금을 내면 자신에게 돌아오는 것이 없는 현실에 직면한다. 그는 그 이유를 알지만 혼자 힘으로 당장 해결되는 것이 아니므로, 셋째 우선 급한대로 다시 작리 쌀을 빌리고 장래를 위해 틈틈이 문자를 익히며 낙천적 생활을 통해 근기(根氣)를 기르고자 한다.

13) 「도척」은 4편 이상일 것으로 추측되지만, 『조선농민』 영인본에 이후 출간분이 누락된 관계로 더 이상 확인할 수 없었다.

14) 「도척」 연재물은 나중에 책으로 나왔다. 책 광고문은 『조선농민』 6-1(1930. 1)에 보인다. 「도척」에 대한 독후감도 세 편 실렸다(『조선농민』 3-6, 1927. 6, 23~30쪽).

은 목숨을 희생시키는 것으로 귀결되었다는 점을 비판했다. 물론 이런 독자의 반응은 이돈화 자신이 의도한 결과였다. 이 독자는 도척의 사람됨을 열정적이고 희생적이며, 지식이 풍부하고 철저한 주의(主義)적 인물로 평가하면서, 다만 소극주의로 일관한 것이 흠결이라고 했다. 즉 도척이 이런 위대함을 가졌음에도 불구하고 도척 땅의 왕국에 만족한 것이 안타깝다는 것이다. 나아가 공구를 '제국주의 및 자본주의를 옹호하는 인물'로 평가했다. 또한 도척을 이에 대비되는 인물로 설정했다. 삭제된 낱말을 문맥에 비춰 살펴보면, '민족주의 및 사회주의를 옹호하는 인물'로 본 듯하다.

이 독자의 반응은 매우 날카롭다. 당시 농촌사회에 여전히 커다란 영향력을 가졌던 유교윤리에 대한 통쾌한 풍자와 비판이 이돈화의 집필 목표였다고 한다면, 이 독자의 공자에 대한 비판은 이돈화에게 소기의 성공을 안겨주었다고 할 수 있다. 그러나 이돈화의 성공은 절반의 성공이었다고 생각된다. 이 독자는 사회주의적 입장에 서서 도척의 소극주의도 비판했다. 그리고 공자와 인의(仁義)에 맞선 도척을 지지했지만, 도척이 당시 인의의 전반적 구속을 받던 전체 민중을 돌아보지 않고 자기 동당(同黨)끼리만 즐거워한 것에 대해서는 커다란 유감을 표시했다.

이돈화는 1920년대 초 『개벽』에서 인내천주의의 선전과 대중화를 위해 종교적 색채를 탈각시키고, 문화주의와 개조론의 개념을 대폭 수용한 바 있다. 마찬가지로 1920년대 후반, 그는 사회개조의 이상을 농민층이 받아들이기 쉬운 문체와 소재로 전환했다. 그의 문체를 지면과 독자층에 연결시켜 보면, 이 시기까지 이돈화는 자신의 글쓰기를 세 단계로 전개했다고 할 수 있다. 첫째 시기는 1910년대로서 그는 『천도교회월보』를 중심으로 교리의 근대적 해석을 전개했다. 이 시기 그의 독자층은 주로 천도교 청년층이 주축을 이루었다고 생각된다. 둘째 시기는 1920년대 전·중반으로서 그는 주로 『개벽』을 통해 계몽적 논설을 발표했다. 독자층은 도시의 청년 지식인층이 주축을 이루었다고 생각된다. 셋째 시기는 1920년대 후반으로 주로 『조선농민』과 『별건곤』을 통해 이야기체 글

<표 18> 『별건곤』에 발표된 이야기체 글쓰기

잡지명	호수	필명	발간일	기사 제목
별건곤	제1권 제1호	夜雷	1926. 11. 01.	大宇宙와 趣味
별건곤	제1권 제2호	夜雷	1926. 12. 01.	西王母
별건곤	제2권 제2호	夜雷	1927. 02. 01.	西王母(續篇)
별건곤	제2권 제3호	夜雷	1927. 03. 01.	西王母(續篇)
별건곤	제2권 제4호	夜雷	1927. 04. 01.	西王母(續篇)
별건곤	제2권 제5호	夜雷	1927. 07. 01.	西王母(續編)
별건곤	제2권 제6호	李敦化	1927. 08. 17.	戰史上의 最大痛快!, 薩水大合戰의 奇話
별건곤	제4권 제2호	夜雷	1929. 02. 01.	新神話 「開闢以前」

쓰기를 사용했다. 주 독자층은 농촌 청년 및 도시의 근로대중이었다.

그의 이야기체 글쓰기는 『조선농민』 등 농민을 대상으로 한 잡지에만 한정되지 않았다. 『별건곤』 등 도시의 대중을 독자층으로 상정한 잡지나 『신인간』 등 천도교계 종교월간지에서도 이야기체 글쓰기를 했다. 간단한 내용 검토를 한 뒤, 그것의 성격을 살펴보기로 하자. <표 18>에 정리한 『별건곤』의 글부터 살펴보자.

「대우주와 취미」 및 「새로운 신화(新神話) '개벽 이전'」 등의 일회성 글에 주목해보자. 「새로운 신화 '개벽 이전'」은 윤회론적 사후관을 활용해서 천지개벽 이전의 아득한 과거를 통해 인간의 미래, 특히 완성된 미래를 제시하는 구성을 보이고 있다. 그 미래상을 보이는 대표적 소재가 '라디오 차(車)'이다. 라디오 차는 용어와 발상이 흥미롭다. 이것의 원리는 '라디오'라는 전파를 활용해서 공기 없는 우주에서 사용하는 것인데, 형태나 사용법은 도가(道家)의 '날개가 생겨 신선이 된다(羽化而登仙)'를 방불케 한다. 즉 "비행기처럼 그렇게 큰 것이 아니라 새 날개 모양으로 간단하게 만들어서 두 겨드랑이에 붙이기만 하면 그대로 날아가게 된 것"으로 묘사되었다.[15]

「대우주와 취미」는 '봉황과 뱁새', '닭 알에 털이 있다', '흰말이 희지 않다'의 독립된 세 편의 주제를 다루었다. 봉황 얘기는『장자(莊子)』의 내용을 연상시킨다. '닭 알에 털'은 진화와 관련해서 잠재태의 현실화에 관해 언급한 것이다. '흰말이 희지 않다'란 희다고 하는 말(言) 그 자체는 흰색을 가지고 있지 않다는 의미로, 말과 사물 사이의 간격을 말한 것이다. 그는 이 대목을 거론하면서 사물과 말을 무명(無名)과 유명(有名)의 관계로 설명했다. 즉 이름을 없애면 천지만물은 한 혼돈이며, 천지미판(天地未判) 이전 상태로 돌아간다는 것이다.[16] 현상차원에서 언어에 구속된 형상에 얽매이지 말고, 언어 너머의 본체적인 모습을 중시하라는 함의를 가졌다는 점에서 그가 1910년대부터 주목했던 현상즉실재론의 핵심 주장과 무관하지 않은 것으로 생각된다.[17]

한편『별건곤』에 실린 그의 강담류체 이야기에서 중심은「서왕모(西王母)」라는 연재물이다. 주나라 목왕(穆王)이 혼인을 약속한 여인을 찾아 서왕모국(西王母國)으로 가는 여정을 묘사하고, 그 과정에서 보고 들은 바를 언급하고 있다. 노자나 도가 계열의 무위자연적 입장이 왕의 유교적 가치관보다 우위에 있다. 서왕모국은 모계사회의 모습을 하고 있으며, 황제(黃帝)의 덕치(德治)나 순(舜)에서 우(禹)로의 양위(讓位) 등에 관한 세간의 상식을 뒤집고, 그곳에 내재된 권력욕과 사실 왜곡 등의 적나라한 진상(眞相)이 등장인물의 입을 통해 폭로된다. 앞에서 살펴본「도척」과 관련해서 분석해보면「서왕모」도 기존의 유교적 가치관과 상식에 대한 통렬한 뒤집기와 노장적 가치의 존중 등이 보이는 점에서 유사하다. 다만, 여기서 서왕모국은 복숭아꽃(桃花)이 만발한 지상낙원이라는 이미지로 적극적으로 표현되는 점에 주목할 필요가 있다. 즉『조선농민』1927년 8월호에서 언급한 농부 도연명(陶淵明)과 같은 개인적 차원과 도척의 산중 소굴처럼 일

---

15) 夜雷(이돈화),「新神話「開闢以前」」,『別乾坤』4-2, 1929. 2, 171쪽.

16) 夜雷(이돈화),『大宇宙와 趣味』,『別乾坤』1-1, 1926. 11, 63쪽.

17)「戰史上의 最大痛快!, 薩水大合戰의 奇話」는 역사적 소재를 통해 교훈적 메시지를 전달하려는 글로, 지면의 성격은 다르지만『신인간』의 이야기체와 본질적으로 동일하기 때문에 조금 뒤에 살펴보기로 한다(이 책의 200쪽 참조).

<표 19> 『신인간』·『천도교회월보』에 발표된 이야기체 글쓰기

잡지명	호수	필명	발간일	기사 제목
신인간	제3호	猪巖	1926. 07. 01.	後天奇談
신인간	제15호	夜雷	1927. 08. 13.	東學魂
신인간	제31호	夜雷	1929. 01. 01.	(講談) 後天魂
신인간	제32호	夜雷	1929. 02. 01.	(講談) 後天魂
신인간	제35호	李敦化	1929. 05. 01.	(講談) 後天魂
신인간	제36호	夜雷	1929. 06. 01.	(講談) 後天魂
신인간	제37호	夜雷	1929. 07. 01.	(講談) 後天魂
신인간	제38호	夜雷	1929. 08. 01.	(講談) 後天魂
신인간	제39호	夜雷	1929. 09. 01.	(講談) 後天魂
신인간	제41호	夜雷	1929. 11. 01.	(講談) 後天魂
신인간	제42호	夜雷	1929. 12. 01.	(講談) 孫義菴과 全琫準
신인간	제45호	夜雷	1930. 03. 01.	(講談) 義菴의 苦行
신인간	제46호	夜雷	1930. 04. 01.	後天魂
신인간	제47호	夜雷	1930. 05. 01.	(講談) 後天魂
신인간	제54호	李敦化	1930. 12. 01.	怪物은 大物
천도교회월보	제241호	李敦化	1931. 01. 21.	怪物은 大物

비고: 천도교 신·구파의 합동 후에 당분간 『신인간』이 발행되지 않았기 때문에 이돈화는 『천도교회월보』
에 글을 발표했다. 따라서 『천도교회월보』 제241호의 글은 『신인간』 제54호 글의 연장선에 놓여
있다.

탈적 차원에서 묘사된 무위자연적 낙원이 '여인천국'의 이미지로 확대재생산되
었다. 이러한 일련의 묘사는 모두, 이돈화가 천도교의 최종 이상인 '지상천국'
을 옛이야기 혹은 일상적 소재에 투사한 것이라고 할 수 있다. 마지막으로 <표
19>를 참조해 『신인간』의 글을 살펴보자.

  『신인간』에서도 이돈화의 이야기체 글쓰기는 적지 않게 보인다. '동학혼(東
學魂)'과 '후천혼(後天魂)'의 제목을 단 다수의 연재물, 손병희와 전봉준 등 동학

전통에 있는 인물과 관련된 일화, 그리고 동학을 선전하는 성격의 글인「괴물
(怪物)은 대물(大物)」등이 그것이다.「(강담) 후천혼」첫 회분이 실린『신인간』
제31호 '편집여언(編輯餘言)'은 그 호의 특색의 하나로 '야뢰 선생의 역사강담'
을 내세웠다. 따라서『별건곤』에 실린「전사상(戰史上)의 최대 통쾌!, 살수대합
전(薩水大合戰)의 기화(奇話)」와『신인간』의 '동학혼' 및 '후천혼' 등은 강담류
가운데서도 역사강담의 성격을 띤 것이다. 주로 동학의 역사를 쉽게 이야기체로
재구성하면서, 이적(異蹟)이나 이몽(異夢), 유불선에 대한 인내천의 우위 등을 과
시하는 모티브들이 주로 보인다. 강연을 기록한 글인「괴물은 대물」도 문체의
특징상 이야기체 글쓰기에 포함될 수 있다. 여기서 '괴물'은 동학을 가리킨다.
수운(水雲) 최제우 시절의 일을 언급한 것이므로 역사강담에 속한다고 볼 수 있
다. 괴물이라는 표현은 맑스의「공산당선언」에 나오는 '유령의 출몰'이라는 표
현을 연상시킨다.

이상에서 살펴본 바와 같이, 그는『조선농민』계열뿐만 아니라『별건곤』과
『신인간』에도 이야기체 글쓰기를 많이 남겼다. 잡지의 성격이나 독자층에 따라
글의 소재를 조금씩 달리했고, 또『신인간』의 경우 나머지 두 잡지보다 논설의
비율이 높지만 전체적으로 보면 공통적으로 이야기체 글쓰기의 사용이 두드러
진다.[18] 또한『개벽』폐간 직전에 이미「도척」이 연재되는 것을 보아도 이러한
이야기체 글쓰기가 반드시 특정 지역의 독자들을 위한 것만이 아니라 어떤 시
대의 분위기를 반영했다고 생각된다.

최근의 국문학계 연구에 따르면, 1920년대 후반이 되면서 사회 일반의 문학
형식은 '계몽'에서 '취미'로 선환해갔다고 한다. 이런 흐름 속에서『별건곤』도
'무산자의 취미 증진'을 지향했으나,『개벽』의 폐간으로 인해 여전히『개벽』이
가진 계몽적 색채의 일부를 유지할 수밖에 없었다고 평가했다.[19] 이러한 평가

---

18) 분류 기준이 반드시 엄밀하다고는 할 수 없지만,『신인간』의 경우 창간호(1926. 4)부터 1930
년 12월까지 그가 발표한 글 50편 가운데 15편이 이야기체 글쓰기였다. 동일 시기『별건곤』
의 경우 19편 가운데 8편이,『조선농민』과『농민』은 창간호(1925. 12)부터 1930년 12월까지
15편 가운데 9편이 이야기체였다.

를 수용한다면『별건곤』에 실린 이돈화의 이야기체 글쓰기 또한 기본적으로는 계몽에서 취미로의 전환이라는 추세를 반영했다고 볼 수 있다. 그뿐만 아니라, 이돈화는 주로 도시지역에서 확산되던 대중문화의 이러한 표현형식을 농민 계몽을 위해서, 나아가 신도(信徒) 대중을 위해서도 적극적으로 활용했다고 할 수 있다.

2) '지상천국'의 특권화

1927년 무렵부터 이돈화는 천도교 사회개조론에서 '사회개조' 단계와 '지상천국' 단계를 분리시키고, 지상천국을 '영원한 이상'으로 그 의미를 적극 부여했다.

이돈화의 글에서 1920년대 중반까지는 양자가 명확히 구분되지 않고 모두 사회개조 단계로 표현되어왔다. 이와 관련하여 그의 '사회' 개념은 1920년대 초에 개인과 개인의 집합, 가족과 가족의 관계, 민족과 민족의 연쇄로 정의된 바 있다.[20] 또한 최제우의 말을 인용하면서 "세상(사회)을 이롭게 하는 것이 도덕이니라"고 하여,[21] 사회를 '세상'이라는 넓은 의미로 보고 있었다. 말하자면, 그의 '사회' 개념은 개인과 민족, 나아가 세계 차원까지 포함하는 넓은 영역을 가리키든가 혹은 세상 일반을 뜻하는 막연한 범위였으며, 국가나 민족의 공간적 범위에 제약되지는 않았던 것이다. '사회'를 이렇게 넓게 파악하는 생각은 '사회개조'에 관해 언급한 1927년의 다음 글에서도 지속되고 있다.

첫째 정신의 개벽이니 (…) 둘째는 민족개벽입니다. (…) 셋째는 사회개벽입니다. 이 것은 우리 교에서 이상으로 삼는 지상천국 건설의 최종을 가리켜 말한 것이니 여기

---

19) 李庚燉,「『別乾坤』과 近代 趣味讀物」,『大東文化研究』46, 2004, 259쪽.
20) 李敦化,「民族的 體面을 維持하라」,『開闢』8, 1921. 2, 3쪽.
21) 李敦化,「〈사설〉한울을 위한다함은 엇던 뜻인가」,『新人間』14, 1927, 3쪽.

에는 우리 교(敎)의 이상(理想)적 극치(極致)가 존재한 곳입니다. 이것을 일러 세계로의 후천개벽이라 합니다.[22] (밑줄은 인용자)

이돈화는 1927년 6월에 위 글에서, '사회개벽은 우리 교(敎)에서 이상으로 삼는 지상천국 건설의 최종을 가리킨다'고 했다.[23] 그런데 사회개벽을 '지상천국 단계'가 아니라 지상천국의 '최종'이라고 한 것은 무슨 까닭일까. 이에 대한 해답을 찾기 위해서는 비슷한 시기에 그가 천도교 선전용으로 작성한 것으로 보이는 글을 참고해야 한다. 1927년 8월, 『조선급조선민족(朝鮮及朝鮮民族)』 제1집에서 이돈화는 '개벽사 이사'의 직함으로 「천도교와 조선」이라는 글을 게재했다. 여기서 그는 천도교의 종지를 '인내천', 강령은 '성신쌍전', 목적은 '지상천국 건설'이라고 소개하면서 "지상천국에 도달하기 위해서는 3대개벽을 필요로 한다"고 했다. 그리고 정신개벽·민족개벽·사회개벽을 들었다.[24] 또한 사회개벽에 관해서는 '사회개벽은 곧 세계개벽'이라 했고, '최수운의 지상천국은 사회개벽의 완성을 가리킨 것'이라고 했다.[25] 두 사료를 종합해보면 6월의 글은 '사회개벽=지상천국 건설의 최종', 8월의 글은 '지상천국=사회개벽(세계개벽)의 완성'이어서, 사회개벽을 완수하면 곧 지상천국이 이루어진다는 인식을 보였다. 사회개벽 단계와 지상천국 단계가 서로 밀접하게 연결되거나 사실상 등치되었던 것이다.

그런데 같은 시기 이돈화는 이와 상충되는 생각도 내비치고 있었다. 다음 인용문과 같이 1927년 7월 그는 '한울을 위하는 일'의 구체적인 단계를 언급하면서 '민족의 한울을 위하는 일'을 최세우의 '보국(輔國)'이란 용어에 대응시키고,

---

22) 李敦化, 「새동무와 새일군들의게」, 『新人間』 13, 1927. 6, 1쪽.
23) 李敦化, 위의 글, 1쪽.
24) 李敦化, 「天道敎と朝鮮」, 朝鮮思想通信社, 『朝鮮及朝鮮民族』 1, 1927. 8, 153~157쪽.
25) 이돈화의 이 소개 내용은 나중에 조선총독부학무국도서과(朝鮮總督府學務局圖書課)에서 '조사자료 제22집'의 이름을 붙여 출간한 『천도교개론(天道敎槪論)』에 거의 그대로 전재(轉載)되었다(朝鮮總督府學務局圖書課, 『天道敎槪論』, 1930, 17~19쪽).

'사회의 한울을 위하는 일'을 '안민(安民)'에 대응시켰다. 그리고 '우주의 한울을 위하는 일'을 '포덕천하(布德天下)'에 대응시켰다.

> 그저 한울을 위하여 일한다고 하는 말이 너무도 추상적이며 너무도 광범위하다고 하면 이를 아래와 같이 나누어 가지고 한울을 위하야 일하는 순서와 단계를 설정할 수 있을 것이다.
> 첫째, 민족의 한울을 위하야 하는 일이었다. (…) 대신사(大神師)는 이것을 일러 보국(輔國)이라 하였다.
> 둘째, 사회의 한울을 위하야 하는 일이었다. 민족의 한울에서 나아가 사회의 한울과 더불어 기화(氣化)하는 방법을 통해야 하는 것이니 사회라 하는 인류 전체의 살림을 보편적으로 기화케 하는 것이 한울의 둘째 걸음이었다. 대신사는 이것을 일러 안민(安民)이라 하시였다.
> 셋째는 우주의 한울을 위하야 하는 일이었다. 이곳에서 한울의 일은 우주공사(宇宙公事)라 하는 정점(絶点)에 이르게 된다. (…) 대신사는 이것을 일러 포덕천하(布德天下)라 하였다.[26] (밑줄은 인용자)

민족의 한울을 위하는 일과 사회의 한울을 위하는 일은 각각 민족개벽, 사회개벽을 의미하는 것으로 보이는데, 그는 '보국'과 '안민'의 단계를 '포덕천하' 단계, 즉 우주의 한울을 위하는 일과 분명히 구분했다. 조금 뒤에 살펴보겠지만 그의 글을 1931년까지 살펴보면, 이 시점에서 그가 말한 포덕천하는 지상천국 단계에 속했다. 그러므로 그가 당시 '안민'과 '포덕천하'를 구분한 것은 사회개벽과 지상천국을 동일하게 본 인식과는 분명히 차이가 있었다. 양자를 구분하는 인식은 1931년 『신인철학』 단계에 가면 다음과 같이 좀 더 명료하게 드러났다.

---

26) 李敦化, 「〈사설〉 한울을 위한다함은 엇던 뜻인가」, 4~5쪽.

수운(최제우 — 인용자)은 일찌기 창도시대(創道時代)에 교도들에게 (…) 보국안민(輔國安民), 포덕천하(布德天下) 광제창생(廣濟蒼生)이라 썼으니, 보국은 민족개벽을 뜻한 것이고, 안민은 사회개벽을 뜻하며 포덕천하 광제창생은 지상천국을 뜻한 것이다. 그리하여 보국안민은 현실문제에 속한 것이고, 지상천국은 이상에 속한 것이므로 이를 합해서 보면 현실이상주의라 부를 수 있고 3단(段)사상이라고도 부를 수 있다. (…) 그러나 실은 수운주의의 목적은 민족주의도 아니고 사회주의의 이상도 아니다. 오직 지상천국에 있다. 지상천국인 영원의 이상에 도달하기 위한 과정과 단계로서 민족개벽, 사회개벽을 언급하게 되는 것이다.[27] (밑줄은 인용자)

여기서 사회개벽과 민족개벽은 모두 현실문제에 속하고, 양자는 '지상천국'이라는 이상과 명확히 구분되었다. 사회개벽은 지상천국을 향한 과정에 불과했다. 『신인철학』에서 보이는 사회개벽과 지상천국의 명확한 구분이 1927년의 구분과 맞닿아 있고, 또 1927년에는 그와 동시에 양자를 동일시하는 인식도 혼재되어 있던 사정을 고려하면, 결국 천도교 사회개조론에 관한 이돈화의 인식에서 사회개벽과 지상천국 단계의 구분은 1927년경부터 진행되었다고 볼 수 있다.

그렇다면 이런 인식의 변화는 어떤 상황을 반영한 것일까. 『신인철학』의 제4편 「개벽사상」에서 이돈화는 정신개벽에 관하여 사람성 자연 개념을 언급하고, 민족개벽에 대해서는 민족주의와 인류주의의 비교·검토를, 사회개벽에 대해서는 유물론인 사회주의적 입장을 주로 검토했다.[28] 이에 대비해서 지상천국은 천도교의 '목적'에 해당한다고 했다. 그렇다면 '사회개벽'과 '지상천국'의 구분은, 사회운동에서 사회주의적 입장과 천도교의 입장을 구분하려는 그의 의도가 반영된 것이라 할 수 있다. 이돈화는 1920년대 중반까지만 해도 사회개벽 단계에 천도교의 지상천국을 포함시켜놓았다가, 현실 사회운동에서 천도교 노선을

---

27) 李敦化, 『新人哲學』, 天道敎中央宗理院信道觀, 1931, 230쪽. 이하에서는 『新人哲學』과 쪽수만 표시하기로 한다.
28) 『新人哲學』, 207~227쪽.

사회주의 노선보다 우위에 놓을 필요가 생기자 양자를 분리시키고 지상천국 단계에 더 높은 가치와 의미를 부여했던 것이다.

이처럼 이돈화가 당시 현실과 거리를 둔 소재를 다루거나 지상천국을 분리시킨 것은 종교적 유토피아를 특권화한 것으로 볼 수 있다. 이것은 두 가지 상반된 의미를 가지고 있다. 첫째, 경쟁 상대였던 사회주의운동 세력에 대한 천도교 사회운동의 우월성을 확보하기 위해 천도교의 지향을 강조한 것이며, 둘째, 이러한 종교성의 강조는 다른 한편에서 현실 사회개조 논리에서 헤게모니가 약화된 상황을 반영하는 것이었다.

2. 좌익 언론과의 사상 논쟁

1) 좌익 언론의 천도교 비판

『개벽』 발간기에 이돈화의 종교적 사회개조론은 종교적 가치에 의한 강한 사회비판적 함의와 그것을 실천할 주체 형성 논리의 취약성이라는 내적 모순을 가지고 있었다. 이러한 모순은 『개벽』이 발간되는 동안에는 첨예하게 드러나지 않았다. 『개벽』에 실린 계몽논설은 강한 사회비판적 효과를 낳았고, 여론 형성의 '장(場)'이자 사회적 '공기(公器)'로서의 『개벽』 매체는 주체 형성 논리의 취약성을 보완하는 현실적 기제로 작용했기 때문이다.

그러나 『개벽』 폐간 뒤 천도교의 사회운동이 사실상 중단되는 1930년대 초에 이르는 기간 동안 이돈화의 종교적 사회개조론은 내적 모순을 첨예하게 드러냈다. 그 직접적인 계기는 현실 사회운동에서 천도교청년당측과 사회주의운동 세력 사이의 갈등이었다. 이돈화의 종교적 사회개조론은 조직적·이론적으로 무장된 사회주의운동 세력에 맞서 천도교 사회개조의 정당성과 우월성을 확보하는 것이 필요했다. 하지만 종교적 층위와 사회적 층위를 연결할 주체 형성의 논리는 취약했고, 이전과 같은 『개벽』이라는 매체의 장도 없었다.

1920년대 후반 이돈화의 이론적 작업에 나타난 사회주의와의 담론적 대립 상황은 이후 천도교와 좌익 언론 간의 '사상 논쟁'이라는 현실적 충돌로 나타났다. 천도교의 종교적 성격을 둘러싸고 좌익 언론과 천도교 신파 사이에 공방이 벌어진 것이다. 이 논쟁은 1932년 9월, 천도교 신파측이 '조선 사회운동의 영도권(領導權)'을 요구한 데 대해, 좌익 언론이 이를 비판하면서 본격화되어 폭력사태로 치달았다. 논의의 범위도 1933년 말까지 사회운동의 영도권 논의뿐만 아니라, 종교성, 철학·세계관, 조직문제, 천도교의 운동적 전통 비판 등으로 확대되었다. 이 논쟁에서 사회운동의 주도권을 두고 서로 경쟁하던 천도교 신파와 사회주의 세력은 천도교의 사회적 역할에 대해 상반된 인식을 드러냈다. 여기서는 사상 논쟁의 배경과 양자의 충돌 양상, 그리고 그것의 의미를 살펴보고자 한다.29)

사상 논쟁은 『신계단(新階段)』, 『비판(批判)』 등의 좌익 언론이 '반(反)종교운동' 차원에서 천도교를 공격했고, 이에 대해 천도교측이 방어논리를 펴면서 진행되었다. 사상 논쟁의 배경으로는 첫째, 당시 국내 사회주의자들에게 영향을 끼친 일본의 반종교운동을 들 수 있다. 일본의 상황을 소련의 반종교운동의 흐름과 관련지어 파악하면 다음과 같다.

1917년 11월 러시아에서 레닌이 지휘하는 볼셰비키가 정권을 장악한 뒤, 반혁명의 가능성을 원천 봉쇄하기 위해 구(舊)체제를 지탱해온 러시아정교를 철저하게 파괴하는 작업을 진행했다. 소비에트 정부는 넓은 교회령의 토지를 국유화하고, 1918년 7월에는 '교회를 국가로부터 분리한다'는 내용을 '러시아·소비에

---

29) 기존 연구에 의해 '사상 논쟁'의 배경 및 경과, 제기된 논점 등이 어느 정도 밝혀졌다. 그러나 이런 성과에도 불구하고 지금까지는 '친일로 방향 전환하던 천도교에 대해 좌파진영이 반(反)종교운동을 명분으로 제동을 건 것'으로 파악하는 민족운동사적 주장이나(김정인, 앞의 책), 천도교측의 견해를 옹호하면서 그들이 내세운 논리대로 사회주의측 주장을 비판하는, 즉 호교론(護敎論)적 견해(정혜정, 「日帝下 천도교 '수운이즘'과 사회주의의 사상논쟁」, 『東學硏究』 11, 2002)에서 크게 벗어나지 못했다.

트 사회주의 공화국 헌법'에 명문화했다. 이후 교회자산의 국유화, 성직자 차별 정책, 교육에 대한 교회 영향력 배제 등의 정책이 실시되면서 많은 성직자가 형벌을 받고 교회는 폐쇄되었다. 소비에트 정부는 이러한 법률과 강압책만으로는 한계를 느껴 민중을 교육하고 선전하여 무신론자를 확대하고자 했다. 1924년 8월에는 신문 『무신론자(無神論者)』의 동호회가 발족해서 이듬해 6월 '소비에트무신론자동맹'으로 개칭하고, 1929년 6월 다시 '전투적 무신론자동맹'으로 이름을 바꾼 뒤 1934년까지 '종교박멸 5개년계획'을 추진하는 등 반종교운동에 앞장섰다.

일본에서는 1929년 무렵 도쿄대학 법문학부 출신의 공산당 간부였던 사노 마나부(佐野學)가 소비에트의 반종교운동을 소개하면서 종교와의 투쟁이 정치투쟁에도 필요하다는 점을 최초로 주장했다. 그러나 사노는 체포되어 옥중에서 전향을 선언하면서 운동 일선에서 물러났다. 또한 1920년대 후반 무렵부터 일본 사회주의운동에서는 레닌 저작 등 소비에트 맑스주의 서적이 번역되면서 러시아어에 능한 청년 맑시스트가 운동의 전면에 부상하여 운동 주도층의 세대교체가 일어나고 있었다. 그 결과 가와우치 타다히코(川內唯彦), 나가타 히로시(永田廣志), 아키자와 슈지(秋澤修二) 등이 중심이 되어 1931년 9월 '전투적 무신론자동맹'을 결성, 소비에트의 반종교운동처럼 종교박멸을 목표로 하는 운동을 전개했다. 이들은 천황제 타도를 내걸고 소비에트 정부의 교회재산 접수를 선례로 삼아 신사(神社)와 사원의 재산 몰수를 표방하기도 했으나, 1934년 전투적 무신론자동맹의 중심 인물인 가와우치가 체포되면서 사실상 소멸되었다.[30]

일본의 반종교운동 동향은 식민지 조선의 사회주의자에게도 직접적인 영향을 끼쳤다. 이미 1928년 무렵부터 국내에서는 사노 마나부의 글을 원용한 종교비판의 글이 실리고 있었으며,[31] 1931년 초에는 소련의 반종교운동을 상세하게

---

30) 소련과 일본의 반종교운동 동향에 관해서는 다음의 연구 성과를 참조했다. 林淳, 「マルクス主義と宗敎·文化論」, 磯前順一·ハリー·ハルトウーニアン, 『マルクス主義という経験: 1930~40年代日本の歷史學』, 東京: 靑木書店, 2008, 164~176쪽.
31) 高峻, 「종교표상에 대한 맑쓰주의적 비판」, 『이론투쟁』 1-5, 1928. 3. 참조. 이 글의 참고문

소개한 가와우치의 글도 번역·소개되었다.[32]

둘째, 천도교와 사회주의자 간의 갈등이 심화되어가던 현실 사회운동의 상황을 사상 논쟁의 현실적 배경으로 들 수 있다. 1920년대 전반기 부르주아민족주의운동과 사회주의운동으로 분화되었던 국내 민족운동은 1920년대 중반을 거치면서 민족단일당을 결성하는 움직임을 보이기 시작하여, 1927년 2월 사회주의 세력과 비타협적 민족주의 세력의 공동전선인 신간회(新幹會)를 결성하기에 이르렀다.[33] 한편 1925년부터 천도교 세력은 구파와 신파로 분화되어 민족운동을 둘러싸고 긴장과 갈등을 드러냈다. 천도교 구파 계열이 신간회에 참여한 반면, 1926년부터 자치운동을 추진했다가 별다른 소득을 얻지 못한 천도교 신파 계열은 반(反)신간회 입장을 공공연하게 표방하고 독자적인 정치세력화 노선을 견지해나갔다.[34]

사회주의 세력은 1925년 조선공산당 창당 무렵부터 농민층 지지기반의 확대에 노력하여 기존의 소작인조합을 농민조합으로 개편하고, 1927년 9월 농민총동맹을 창립하여 이것을 농민조합을 지도하는 전국적인 구심으로 삼았다.[35] 이러한 동향은 기독교를 비롯한 민족주의 계열의 농민 획득 노력을 부추겼는데,[36] 특히 농민층을 가장 큰 지지 기반으로 삼고 있던 천도교 세력, 그중에서도 신간회 등을 둘러싸고 사회주의 세력과 경쟁관계에 있던 신파세력을 크게 자극했다.

천도교 신파의 전위운동 조직이었던 천도교청년당은 일부 사회주의 세력과의

헌 목록에는 사노 마나부의 글(「맑스주의와 무신론」, 「종교론」)을 비롯하여 레닌(「종교에 대하야」)과 맑스의 글(「헤-겔 법리철학비판서론」)도 제시되어 있다.
32) 호人, 「종교비판과 반종교운동」, 『비판』 7, 1931. 1. 참조. 1931년 6월에 발표된 글도 사노의 글을 통해 레닌의 반종교운동 논리를 소개하고 있다. 陳榮喆, 「反宗敎運動의 展望」, 『삼천리』 16, 1931. 6, 12쪽·16쪽 참조. 사상 논쟁이 한창일 때에도 다음 글에서 사노의 글이 인용되고 있었다. 안병주, 「우리는 웨 종교를 반대하는가」, 『신계단』 1-5, 1933. 2.
33) 한국역사연구회 지음, 『한국역사』, 역사비평사, 1992, 311~314쪽.
34) 크레스틴테른(국제적색농민동맹) 가입 경위 및 자치운동 추진에 관한 상세한 내용은 다음 연구를 참조. 김정인, 앞의 책, 236~241쪽.
35) 池秀傑, 앞의 글, 184쪽.
36) 이에 관해서는 다음 선행 연구를 참조할 것. 한규무, 『일제하 한국기독교 농촌운동 1925~1937』, 한국기독교역사연구소, 1997; 장규식, 『일제하 한국 기독교민족주의 연구』, 혜안, 2001.

연합체 성격을 띤 조선농민사를 조직하여 일반 농민대중을 견인했고, 비록 실패로 끝났지만 조선농민사를 국제적색농민동맹〔(國際赤色農民同盟): 크레스틴테른(Krestintern)〕에 가입시키고자 노력하는 등 사회주의 세력의 압박에 대응해나갔다. 그런데 1928년 이후 신간회와 농민총동맹이 지방운동의 패권을 장악해가자,[37] 천도교청년당은 더욱 고립적 경향을 보였다. 즉 천도교청년당은 조선농민사에서 사회주의자들을 배제하고 그 조직을 천도교청년당 산하의 부문운동기관으로 만드는 등,[38] 통일전선적인 횡적 연대보다는 조직의 중앙집중화라는 종적인 단결로 나아갔다.[39]

지금까지 사상 논쟁의 배경으로 반종교운동과 사회운동상의 세력경쟁이라는 대내외적 상황을 살펴보았다. 그러나 이러한 두 조건이 1930년대 초 천도교와 좌익 언론 간의 논쟁을 유발한 직접적인 요인이라고 말하기는 힘들다. 일본 등의 반종교운동에 영향을 받았다고 해서 좌익 언론이 반드시 천도교를 비판대상으로 삼을 이유는 없었다. 또한 사회운동 일선에서 사회주의 세력과 천도교 세력이 서로 경쟁관계에 있었다고 하더라도 좌익 언론과 천도교 사이의 사상 논쟁이 그러한 현실 운동의 대립관계를 직접 반영했다고 말하기 힘들기 때문이다.[40]

실제로 1930년 무렵까지도 사회주의자의 종교비판은 불교·기독교를 포함한 종교 일반을 대상으로 했고, 천도교를 직접 겨냥하지 않았다. 천도교측의 김형준(金亨俊)도 사회주의자의 반종교운동 관련 글을 의식하여 국내 사회주의자의

---

37) 池秀傑, 앞의 글, 186~187쪽.
38) 조선농민사 관련 내용은 김정인의 연구(김정인, 앞의 책, 227~233쪽)와 지수걸의 연구(池秀傑, 앞의 글, 186~187쪽) 참조.
39) 천도교청년당 지도자들은 자신들의 주의·주장이 가장 옳다는 종교적 신념을 가지고 있었으며, 이와 동시에 자치정국이 실현되면 자신들이 이를 담당하겠다는 인식도 가지고 있었다. 따라서 그들은 『동아일보』 계열이나 수양동우회 일부 인사들과 달리, 다양한 사회세력과의 연대보다는 자신들의 세력기반 공고화를 위해 독자적 활동을 했다(정용서, 앞의 글, 2007, 152~163쪽).
40) 이러한 판단은, 『신계단』 등의 좌익 언론이 당시 사회주의운동 세력의 일선에서 일정하게 거리를 둔 사람들이 주도했다고 하는 박종린의 지적에 힘입은 바 크다. 장석만도 당시 사회운동 상황과 사상 논쟁을 무매개적으로 연결시키는 문제점을 지적한 바 있다.

반(反)종교 논설뿐만 아니라 맑스·레닌의 반종교이론 자체를 비판하는 글을 발표하기는 했지만, 좌익 논자의 실명을 거론하는 비판의 형식은 취하지 않았다.

이러한 상황에서 사상 논쟁이 본격화하는 계기가 된 것은 천도교청년당의 당두 조기간(趙基栞)의 '조선 영도권 요구' 주장과 이를 둘러싼 좌익 언론과의 충돌이었다. 좌익 잡지 『신계단』은 1932년 11월호에서 조기간의 주장을 강력히 비판하며 천도교를 '정녀(貞女)의 탈을 쓴 매춘부'라 비난했다. 여기에 자극 받은 천도교청년당측은 신계단사를 습격하여 『신계단』의 편집 겸 발행인인 유진희(俞鎭熙)를 폭행했다. 이를 계기로 양측의 공방은 확대되면서 실력 행사를 하기에 이르렀다.

좌파 언론인들은 자신들의 주도 아래 11월 21일 '천도교정체폭로비판회'(이하 '비판회'로 줄임)를 결성하고 성명서를 발표했으며, 천도교 신파에게 경고문을 발송했다. 천도교 신파측도 24일 천도교청년당 경성부 긴급대회를 개최하여 좌파 언론의 그러한 행위를 '사이비(似而非)운동'으로 부르고 이를 중지할 것을 천명했다. 양측의 대립은 비난 성명에 그치지 않고 실력 행사로 치달았다. 28일에는 천도교청년당을 대표하여 김형준과 백세명(白世明)이 비판회를 방문하여 천도교에 대한 비판활동을 중지하도록 요구했다. 그러나 비판회는 이에 불응했을 뿐만 아니라, 12월 24일 천도교의 인일(人日)기념식에 간부를 파견하여 천도교를 비판하는 성명서를 낭독했다.

양측은 이처럼 실력 행사를 하면서 이론적 차원에서도 치열한 공방을 벌였다. 천도교 신파측의 주장은 주로 『신인간』을 통해 전개되었고, 반(反)천도교 주장은 『신계단』과 『비판』 등 좌파 언론을 통해서 표명되었다. 양측의 논쟁은 상대방의 실명을 거론하는 등 적나라하게 전개되었는데, 1933년 초 정점에 달했다. 『신인간』은 1933년 1월에 반종교운동을 비판하는 글을 다수 발표했으며, 『신계단』도 1933년 1월호를 '천도교비판호'라는 특집호로 꾸미고 천도교를 다방면에 걸쳐 비판하는 글을 게재했다. 이런 분위기는 2월호까지 이어졌으나 좌익 언론의 반천도교운동은 좌파진영 전체의 운동으로 확산되지 않고 소강 상태로 접어들었다.

논쟁의 구도는 좌익 언론에 게재된 사회주의자들의 천도교 비판과, 이를 방어하고 나아가 맑스·레닌주의 종교론에 대한 역비판을 시도하는 천도교측의 김형준 사이에서 주로 전개되었다.[41] 좌익 언론의 천도교 비판은 자치운동, 조직운영, 동학과 천도교의 역사·이론 등 전 범위에 걸쳐 이루어졌으며, 그 과정에서 천도교 교리의 철학적 성격, 천도교의 계급적 기반, 영도권 자격 유무 등이 쟁점으로 부각되었다. 대체로 천도교의 현실적 운영이나 역사에 대한 비판은 구체적인 데 비해, 천도교 사상에 대한 비판은 소련과 일본의 반종교운동을 통해 접한 맑스·레닌주의적 종교비판의 도식을 따르고 있었다.

한편 사상 논쟁에서 두 세력은 '종교' 개념에 대한 인식상의 충돌을 내포하고 있었다. 크게 보면 좌익 언론측이 과학성·계급성의 견지에서 종교 그 자체의 폐지를 지향했으며, 천도교측의 김형준은 종교성은 인간 본성에 속하므로 폐지될 수 없다는 전제 위에서 종교를 기성 종교와 신종교로 나누고 신종교의 시대 적합성을 증명하고자 했다. 그런데 이러한 구도 이면에는 복잡한 상황이 개입되어 있었다.

국내 사회주의자들의 종교비판론은 1920년대 초 중국의 '비(非)종교운동'에 대한 소개글에서부터 보이지만, 사상 논쟁과 관련해서 보면 1928년 무렵부터 나타나기 시작했다. 큰 틀에서 보면 이 무렵에는 맑스의 『헤겔법철학비판서설』 등 맑스·엥겔스의 종교론이 자주 언급되다가, 뒤로 갈수록 레닌의 반종교이론이 소련의 반종교운동 소개글과 더불어 대세를 이루었다. 대체로 후자의 글은 사노 마나부 등 일본의 반종교운동을 전개한 맑스주의자의 글을 통한 접근방법을 사용했는데, 이미 앞서 언급한 바와 같이 동일한 글에서 맑스, 엥겔스, 레닌, 사노 마나부 등의 글이 함께 인용되거나 참고되었다.

---

41) 김형준은 "이돈화처럼 독학이 아니라 일본 유학을 통해 체계적으로 서양 철학의 정수를 학습했다고 자부하는 천도교 3세대 청년 지도자들"의 대표적인 인물이었다(김정인, 앞의 책, 289~290쪽).

그런데 하야시 마코토(林 淳)의 연구에 따르면 종교론과 관련하여 맑스·엥겔스와 레닌 사이에는 두 가지 차이점이 있었다. 첫째, 맑스·엥겔스는 혁명이 일어나서 사회주의 사회가 출현하면 종교는 자연사(自然死)한다고 본 데 반해, 레닌은 종교의 자연사를 믿지 않고 종교 근절을 위해 반(反)종교운동의 필요성을 역설했다. 둘째, 맑스·엥겔스는 종교가 민중이 현실에 항의하는 투쟁이 될 수 있고 따라서 그것이 혁명적인 성격을 지닐 수 있다고 본 반면, 정권 장악 후의 레닌은 종교와 혁명투쟁을 서로 대립적인 것으로 보았다. 양자의 견해 차이는 서구와 러시아에서 종교를 둘러싼 역사적·사회적 환경의 차이에서 비롯된 것으로, 서구에서는 부르주아가 종교에 대한 투쟁을 수행했기 때문에 부르주아혁명 후에는 종교와의 투쟁이 부차적 의미를 띠었다면, 러시아에서는 부르주아계급이 미성숙하여 프롤레타리아가 중세적 제도와 투쟁해야만 했다.[42]

당시 좌익 언론측의 반종교 논설은 주로 일본을 경유한 소련의 반종교이론에 영향을 받았기 때문에 맑스·엥겔스와 레닌의 입장 차이가 크게 드러나지 않았으나, 행간에는 미묘한 긴장이 발견된다. 이를 염두에 둔다면 종교 개념을 매개로 한 좌익 언론의 천도교 공격은 그 초점에 따라 두 차원으로 구분된다.

첫째, 과학 담론에 의거하여 종교의 환상적·미신적 성격을 비판했다. 『신계단』 편집부는 "천도교의 '인내천'주의, '수운'주의에 (…) 우리는 적어도 그 철저한 비(非)과학성과 기만성을 확인할 수 있"다고 했다. 나아가 "그들 자신도 천도교는 종교라고 규정하였으니 '종교'라는 것에 대하여는 이미 규정된 의의가 있는 것"이며 "따라서 무릇 '종교'로부터 과학적인 것을 발견할 수 없고, 비(非)과학적인 것으로는 현실적인 것을 보지 못"한다고 했다.[43] 이들이 '종교에는 이미 규정된 의의가 있다'고 한 것은 '종교는 민중의 아편'으로 보는 맑스·엥겔스의 종교론에 근거를 두고 있었다.[44]

---

42) 종교론에서 맑스·엥겔스와 레닌의 차이점에 관해서는 하야시의 다음 연구를 참조했음. 林 淳, 앞의 글, 159~160쪽.

43) 편집국, 「〈종교시평〉 천국, 신, 행복」, 『新階段』 1-2, 1932. 11, 56쪽. 여기서 필자는 『신인간』 1932년 10월호에 실린 이돈화의 글 「조직의 철리」의 주장을 비판하고 있다.

둘째, 좌익 언론의 종교비판이 '과학'이라는 기준에 전적으로 의존했던 것은 아니다. 그들은 자신들의 반종교운동 논리가 서구의 부르주아 계몽주의적 종교비판론과 달라야 하는 점을 자각하고 있었다. 한 논자는 다음과 같이 주장했다.

> 부르주아 무신론자(無神論者)는 종교에 대한 반대는 다만 과학 옹호의 견지에서만 일삼는 것이다. 맑스주의자는 그렇지 않다. 근대종교는 자본주의적 생산방법의 외력적 지배에 불과한 것이므(3줄 생략: 원문) 그러므로 종교에 관한 투쟁은 한갓 무신론의 사상적 선전에만 그칠 것이 못 되고 바로 계급××(투쟁 — 인용자)의 구체적 실천에 종속시키지 않으면 안 되는 것이다.[45]

종교비판의 실천적 지향과 관련하여 '과학'보다는 '계급투쟁'에 우위를 두는 이러한 관점은 종교소멸론 주장에도 반영되었다. "종교는 일정한 물질적 사회적 근거를 근거로 하고 그곳에 환상적 반영으로 산출된 것"이기 때문에 "현존 사회적 관계가 변×(혁 — 인용자)되고 종교의 물질적 근거가 제거될 때 비로소 소멸"된다고 하면서, 종교에 대한 투쟁은 "×××(사회주 — 인용자)의 건설을 위한 ×(투 — 인용자)쟁, 다시 말하면 계×××(급투쟁 — 인용자) 본류(本流)에 합류된 구체적 실천"이라고 했다.[46]

천도교측 김형준의 주장도 좌익 언론측의 공격에 대응하는 방식으로 제시되었으므로 두 차원으로 구분해서 살펴볼 수 있다.

첫째, 김형준은 종교 그 자체는 폐지되지 않고, 다만 폐지되는 것은 시대에 적합하지 않은 '기성 종교'라고 주장했다.[47] 그 연장선상에서 기성 종교와 신종교를 구분하고 전자에는 유교, 불교, 기독교, 천주교 등을, 후자에는 천도교를

---

44) 맑스·엥겔스의 종교론은 다음의 글에 상세히 소개되어 있다. 玄人, 「맑쓰의 종교비판론」, 『비판』 8, 1931. 12.
45) 안병주, 「우리는 웨 종교를 반대하는가」, 『신계단』 1-5, 1933. 2, 48쪽.
46) 송영회, 「종교의 계급적 본질」, 『신계단』 1-7, 1933. 4, 62～63쪽.
47) 金一宇(김형준), 「맑스주의자들의 반종교투쟁 비판」, 『新人間』 59, 1932. 9, 8～10쪽 참조.

각각 대응시켰다. 그에게 천도교는 '새로운 세기의 창건을 위한 신세대를 대표하는 새로운 종교'[48]이며, '반(反)기성 종교운동을 하는 신종교운동'[49]이었다. 이런 인식은 종교진화론의 주장으로 이어지면서 좌익 언론측의 종교소멸론을 비판하는 데로 나아갔다. 그는 맑스주의자들이 "종교를 발전·전화의 입장에서 보지 못하고 영원·사멸이라는 일종의 '이상'주의적 입장에서 해석하려" 한다고 비판하고,[50] 나아가 이것이 맑스의 반종교이론 그 자체, 즉 "종교는 물질의 마술성에서 기원한 것이며 그 물질의 마술성만 제거되면 소멸될 것이라고 독단을 내리는" 데서 비롯했다고 비판했다.[51]

둘째, 김형준은 레닌의 반종교운동 논리를 크게 의식하면서 때로는 그 논리를 역으로 활용하고, 때로는 레닌의 입론 그 자체를 비판하면서 대응했다. 우선 그는 조선과 같은 식민지 상황에서 좌익 언론의 천도교 비판은 비현실적이라고 비판했다. 그는 레닌의 반종교운동 논리와 소련의 상황 등을 분석한 뒤, 좌익 언론의 반천도교운동은 "입으로는 자칭 레닌주의자라고 하면서 그 실은 레닌과는 정반대의 행동을 하고 있"다는 의미에서 '사이비운동'이라고 비판했다. 김형준에 따르면, 레닌은 '국가권력과 종교를 분리시키기 위해서는 국가권력으로부터 종교를 분리시키려는 (승려들의 — 인용자) 요구에 응하여 싸워야 한다'고 했다. 반면, 조선의 '사이비운동자'들은 종교를 기성권력에서 분리시키는 것은 고사하고, 오히려 그 반대로 기성권력과 분리되었을 뿐 아니라 대립되어 있는 종교집단을 기성권력 편으로 몰아대며 그것과 결합되기를 원한다고 비판했다.[52]

---

48) 金一宇(김형준), 위의 글, 11쪽.

49) 瀧霞(김형준), 「기성종교와 반종교운동」, 『新人間』 57, 1932. 7, 345쪽.

50) 金一宇(김형준), 「맑스주의자들의 반종교투쟁 비판」, 『新人間』 59, 1932. 9, 8쪽. 지식사회학에 관한 그의 관심과 이에 기초한 논리 전개도 그것이 '종교를 사회현상으로 바라보는' 종교사회학의 방법론적 기초를 이루고 있었기 때문이다. 이 또한 종교소멸론에 대한 비판의 맥락에서 있었다. 이에 관해서는 다음의 글을 참조. 瀧霞(김형준), 「宗教社會學에의 계기, 최근 독일 종교학계의 새 경향」, 『新人間』 56, 1932. 6; 金東俊(김형준), 「맑스주의 기초이론의 비판 — 그것을 위한 一試論 — 」, 『新人間』 6-1, 1933. 1.을 참조.

51) 瀧霞(김형준), 「기성종교와 반종교운동」, 『新人間』 57, 1932. 7, 345쪽.

52) 金一宇(김형준), 「사이비반종교투쟁의 비판 — 맑스주의 반종교투쟁비판의 續 — 」, 『新人間』 6-

또한 그는 종교발생 및 계급적 기반과 관련하여 레닌의 입장을 비판하면서 천도교의 민중성을 강조했다. 그는 종교적 신념이 '피지배계급이 지배계급과의 투쟁에서 자기의 무력(無力)을 위안하려는 데에서 생긴다'고 본 레닌의 견해를 비판하고, '모든 종교적 신념은 그 창시기(創始期)에는 하층계급이 그 시대의 사회적 조건을 벗어나서 좀 더 높고 새로운 사회적 생활을 실현하려는 데에서 기인하는 것'으로 재규정했다.[53] 이런 관점의 연장선에서 그는 '레닌이 본 종교는 세기말적 발악을 하고 잇는 기성 종교에 불과'하며 천도교는 이와 달리 '창생(蒼生)계급'을 기반으로 발생했고, '민중을 억압으로부터 ××(해방 — 인용자)하려는 정신적 도구'라 했다.[54]

지금까지 종교 개념을 둘러싼 좌익 언론측과 천도교측 김형준의 인식의 충돌 양상을 살펴보았다. 국내 사회운동의 주도권 다툼이라는 내적 조건 위에서 외부로부터 들어온 레닌의 반종교운동 이론이 사상 논쟁의 발발과 논의구도에 큰 영향을 끼쳤다. 좌익 언론측은 과학성·계급성(당파성)에 입각한 반(反)종교 개념의 견지에서 천도교를 비판했고,[55] 천도교 신파측을 대표한 김형준은 신종교와 기성 종교를 구별하고, 역사성(종교진화론)과 현실성(식민권력과의 대립, 민중적 기반)의 측면에서 신종교로서 천도교가 지닌 정당성을 옹호했다.

1, 1933. 1, 17쪽 참조.

53) 金一宇(김형준), 「맑스주의자들의 반종교투쟁 비판」, 10쪽.

54) 金一宇(김형준), 위의 글, 9~10쪽.

55) '반종교 개념'이라는 용어는 장석만의 연구에서 차용했다. 장석만은 '근대성' 성찰의 문제의식 위에서 동아시아 개항기의 두 과제인 '문명의 달성'과 '민족 아이덴티티의 유지'를 기준에 놓고 한국 개항기의 종교 개념을 '반종교 개념', '이신론(理神論)적 종교 개념', '인민교화적 종교 개념', '문명기호적 종교 개념'의 네 가지로 분류했다. '반종교 개념'은 서구가 부강해진 배경을 과학에서 찾으면서 종교와 과학을 대립관계로 파악했다. '이신론적 종교 개념'은 전체적으로 볼 때 계몽주의적 합리성의 입장에 서면서도 그러한 입장에 내재된 반종교적 태도와 달리 인간의 종교적 본성을 강조했다. 그러므로 이 입장에서는 합리성과 종교성이 갈등을 일으키지 않도록 과학은 공적 차원에, 종교는 사적 차원에 배당했다. '인민교화적 종교 개념'은 종교를 인민 통치에 필수적인 것으로 파악해서 중요시했다. '문명기호적 종교 개념'은 문명의 달성과 나라의 흥망이 종교에 뿌리를 둔 것이라 보고, 서구 문명의 근원을 개신교에서 찾아 그것을 문명의 기호로 보았다(張錫萬, 「開港期 韓國社會의 "宗敎" 槪念 形成에 관한 硏究」, 서울대 종교학과 박사학위논문, 1992, 38~58쪽, 127~129쪽).

2) '종교' 논의의 정치적 성격

사상 논쟁에서 천도교 신파측의 김형준은 천도교를 '신종교'라 규정함으로써 좌익 언론측의 종교비판에 대응했다. 그런데 이 신종교 개념은 1910년대 이래 천도교에서 전개된 이론적 성과에 기댄 것이었다. 따라서 이전 논의의 맥락 속에서 사상 논쟁을 살펴본다면 거기에 제시된 종교 개념의 갈래를 더욱 잘 이해할 수 있고, 나아가 이러한 논쟁의 정치적 맥락도 파악할 수 있다.

먼저 종교 개념의 갈래부터 살펴보자. 제1부에서 살펴보았듯이, 천도교에서 '신종교'라는 말은 1910년대 후반 이돈화의 글에서 등장했다. 이돈화는 이미 1910년대 초부터 천도교의 속성 중 '가장 나중에 탄생했다'는 후발성과 '유·불·선, 종교·철학·진리를 포괄했다'는 회통성에 주목했다. 후발성과 관련해서는 이후 천도교의 신관을 범신론으로 설정하는 인식이 개입되어 1918년이 되면 한편에서는 '다신시대 → 일신시대 → 범신적 조화시대'[56] 혹은 '다신시대 → 일신시대 → 통일시대'[57]의 형태로 제시했다. 회통성과 관련해서, 이돈화는 종교를 '진리의 빛'으로 정의하되, 유(儒)·불(佛)·선(仙)·야(耶)·회(回)·파(婆) 등을 '과도시대의 종교' 혹은 '구종교'라 불렀고, 이와 대비되는 용어로 '신종교'·'현대종교' 등을 사용했다.[58] 그리고 "현대종교는 개인적 측면과 사회적 측면을 종합대관(總合大觀)할 책임을 부담(負擔)한 자"라고 했다.[59] 신종교·현대종교는 천도교를 염두에 둔 용어였다. 주목할 점은, 이전과 달리 이 개념에서 회통성의 범위가 유래종교를 포함했고, 우주와 개인뿐만 아니라 개인과 사회의 양 측면도 포괄하는 것으로 확대되었다는 사실이다.[60]

이돈화의 신종교 개념은 구종교와 신종교를 구분하고 천도교를 신종교라는

---

56) 夜雷(이돈화),「信仰性과 社會性(其二)」,『天道敎會月報』100, 1918. 12, 21쪽.
57) 李敦化,「天道敎의 歷史 及 其 敎理」,『半島時論』2-5, 1918. 5, 33~34쪽.
58) 夜雷(이돈화),「因襲의 主觀에 拘束된 世人의 誤解」,『天道敎會月報』93, 1918. 4, 4~5쪽.
59) 李敦化,「宗敎의 兩側面」,『天道敎會月報』91, 1918. 2, 10쪽.
60) 李敦化, 위의 글, 10쪽; 李敦化,「改造와 宗敎」, 7~8쪽.

우월한 위치에 놓았다는 점에서 1930년대 초의 김형준에게 직접적인 영향을 끼쳤다고 할 수 있다. 양자의 '신종교' 개념 간에 존재하는 공통점과 차이점은 다음과 같다.

먼저 공통점으로는 종교 그 자체를 지속되는 것으로 보고, 가장 늦게 발생한 천도교가 기성 종교보다 더 뛰어나다고 보는 종교진화론적 사유 등을 들 수 있다. 차이점으로는 1910년대 후반에 제기된 이돈화의 신종교 개념이 개조의 시대 분위기 속에서 1910년대 중반까지와 달리 '종교적 사회개조'라는 적극적이고 확장된 관심을 내포하고 있었던 데 반해, 김형준의 그것은 전체적으로 볼 때 다분히 수세적이고 방어적이었다. 이돈화의 그것이 구종교를 포용하는 것으로 설명되는 데 반해, 김형준의 신종교는 기성 종교를 반대하는 반(反)기성종교운동으로 설정되었던 점이 단적인 예이다. 또한 김형준은 반종교운동의 공격 속에서 기성 종교와 차별화하고 대립하는 방식으로 신종교를 내세웠고, 신종교로서 천도교가 가진 민중적 계급기반을 강조함으로써 비판의 예봉을 피하고자 했다. 이돈화가 제기한 신종교 개념의 특징은 종교·철학·과학에 걸쳐 있거나 사회개조의 주체로 상정되는 포괄성·팽창성을 가졌고, 자본주의 물질문명을 비판하는 개조의 시대 속에서 유래종교까지 함께 포괄했다는 점이다.

그렇다면 사상 논쟁에서 김형준의 종교론은 무엇으로 규정할 수 있을까. 그리고 이돈화의 신종교 개념과는 어떤 관계 설정을 할 수 있을까. 종교와 과학의 관계에 초점을 맞춰 이 문제를 생각하면, 양자의 관계를 대립적으로 본 것은 18세기 유럽의 계몽주의적 사유에서 전형적으로 나타났다.[61] 이 사유는 양자의 대립을 완화하기 위해 정신영역과 육체영역, 그리고 정신영역에 확고한 기반을 마련해주는 비판영역을 설정하고, 여기에 종교·신학 분야, 과학 분야, 철학 분야를 각각 할당함으로써 종교(가톨릭)영역과 과학영역을 분리시켰다.[62]

---

61) 伊東俊太郎, 「宗敎と科學」, 中村元 監修, 峰島旭雄 責任編集, 『比較思想事典』, 東京書籍, 2003, 229～230쪽.

62) 張錫萬, 앞의 글, 25쪽.

좌익 언론측은 이미 살펴보았듯이 레닌주의의 반종교이론에 입각하여 과학의 견지에서 종교의 폐지를 주장하는 '반(反)종교 개념'을 취했다. 김형준의 입장은 당시의 국면에서 다소 방어적이었던 것이 사실이지만, 기본적으로는 이돈화의 신종교 개념과 같은 맥락으로 볼 수 있다. 사상 논쟁 속에서는 직접 드러나지 않았지만, 다른 지면의 글에서 김형준의 관심은 천도교라는 종교적 입지에 굳게 서 있으면서도 독일의 종교사회학 등 당시로서는 최신의 사조에 관심을 가지고 철학 방면에 친연성 있는 태도와 모색을 보이기 때문이다. 사상 논쟁에서 김형준 등 천도교측이 말하는 종교 개념은 좌익 언론의 반종교 개념과 구별되고, 종교·철학·과학의 각 영역을 분리하는 계몽주의적 종교 개념과도 구별된다.63) 종교의 입지에서 철학과 과학의 영역까지 회통하고자 하고, 그러한 인식을 종교 진화론 등 시간성의 맥락에서 강조한다는 점에서 당시 천도교측이 취한 종교 개념을 '낭만주의적 종교 개념'이라 부르고자 한다.64)

---

63) 장석만의 종교 개념 분류에 따르면, 식민지시기 천도교측의 종교 개념은 전체적으로 볼 때 계몽주의적 합리성의 입장에 서면서도 그러한 입장에 내재된 반종교적 태도와는 달리 인간의 종교적 본성을 강조했다는 점에서 '이신론적 종교 개념'에 가까운 요소도 있다. 그러나 천도교의 그것은 종교에 중심을 두었고, 과학을 공적 차원에, 종교를 사적 차원에 제한하지 않았다는 점에서 '이신론적 종교 개념'으로 보기도 어렵다.

한편, 식민지 이전인 1905년 말 '천도교'로의 개칭 시기에 관해서는 고건호의 연구가 있는데, 그는 장석만의 개념을 활용해서 당시의 천도교 종교론을 '인민교화적 종교 개념'으로 규정했다 (高建鎬, 앞의 글, 2002, 101~102쪽). 그런데 필자는 당시의 천도교 종교론을 좀 더 복합적인 문맥에서 파악할 필요를 느낀다. 천도교는 기독교를 모방하면서 천도교의 국교화운동과 교단의 근대적 정비 등을 추진했다는 점에서 실질적으로는 인민교화적 종교 개념과 문명기호적 종교 개념의 긴장 속에 있었다고 보이고, 형식면에서는 사회로부터 '종교'로 공인받기 위해 스스로의 활동을 '비정치적' 영역에 제한시켰다는 점에서 '종교와 정치의 분리' 혹은 '사적 영역과 공적 영역의 구분'을 염두에 둔 이신론석 종교 개념의 틀을 활용했다고 본다.

64) 이돈화와 김형준의 입장을 '낭만주의적 종교 개념'으로 규정하기 위해서는 고려해야 할 사항들이 있다. 장석만은 한 토론석상에서 '낭만주의적 종교 개념'이라는 규정에 대해 비판하면서, "1920년대 식민지 조선의 상황은 이미 '문명' 개념에 대한 문제제기로서 '문화' 개념이 대두하여 영향을 끼치던 시대이며 천도교의 '종교' 개념도 이러한 '문화'의 테두리로 설명 가능하다면 그러한 종교 개념은 기본적으로 '문명의 달성과 집단 아이덴티티 형성' 양 측면에서 종교의 유용성에 주목하는 입장, 즉 '문명기호적 종교 개념'에 속한다고 봐야 한다"는 요지의 견해를 제시했다. 이것은 향후에도 계속 고민해야 할 문제를 던져준 소중한 지적이다.

다만, 필자는 문화 담론이 서구 근대성의 구조를 근본적으로 벗어나지 못한다 하더라도 그에 다음으로 사상 논쟁의 맥락과 정치적 의미를 살펴보자. 지금까지 신종교의 개념사적 갈래를 추적하여 사상 논쟁에서 제시된 천도교의 종교 개념에 대한 성격을 규정해보았다. 그런데 종교 개념은 그것이 놓인 논의 지형과 별개로 존재할 수 없다. 여기서는 이 문제를 종교와 과학의 관계 이외에 종교와 정치의 관계도 고려해서 고찰하고자 한다.[65]

개항기 이후 민중종교,[66] 특히 동학·천도교가 처한 종교 지형은 개항기의 유교일원적인 '정통－좌도〔(左道): 사교(邪敎)〕' 지형, 천도교 시기의 '종교－종교' 지형, 식민지시기의 '공인교(公認敎)－유사종교(類似宗敎)' 지형으로 바뀌어갔다.

동학 시기의 '정통－좌도' 지형은 유교의 의리론적 정통주의의 입장에서 유교 이외의 종교가 관(官)으로부터 이단(異端), 좌도(左道), 사교(邪敎)로 탄압받았다. '종교－종교' 지형이란 한불(韓佛)조약(1886) 이후 사실상 종교의 자유가 공

대한 문제제기 혹은 양자의 긴장관계에 더 주목하고자 하며, 천도교의 종교 개념이 '문화' 담론으로 충분히 설명되기 어렵다는 생각을 하고 있다. 조현범에 따르면, '종교와 근대성'의 관계를 바라보는 입장은 크게 '계몽주의적 패러다임'과 '낭만주의적 패러다임'으로 나뉜다. 전자는 '근대성이 종교를 역사의 무대에서 퇴장시킨다'고 보며, 후자는 '종교는 인간 본질의 고유한 영역에 속하기 때문에 근대성의 위협에도 불구하고 종교는 여전히 인류 문화의 원초적인 동력으로 남을 것이다'라고 본다(조현범, 「"종교와 근대성" 연구의 성과와 과제」, 『종교문화연구』 6, 2004). 필자는 '낭만주의적 패러다임'에서 천도교의 종교 개념을 파악하고자 하며, 천도교의 이런 입장이 1920년대 중반 이후 사회주의 사상을 일부 수용하면서 '자본주의의 인간화'나 '자본 본위에서 사람 본위로'를 주장하는 바탕이 되었다고 본다. 물론 사회주의 사상을 근대사상의 한계 내에 있는 것으로 볼 것인가의 유무는 별도의 논쟁거리이지만, 여기서는 계몽주의적 문명 담론의 한계에서 이탈하는 측면을 더 적극적으로 보겠다는 취지에서 여러 논의를 끌어왔다는 점을 분명히 해둔다.

65) 이때의 '정치' 개념은 좁은 의미의 정치로서, 지배정책이나 정치운동 등의 차원에 한정된 것이다. 따라서 '종교－과학'의 구도가 비정치적 혹은 탈정치적 맥락에 갇혀 있었다는 의미는 아니다. '종교－과학'이나 '종교－정치'의 구도는 모두 넓은 의미에서의 세력경쟁, 권력관계 등 넓은 의미의 정치적 성격을 띠고 있었음은 분명하다.

66) 당시 이돈화와 김형준 등은 천도교를 '신종교'라 불렀다. 19세기 이후 동아시아에서 자생(自生)한 종교를 가리키는 용어로는 '신종교' 이외에 '민중종교'가 있다. 종교학 방면의 연구에서 선호하는 '신종교'는 '새로운 종교'라는 의미가 강하며, 역사학 방면의 연구에서 선호하는 '민중종교'는 '피지배 계층의 종교'라는 뉘앙스가 강하다. 이 책에서는 종교의 계층성을 반영한 '민중종교'라는 용어를 사용하면서도, 이돈화나 선행 연구 성과에서의 용례를 존중할 필요가 있을 경우에는 '신종교'라는 용어를 사용하고자 한다.

인되면서 개신교가 본격 수용되고 동학 이후의 민중종교들이 성립되는 시기로, 이때(1905. 12) 동학도 근대 서구의 릴리지온(religion) 개념을 받아들여 천도교로 탈바꿈했다.[67]

일제는 헌법에서 근대적 의미의 종교 자유를 선포하면서도 식민통치의 일환으로 종교에 대한 다양한 통제방안을 강구했다. 한일합병 후 일제가 실시한 종교정책의 핵심은 종교공인과 정교분리였다. 총독부는 「포교규칙」(1915)을 공포해 불교와 기독교, 교파신도(敎派神道)만을 종교의 범주에 포함시키고, 유교·신종교·민간신앙 등은 배제했다. 또한 공인종교에 대해서는 정교분리 원칙에 따른 종교의 '비정치화'·'탈정치화'를 유도했다.[68]

총독부의 정교분리 원칙에서 볼 때 천도교는 종교로 공인될 수 없었다. 「포교규칙」이 공포되기 전부터 총독부는 천도교, 대종교 등에 대해 이들이 '정치와 종교를 서로 혼동하여 순연히 종교라 인정하기 어려운 것이 많아 단속(取締)이 불가피하다'고 파악하고 있었다.[69] 따라서 이들은 '유사종교'로 분류되고, 「포교규칙」 대신 「경찰범처벌규칙」(1912)으로 통제되었다.

이상에서 살펴보았듯이 식민지시기의 천도교는 정책적인 측면에서 종교의 범주 바깥에 있었다. 천도교가 띤 정치적·민족적 성향이 그러한 배제의 원인이 되었다. 동학은 1905년 12월 근대적인 '릴리지온' 개념을 수용하여 교명을 '천도교'로 변경했다. 천도교는 종교의 자유 담론과 정교분리를 표방함으로써 근대적인 종교로 인정받은 바 있다.[70] 그러나 동학농민전쟁에서 드러난 바와 같은, 민중종교로서 동학·천도교가 본래부터 가진 사회·정치적 관심은 여전히 정교분리의 형식 아래 복류(伏流)하고 있었다. 1910년대 후반부터 '개조의 시대' 사조에 반응해서 종교와 사회의 연관, 종교적 사회개조 등에 대한 관심이 등장한 것은

---

67) 종교의 논의 지형에 관한 이상의 내용은 다음을 참조. 高建鎬, 앞의 글, 2002, 121~122쪽.
68) 이진구, 「일제의 종교/교육 정책과 종교자유의 문제 — 기독교 학교를 중심으로 — 」, 한국학중앙연구원·종교문화연구소, 『근대성의 형성과 종교지형의 변동』 1, 2005, 168~172쪽.
69) 『조선총독부시정연보』, 1911, 77쪽(이진구, 앞의 글, 169쪽 각주 26에서 재인용).
70) 高建鎬, 앞의 글, 2002, 100~114쪽 참조.

종교와 정치의 결합을 위한 우회로라고 할 수 있다. 이러한 움직임은 한편으로는 3·1운동과 같은 민족운동의 형태로 표출되고, 다른 한편으로는 이른바 문화정치 이후 천도교청년회가 주도하는 『개벽』 등의 문화운동으로 표출되었다. 그러다가 1923년 9월 '당(黨)적' 형태를 띤 천도교의 전위단체 천도교청년당의 조직으로 귀결되었다. 이는 곧 천도교가 교정일치를 공공연하게 표방한 것을 의미했다.

이렇게 본다면 1910년대 후반 이돈화가 보인 종교와 사회의 상호 관계에 대한 관심, 그리고 1920년대에 천도교의 인내천주의를 서구의 철학·사상 등의 용어로 일반화해서 제시한 작업 등은 교정일치의 이론적 준비이자 그 전개 과정으로 볼 수도 있다. 즉 그의 작업에서 '종교와 정치의 관계' 대신 '종교와 사회의 관계'가 주안점이 된 것은 '정치'가 '사회'로 표방되었던 점만 다를 뿐, '사적' 영역에 머물러 있어야 할 종교가 '공적' 영역으로 확장해나가고자 했던 정황을 반영한다. 이는 1910년대 후반 '신종교' 개념에 내포된 가능성이 현실화된 것이며, 교정분리의 잣대로써 종교를 평가하고 활동을 제한했던 총독부 종교정책의 한계를 넘어서는 것이기도 했다.

'종교와 정치(사회)의 관계', '교정일치'가 1920년대 천도교의 사회운동을 특징짓는 용어였다면, 사상 논쟁에서 좌익 언론측이 제기한 '종교≠과학' 도식은 이와 별개의 논의 지형에 서 있었다. 전자가 '운동·실천'의 층위와 깊이 관계된다면, 후자는 '지식'의 층위와 관련된 종교비판이라 할 수 있다. 이와 관련해서 일본 반종교투쟁 이론가의 글을 번역한 것으로 보이는 글의 다음 대목에 주목해보자.

종교의 사회적 측면, 교단의 사회적 영향은 종교로 보아서는 제2의(第二義)적이다. 그럼으로 반종교운동은 그 본질과 종교사(宗敎史)의 이론적 분석, 종교적 세계관의 인식론적 근거의 이론적 분석 등으로서 그 본질을 구명(究明)하여 그 근저(根底)와 싸우지 않으면 안 될 것이다. 종교의 제2의적인 사회적 측면에서 아무리 공격한다 하더라도 종교는 조그만 통증도 느끼지 않을 것이다. 왜 그런가 하면 종교는 언제든지 그 사회적 환경이 요구하는 형식적 개혁은 반갑게 맞이하는 것이니 이는 결국 종교개혁에 그칠 것이요, 종교확청운동(宗敎廓淸運動) 이상으로 더 진전할 수 없는 것이다.[71]

위 인용문은 종교를 철저하게 공격해서 철폐시키려면 종교의 사회적 영향, 정치적 활동 등이 아니라 종교의 본질적인 부분을 노려야 한다는 것이다. 이것은 레닌의 반종교투쟁 노선을 따른 것으로 보이며, 사상 논쟁이 전개될 당시 좌익 언론측은 레닌의 이러한 견해를 좇아 천도교에 대한 철학·사상 방면에서 공격했다. 이때 그들이 구사한 과학 담론은 — 물론 그것은 계급투쟁에 종속된 방식이었지만 — 종교 그 자체를 공격하는 치명적인 무기로 활용되었다.

'과학'이라는 이름의 이 지식 담론이 소련과는 다른 방식으로 식민지 사회운동의 영도권 다툼이라는 권력투쟁의 무기로 사용된 점은 흥미롭다. 사회운동의 영역에서 볼 경우 정치성이나 운동성 등의 속성은 천도교 운동조직이나 사회주의운동 단체, 양자에게 모두 구비되어 있었으므로 더 이상 어느 한쪽이 비교우위에 있기 어려웠다. 이런 상황에서 소련의 반종교이론에 힘입은 좌익 언론은 천도교라는 종교 개념에 내포된 '미신·비(非)과학'이라는 의미를 부각시키고, 이를 통해 사회운동의 영역에서 추방하려 했던 것으로 보인다. 이런 사정을 '과학'이라는 용어를 중심으로, 1910년대 후반의 이돈화와 1930년대 초 좌익 언론의 입장을 대비시켜 말할 수도 있다. 즉 이돈화의 '과학'이 천도교를 종교영역에서 사회운동의 영역으로 확장시키는 맥락에서 사용되었다면, 좌익 언론의 '과학'은 천도교를 사회운동의 영역에서 배제시키려는 맥락에서 구사되었다고 할 수 있다.

이처럼 사상 논쟁은 종교에 관한 논의의 초점을 '종교-정치'에서 '종교-과학'으로 바꾸어놓았다고 할 수 있다. 1920년대 초에도 중국의 비종교운동을

---

71) 玄人, 「종교비판과 반종교운동」, 『비판』 7, 1931. 1, 102쪽.

소개하는 맥락에서, 그리고 그 영향을 받아 기독교계에서도 종교와 과학의 관계 등이 논의된 바 있다.[72] 그러나 식민지 조선에서 '종교-과학'의 문제가 본격적인 쟁점으로 부각된 것은 사상 논쟁에서였다. 이 점에서 사상 논쟁은 식민지 시기 종교의 논의 지형에 '분화'를 가져왔다고 할 수 있다.

끝으로 이러한 논의 지형의 분화가 지닌 의미와 한계를 언급하고자 한다. 이 것은 종교에 대한 과학 담론에서의 비판, 그리고 이에 대한 천도교측의 대응에 서 보이는 논의의 수준과 관계있다. 좌익 논자들은 천도교측 김형준의 비판과 같이, 대부분 '종교는 민중의 아편이다'라는 맑스의 도식이나 '종교투쟁은 계급 투쟁에 종속되어야 한다'라는 레닌의 반종교이론을 단순 소개하고 이를 차용(借 用)하는 데서 크게 나아가지 못했고, 천도교 교리의 철학적 기반이나 이론적 성 과물에 대해서도 충분히 이해하고 있지 못했다.

이에 비하면 천도교측의 김형준이 보인 대응에는 자못 놀라운 면모가 있었다. 비록 좌익 언론측의 공격에 방어하는 형국이기는 했으나, 혼자서 일당백(一當百) 의 기세로 좌익 논자들의 공격에 맞섰다. 그 논리도 비판자들보다 더 논리적이 고 치밀한 감마저 든다. 때로는 맑스·엥겔스나 레닌의 견해도 가차없이 비판했 다. 이런 기세는 어디서 나왔을까. 그의 행동을 종교적 신념의 맹목적 표출로만 보기에는 지나치게 글이 논리적이고 차분하다. 이를 김형준의 개인적 역량으로 만 돌리지 않는다면, 거기에는 1910~1920년대 그보다 한 세대 앞선 이론가 이돈화의 노력을 주의 깊게 살펴보아야 한다. 이돈화는 1910년대의 신종교 논 의 등을 정리해서『인내천-요의』를 출간했고, 1920년대 사회주의 사상을 일부 흡수하여『신인철학』을 발간했다. 이와 같은 이론적 성과물에 기대 김형준은 자신감을 가지고 논쟁에 임할 수 있었다고 생각된다.

그러나 김형준의 입지를 일본의 상황, 특히 반종교운동이 본격화하기 직전의

---

72) 장석만,「개신교와 전통사상의 충돌」,『논쟁으로 본 한국사회 100년』, 역사비평사, 2000, 50 쪽; 장규식,「1920년대 개조론의 확산과 기독교사회주의의 수용·정착」, 역사문제연구소,『역 사문제연구』21, 2009, 114~119쪽.

종교 논의 지형과 비교하면 흥미로운 점을 발견할 수 있다. 하야시에 따르면 1930년에 『중외일보(中外日報)』가 개최한 두 번의 좌담회73)에서 종교를 전면적으로 부정하는 맑시스트와 대치해 보편적 층위에서 종교의 불멸성과 가치를 설명할 수 있었던 자는 종교학자였다.74) 기독교 신학자나 불교학자도 자기 신앙의 절대성·보편성을 주장할 수는 있었으나, 종교 일반에 대해 말하는 것은 불가능했던 것이다. 이 점을 그는 "맑스주의와 대결할 수 있었던 자는 종교가(宗敎家)가 아니라 종교학자"라 표현했다.75)

일본과 식민지 조선 간에 존재했던 근대학문적 기반상의 격차 등을 감안하더라도 하야시의 지적은 김형준의 의의와 한계를 파악하는 데 시사점을 준다. 우선, 김형준은 좌익 언론의 반종교 개념에 대해 신종교 등 '낭만주의적 종교 개념'에 기대어 대응했다. 그리고 좌익 언론이 비판의 무기로 삼은 레닌의 반종교 투쟁 논리를 분석해서 그 무기를 비판하거나, 역으로 그것으로써 좌익 논자들의 허점을 공격했다. 당시 상황에서 이와 같은 대응논리를 갖추려면, '종교가'로서 자신이 믿고 있는 '천도교'라는 입지를 대상화해야만 가능했을 것이다. 1910년대부터 이돈화가 전개해온 '종교의 철학화' 작업이 그 기반이 되었던 것으로 보인다.

그럼에도 불구하고 김형준은 '종교학자'는 될 수 없었다. 그는 종교 개념을 기성 종교와 신종교로 이원화하고 양자를 대립시킴으로써 천도교에 가해진 공격을 피해가려 했으나, 신종교가 종교의 하위 범주임을 부정할 수 없는 만큼 그가 사용하는 신종교 개념은 불안정할 수밖에 없었다. 논쟁이 진행되면서 그가 천도교를 가리키는 용어로 '신종교'라는 용어를 잘 사용하지 않고, 그 대신 '창생계급(蒼生級)의 세계관' 등을 사용하는 경향이 나타나는 것도 이와 무관하지 않을 듯싶다. 또한 사상 논쟁 이전에도 그는 서구, 특히 독일 등지에서 유행하

---

73) 1월 16일의 주제는 '맑스주의와 종교', 3월 18일의 주제는 '불교와 맑스주의'였다.
74) 논쟁의 전말과 쟁점에 관한 검토는 다음을 참조. 林 淳, 앞의 글, 167~174쪽.
75) 林 淳, 위의 글, 168쪽.

던 종교학·종교사회학 등의 동향에 관심을 기울이고 이를 소개하는 글을 몇 편 실었는데, 막스 쉴러, 막스 베버 등의 견해가 가진 장단점을 논한 뒤 항상 결론은 '진정한 의미의 종교사회학은 우리 수운주의에 의해 완성될 뿐'이라는 어투로 끝났다.[76] 이런 결말이 반복되는 것은 그가 '종교의 철학화' 경향과 새로운 지적 관심 등을 가졌음에도 불구하고, 여전히 천도교라는 종교적 입지를 벗어나 스스로를 객관화하기 어려웠기 때문으로 보인다.

이런 견지에서 보면 사상 논쟁이 종교 논의 지형에 끼친 영향은 제한적이었다. 종교 개념 그 자체를 둘러싼 종교학적 토대를 가진 것도 아니었고, 공적인 논의공간에서 진행된 차분한 토론도 아니었다. 그래서 이 논쟁이 식민지시기 종교 논의 지형의 '전환'을 초래했다기보다는 일정 국면에서 그 지형을 '분화'시켰다고 보는 편이 합당할 듯하다. 논쟁의 범위도 좌익 전체로 확대되지 않았으며 장기간 지속되지도 않았다. 게다가 1933년 무렵부터 천도교 교단은 전체적으로 '친일화'되고 이에 연동되어 천도교청년당도 사실상 사회운동을 중지했다. 일제 말기를 경과하면서 이전에 추구된 '종교의 철학화' 경향이 이돈화에 의해 '자기반성' 되는 점도 신종교로서 천도교가 전개한 종교 논의의 불안정성을 보여주는 것이라 할 수 있다.

---

76) 瀧霞(김형준), 「宗敎社會學에의 계기, 최근 독일종교학계의 새 경향」, 『新人間』 56, 1932. 6 참조.

제6장
'신인철학'과 종교적 근대

1. 종교와 사회의 상상적 통합

1) 철학의 대두 과정

1920년대 후반~1930년대 초 천도교 사회운동이 이론적·실천적 측면에서 사회주의 세력으로부터 압박을 받는 상황에서 이돈화는 맑스주의에 대한 천도교측의 대응논리를 갖추고자 노력하기 시작했다. 이것은 '수운주의 세계관'을 표방한 '신인철학'의 형성으로 나타났다.

신인철학의 형성 과정은 3단계로 이루어졌다. 1단계에서는 맑스주의를 천도교의 종교사상에 접목시키기 위한 본격적 시도로, 1926년 3월에 『수운심법강의(水雲心法講義)』를 발간했다.[1] 서문에서 이돈화는 이 책을 '최수운 대신사의 후천개벽의 말씀을 연역(演繹)하고 천명한 것'이라 소개하면서 '누구든지 모든

---

1) 『수운심법강의』는 천도교중앙총부가 1968년(포덕 109년)에 복간할 때 초판 발행일을 1924년 3월(포덕 65년 3월 30일)로 인쇄했다. 그러나 실제로는 1926년 3월에 발행된 것으로 보인다. 왜냐하면 『동아일보』의 1926년 3월 3일자 신간 소개란에 이 책이 소개되었으며(3면 10단), 또 만약 복간본 날짜대로 1924년 3월에 발간된 『인내천-요의』와 같은 날짜에 나왔다면 『인내천-요의』의 광고가 『개벽』에 실릴 때 함께 나오지 않았을 리 없다. 『수운심법강의』의 광고는 『신인간』 1926년 7월호에 처음 실렸는데, 여기서 "근 100일에 초판 5천부가 매진되었다"는 광고문안이 등장한다. 이를 통해 『수운심법강의』는 1926년 3월에 발간된 것이 분명하다.

혁명에 뜻을 둔 자'를 독자층으로 삼았다. '모든 혁명에 뜻을 둔 자'라는 표현은 넓게 보면 사회개혁을 추구하는 세력을 가리킬 수도 있지만, 좁게는 다분히 사회주의자들을 의식한 것으로 보인다. 그의 집필이 사회주의자들을 크게 의식했다는 점은 다음 인용문에서 더욱 분명하게 드러난다.

> 물질의 생활이 개조되지 못하면 정신의 생활이 개조되지 못한다 함은 유물론자의 선견지명이라 할 수 있다. <u>물질상에서 평등을 찾지 못하고 정신상에서만 평등을 찾는 것은 마치 나무의 실체를 두고 그 그림자만 없애고자 하는 것과 마찬가지이다.</u> 심하게 말하면 물질상 평등으로는 쉽게 정신상 평등을 얻을 수 있으나, 정신상 평등만으로는 쉽게 물질상 평등을 얻어낼 수 없다. (…) 물질상 평등이란 무엇인가 하면 곧 사회제도의 개조를 말한다.[2] (밑줄은 인용자)

위 인용문에서 정신생활의 개조와 물질생활의 개조를 각각 그림자와 실체의 관계로 파악하는 대목은 '유물론적' 인식에 해당하는 것으로, 이러한 인식은 1920년대 초에 그가 가졌던 인식, 즉 "금전상의 경제 같은 것은 직접 물질적 가치의 문제이니까 하루아침에 인력으로 가능하지 못하다 할지라도, 시간경제와 같은 정신적 도덕적 문제는 한번 주의만 단단히 하면 가능할 일"로 보았던 인식과는 커다란 차이가 있다.[3]

그런데 이돈화가 이와 같은 생각의 변화를 보였다고 해서 그가 사회주의에 경도되었다고 보기는 어렵다. 그는 현대사회에서 사람과 자연, 사람과 사람의 분리, 종교신앙의 고립, 도덕의 편견 등 각자위심(各自爲心)에 놓인 인간은 후천개벽의 대도대덕(大道大德)으로 인하여 동귀일체(同歸一體)의 생활이 열리게 되며, 이 동귀일체의 생활은 정신·물질상의 동귀일체를 거쳐 결국 '지상천국'으로

---

2) 夜雷 李敦化 著, 『水雲心法講義』, 1926, 89~90쪽. 이하에서는 『水雲心法講義』와 쪽수만 표시하기로 한다.
3) 李敦化, 「民族的 體面을 維持하라」, 『開闢』 8, 1921, 2쪽·6쪽.

귀결된다고 했다.[4] 즉 천도교의 성신쌍전 원리 위에서 성(性)의 완전 해탈과 신 (身)의 완전 해방은 결국 지상천국이라는 일원(一元)적 해결을 짓고 말 것이라는 것이다.[5] 그는 동학의 '후천개벽' 개념을 사용하여 사회주의 사상을 수용하면 서도, 그것을 '지상천국'이라는 천도교의 목적에 종속시켰다. 결국 이돈화가 당 시 『수운심법강의』를 발간한 것은 그 이전에 수용한 사회주의 사상을 동학의 '후천개벽론'에 접맥시키기 위해서였다고 볼 수 있다.[6]

2단계에서는 신인철학을 이루는 핵심 개념과 기본적인 구성 및 외연을 제시 했는데, 이는 1927년에 이루어졌다. 이돈화는 '어떤 사람'과 최제우의 문답 형 식을 빌려 '한울을 위하는 일'에 대해 다음과 같이 말하고 있다.

엇던 사람이 대신사(大神師)께 묻기를

"자기를 이롭게 하는 것이 도덕입니까? 다른 사람을 이롭게 하는 것이 도덕입니까?" 한즉 대신사 대답하시되

"세상(사회)을 이롭게 하는 것이 도덕이니라. 세상은 자기와 타인이 연결되어 있는 것인 까닭에 세상을 이롭게 하면 자기도 이롭고 타인도 이롭나니라." 하셨다. (…) 한울이란 말은 천도교에서 전용(專用)하는 말인데, 한은 '크다'는 말이요 울은 '울타 리'라는 말인즉, 한울이라 함은 천지만물이 관계상으로 보거나 법칙상으로 보아서, 나아가 우주 생성의 근본 원리로 보아서 한울이요, 다른 울이 아니라는 말이다. 큰 하나의 자기(自己)라는 말이다. (…) 그저 한울을 위하야 일한다고 하는 말이 너무도 추상적이며 너무도 광범하다 하면 이를 아래와 같이 나누어서 한울을 위하야 일하는 순서와 단계를 설정할 수 있을 것 이다.

---

4) 『水雲心法講義』, 104~106쪽.
5) 『水雲心法講義』, 106쪽.
6) 이돈화의 논설을 비롯한 『개벽』의 주요 지면에서 사회주의의 영향은 1923~1924년 무렵부터 본격적으로 나타났다. 이에 관해서는 다음의 선행 연구를 참조. 김정인, 「『개벽』을 낳은 현실, 『개벽』에 담긴 희망」, 임경석·차혜영 외, 앞의 책, 258~263쪽.

첫째, 민족의 한울을 위하야 하는 일이었다. (…)

둘째, <u>사회의 한울을 위하야 하는 일이었다.</u> (…)

셋째는 우주의 한울을 위하야 하는 일이었다.[7] (밑줄은 인용자)

위 글에서 그는 '도덕' 문제에 관한 문답에서 출발하여 '사회'(세상)와 '인간'(자기와 타인), '우주'로 전개했다. 또한, 한울을 위하는 일을 좀 더 구체적·단계적으로 설명하기 위해 '민족의 한울 → 사회의 한울 → 우주의 한울' 순서로 문답을 전개했다. 이러한 문답 과정은 각각 『신인철학』의 「도덕관」편, 「사회관」편, 「인생관」편, 「우주관」편에 상응하며, 마지막 부분인 '민족·사회·우주의 한울' 내용도 「개벽사상」편의 핵심인 '3대개벽과 지상천국' 내용과 거의 같다.[8]

그뿐만 아니라 이돈화는 1927년 10월에 "원래 주의에는 세 가지 요소가 있으니 첫째는 사상이오, 둘째는 신념이오, 셋째는 역량이다. 최수운주의는 궁극적 이상인 지상천국을 최종의 목표로 하고, 그 목표를 도달하기 위하여 그 시대 그 시대의 현실문제를 해결하면서 영원의 이상으로 용진하며 돌진하는 주의이다"라고 한 바 있다.[9] 또한 그는 1927년에 천도교를 대외적으로 소개하는 책자에서 천도교를 종지, 강령, 목적으로 나누어 언급하고 있다.[10] 필자가 살펴본 바로는 그의 글에서 이러한 구분법이 그 이전에는 보이지 않다가 1927년 무렵에 처음 출현했다. 그런데 〈표 20〉에서 볼 수 있듯이, 이돈화는 『신인철학』에서 수운주의에 관한 대분류로 '사상·신념·역량'을, 그리고 그중 사상의 하위 분

---

7) 李敦化, 「〈사설〉 한울을 위한다함은 엇던 쯧인가」, 3~5쪽.
8) 『신인철학』은 5개편, 즉 우주관, 인생관, 사회관, 개벽사상, 도덕관으로 구성되어 있다.
9) 宗法師 李敦化, 「누가 나를 부르나」, 『新人間』 18, 1927, 6쪽.
10) 李敦化, 「天道敎と朝鮮」, 朝鮮思想通信社, 『朝鮮及朝鮮民族』 1, 1927, 153~164쪽. 당시 조선농민사 주간(主幹)이었던 이성환(李晟煥)은 "나는 천도교를 '믿'는다고 생각되는 이보다 천도교의 종지·강령·목적을 '한'다고만 생각되는 것을 이 기회에 말해두고 싶습니다"고 했다. 그리고 이에 관한 구체적 내용으로서, 종지는 '인내천', 강령은 '성신쌍전', 목적은 '지상천국 건설'이라고 했다(李晟煥, 「宗旨와 目的싸문에」, 『新人間』 18, 1927. 10, 27~28쪽). 이 사실은 '종지·강령·목적'이라는 구분이 당시 천도교 관계자들 사이에서 많이 사용되기 시작했다는 사실을 알려준다.

<table>
<tr><td colspan="5">〈표 20〉『신인철학』에 나타난 '수운주의' 체계</td></tr>
</table>

수운주의	사상	종지: 인내천	원리상 인내천	인내천의 우주관
				인내천의 인생관
				인내천의 세계관
			응용상 인내천	사람성 자연의 역사
				사람성 자연의 신윤리·신제도
		강령: 성신쌍전	인간격 중심의 정신해방 및 건설	
			인간격 중심의 제도해방 및 건설	
		목적: 지상천국	정신개벽, 민족개벽 사회개벽, 지상천국	
	신념	인간격 중심의 신념		
		후천개벽의 신념		
	역량	종자(種子)사람으로의 역량		
		성미(誠米)로의 역량		
		조직체로의 역량		
		운용(運用)으로의 역량		

전거: 『신인철학』, 206쪽.

류로 '종지·강령·목적'을 사용했다. 그러므로 1927년 무렵부터 『신인철학』에 대한 기본 구상을 가지고 주요 편제나 수운주의 체계를 구성하는 주요 분류를 제시하기 시작했다고 볼 수 있다.

3단계에서는 윤리와 도덕를 강조했다. 『신인철학』이 발간되기 직전인 1931년 초 이돈화는 윤리와 도덕을 강조했다. 그는 「문화상 보국안민이 중요 임무」에서 다음과 같이 언급했다.

원래 대신사(大神師: 최제우 — 인용자)가 말씀하신 보국안민은 문화상 보국안민으로 봐도 일말의 진리를 가진 것으로서 (…) 문화상 보국안민이라는 것을 일일이 거론할 수는 없으나 한마디로 말하면 천도교의 3대개벽인 정신개벽, 민족개벽, 사회개벽을 문화의 편으로 이끌어 그 윤리적 이론과 윤리적 이상을 새로운 수운주의 위에 건설토록 하는 책임을 말합니다.[11]

여기서 중요한 점은 그가 보국안민과 3대개벽을 문화·윤리에 연결시키고 있다는 사실이다. 문화·윤리 등은 '도덕'과 밀접하며 이 세 가지는 1920년대 초 문화주의 철학의 수용과 관련해서 모두 '철학'과 동일한 계열에 있는 개념이었다. 철학과 짝하는 도덕·윤리의 강조는 맑스주의의 사회개혁 방법론에 대비하여 신인철학이 가진 도덕적 주체 형성의 문제, 즉 내적 개조의 입장을 재강조한 것으로 보인다.

지금까지 이돈화가 사회주의운동 세력에 대응하기 위해 1927년 무렵부터 자신의 사상을 신인철학으로 체계화한 과정을 살펴보았다. 그런데 이와 관련하여 이돈화가 자신의 입장을 굳이 '철학'의 형태로 표현하려 한 까닭은 무엇일까. 천도교 이론가이자 『개벽』 편집인이었던 경력에 비춰보면, 오히려 종교사상이나 사회사상의 형태가 그에게 더 어울리지 않았을까. 이 문제는 이돈화가 오래전부터 철학에 부여해왔던 특별한 기능과 관계 깊으므로 1910년대부터 전개된 그의 이론적 작업을 통시적으로 개관할 필요가 있다.

이돈화가 근대적 분과학문으로서의 철학에 관심을 갖게 된 계기는 1915년 무렵 일본의 현상즉실재론 철학을 수용하면서부터였다. 이돈화에게 철학은 두 가지 기능을 수행해왔다. 하나는 외래 사상을 수용해서 천도교의 새로운 사회운동론을 형성하는 데 필요한 형식적 틀을 제공했고, 다른 하나는 종교사상의 층위에 속하는 논리를 한층 일반화·보편화하는 역할을 했다. 현상즉실재론의 이원론적 일원론 도식을 활용하고, 여기에 덧붙여 문화주의 철학에서 실천적 위상을 지닌 도덕 개념을 적극 받아들인 것이 전자의 경우에 해당한다면, 철학적 용어

---

11) 李敦化(知道觀正),「〈新年·願望·努力·成就〉文化上 輔國安民이 重要任務」,『天道敎會月報』 241, 1931, 18쪽.

제3부 '사회'의 균열과 철학의 전경화(1927~1945) **231**

나 개념으로써 천도교의 종지 인내천을 서구의 근대적 표현으로 설명하는 데 힘썼거나, 1910년대 후반을 시작으로 1920년대에 본격화된 천도교의 사회적 확산을 철학이라는 항목으로써 매개했던 일 등은 후자에 해당했다.

이처럼 이돈화에게는 철학의 두 기능이 밀접하게 연관되어 있었는데, 천도교 사회운동의 부침(浮沈)과 관련하여 1910~1920년대 이돈화의 이론적 작업에서 후자, 즉 철학의 매개적 성격은 크게 세 시기로 변화 양상을 보였다.

첫째 시기는 이돈화가 『천도교회월보』에 글을 활발하게 발표한 1910년부터 1919년까지의 시기로, 철학이 주로 천도교의 종교적 테두리 안에서 인내천 종지가 가진 포괄성을 설명하는 데 활용되었다. 철학을 매개로 하는 이러한 논의는 이미 이돈화 이전부터 있었다. 천도교 창건 직후 초기 교리서에서 손병희는 철학을 '영통(靈通)' 및 '신앙(信仰)'과 함께 언급했는데,[12] 이때 철학은 종종 천(天)과 인(人)의 관계로 설명되면서 영통 및 신앙 양쪽을 논리적으로 매개하고 있었다.[13] 또한 양한묵은 『대종정의』에서 철학을 천(天) 중심의 '신앙'과 물적 방면의 '제도'를 매개하는 것으로 언급한 바 있다.[14] 이와 같은 전사(前史)를 가진 철학의 매개적 위상이 가장 잘 드러난 것은 이돈화의 논설에서였다. 그는 1915년부터 1919년까지 일본의 현상즉실재론 철학에서 영향을 받아 '종교·철학·과학'의 구분법을 활용하면서 인내천이 세 분야를 포괄하는 진리를 가진 것으로 선전했다.

둘째 시기는 『개벽』이 발간된 1920년부터 1926년까지 시기로, 이돈화는 천

---

12) 편의상 '영통·철학·신앙'으로 표시한다. 영통·철학·신앙이라는 구분 자체는 손병희가 언급한 것이며, 양한묵이 설명을 붙였다. 『성훈연의(聖訓演義)』의 영통도(靈通圖)·철학도(哲學圖)·신앙도(信仰圖) 참조(中央總部編纂, 『聖訓演義』, 普文社, 1907, 1~2쪽; 崔起榮·朴孟洙 편, 『韓末 天道敎資料集』 1, 國學資料院, 1997, 235~236쪽).

13) 손병희는 철학을 '하늘과 사람은 하나요 둘이다'라고 한 뒤 '하늘과 사람은 서로 밀접히 관련되어 있다(相須相資)는 원리를 입증하는 방도'로, 그리고 '하늘과 사람 중간에 있으면서 유익함(饒益)을 세상에 돌아가게 하는 것'으로 정의했다(『聖訓演義』, 5~9쪽; 崔起榮·朴孟洙 편, 앞의 책, 239~243쪽).

14) 양한묵은 제도를 '사람이 사람을 본 것'이라 설명한 반면, 철학은 '사람이 하늘을 본 것'으로 설명했다(『大宗正義』, 21~23).

도교라는 종교적 테두리를 넘어 천도교의 종교적 교리를 사회개조의 논리로 탈바꿈시키기 위해 철학을 활용했다. 종교·철학·과학의 구분은 이제 종교·철학·사회의 구분으로 전환되었고, 철학은 종교와 사회를 매개하는 위상을 가지게 되었음은 이미 살펴본 바와 같다. 이런 이론적 작업은 당시 천도교가 1910년대의 종교적 활동에 치중한 단계에서, 3·1운동 후 『개벽』 등의 매체를 지렛대로 대(對)사회적 활동을 본격화하던 단계에 상응하는 것이었다. 이 시기까지는 이돈화의 인식에서 철학이 종교와 사회를 매개했으며, 종교의 대립항으로 설정된 '사회'는 통합적인 실체로 상정되어 있었다. 또한 종교의 영역에서 사회적 영역으로의 전환·이동·확장 작업도 커다란 간극이나 균열이 체감되지 않고 낙관적인 것으로 상정되었다. 이는 3·1운동과 같은 거족적인 사회운동 상황이 초래한 사회적 일체감 등이 배경으로 작용했다고 보인다.

그러나 이돈화가 『신인철학』을 구상하던 1920년대 후반에는 상황이 역전되어 사회의 균열이 본격화되고, 천도교와 사회주의 세력의 대립이 심화되었으며, 천도교의 활발한 사회적 활동은 점차 종교 교단으로 축소되고 있었다. 따라서 셋째 시기는 1927년부터 『신인철학』이 발간된 1931년까지로 잡을 수 있다. 1927~1928년은 이돈화의 사상 전개에서 중요한 전환점이 되었는데, 이 시기부터는 종교에서 사회로 확장되어가던 사상적 운동성이 약화되고 철학은 종교에서 사회로의 확장을 매개하는 기능을 상실했다. 이 과정은 철학이라는 장르의 독자적 분립과 밀접한 관련이 있다. 철학은 처음부터 이돈화에게 종교와 사회를 연결하는 매개적 기능과 더불어 이론 구성의 중요한 형식적 틀로 활용되었는데, 이제 새로운 팽창의 내용이나 여지가 사라지면서 이전의 매개적 기능은 사라지고 내용 없는 구조화, 즉 형식적 틀이 전면에 나서게 되었음을 의미했다. 이돈화가 자신의 이론적 작업을 철학의 형태로 제시한 이유는 바로 여기에 있었다. 이러한 철학의 형식을 통해 그는 종교와 사회의 균열, 사회 내에서의 균열을 통합하고자 했다.

2) 수운주의 세계관

이돈화는 1931년 8월 『신인철학』을 발간했다.[15] 이 책은 「우주관(宇宙觀)」, 「인생관(人生觀)」, 「사회관(社會觀)」, 「개벽사상(開闢思想)」, 「도덕관(道德觀)」의 5편, 17개 장으로 구성되어 있다. 300여 쪽 분량의 이 책은 각 편이 60쪽 내외로 서술상 균형을 이루고 있어서, 특정 장에 치우쳐 서술된 『인내천-요의』와 큰 차이를 보인다. 이는 곧 그가 『신인철학』을 『인내천-요의』보다는 좀 더 충분한 시간을 갖고 준비한 것을 뜻한다. 『신인철학』의 구성을 먼저 살펴본 뒤, 내용 분석을 통해 『신인철학』의 사상적 성격을 파악하기로 한다.

먼저 『신인철학』의 구성을 공시적 측면에서 살펴보자. 이미 〈표 20〉에서 제시한 수운주의 체계에서 볼 수 있듯이 이돈화는 인내천의 우주관·인생관·세계관을 '원리상 인내천'으로 분류했다. 즉 우주와 인생, 세계를 천도교의 종지 인내천의 입장에서 바라보는 것은 '인내천의 원리'에 해당한다는 의미이다. 또한 수운주의 체계를 설명하면서 인내천의 기본 입장이 곧 '인간격 중심주의'라고 하고, 나아가 인간격 중심의 신념을 '우주생활의 최고 이상'으로 규정했다. 이와 대비하여 후천개벽은 '현실개조의 신념'으로 규정했다.[16] 여기서 '인내천의 기본 입장'이라는 표현은 '인내천의 원리'라는 표현과 같은 의미로 쓰였으므로, 이돈화는 우주관·인생관·세계관을 '이상'의 층위로, 후천개벽은 '현실'의 층위로 설정했다고 할 수 있다.

수운주의 체계에서 이돈화가 언급한 우주관·인생관·세계관 가운데 '세계관'이란 용어가 '사회관'과 통용된다고 본다면,[17] 수운주의 체계에 나타난 그의 발상은 『신인철학』의 전체 구성에도 반영되었다고 할 수 있다. 즉 『신인철학』의

---

15) 복간본에는 초판 발간일이 1924년으로 되어 있으나, 당시 정황이나 광고 등 종합적인 사실을 고려할 때 1931년이 확실하다.

16) 『新人哲學』, 207쪽.

17) 이돈화는 『신인철학』 발간 직전 '사회개벽은 곧 세계개벽'이라고 말한 바 있다(朝鮮總督府學務局圖書課, 『天道教概論』, 1930, 17~19쪽).

우주관·인생관·사회관 내용은 인간의 경험적 사실에 관한 서술이 아니라 인간을 둘러싼 존재론적인 본질에 관한 서술이다. 「우주관」편에서는 예전의 천도(天道)·신(神)에 상응하는 '한울'에 관해 서술했고, 「인생관」편에서는 현상적 자아가 아니라 본체적 자아인 '무궁아(無窮我)'를 주로 다루었으며, 「사회관」편에서는 사람성 자연 개념과 유관한 '사람성 자연의 사회관'을 핵심적으로 다루었다. 그러므로 『신인철학』의 우주관·인생관·사회관 서술은 사람들의 존재의 본질·실재에 관한 서술이며, 이는 곧 현상적 세계에 사는 사람들이 회복하고 추구해야 할 내적 본질이자 이상에 해당한다.

한편 「개벽사상」편은 이에 대비하여 현실의 층위에 치중한 구성이다. 물론 거기에서도 이돈화는 '현실이상주의(現實理想主義)'를 거듭 강조했다. 여기서 그가 강조하는 현실이상주의는 수운주의의 실천적 입장을 집약적으로 드러내는 표어라고 할 수 있다. 그러나 그가 이상주의에 속한다고 했던 '지상천국'은 마치 시천주의 '천(天)'에 대한 최제우의 침묵과 유사하게 그 내용을 추상적인 채로 두었다. 그러므로 「개벽사상」편에서 구체적 내용을 가지고 논의되는 부분은 현실문제에 대한 해결과 관련한 3대개벽론이다.

제5편인 「도덕관」은 우주관·인생관·사회관의 '이상'과 개벽사상의 '현실'을 매개하는 위치에 있었다. 그런데 양자를 단순 매개하기보다는 좀 더 이상에 접근해 있었다고 보는 것이 더 정확할 것이다. '관'과 '사상'이라는 용어의 차이에 주목할 때, 이돈화가 도덕을 다루는 제5편의 이름을 제4편의 '개벽사상'과는 달리 '도덕관'으로 붙인 사실도, 그가 「도덕관」편을 「우주관」, 「인생관」, 「사회관」편에 더 가깝게 설정했음을 보여주는 증거이다. 이런 점에서 『신인철학』 중 「도덕관」이 차지하는 위상은 문화주의 철학에서 이상과 현실을 매개하면서도 이상에 한 걸음 더 가까이 다가서 있는 '도덕' 개념의 위상과 동일했다. '도덕관'편은 『신인철학』 전체의 결론에 해당하는 내용으로, 신인간적 실천이 가져야 할 윤리의 문제를 담고 있었다.[18] 이렇게 보면 그가 천도교 사회개조론의 성격을 나타내기 위해 사용한 '현실이상주의'라는 용어는 『신인철학』의 전체

구성을 특징짓는 표현이기도 했다.

다음으로 『신인철학』의 구성을 통시적 관점에서 살펴보자. 이돈화가 한울 개념으로서 통합적으로 설명하고 있는 「우주관」, 「인생관」, 「사회관」의 3개편은 그가 1920년 '인내천주의의 우주관·인생관·사회관'이라는 용어로 표현했던 단계에 상응하는 구조이다.[19] 이는 곧 1910년대를 결산하는 지점에서 그가 제시한 '우주-인간-사회'를 아우르는 종교적 세계관의 틀이라고 할 수 있다. 이러한 이론적 작업을 발표한 매체의 차원에서 본다면 주로 천도교회 기관지인 『천도교회월보』가 중심이 되었다.

한편 「개벽사상」편은 주로 1920년대 전·중반, 종합월간지 『개벽』에서 계기적으로 발표되었던 '정신개조·민족개조·사회개조'를 주요 내용으로 하면서, 그것을 1927년 무렵 '3대개벽론'이란 개념으로 통칭했던 단계에 상응하는 것이라할 수 있다. 「도덕관」편은 『개벽』 폐간 이후인 1920년대 후반부터 『신인철학』발간에 이르는 시기에 해당하는 것으로, 철학의 강조 과정에서 도덕·윤리 문제를 재차 강조하던 단계에 상응하는 것이다.

따라서 그는 『신인철학』의 체계 속에 1910년대 『천도교회월보』와 1920년대 『개벽』을 중심으로 발표했던 자신의 논설들을 넣어 재구성했을 뿐만 아니라, 1927년 이후부터 1931년 『신인철학』 발간에 이르는 시점까지 발표한 이론적 성과도 반영했던 것이다.[20] 그러므로 '개체 발생이 계통 발생을 반복한다'는

---

18) 북한 연구자 한분희가 『신인철학』에 대한 매우 제약된 지면에서나마 '도덕'의 문제에 집중한 것도 『신인철학』에서 도덕의 논의가 높은 비중을 차지한다고 판단했기 때문으로 생각된다. 한분희, 앞의 글, 1997 참조.

19) 李敦化, 「庚申四月五日」, 6~7쪽; (필자 미상), 「庚申四月五日」, 『天道敎會月報』 116, 1920, 119~120쪽.

20) 1927년 이후 그가 발표한 논설 가운데 『신인철학』에 직접 반영된 것은 다음과 같다. 「三戰論(續)-財戰과 道戰」(『新人間』 37, 1929), 「敎育의 道와 勞動의 道-道戰論의 續」(『新人間』 38, 1929), 「生死問題에 對하야」(『新人間』 40, 1929), 「意識上으로 본 死生問題」(『新人間』 41, 1929), 「生命上으로 본 生死觀」(『新人間』 42, 1929), 「社會進化思想과 사람性自然」(『新人間』 43, 1930), 「宗敎的 思想과 今不古不」(『新人間』 43, 1930), 「目的論 及 非目的論에 대한 無爲而化論」 一·二(『新人間』 48·49, 1930), 「水雲主義의 新人生觀」(『天道敎會月報』 241, 1931).

말처럼, 『신인철학』은 이돈화가 걸었던 사유의 여정을 잘 수렴한 저서라 할 수 있다.

『신인철학』의 배경과 구성 등을 보면 이돈화가 동학의 사상적 전통과 서구 근대사상의 영향, 현실과 이상, 사회개조와 종교적 이상 등을 서로 긴밀하게 연결시키고자 했음을 알 수 있다. 그리고 그러한 내용을 가진 새로운 이상과 가치체계를 '철학'의 형태로 제시함으로써 종교 방면과 사회 방면의 균열, 더 직접적으로는 천도교 사회운동이 직면한 위기에 대처해나가고자 했음을 알 수 있다. 그 결과 『신인철학』은·포괄적이고 체계화된 구성과 내용을 갖추었는데, 이에 관한 세부적 검토를 충분히 하기에는 지면이 부족하며, 자칫하면 지엽적인 부분에 빠져 큰 개요를 놓칠 수도 있다. 따라서 여기서는 이돈화의 의도를 잘 반영하는 핵심 개념과 논지를 중심으로 『신인철학』의 내용을 고찰하고, 이를 토대로 사상적 성격을 규명하는 데 치중하고자 한다.

결론부터 말하자면 이돈화가 『신인철학』에서 제시한 이상과 가치체계의 핵심에는 '인간격(人間格)' 개념이 있었다고 생각된다. 인간격은 인내천의 또 다른 이름이자 『신인철학』의 5개편을 관통하는 키워드인 동시에, 동학의 사상적 전통에 의지하면서 문화주의 철학이나 사회주의 사상의 영향을 흡수하고 차별화하는 이돈화의 입장을 가장 잘 반영하고 있는 개념으로 판단된다. 이 점에 유의하면서 먼저 『신인철학』의 주요 내용을 살펴보자.

「우주관」편에서 이돈화는 우주의 본체를 '한울'로 제시했다. 한울은 최제우가 말한 '지기(至氣)'에 해당하며, 이돈화의 저서 『인내천-요의』에서는 '천도' 혹은 '신' 등으로 표현되었던 개념인데, 『신인철학』에서 그는 한울, 곧 지기를 '일원적 세력'이자 '생명적 활력'으로 묘사했다.[21] 그에 따르면 만물·개체는 '지기'가 스스로를 '표현'한 것이다. 이런 경로에 따라 '지기적 생명'은 인간 자아의 본체 부분, 즉 '무궁아'를 이룬다는 것이다.

---

21) 한울에 관해 자세히 살펴보려면 이혁배의 논의를 참고. 李赫配,「天道敎의 神觀에 關한 硏究 ―그 歷史的 變遷을 中心으로」, 『종교학연구』 7, 1988.

이돈화가 「우주관」편의 결론에서 우주와 인간의 존재론적 일체성을 '한울' 개념을 중심으로 범신론적 방식으로 제시했다면, 「인생관」편에서는 그러한 기조 위에 서면서도 여타 만물에 비해 인간이 점하는 특권적 위치를 '생명의 자기 관조' 능력으로 설명했다. 생명력 자체는 모든 존재에 공통되지만, 생명이 생명 자신을 의식하는 자기관조의 상태는 인간, 즉 '인간격'에서만 가능하다는 것이다.22) 이때 인간격이란 '우주격 혹은 한울격이 인간에 의해 표현된 것'을 의미하는데,23) 이는 곧 한울이 인간에 이르러 비교적 완전하게 드러났다는 인식을 바탕으로 하고 있다.

「사회관」편에서 이돈화는 인간격을 주체로 해서 자연과 사회를 통솔하려는 지향을 '사람성 자연'으로 설명했다. 이 점에서 그는 사람성 자연을 '인간격의 사회화'라고도 불렀다. 그는 사회를 '자연히 이루어진 일종의 유기체'로 보았으며, 개인과 사회의 유기적 관련성은 다름 아닌 인간의 존재론적 본질, 즉 인간격에 의해 담보되는 것으로 설명했다.24) 그의 구도에서는 '우주격(한울) → 인간격 → 인간격'의 사회화(사람성 자연)라는 관계로 이어지며, 그 결과 개인과 사회, 혹은 개인과 타인은 각자가 '한울'·'지기'와 같은 본체를 표현하고 있는 존재라서 양자 간에는 공통분모가 존재론적으로 이미 전제되어 있다.

이처럼 이돈화의 '인간격' 개념은 인간을 우주적 실재인 한울이 표현된 존재로 본다는 점에서 여타 삼라만상과 인간이 동일한 존재라는 범신론적 인식을 보여준다. 동시에 그 개념은 한울이 인간 단계에 와서 비교적 온전히 드러났다

---

22) 『新人哲學』, 91~101쪽. 이런 설명방식은 일본의 현상즉실재론 철학자 이노우에 테쓰지로의 『철학과 종교』에 크게 기대고 있다. 『철학과 종교』의 제4장 '의지활동과 자아개념'에서 이노우에는 '생명' 개념을 의지 및 자아와 관련해서 논의하고 있다(井上哲次郎, 『哲學と宗敎』, 東京: 弘道館, 1915; 中澤臨川·生田長江 編, 『近代思想十六講』, 東京: 新潮社, 1915. 12, 127~166쪽). 그런데 이돈화는 의지활동이란 '내외계의 관계 작용'이자 '생명력의 표현'을 말하는데, 그것 자체는 인간과 동물이 대체로 동일하지만 '내적·외적 관계를 총섭(總攝)하는' 작용이자, '의지(意志)가 선악을 선택하는' 작용인 각(覺)'은 인간만이 가지고 있다고 했다. 이것은 이노우에의 '의지' 개념을 소화해서 수운(水雲)의 사상을 설명하는 데 응용한 것으로 보인다.

23) 『新人哲學』, 63~64쪽.

24) 『新人哲學』, 164쪽.

고 봄으로써 만물에 대한 인간의 특권적 위치를 확보하는 인식도 내포하고 있다. 나아가 그 개념은 개개인이 타인, 사회, 자연과 연결할 수 있는 공통 기반을 가지고 있다는 인식도 드러낸다. 결국 『신인철학』에서 이돈화의 '인간격' 개념은 우주론적 차원에서 인간이 지닌 존엄함과 평등성, 주체성, 소통성을 보증하고 있다고 할 수 있다.

궁극적으로 이러한 보증은 인간을 우주적 존재로 보는 인식, 즉 인내천적 인식에 바탕을 둔 것이었으나, '사람과 우주' 혹은 '사람과 하늘'의 관계는 무매개적으로 연결될 수만은 없었다. 인간의 자발적 실천을 추동하는 가치를 사람들에게 제시하는 것도 철학의 중요한 기능임을 고려하면 더욱 그러했다. 「인생관」편에서 이돈화는 이 점을 의식하여, 한울이 인간에 의해 "비교적 완전한 상태로 나타났다"고 말했던 것이다. 이 표현에서, '완전한'에 초점을 맞추면 인간이 만물보다 우월하다는 메시지를 읽을 수 있지만, '비교적'에 초점을 맞출 경우 인간과 신·한울 사이의 거리, 즉 인간이 가진 미숙함과 발전 가능성 등을 읽을 수 있다. 이와 같이 이돈화의 '인간격'은 한울·우주격과 사실상 동일시되었으나, 양자의 일치는 비로소 미래의 무한한 진화 과정으로 담보되는 것이었다. 이런 측면은 「개벽사상」편과 「도덕관」편에서 잘 나타난다.

「개벽사상」편에서 이돈화는 정신개벽과 민족개벽, 사회개벽을 순차적으로 설명한 뒤, 마지막으로 '지상천국'에 관해 언급하면서 자신이 강조하는 수운주의를 민족주의나 사회주의, 자유주의, 이상주의 등과 구별했다.[25] 그에 따르면 수운주의란 "인간격 중심에다 모든 사상, 모든 주의를 귀납하여 그를 융화하며 그를 통일케 하여 그에게 생명을 부여하는 주의"였다.[26] 그리고 수운주의의 목적은 "민족주의도 사회주의 이상도 아니라 오직 지상천국에 있다"고 했다.[27] 그런데 이돈화는 수운주의의 목적인 지상천국의 내용에 대해서는 구체적인 답

---

25) 『新人哲學』, 229쪽.
26) 『新人哲學』, 229쪽.
27) 『新人哲學』, 230쪽.

변을 유보한 채, "그 시대 시대에서 각각 보다 좋은 신(新)사회를 의미한 것"이라는 추상적 설명에 그쳤다. 지상천국은 인간격을 표준으로 한 것이라서, 인간격이 발달될수록 지상천국의 내용이 무한히 진전되기 때문에 명확하게 규정하기 어렵다는 것이 그 이유였다.[28] 이 점에서 '지상천국'은 사람이 결코 도달할 수 없지만, 지향해야 할 실천적 지평에 해당하고, 바로 그 점 때문에 어떤 경우에도 결코 고갈되지 않는 '영원한 이상'이 될 수 있었다.

그러므로 지상천국을 지향하는 수운주의에서는 무엇보다 인간격에 관한 문제를 중시할 수밖에 없다. 「도덕관」편에서 이돈화는 인간격을 향상·발전시키고 그것을 여러 방면으로 확충하는 것을 도덕론의 목적으로 삼았다. 그는 수운주의의 윤리적 도덕률을 개성 방면과 사회 방면으로 나눠 설명했다. 개성 방면에서는 '수심정기(守心正氣)의 수련'을 예로 들면서 그것이 "모든 것을 인간격 중심에 귀납케 하여 인간격의 향상과 발전을 도모함으로 그의 목적을 삼는 도덕률"이라 규정했다.[29] 사회 방면에서는 '경천(敬天)·경인(敬人)·경물(敬物)'의 '3경'을 중심에 놓았다. '경천'이란 고립적인 자아 중에서 전적(全的)인 자아를 발견하는 것이며, '경인'은 경천의 관념을 행위로 표현하는 것으로 설명했다. 또한 '경물'은 인간의 경애심이 자연에 미치게 되는 것을 뜻하는 것으로, 이때 사람의 도덕률은 비로소 극치에 도달한다고 했다.[30] 이와 같이 3경을 통해 이돈화는 인간격을 우주·타인(사회)·자연으로 확충할 것을 주장했다.

이상에서 '인간격' 개념이 『신인철학』에서 핵심적 위치에 있음을 살펴보았는데, 이 개념은 한편으로 형식과 내용면에서 문화주의 철학과 사회주의 사상의 영향을 보여주지만, 다른 한편에서는 수운주의를 두 입장과 근본적으로 구별짓는 역할을 하고 있다.

먼저 문화주의 철학과의 관계는 '인간격'과 '인격'의 비교를 통해 살펴볼 수

---

28) 『新人哲學』, 232쪽.
29) 『新人哲學』, 270쪽.
30) 『新人哲學』, 274∼293쪽.

있다. 인격이란 개념은 문화주의 철학의 핵심 개념 중 하나인데, 이돈화의 '인간격'이 '인격'과 용어상 비슷한 형태라는 점에서 문화주의 철학의 영향을 간취하기 어렵지 않다. 그러나 이돈화는 두 개념을 분명히 구별했다. 그에 따르면 인간격이 '전 우주격이 인간에 의해 표현된 것'이라면, 인격은 '개인에 대한 격'이었다.[31] 전자가 우주·사회·자연과의 연결성을 염두에 둔 것이라면, 후자는 개인 차원의 고립된 성격을 지닌다는 점에서 근본적인 차이가 있었다.

다음으로 사회주의 사상과의 관계는 이돈화가 '인간격의 사회화'라고 규정한 '사람성 자연' 개념을 통해 살펴볼 수 있다. 이돈화는 '사람성 자연'의 구성양식으로 다음 정식을 제시했다.[32]

① 개성본능 + 자연세력 = 사람성 능률
② 사람성 능률 + 사람성 능률 총화 = 사회기능
③ 사회기능 + 사람성 능률 = 사람성 자연

이 정식을 풀이하면서 이돈화는 사람이 꿀벌(蜂) 등의 동물과 달리 사회를 진화시켜온 점은 사람성 자연(③)이 있었기 때문이라고 했다. 여기서 사람성 자연은 외적 사회기능(②)이 사람성 능률(①)에 반영되어 자기성(性)에 융화되는 과정으로 설명되었다.[33] 그러므로 '사람성 자연의 구성양식'은 〈표 21〉의 A와 같이

---

31) 『新人哲學』, 63~64쪽. 이돈화의 '인간격' 개념은 자신의 인간관을 인간 차원에 국한된 문화주의적 '인격' 개념과 분명히 구별하고, 1920년대 초의 '사람성' 개념보다 우주와 인간의 연결성을 더욱 강조하기 위해 만든 개념으로 보인다. '인간격' 개념은 이돈화의 글에서 『신인철학』이 간행되기 직전인 1931년에 1월 시점에 비로소 등장했다(李敦化, 「水雲主義의 新人生觀」, 『天道敎會月報』 241, 1931, 30~31쪽).

32) 이돈화는 '사람성 자연의 구성양식'을 제1법칙에서 제4법칙까지 네 가지를 언급했다(『新人哲學』, 153~164쪽). 제1법칙에 대해 그는 다음과 같이 설명했다. "사람성 본능(=개성본능 — 인용자)의 요구와 외계 자연의 에네르기 조화로 사람성 능률을 낳고, 사람성 능률의 총관계가 사회기능을 낳고, 그리하여 다시 사회기능과 사람성 능률의 합치가 사람성 자연이 된다"는 것이다(『新人哲學』, 153쪽).

33) 이돈화는 꿀벌 등 동물의 경우에 '사람성 능률' 대신 '개성능률'이란 용어를 사용하고 있다.

〈표 21〉『신인철학』에 나타난 '수운주의'와 맑스주의의 상호 비교

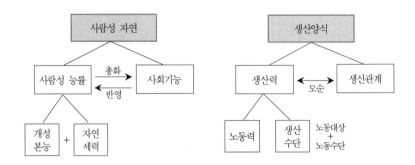

A 수운주의의 사람성 자연 구성양식   B 맑스주의의 생산양식

이해될 수 있다.

　사람성 자연의 구성양식은 개인적 차원의 사람성 능률이 한데 모여 사회적 차원의 사회기능을 이루고, 역으로 사회기능은 다시 사람성 능률 차원으로 피드백되는, 즉 이돈화의 표현대로라면 '자기성(性)에 융화되는' 구조를 하고 있다. 개인과 사회 사이의 관계가 긴장·갈등의 관계가 아니라 유기적 관계로, 나아가 유기적 관계에 기반을 둔 순환적 관계로 설명되고 있는 것이 특징이다. 이돈화는 이와 같은 피드백 관계야말로 인간사회가 동물과 달리 진화해온 동인이라고 했다.

　이런 도식을 맑스주의와 비교하기 위해, 우선 맑스주의의 생산양식을 도식으로 나타내면 〈표 21〉의 B와 같다. 우선 용어의 측면에서 신인철학 전체 서술의 주어가 '수운주의'라는 점, 그리고 〈표 21〉과 같이 사람성 자연의 구성양식을 도식화한 점 등은 이돈화의 '사람성 자연의 구성양식'이 맑스주의의 '생산양식'을 깊이 의식하고 있었음을 말해준다. 양자가 처한 철학적 입장 차이에서 비롯하는 개념상의 표현 차이를 감안한다면, 이돈화의 '사람성 능률', '사회기능'은 각각 맑스주의가 기초한 사적유물론의 '생산력', '생산양식' 개념에 대응하는 것임을 알 수 있다. 같은 맥락에서 이돈화의 '개성본능'도 맑스주의의 '노동력'

개념에 상응하고 있다. 이 점에서 이돈화의 '사람성 자연' 개념에서 인간과 자연의 관계, 즉 '생산'에 관한 내용이 적극 편입된 것은 사회주의 사상의 영향이라고 생각할 수 있다.

이와 관련하여, 이 단계의 '사람성 자연' 개념이 사회주의의 영향임을 뒷받침하는 증거로, 그 개념이 1920년대 초 사람성주의(사람性主義) 단계의 그것과 큰 차이를 보인다는 점을 들 수 있다. 사람성주의에서 사람성 자연은 사람성 무궁과 함께 핵심 개념을 이루고 있는데, 당시 사람성 자연은 사람성의 본능·덕성을 전체적으로 응용하기 위하여 창조하고 향상·발전하게 하는 주의로 설명되었다. 또한 그것은 사람에게 내재된 '인격'을 기초로 하여 사람들을 그 시대의 높은 문화 수준에 모두 평등하게 도달하도록 하는 것이며, 각 개인이 인격의 자유를 체득해서 종국에는 나의 자유로 타인의 자유와 융합하게 하는 것으로 설명되었다.[34] 이러한 설명을 신인철학 단계와 비교해보면, 사람성의 본능·덕성은 신인철학의 개성본능과 상통한다고 할 수 있으나, 사람성주의에서 인격 개념을 중심으로 사람들을 상향 평준화한다거나 각 개인의 자유를 추구하는 과정에서 예상되는 사람들 간의 충돌문제를 개인 차원의 인격적 자유를 체득해서 타인의 자유와 융합하는 방식으로 해결한다는 발상은 추상적이고 모호한 감이 짙다. 이에 반해 『신인철학』 단계의 사람성 자연 개념은 1920년대 초 사람성주의 단계보다 구체적인 내용을 담고 있다. 1924년 전후부터 이돈화의 글에서 사회주의 사상의 영향이 반영되기 시작한 점을 고려할 때, 사람성 자연 개념의 구체화에는 사회주의의 영향이 직접적이었다고 할 수 있다.

한편 사회주의 사상과 뚜렷한 차이점도 발견된다. 이돈화가 '자연세력'이라고 설정한 부분은 맑스주의의 '생산수단'에 상응하지만, 생산수단이 노동대상과 노동수단의 결합체임을 고려할 경우 이돈화의 '자연세력' 개념에는 '노동수단'에 해당하는 요소가 결여되어 있다. 또한 맑스주의가 역사 발전을 생산력과 생

---

34) 李敦化, 「時代精神에 合一된 사람性主義」, 9~11쪽.

산관계의 모순과 계급투쟁의 관점에서 바라본 반면, 이돈화의 수운주의에서 사회 발전은 사람성 능률의 총화로 이루어진 사회기능이 다시금 사람성 능률에 반영되어 자기성(性)에 융화되는 과정을 통해 진화해간다고 보았다. 즉 이돈화의 입장은 사회 진화에서 외적 자극에 따른 경험 못지않게 인간의 역사 과정 속에서 '사람성에 축적된 유전적 경험'을 중시하는 것이 특징이다.35) 이러한 차이는 물질적 개조에 치중하는 사적유물론과 달리 이돈화가 정신적 개조를 중심으로 인간 자신의 개조를 중시했기 때문으로 생각된다.

『신인철학』의 사상사적 위치는 다음과 같이 정리할 수 있다. 첫째, 개항 이후 서구 근대사상을 나름대로 소화해서 체계화한 최초의 철학서다. 한국 철학사 연구 분야에서는 일본어 번역본을 대본으로 한 서양 철학의 번역이 1930년대부터 이루어졌다고 본다.36) 그러나 서구 근대철학에 대한 소양을 체계적으로 쌓지는 않았으며, 일본을 통한 서양 사상 수용의 결과물이기는 했지만 이돈화가 저술한 『신인철학』과 이미 1910년대 후반부터 이루어진 근대철학 수용은 서구 근대철학의 단순번역물이나 소개서와는 차원이 달랐다. 그것은 종교적 사회개조의 실천적 지향을 추구하는 과정에서 이룩한 나름의 체계였다고 할 수 있다.

둘째, 『신인철학』의 철학사적 위치가 재조명되고 있음에도 유의할 필요가 있다. '광폭(廣幅)정치'를 추구하는 북한의 현실정치적 조건하에서 최근 한 연구자는 『신인철학』을 주체사상의 인간관 이전 단계에 해당하는 사상으로 평가했다.37) 나아가 『신인철학』이 도덕의 발생 원인을 개체가 아니라 사회 전체에서 찾았다는 점을 높이 평가했다.38) 이런 동향은 북한의 주체사상과 『신인철학』의

---

35) 『新人哲學』, 155쪽.
36) 김재현, 「철학원전 번역을 통해 본 우리의 근현대」, 『시대와 철학』 15-2, 2004, 323쪽. 여기서 김재현은 서양 철학 중에서도 '희랍 철학'에 제한해서 언급하고 있다.
37) 한분희, 「도덕발생에 대한 『신인철학』의 견해」; 한분희, 「도덕의 본질에 대한 『신인철학』의 견해」. 한편 이에 관한 자세한 언급은 다음 연구를 참조. 박광용, 「북한의 사상사 연구 동향」, 한국역사연구회 북한사학사연구반, 『북한의 역사만들기』, 푸른역사, 2003, 148쪽; 정혜정, 「동학과 주체사상의 비교를 통한 탈분단시대의 교육이념 연구」, 『정신문화연구』 94, 2004, 193~199쪽.

사상적 연관성 여부를 고찰하는 데 중요한 시사점을 준다.

셋째, 식민지시기와 해방 이후 조선청년들에게 끼친 영향도 중요하다. 『신인철학』은 일차적으로 천도교측 지식인 청년들과 그 영향하의 대중에게 직간접적으로 많은 영향을 끼쳤다. 나아가 천도교 신파의 세력이 밀집한 북한 지역에는 일반 청년이나 대중에게도 영향력이 컸다. 단적인 사례를 들면, 해방 직후 천도교청우당에 가입한 학생이 맑시스트 친구와 하숙집에서 서로 책을 바꾸어 보았는데, 『신인철학』을 읽고는 "글이 살아 있다"고 하면서 매우 흥미롭게 읽었다는 일화가 있다.[39] 김일성도 회고록 『세기와 더불어』에서 『신인철학』을 포함한 이돈화의 주요 저작에 대해 소개하면서, "동학의 교리를 리론적으로 정립하고 철학적으로 해석하는 데서 주동적 역할을 한 재능 있는 리론가였다"라고 했다. 또 김일성은 식민지시기부터 이미 이돈화의 3대개벽론을 충분히 인지하고 있었다.[40]

2. 종교적 근대와 인간해방

1) 종교의 철학화에 대한 자기부정

이돈화의 '신인철학'은 맑스주의에 대한 천도교 사회개조의 우월성을 보여주기 위해 방대한 세계관의 체계를 취한 것이 특징이다. 그러나 신인철학 형성과정에서 종교적 사회개조론에 상존해왔던 종교적 층위와 사회적 층위의 간극을 '상상적'으로 통합하고자 했을 뿐이며, 주체 형성의 논리를 갖추는 문제의식은 더 이상 보이지 않았다.

---

38) 한분희, 「도덕발생에 대한 『신인철학』의 견해」, 39~43쪽.
39) 천도교 순회전도사 임운길 선생의 증언에 따름.
40) 김일성, 『세기와 더불어』 5, 1994, 390쪽.

식민지시기 이돈화의 사상적 행적은 민중종교 동학에서 발원하는 "'천지=자기'형 코스모로지"가 가진 일원론적 사유가 서구 근대의 이원론적 사유와 충돌, 상호작용하는 과정으로 파악할 수 있다. 종교사상, 사회사상, 철학사상의 단계를 계기적으로 거치는 동안, 이돈화는 일원론적 가치(실재)에 의한 이원론 비판(현상)의 가능성을 기본적으로는 낙관했다. 이것이 종교적 사회개조론으로 나타났다. 주체 형성의 논리가 뒷받침되지 않았음에도 불구하고, 그가 그러한 가능성을 낙관한 것은 천도교청년회와 천도교 조직과 같은 현실적 조직기반이 굳건했기 때문이다. 그의 사상은 19세기 말 이래 서구의 가치관과 맞닥뜨린 동양적 사유의 한 유형을 보여주는 것이라 할 수 있지만, 그의 사유에서 민족 주체가 정립될 장소는 취약했다. 이러한 취약성으로 인해 천도교단은 1930년대 전반, 비교적 이른 시기부터 일제에 협력하는 태도로 돌아서게 되었다.

1933년이 되자 최린(崔麟)을 중심으로 한 천도교는 자치운동마저 포기하고 '대동방주의(大東方主義)'를 내세우면서 최소한의 사회운동적 기반마저 상실하며 점차 친일 협력적 태도를 본격화하기 시작했다. 이때 내세운 논리가 '교주정종(敎主政從)'이었다. 1905년 천도교로의 개편 당시 천도교의 공인을 위해 내세운 '교정분리' 방침은 1910년대 말부터 점차 사회에 대한 관심으로 변화하다가 1923년 '교정일치'를 내세운 천도교청년당이 조직되면서 사실상 정치운동을 해왔으나, 10년 만에 천도교단은 다시 사실상 '교정분리'의 태도로 되돌아갔던 것이다.

이에 따라 이돈화가 1920년대에 당원으로 소속된 정치조직인 천도교청년당은 이 시점 이후 천도교 청장년을 대상으로 한 신앙·수양운동 단체로 성격을 전환했고, 결국 1939년 4월 해체되었다.[41] 1930년대부터 해방 시점까지 이돈화는 사회에 관한 논평이나 서구 사조의 소개 등은 삼가했다. 그는 『매일신보』의 '일일일문(一日一文)'(나중엔 '一日一人')이라는 고정란에 글을 실었다. 여기에

---

41) 정용서, 「북조선천도교청우당의 정치노선과 활동(1945~1948)」, 『韓國史研究』 125, 2004. 6, 226쪽.

실린 그의 글은 1936년 5월 6일자 지면에 「천직(天職)」을 발표한 뒤, 1940년 10월 5일자 지면에 히로야마 가즈구마(白山一熊)라는 창씨명으로 쓴 「인도(人道)의 기초」가 마지막이었다. 그런데 이런 글은 대체로 윤리·도덕 등에 관한 글이나 수필적인 성격이 많았으며, 내용면에서는 이미 1920년대에 나왔던 글과 대동소이해서 이전과 같은 이론적 긴장감은 거의 나타나지 않았다. 또한 종교기관지인 『신인간』과 중복되는 내용도 많았다. 따라서 일간지에 실린 글이라고 해도 사회적 관심은 거의 표명되지 않았고, 이전과 같은 천도교청년당 운동과의 일정한 관계에서가 아니라 단순히 개인적으로 투고한 인상이 짙다. 이 시기 이돈화는 글의 성격이나 활동 방향과 범위 등에서 주로 천도교단을 중심으로 종교 방면에 치중했다. 그는 지방을 순회하면서 천도교인을 상대로 단기강습과 설교로 신앙심을 고취하기도 했다.[42] 1920년대와 달리 이 시기의 필명에 히로야마라는 창씨명과 '긍암(亙菴)'이라는 도호(道號)가 사용되기 시작한 사실이 당시의 시대상과 그의 행동반경의 범위를 상징적으로 보여준다.

이 시기 그의 교단 내 지위는 더욱 상승했다. 이미 1923년에 중앙종리원의 종리사(宗理師) 겸 포덕과 주임(主任), 1929년 지도관 관정(知道觀 觀正: 교리 연구, 편찬에 관계)으로 활동한 그는 1930년대 이후에도 1934년 대령사의 부대령(副大領), 1936년 대령(大領)이 되었다. 또한 1937년에는 현기실 상주현법사(常住玄法師), 1940년에는 현기사 상주선도사(常住宣道師)가 되었다.[43]

1933년 이후 이돈화는 천도교단의 동향에 연동해서 주로 교단 차원의 활동에 치중했다. 해방 시점까지의 저술들만 살펴보아도 『천도교창건사(天道敎創建史)』를 비롯해서 『새말』, 『복념(福念)』, 『수도요령(修道要領)』, 『천도교사전(天道敎史傳)』 등 순수 종교 서적이 대부분이다.[44] 잡지 등에서도 그의 글은 대개 신변잡기나 수필류였고, 종교적 내용 등으로 일관했다.[45] 그는 1930년대에 전개한 자

---

42) 李光淳, 「이돈화-민족개벽과 신인철학」, 『韓國人物五千年 9: 現代의 人物Ⅱ』, 日新閣, 1978, 264쪽.

43) 『職員錄』(조규태, 「신문화운동의 논객 이돈화」, 『新人間』 381, 1997. 8, 31쪽에서 재인용).

44) 李光淳, 앞의 글, 264쪽.

신의 종교적 사색의 결과를 해방 직전에 펴낸 『동학지인생관(東學之人生觀)』 (1945. 2)에 반영했다. 이 책 서문에서 그는 지난 시절에 자신이 집필한 주요 저작, 즉 『인내천-요의』, 『신인철학』, 『수운심법강의』, 『수도요령』, 『복념』, 『교리독본(敎理讀本)』 등을 "아직 미숙기에 속한 것이어서 정연한 체계가 불충분한 감이 있다"고 평가했다. 이어서 "이제 이 「동학지인생관」은 (수운 ─인용자) 선생의 본뜻을 문제로 한 저자가 동학에 대한 우주관, 인생관을 풀이한 것이다"고 했다.46)

『동학지인생관』은 제1편 우주관, 제2편 인생관, 제3편 인생문제[복념편(福念編)], 제4편 인생문제[야뢰(夜雷) 대(對) 정암(正菴) 문답편)]의 네 편으로 구성되어 '우주─인간'을 핵심 내용으로 하고 있는 것이 특징이다. 『신인철학』과 비교해 보면, 사회나 개벽, 도덕 등의 구성은 모두 빠져 있다. 각각에 해당하는 내용이 『동학지인생관』에 없는 것은 아니지만, 주요 구성을 이루는 네 편의 내용 속에서 잔존해 있을 따름이다. 사회나 사회적 실천에 해당하는 개벽·도덕의 부재는 본래 그의 사상에서 존재했던, 사회에 대한 종교의 우위가 1930년대 종교 방면의 사색에만 치중했던 시절의 경험이 반영되어 더욱 강화된 것이었다. 그의 사상 전개 과정에서 존재해왔던 종교의 우위문제를 상술하면 다음과 같다.

천도교라는 종교 우위의 입장은 그의 논리에 드러나 있다. 종교와 사회 사이의 비대칭적 관계가 그것이다. 『신인철학』에서 제1편 「우주관」과 제2편 「인생관」은 '무궁아' 개념을 통해 긴밀히 연결되어 있다. 즉 제1편 마지막 서술에서 "이와 같은 무궁아의 존재를 발견하기는 이(이것이 ─ 인용자) 곧 사람성의 직각(直覺)에서 생긴 것이니 한울님의 존재는 우주생활 중 인간격의 단계(인생관을 참조)에서만 발견된 것이라 볼 수 있"다고 했다.47) 이에 비해 제2편 「인생관」과 제3편 「사회관」 사이에는 이와 유사한 연결관계가 보이지 않는다. 이 점은 우

---

45) 李光淳, 앞의 글 참조. 1930년대 후반부터 이돈화가 『신인간』의 논설에서 도호인 '긍암(亘菴)'을 사용하기 시작한 것도 그러한 종교적 성향의 강화와 연관된다고 할 수 있다.
46) 『東學之人生觀』, 15쪽.
47) 『新人哲學』, 61쪽.

연한 것이 아니다. 1921년의 「시대정신에 합일된 사람성주의」 논설의 서술 구성을 봐도 '종교'와 '사회'에 각각 대응하는 주요 개념인 '사람성 무궁'과 '사람성 자연' 사이에는 미묘한 비대칭적 관계가 발견된다. 이 논설은 그 이전의 논설과 달리 사람성주의의 완성 단계에서 나온 논설이라 군데군데 테제식 설명이 굵은 활자로 표시되었다. 논설은 크게 세 부분으로 구성된다. 그는 '사람주의의 본령'을 '제1, 제2, 제3'으로 시작하는 3개의 조목(條目)으로 제시했고, '사람성 무궁'에 해당하는 절에서는 사람성 무궁의 입장을 마찬가지 형식의 두 개 조목으로 요약했다. 그러나 그 다음에 나오는 사람성 자연에 관한 서술에서는 이러한 형식이 생략된 채, 본문 가운데 두 개의 요약문만 강조되었다.[48] 1918년과 1928년에 나온 '체·용'의 구분법에서도 마찬가지 양상을 발견할 수 있다. 그는 1918년에 종교를 '세로줄(經)', 철학을 '가로줄(緯)', 과학을 '작용'에 대응시킨 바 있다. 여기서 '경(經)'과 '위(緯)'는 문맥상 '체'에 해당한다. 또한 1928년 무렵 그의 강의를 수강한 김병제(金秉濟)는 '인내천의 체' 항목에서 우주관·인생관을 언급하고, '인내천의 용'에서는 사람성 자연을 논한 바 있다. 1918과 1928년의 차이는 '용'의 자리에 과학이 사회(사람성 자연)으로 바뀐 점에 있다. 즉 시간이 흘러도 이돈화의 사상구조에서 '체'에 포괄되는 종교·철학은 불변한 데 비해, '용'의 자리에 포괄되는 내용은 가변적이었다.

말하자면 『신인철학』 등 이돈화의 사상체계에서 '종교와 사회', 혹은 '우주 ― 인간'의 관계에 대한 서술과 '개인 ― 사회'의 관계에 대한 서술 사이에는 서로 연결되면서도 틈이 존재했다. 이 점에서 양자는 뼈의 '관절'과 같은 구조로 연결되어 있었다. '우주관·인생관·사회관'이라는 3개의 독립항목으로 구분할 경우, 관절에 해당하는 부분은 '인생관'이며 종교·철학·사회의 3구분법인 경우 '철학'이 이에 해당했다. 각각은 '우주 ― 인간'의 관심과 '개인 ― 사회'의 관심이 서로 만나는 지점이었기 때문이다. 『신인철학』에 남아 있는 이 관절은 1920년

---

48) 李敦化, 「時代精神에 合一된 사람性主義」, 2~13쪽.

대에 이돈화가 종교적 사회운동의 표방 이면에 사회를 소외시키고 있던 사실을 말해주는 증거였다. 『신인철학』 단계에서는 아직 이 증거가 미약하고 은폐된 채 존재했지만, 10여 년이 지난 뒤 그것은 분명한 형태로 노출되었다. 1945년 무렵 그가 저술한 『동학지인생관』에서 그것은 가시적으로 드러났다.

『동학지인생관』의 가장 큰 특징은, 그것이 현상즉실재론 대신 '반대일치(反對一致)'의 체계에 기반해 있다는 점이다.[49] 그는 반대일치를 "위치에서 동서남북, 색에서 청황흑백(靑黃黑白), 질(質)에서 생멸소장(生滅消長), 가치에서 선악화복(善惡禍福) 등등의 무수한 모순된 상대가 결국 우주전일(宇宙全一)적 원리에 일치된다는 것"으로 정의했다.[50] 즉 그에 따르면, 유한한 세계에서 각 개체는 명암, 희비, 흑백, 상하, 좌우 등의 상대적 관계에 따라 다양한 반대의 모습(相)을 나타내는데, 이 여러 모습(諸相)이 현상에서는 불합리하게 보이지만 전체로서는 전 우주 속에서 서로 일치·조화되고 있다.[51] 나아가 그는, 이 반대일치의 진리는 우주의 보편타당성을 의미하므로, 인간 상호간의 주관적 반대쟁론도 이 진리로 통일될 수 있다고 보았다.[52]

현상즉실재론은 주지하다시피 그가 수용한 이노우에의 철학이었다. 그것은 현상 방면에서의 진화론을 실재 방면에서의 의지론과 결부해 우주의 진화를 설명하는 입장이다. 『동학지인생관』에서 이돈화는 이러한 현상즉실재론의 입장을 사실상 배제하고 있다. 그 이유는 두 가지다. 첫째, 신을 '실재'로 치환해서 파악하는 태도를 그만두고, 둘째, 현상 방면을 진화론의 관점에서 바라보는 시각을 약화시키기 위해서였다. 첫 번째 태도는 이 책이 『신인철학』뿐만 아니라

---

49) 『동학지인생관』에서 이돈화는 신을 '일신으로도 볼 수 있고 범신으로도 볼 수 있'으므로 '범신과 일신은 곧 신의 양면의 안팎'이라고 했다. 그러므로 "신은 전체로 본다 하면 범신관적 일신관이 된다. 즉 반대가 일치되는 진리이다'고 했다(『東學之人生觀』, 56쪽). 이 대목을 보면 이돈화는 인내천주의 단계의 '범신관적 실재론' 입장을 그대로 유지하되, 그것을 파악하는 논리는 '반대일치'로 삼고 있음을 알 수 있다.

50) 『東學之人生觀』, 19쪽.

51) 『東學之人生觀』, 20쪽.

52) 『東學之人生觀』, 22쪽.

『인내천-요의』에서조차 그다지 보이지 않던 '신' 개념을 전면화하고 있는 데에서 증명된다. 두 번째의 '진화'는 그가 1910년대에 인내천주의 형성 과정에서 인간은 현실에서 '미성품적 존재'이며 신이 되기 위해 부단히 노력해야 한다는 맥락에서 강조한 바 있다.

결국 『동학지인생관』에서 볼 수 있는 현상즉실재의 거부는 곧 근대철학 수용의 거부를 뜻했다. 더 나아가 그것은 서구 근대적 시간의식의 거부이자, 그동안 이돈화의 사상을 지탱해왔던 종교적 사회개조론의 해체를 의미했다. 이돈화의 글에서 현실에 대한 관심의 약화나 종교적 이상주의로의 경도 경향은 이미 『신인철학』이 발간된 1930년 무렵에도 두드러졌으나 일제 말기의 교단 중심 활동을 거치면서 더욱 심화되었던 것으로 보인다. 그 결과 『동학지인생관』에서는 사회 층위나 진화론적 인식은 형해화되고 반대일치라는 논리적 관계와 신에 대한 종교적 관심이 우선시되었다. 이 같은 변화는 1910년대 초 이후 이돈화의 사상 작업에 기초적인 구조적 틀로 작용했던 현상즉실재론 도식의 방기 또는 해체를 의미했다.

그렇다면 이돈화의 인식에 나타난 이러한 변화는 무엇을 의미하는 것일까. 이는 크게 보아 민중종교로서의 동학이 근대사상과 접촉하면서 전개된 순환 과정의 일단락을 의미했다. 1910년 이후 이돈화의 사상적 전개는 '시천주'나 '인내천'에 내재된 "'천지=자기'형 코스모로지"의 일원적 사유가 근대적 이원론과 만나 상호작용하는 과정이었다. 양자를 매개하는 틀로 현상즉실재론 철학의 이원론적 일원론이 활용되었다. 그러나 1920년대에 천도교 사회운동이 활발해지고 사회주의운동 세력과 갈등을 빚게 되면서, '현상과 실재 간의 동질성'은 심대한 균열로 체감되었다. 이때부터 이돈화는 사회개조의 일선에서 물러나면서 철학이나 규범을 강조하기 시작했고, 이후에는 점차 실재의 층위에 해당하는 종교적 일원론으로 회귀해갔다.

야스마루 요시오(安丸良夫)가 언급한 대로 민중종교의 흐름 속에서 일원론적 사유가 서구의 이원론적 사유와 만나 그 한계를 자각하게 될 때 비로소 종교적 근대가 형성된다고 정의한다면, 천도교의 사회운동이 중지되고 이돈화의 사상이 종교 방면에 제약된 1930년대를 종교적 근대의 기점으로 볼 수 있을 것이다. 1945년 초에 발간된 『동학지인생관』에서 노년기에 들어선 이돈화는 신을 실재로 파악하고 사회개조에 관심을 기울였던 청장년기의 사유를 스스로 부정했다. 비록 교단의 존립 등을 위해 일제 말 국책 수행에 협력하는 발언을 하고,[53] 해방 후 『교정쌍전(敎政雙全)』 등의 팸플릿을 발간하는 등 활동을 재개하지만, 그의 사상에서 이전과 같은 개념의 창조나 긴장감 있는 이론활동은 찾아볼 수 없었다.

2) 천도교 사회운동의 지향

해방이 되자 천도교 활동가들의 노력으로 천도교청우당(이하 '청우당'으로 줄임)이 부활했다. 남쪽의 서울에서는 1945년 9월 김기전을 위원장으로 한 청우당이 부활했고, 북쪽의 평양에서는 1946년 2월 김달현(金達鉉)을 위원장으로 한 청우당이 창당되었다.[54] 이돈화는 김기전, 차상찬 등과 더불어 복설(復設)된 개벽사에 이사로 참가했다.[55] 그러나 1946년부터 천도교교단은 박인호를 4세 교조로 인정할 것인지 여부와 민주주의민족전선(民主主義民族戰線)과의 연대활동 문제 등 교권문제와 정치노선을 둘러싸고 또다시 신구의 갈등이 재연되었다. 이돈화 등 신파의 중심 인물들은 중도좌파(中道左派)적 성향으로 주로 민주주의민족전선에 참여했다.[56] 청우당은 당시 선전교양사업의 일환으로 당의 이념체계를 해설할 필요성을 느꼈다. 이러한 요청에 부응해 1946년 이돈화는 당 이론가

53) 이돈화의 친일 행적에 대한 내용과 이에 대한 비판적 평가에 대해서는 다음 연구를 참조. 김정인, 「〈친일 인물 소개〉 천도교의 친일 논객 이돈화(李敦化)」, 『민족문제연구』 13, 1996.
54) 『北韓年表』, 국토통일원, 1980, 31~32쪽(성주현, 「해방후 天道敎靑友黨의 정치이념과 노선」, 『京畿史論』 4·5, 2001, 11쪽에서 재인용).
55) 조규태, 「해방 후 천도교청우당의 부활과 정치노선」, 천도교청년회중앙본부, 『天道敎靑年會八十年史』, 2000, 661쪽.
56) 성주현, 앞의 글, 12쪽.

로서 『당지(黨志)』라는 소책자를 펴냈다. 이 책자는 북조선청우당의 당원 훈련용 강습교재로도 사용되었다고 한다.[57] 이 저서에서 그는 천도교의 이념체계와 청우당의 강령 해설에 중점을 두었다. 그는 민족을 단위로 삼은 세계주의로서의 '신민족주의(新民族主義)'를 제창했고, 노농 민주정치를 단계로 하는 '신민주주의(新民主主義)'를 주창했다.[58] 또한 경제정책에서는 당시 조선공산당 계열이 주장하는 것보다 더 원론적 입장에서 사유제도 전체를 부정하는 주장을 제기하기도 했다.[59]

이돈화는 1946년 말 월북했다.[60] 정확한 이유는 알 수 없으나 증언에 따르면 당시 북쪽에는 다수의 사람들이 한꺼번에 천도교에 몰려드는, 이른바 '마당 포덕'이 이루어졌다고 한다. 따라서 이들을 체계적으로 지도할 사람으로 이돈화가 지목되어 북상한 듯하다. 이듬해인 1947년 10월 5일 이돈화는 평양 천도교 종학원에서 강습교재의 하나로 『교정쌍전』을 발행하는 등 강습활동에 앞장섰다. 당시 김달현 중심의 북조선청우당은 북한 정권의 권력문제를 두고 미묘한 경쟁관계에 있었다. 그러면서도 한편으로는 민족문제 해결에서 모스크바삼상회의의 결정을 지지하고 사회개혁도 적극 지지하는 등 북조선로동당과 협조관계를 유지하고 있었다. 그러나 이런 공동 보조관계는 1947년 제2차 미소공동위원회가 결렬되면서 점차 변화했다. 북조선청우당은 분단정권의 수립이 현실화되는 상황을 인정하지 않고, 한국문제의 유엔 이관을 평화적 통일민족국가 건설의 길로 수용했다. 이런 입지에서 그들은 분단을 현실론으로 수용한 남북한의 좌우익 모두를 비판했다. 1948년 1월 남조선청우당은 유엔감시하 남북총선거 방안을 지지하는 쪽으로 노선을 전환하고 남북한 전역에서 이를 지지하는 민중운동을 일으키기로 했다. 북한 지역에서는 2월 17일 이돈화의 생일날 이돈화, 김기

---

57) 정용서, 앞의 글, 2004. 6, 235쪽 각주 25).
58) 李光淳, 앞의 글, 265쪽; 정용서, 위의 글, 237쪽; 夜雷 李敦化 先生, 『黨志』, 1947, 36~41쪽.
59) 정용서, 위의 글, 237쪽.
60) 성주현, 앞의 글, 6쪽.

전, 김달현 등이 회합한 자리에서 이 문제를 논의했으나 김달현이 반대하면서 이 운동은 공식적으로 중지되었다. 그러나 일부 사람들이 이 운동을 비밀리에 재추진하다가 김달현이 이를 탐지해 김일성에게 관련 사항을 밝힘으로써 사전에 발각되었다. 이것이 이른바 '3·1재현운동'이다. 이 사건으로 인해 중심 인물 4명은 사형에 처해졌고, 1만여 명이 검거되었다. 김기전도 이 와중에 납치되었으나, 이돈화는 직접적인 화를 피한 것으로 보인다.[61]

당시 이돈화는 천도교의 원로격인 북한천도교 종무원 연원회(淵源會)의 회장 직책을 맡고 있었다. 그 이후의 행적은 분명하지 않다. 다만 한국전쟁 당시 생전의 마지막 모습을 전하는 회고류의 글이 있다. 1950년 12월 초순 이돈화는 평안남도 양덕온천 근처의 천도교 수도원에 머물러 있었다. 중공군의 개입으로 유엔군과 국군이 퇴각하던 시점에 그는 수행교도의 피난 권유를 받았다. 그러나 "2천만 북한동포가 모두 남하할 수도 없고, 더욱이 2백만 교도가 모두 월남할 수도 없는데 나만 피난해서 무엇하겠나"라면서 혼자 그곳에 머물렀다고 한다.[62] 김일성의 회고에 따르면 이돈화는 얼마 후 미국비행기의 폭격에 희생되었다고 한다.[63]

해방 후의 활동까지 포함하여 이돈화의 사상은 한국 근대사의 흐름과 맞물려 몇 차례 굴곡을 보였다. 그는 갑신정변이 일어나던 1884년에 태어나 동학이 천도교로 전환할 무렵 20세의 나이로 동학에 입도했다. 그는 곧 천도교 이론가로서 두각을 나타냈는데, 가장 왕성한 활동을 한 시기는 1918년부터 1933년까지로 그의 나이 35세에서 50세에 이르는 15년의 기간이었다. 이 기간에 청장년기를 보낸 그는 가장 많은 글을 발표했고 전국적인 순회강연을 했으며, 『개벽』의 편집인으로 활동했고, 이론적으로 중요한 글을 집필했다. 또한 『인내천-요의』, 『수운심법강의』, 『신인철학』, 『천도교창건사』 등 교리 및 교사에 관한 중요한

---

61) 천도교중앙총부, 『南北分裂沮止鬪爭 三一再現運動誌』, 신인간사, 1981, 82~86쪽·132~133쪽 참조.
62) 李光淳, 앞의 글, 259~260쪽.
63) 김일성, 앞의 책, 386~387쪽.

저서를 집필·발간했다.

물론 이돈화의 사상에는 여러 가지 한계가 있었고, 그 자신도 이 시기의 이론적 성과를 스스로 비판하는 입장을 밝힌 바 있다. 이 때문에 일부에서는 이 시기 이돈화의 사상을 부정적으로 바라보고 1930년대 이후 종교적 관심에 치중한 사상을 더 긍정적으로 보려는 경향도 있다. 그러나 이돈화의 사상 전개 과정에서 가장 활발하고 역동적인 시기는 청장년기였음은 의심할 바 없다. 이 기간 동안 그는 가장 창의적이고 개방적인 태도로 새로운 사상을 수용하면서 새로운 개념과 사상을 창조해냈다. 그것은 종교와 사회의 관계를 화두로 삼으면서 식민지 조선 상황에서 종교적 사회개조의 방향과 방법 등에 대해 실천적으로 고민했기 때문이다. 이에 관해 이광순은 다음과 같이 평가했다.

이렇게 넓고도 유려한 문장력이 그의 연륜과 더불어 무르익어갔다고 할 수 있는데 1930년대를 지나면서 개벽사가 문을 닫은 뒤로 일제의 탄압이 극심해지면서 그의 표현방법에도 변화를 가져왔던 것을 쉽사리 느낄 수 있을 것이다. 이 시기에는 사회평론이나 서구 사조의 소개 같은 것은 삼갔던 것으로 보인다. (…) 이 시기에는 강연을 해도 이른바 주의(注意)를 받지 아니하면 중지를 당했고 글을 쓰면 삭제되는 것이 통례였던 것이다. 이러한 환경에서 쓴 글인지라 종교신앙에 치우치는 글만을 쓰지 않을 수 없었을 것이다.[64]

이 글에서 이광순은 1920년대까지의 활동을 긍정적으로 평가하고, 1930년대 일제의 탄압이 격심해지면서 이전과 같은 활동이 중단된 점을 아쉬워하고 있다. 그렇다면 이돈화의 청장년기 사상을 무엇으로 규정할 수 있을까. 사상적 취약성이 있기는 하지만, 인간해방을 지향했다고 할 수 있다. 그가 제시한 사상적 조어(造語)들은 대부분 '인간'의 메타포를 띠었다. 사람성주의가 그렇고 범인

---

64) 李光淳, 위의 글, 264쪽.

간적 민족주의, 적자주의, 자본주의의 인간화, 신인철학 등이 대표적이다. 그에게 '인간'은 이원론적 대립항을 조화시키고 통합할 실재로 항상 상정되었다. 그의 '인간' 개념은 민족 주체나 계급 주체를 초월했으며, 시공간적인 광활한 구도 속에 놓여 있었다. 이런 '인간' 개념의 위상은 천도교의 종교적 이상주의에서 나온 것으로, 구체적 실천의 단위와 범위를 형성하는 데 장애가 되는 한편, 그것이 지닌 '근원적 부정성'은 현실에 대한 강한 비판적 함의를 갖기도 했다.

이돈화의 청장년기 사상을 종합했다고 할 『신인철학』에서도 그가 추구했던 것은 신인(新人) 형성 노력, 즉 '새로운 인간의 모색'이었다. 이 인간형에 따르면 인간은 우주적 본질이 표현된 존재이고, 스스로 그러한 잠재적 완전성을 자각하고 있으면서도, 그 완전성을 실현하기 위해 끊임없이 분투·노력하면서 자기 자신을 우주와 자연, 사회로 확충해나가는 존재였다. 이돈화는 오래전부터 현대문명의 폐해를 비판하면서 그러한 존재를 '전적(全的) 인간'이라 불렀다. 과학적 분별지식으로 인해 인간이 정신적으로 고립되고, 생존경쟁으로 말미암아 물질적으로 고립되었다고 주장했으며, 그 결과 현대인은 '뿌리 없는 마른 풀'처럼 되었다고 했다.[65] 비슷한 맥락에서 『신인철학』에서도 '전적 생활'에 대해 강조하고 있다.[66] 그가 비판하는 현대문명은 내용면에서 볼 때 자본주의 근대문명이라 할 수 있다. 그렇다고 해서 그의 사상이 사회주의적 지향으로 경도되지는 않았다. 그는 자본주의 문명을 비판하되, 그 방향을 생산양식의 혁명적 재편을 지향하는 사회주의와 달리, 도덕적 인간의 형성에서 찾았다. 이 점에서 『신인철학』이 추구하는 새로운 인간 형성의 방향은 '자본주의 비판의 비(非)사회주의적 길'을 지향했다고 할 수 있다.

이상의 사실을 종합할 때, 이돈화, 나아가 식민지시기 천도교의 사회사상은 민족해방이나 계급해방으로 규정하기 어려우며, 오히려 '인간해방'의 범주에 잘

---

65) 李敦化, 「生의 個的 價値와 全的 價値(쑤리백힌 人間을 짓기까지)」, 『開闢』 63, 1925. 11, 5쪽.
66) 『新人哲學』, 113쪽·122쪽.

들어맞는다고 말할 수 있다. 물론 독립운동이나 노동·농민운동 등 민족해방·계급해방을 위한 노력도 식민지 민중의 삶을 일본 제국주의의 억압이나 자본가의 착취에서 구해내어 인간다운 삶을 영위하게 하는 데 있으므로 인간해방의 지향과 대립하는 것은 아니다. 또한 이돈화의 인간해방 지향도 식민지배 현실과 민중의 열악한 처지를 직시하면서 그 해법을 모색했다는 점에서 민족해방·계급해방과 밀접한 관련이 있다. 그렇지만 어느 측면에 일차적인 관심을 두었는가를 생각하면 이돈화의 사상은 인간해방을 최우선의 과제로 삼았고 민족해방과 계급해방은 부차적으로 고려했다고 할 수 있다. 이돈화는 민중의 곤궁한 삶을 개선하기 위해 식민지 현실을 비판했다는 점에서 『동아일보』를 비롯한 부르주아 민족주의자나 사회주의자들과 '해방'의 문제 설정을 공유했다. 반면 그는 민족주의의 배타적 성격이나 계급운동의 물질적 편중이 갖는 한계에 주목하면서 그러한 제약이나 한계를 초월하는 해방을 전망했다. 그 해방이 제도나 조직, 물질 등의 요소보다도 '사람'을 우선으로 한 도덕적 실천과 내적 개조의 특성을 띤 인간해방을 지향했던 것이다. 그런데 이때의 '인간' 개념은 우주와 자연, 사회와의 유기적 연결을 전제한 것이라는 점에서, 민족의 일 구성원이나 사회주의적 계급 개념의 기반이 되는 서구 계몽주의의 개인 개념과 다르다. 또한 그것은 '전적 인간'이나 '전적 생활' 등에서 드러나듯 총체성을 강하게 지향하고, 자본 본위의 사회를 사람 본위로 만들고자 자본주의 문명을 비판하는 시각을 견지하는 점에서 성리학적인 인간관과도 차이가 있다. 이상을 고려하면 그의 '인간' 개념은 오히려 서구의 낭만주의적 인간관과 상통한다고 볼 수 있다.[67]

일제하 이돈화의 사상, 나아가 천도교단의 주류적 사상 경향이 '인간해방'이

---

67) 이정우는 "서구 근대 사유에서의 인간관은 형이상학과 자연철학(=근대물리학)의 투쟁의 산물"이며, "이때 형성된 개인주의/자유주의 사상은 그 뒤 진화론적인 세계관과 제휴"하여 "오늘날에까지 이어지고 있다"고 보았다. 또한 이러한 상황에 대한 '저항'은 "한편으로 사회주의적 인간관, 다른 한편으로 낭만주의적 인간관으로 전개"되었는데, '사회주의적 저항'은 오늘날 "난관에 봉착"했고, 니체 등에서 연원하는 "낭만주의적 저항"은 오늘날 "미학주의의 형태로 이어지고 있다"고 했다(이정우, 『인간의 얼굴―탈주와 회귀 사이에서―』, 민음사, 2001, 343쪽).

었다고 해서 그들의 사상이 민족해방·계급해방보다 근본적이었다거나 포괄적이었다는 의미는 아니다. 필자가 주목하는 것은 첫째, 일제 식민지배하에서도 이미 다양한 층위에서 한국사회의 근대적 분화와 각 집단의 정체성 형성이 진행되고 있었고, 그 갈래 중에 천도교 사회운동 세력은 자신들의 활동과 사상에서 우선적인 가치를 민족해방이나 계급해방이 아닌 인간해방에 두고 있었다는 사실이다. 이러한 인간해방의 갈래를 기존의 민족해방과 계급해방의 틀 속에 해소시켜 파악하지 말고, 식민지시기 운동사와 사상사를 더욱 풍부하게 이해할 수 있는 단서로 활용하는 개방적 태도가 필요하다. 둘째, 인간해방이 민족해방·계급해방과 분절적으로 존재했던 사실을 비판적으로 인식할 필요가 있다. 일제 식민통치하에서 인간해방 기획은 식민지 억압과 계급적 착취라는 현실과 별개로 존재할 수 없었음에도 불구하고 이돈화의 사상은 투철한 현실 인식이나 과학적 분석을 결여한 채 종교철학적 추상성을 강하게 띠었다. 이 점에서 이돈화 사상의 한계를 지적할 수 있다. 그런데 또 한편으로는 당시의 민족주의운동 세력이나 사회주의운동 세력에 대해서도 유사한 지적을 할 수 있다. 그들의 민족해방·계급해방 논리에서는 무엇보다도 '인간'에 대한 철학적 이해가 부족했다. 1920년대에 민족해방·계급해방의 지향은 주로 민족운동과 계급운동 등 사회운동의 차원이 중심이 되었으며, 1930년대 초·중반 이후가 되어야 사회주의자들도 인간에 대한 철학적 이해를 진전시킬 수 있었다. 반면, 동학·천도교단은 자신들의 종교사상적 전통 위에서 인간에 대한 이해를 지속시켜왔으며 그 단적인 사례를 우리는 이돈화를 통해 확인할 수 있었다. 따라서 향후, 이 세 가지 해방의 기획이 20세기 한국사 속에서 누구에 의해 각각 담보되었으며 각 기획은 서로 어떤 분절과 접합, 상호 대립의 관계를 형성했는가, 그리고 그러한 양상을 초래한 배경은 무엇인가 등을 살펴보는 일은 곧 한국적 근대의 특성을 드러내는 의미 있는 작업이 될 것이다.

결론

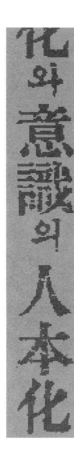

결론

이 책에서는 이돈화의 사상을 소재로 해서 종교 방면에서 전개된 한국 근대 사상의 형성을 살펴보았다. 종교 이론가이자 언론인으로 활동했던 이돈화의 행적과 사상을 '민중종교 동학의 근대적 전환', '천도교 사회운동론의 국면별 변화', '사상적 특성 및 지향'이라는 세 차원에서 포착하고자 했다. 종교 방면에서의 근대 이행 문제나 이돈화의 사상을 관통하는 구조인 이원론적 일원론에 대해서는 동학사상이 가진 일원론적 사유와 서구 근대사상에 내포된 이원론적 사유 간의 충돌 및 상호작용이라는 관점에서 접근했다. 근대사상 형성과 관련한 주체 형성 및 실천의 문제에 대해서는 '무기(無記)−표기(表記)'와 '초월−내재' 관계를 포괄하는 '경계의 사유'라는 이론적 모델을 염두에 두면서 이돈화의 사상, 특히 1920년대의 종교적 사회개조론이 종교적 관심과 사회적 관심을 적실하게 결합했는가를 평가했다. 이제 본문의 내용을 요약하고, 향후의 연구방향을 간단히 덧붙이고자 한다.

이돈화의 사상은 1910년대, 1920년대 전·중반, 1920년대 후반 이후의 세 시기로 나눌 수 있다. 첫 시기인 1910년대에는 천도교의 종교적 정체성을 수립하고 그것의 사회적 의의를 선전할 목적으로 천도교 종지(宗旨) '인내천'을 근대철학적 개념으로 재해석했다. 이 시기는 다시 두 시기로 구분되는데, 주로 '우주−인간'의 관계를 설명하는 데 초점을 두었던 1910년대 전·중반과 '개인−사회'의 관계에 대한 관심이 등장한 1910년대 후반으로 나뉜다.

1910년대 전·중반 일제 총독부의 무단통치 아래서 이돈화는 활동과 관심의 초점을 주로 종교적 주제, 즉 인간과 우주(=천·신)의 관계를 근대적 개념으로 설명하는 데 두었다. 이러한 설명은 인내천이 내포한 "'천지=자기'형 코스모로지"라는 일원론적 사유를 계승하면서도 근대종교로서 갖추어야 할 '신(神)' 개념을 수용해야 했고, 또한 근대과학이 제시하는 합리적 설명체계에도 어긋나지 않아야 했다. 그는 이 과제를 해결하는 데 필요한 도식을 일본의 현상즉실재론 철학에서 발견했으며, 이전부터 주목해오던 범신론(汎神論)과 진화론(進化論)의 사유도 현상즉실재론 철학의 '실재－현상'이라는 구분 속에서 받아들였다. 그 결과 인내천에 내포된 인간과 우주(혹은 신)의 관계를 두 층위로 나누어 설명하게 되었다. 즉 인간은 실재의 층위에서는 완전하지만(범신론적 사유), 현상의 층위에서는 완전을 지향하는 과정적이고 불완전한 존재(진화론적 사유)라는 것이다. 이로써 인내천에 담긴 동학사상의 민중종교적 일원론은 서구 근대철학의 '본질－현상'이라는 이원론의 차원에서 인식되었다. 교조 최제우의 '시천주(侍天主)'에 담긴 신인합일(神人合一)의 종교체험은 이돈화 단계에 와서 근대적인 인간 존재론, 즉 '인간은 본질적으로 완전한 존재이되, 현실에서는 완전을 향해 나아가는 불완전한 존재'라는 인식으로 전환한 것이다. 이는 '신이 인간의 영역에 들어온 것'(=시천주·인내천)을 인간에 관한 존재론적 설명으로 나타냈다는 점에서, '무기－표기' 관계가 중심이 된 사유라고 말할 수 있다. 그런데 이돈화가 사람들에게 "신이 되기 위해 노력해야 한다"고 한 데서 알 수 있듯이, 당시 그의 인간론은 소박한 종교적 실천과 관련되었으며, 사상적 영향력도 천도교 신도 등 교단에 제한되었다.

1910년대 후반 국제적으로 세계개조의 목소리가 대두하고 천도교단의 관심이 교단을 너머 사회로 확장되면서 이돈화는 기존의 종교적 논의에 사회적 관심, 즉 '개인과 사회의 관계'에 관한 논의를 접맥시키고자 했다. 그는 다시 현상즉실재론 철학으로부터 '현상－즉－실재'의 도식을 끌어왔지만, 이번에는 현상 층위를 '정신-물질'의 관계로 파악하는 도식도 함께 활용했다. 그 결과 종교와 사회 개념을 각각 실재(관념)와 현상(현실)에 대응시켰고, 현상에 해당하는 사회 개념을 다시 개인과 사회로 나누어 언급했다.

이돈화가 사회적 관심을 종교적 논의에 통합시키고자 한 까닭은 종교적 사회 개조의 논리적 근거를 마련하기 위해서였다. 그는 사회를 서구의 물질문명과 과학적 합리성의 폐해가 심각한 곳으로 상정했다. 따라서 종교적 가치, 특히 천도교의 가치로 그러한 사회를 바로잡는 것이 필요했다. 종교적 가치와 사회 현실 간의 불일치와 격차는 종교적 사회개조가 필요한 근거가 되었다. 그런데 종교적 사회개조의 논의를 진전시키기 위해서는 종교 층위와 사회 층위의 불일치만 강조해서는 곤란하고 양 층위를 연결하는 논리가 필요했다. 여기서 그는 인간이 '신앙성'과 '사회성'이라는 두 본능을 갖고 있다는 점을 부각시켰다. 인간에게 종교성과 더불어 사회성도 본능으로 구비되어 있다는 점을 설명함으로써, 인간에 의한 종교적 사회개조의 가능성을 확인하고자 했던 것이다.

당시 이돈화는 이러한 논리적 작업과 함께 관심의 초점을 이전의 '종교·철학·과학'에서 '종교·철학·사회'로 전환시키고 있었다. 나아가 1910년대에 전개한 이론적 작업의 결과물을 '인내천주의'로 부르면서 대외적으로 선전해나갔다. 그러나 이 단계에서는 사회적 관심을 표명하는 데 그쳤으며, '개인-사회' 관계를 '우주-인간'의 관계에 연결시킬 구상만 제시한 상태에 머물렀다. '종교적 사회개조'라는 실천적 지향을 표방했지만, 실천의 방법을 구체적으로 제시하지는 못했다. 종교와 사회의 연결문제는 '사회성'이라는 본질주의적 요소로써만 그 가능성을 확인하는 수준이었다. 이런 점에서 인내천주의는 여전히 종교사상의 테두리에 안에 있었다.

1920년대에 이돈화는 천도교청년회의 간부이자 『개벽』의 편집인으로 활약했다. 이돈화 등 『개벽』 주도층은 당시 유행하던 사상과 담론을 독자들에게 소개하고 이를 천도교의 사상적 전통 위에서 흡수, 재구성해 제시함으로써 사회적 영향력을 행사하려 했다. 이와 관련하여 이돈화의 기여는 무엇보다도 『개벽』을 무대로 이론적 방면에서 천도교의 종교적 사회개조론을 형성, 전개한 데 있다. 종교적 사회개조론의 형성 과정은 '사람성주의'를 체계화하는 노력으로 나타났고, 전개 과정은 '사람성주의'의 논리를 현실에 적용해서 '범(汎)인간적 민족주의'와 '적자(赤子)주의' 등을 제시하는 방향으로 이루어졌다.

사람성주의의 형성은 인내천주의를 종교적 사회개조론으로 탈바꿈하는 작업이었다. 1910년대 말에 생각의 단초를 보이다가 1920년 『개벽』을 통해 본격적으로 진행한 이 작업은 1921년 11월에 일단락되었다. 이 기간은 이돈화의 생애에서 가장 활발한 글쓰기가 이루어진 시기였다. 그는 두 가지 점에 집중했다. 첫째는 인내천주의를 구성하는 핵심 개념과 용어를 세속화하는 작업이었다. 둘째는 기본적으로 존재론의 측면이 강했던 인내천주의의 '현상－본질' 구도에 실천적 층위를 삽입하는 작업이었다. 전자는 문화주의 철학 및 개조론의 선택적 수용을 통해 진행했고, 후자는 문화주의 철학의 도덕 개념을 변형하는 방식을 취했다. 그 결과 사람성주의에서 이전의 현상과 실재는 각각 현실과 이상으로 변형되었고, 이전에 현상과 실재를 단순 매개하던 '즉(卽)'의 논리는 현실과 이상을 연결하는 '도덕의 개조'와 '창조충동'이라는 구체적인 실천방략으로 전환되었다. 나아가 도덕 개념은 개인과 사회를 조화시키는 원리로도 주목되었다.

이 시기 이돈화에게 '도덕' 개념의 확보는 매우 중요했다. 그는 도덕 개념을 '현실－이상'과 '개인－사회' 등 시공간적 맥락 속에서 실천적 의미를 가진 것으로 파악했는데, 이것은 결국 사람들에게 행위의 준거가 되는 규범성을 제시하는 일이었다. 사람성주의는 도덕 개념을 정립함으로써, 여전히 '무기－표기' 단계에 머물렀던 인내천주의와 달리 '초월－내재'의 행위적 규범까지 포괄하는 근대적 사회사상의 위상을 갖게 되었다.

이돈화는 당시의 천도교청년회 활동에 주목하면서 도덕적 주체 형성의 중요성을 주장했다. 사람성주의가 지닌 점진주의와 내적 개조의 논리는 『개벽』의 실력양성론에 바탕을 이루었다. 그런데 이돈화는 사람성주의에서 도덕이라는 실천적 층위를 확보했지만, 그러한 실천을 담당할 주체의 형성에 관해서는 적극적인 논리를 제시하지 못했다. 그가 제시한 '사람' 개념은 자연이나 이상, 타인 등과 본질적으로 상호 연관된 존재로만 설명될 뿐, 개인과 개인 간의 갈등, 인간과 자연·이상과의 분리 문제에 주목하거나, 이를 어떻게 극복할 것인가에 관한 논의는 담고 있지 않았다. 이처럼 이돈화의 '사람성주의'에서 서구의 이원론적 사유 및 그와 연관된 주체 형성의 논리가 취약한 것은, 사상적으로는 인내천에 담긴 일원론적 사유의 영향 아래 범신론적 인식이 강해서 개인의 주체 형성이라는 문제의식이나 논리가 확립되기 어려웠기 때문이다. 또한 사회적으로는 식민지 조선의 사회적 조건 속에서 서구의 이원론적 가치가 이돈화에게 충분히 내면화되지 않았기 때문으로 볼 수 있다.

제1차 세계대전이 끝날 무렵부터 시작된 세계개조의 국제적 분위기가 1921년 말 워싱턴회의를 고비로 잦아들면서 조선의 지식인들 사이에서도 국제정세보다는 민족의 자체 역량을 통해 식민지 상황을 극복하려는 노력이 강화되었다. 이러한 정세 속에서 이돈화는 당시 유행하던 민족 담론과 계급 담론을 종교적 사회개조의 입장에 맞게 수용해서 독자들에게 제시하고자 했다. 이 과정에서 그는 사람성주의의 기본 입장을 민족주의와 맑스주의를 이해하는 데 적용했다. 사람성주의에서 개인―사회 간의 조화를 추구하는 입장은 민족주의―인류주의의 조화를 지향하는 '범인간적 민족주의'로 이어졌다. 사람성주의에 있던 강한 현실 비판의 입장은 맑스주의가 자본주의를 비판하는 내용을 수용하는 것으로 이어졌으나, 사람성주의에 수용된 창조충동이라는 버트런드 러셀의 실천론에 의해 맑스주의의 민중성, 계급의식, 유물사관은 비판되었다. 이러한 입장이 '적자주의', '자본주의의 인간화' 주장으로 나타났다.

'범인간적 민족주의'와 '적자주의' 등은 이돈화 개인의 생각을 넘어 『개벽』주도층의 현실 인식을 대변하는 것이었다. 그러나 사람성주의 단계에서 노정된 주체 형성에서의 취약성은 여전했다. 민족단위의 이해관계는 인류라는 보편적 관점에 의해 견제되었고, 계급적 이해관계는 인간 일반의 입장에서 극복해야 할 것으로 설정되었다. 이러한 인식은 민족 담론이 가진 제국주의 비판의 함의와 계급 담론이 가진 사회모순에 대한 구조적 이해의 노력을 경시했다는 점에서, 일제의 지배하에 민중운동이 성장하던 식민지 조선에서 폭넓은 담론적 권위를 행사하기 어려웠다.

『개벽』 발간기에 이돈화의 종교적 사회개조론은 종교적 가치에 의한 강한 사회비판적 함의와 그것을 실천할 주체 형성 논리의 취약성이라는 내적 모순을 가지고 있었다. 그러나 이러한 모순은 『개벽』이 발간되는 동안에는 첨예하게 드러나지 않았다. 『개벽』에 실린 계몽논설은 강한 사회비판적 효과를 낳았고, 여론 형성의 '장(場)'이자 사회적 '공기(公器)'로서의 『개벽』 매체는 주체 형성 논리의 취약성을 보완하는 현실적 기제로 작용했기 때문이다.

그러나 『개벽』 폐간 뒤 천도교의 사회운동이 사실상 중단되는 1930년대 초에 이르는 기간 동안 이돈화의 종교적 사회개조론은 내적 모순을 첨예하게 드러냈다. 그 직접적 계기는 현실 사회운동에서 천도교청년당측과 사회주의운동 세력 사이의 갈등이었다. 양자는 1920년대 후반에 자치운동 추구와 신간회라는 민족통일전선 결성으로 서로 대립했고, 1930년대 초에는 사상 논쟁으로 충돌했다. 이돈화로서는 조직적·이론적으로 무장된 사회주의운동 세력에 맞서 천도교 사회개조의 정당성과 우월성을 확보하는 것이 필요했다. 그러나 종교적 층위와 사회적 층위를 연결할 주체 형성의 논리는 취약했고, 이전과 같은 『개벽』이라는 매체의 장도 없었다. 그는 철학사상의 형성으로 이 문제에 대응해나갔다.

이돈화는 1927, 28년부터 철학을 체계화하기 시작하여 1931년 『신인철학』을 발간했다. 그는 이 저서에 1910년대부터 전개해온 이론적 여정(旅程)을 모두 담아냈다. 그가 '수운주의'로 부른 이 철학사상은 맑스주의에 대한 천도교 사회개조의 우월성을 보여주기 위해 방대한 세계관의 체계를 취한 것이 특징이다. 그러나 신인철학을 형성하는 과정에서 그는 자신의 종교적 사회개조론에 상존해왔던 종교적 층위와 사회적 층위의 간극을 '상상적'으로 통합하고자 했을 뿐, 주체 형성의 논리를 갖추는 문제의식은 더 이상 진전되지 않았다.

식민지시기 이돈화의 사상적 행적은 민중종교 동학에서 발원하는 "'천지=자기'형 코스모로지"가 가진 일원론적 사유가 서구 근대의 이원론적 사유와 충돌, 상호작용하는 과정으로 파악할 수 있다. 종교사상, 사회사상, 철학사상의 단계를 계기적으로 거치는 동안, 이돈화는 일원론적 가치(실재)에 의한 이원론 비판(현상)의 가능성을 기본적으로는 낙관했다. 이것이 종교적 사회개조론으로 나타났다. 주체 형성의 논리가 뒷받침되지 않았음에도 불구하고, 그가 그러한 가능성을 낙관한 것은 천도교청년회와 천도교 조직과 같은 현실적 조직 기반이 굳건했기 때문이다. 그의 사상은 19세기 말 이래 서구의 가치관과 맞닥뜨린 동양적 사유의 한 유형을 보여주는 것이라 할 수 있지만, 그의 사유에서 민족 주체가 정립될 장소는 취약했다. 이러한 취약성으로 인해 천도교단은 1930년대 전반, 비교적 이른 시기부터 일제에 협력하는 태도로 돌아서게 되었다.

민중종교의 흐름 속에서 '종교적 근대'를, 일원론적 사유가 서구의 이원론적 사유와 만나 그 한계를 자각할 때 비로소 형성된다고 정의한다면, 천도교의 사회운동이 중지되고 이돈화의 사상이 종교 방면에 제약된 1930년대를 '종교적 근대'의 기점으로 볼 수 있다. 1945년 초에 발간된 『동학지인생관』에서 노년기에 들어선 이돈화는 신을 실재로 파악하고 사회개조에 관심을 기울였던 청장년기의 사유를 스스로 부정했다. 해방 후 이돈화는 사회활동을 재개하지만 청장년기와 같은 이론적 활동을 재개하지는 못했다.

그렇다면 이돈화의 사상은 청장년기, 그중에서도 1920년대의 사상이 핵심을 이룬다고 할 수 있을 것이다. 이 시기 그의 사상, 나아가 식민지시기 천도교단의 사회사상은 '민족해방'이나 '계급해방'으로는 충분히 설명될 수 없으며, 오히려 '인간해방'의 지향을 가졌다고 할 수 있다. 이돈화의 사상에서 인간해방의 지향은 민족해방 및 계급해방과 긴밀하게 결합하지 못했는데, 이 점에 착목하여 세 갈래 해방 기획의 상호 관계, 분절적 존재 양태의 배경, 각 흐름의 담지자 등을 종합적으로 고찰한다면 한국 근대사상사를 더욱 풍부하게 이해할 수 있을 것이다.

이 책은 이돈화 개인에 대한 연구라서 결론을 쉽게 일반화하기가 조심스럽지만, 인간해방의 지향이 단지 이돈화나 천도교의 사상에만 국한된다고 단정하기는 어렵다. 향후에는 이와 유사한 범주에 묶일 수 있는 인물이나 집단으로 연구 주제를 넓히고 관찰 시기도 확장하여, 더욱 다채롭고 역동적인 근대사상의 지형을 드러내고자 한다.

부록

【부록 1】
이돈화의 행적과 저작활동

1884년 1월	1세	함경남도 고원군 출생
1894년	11세	서당에서 한학 공부
1897년	14세	영흥에서 유학생활
1900년	17세	결혼
1901년 봄	18세	가출, 황해도·평안남북도 일대에서 방황
1903년	20세	동학에 입교
1905년	22세	평양일어학교 속성과 입학
1911년 5월	28세	「宗敎統一은 自然의 勢」(『天道敎會月報』)
1918년 11월	35세	「信仰性과 社會性」(『天道敎會月報』)
1920년 4월 25일	37세	천도교청년회를 주도적으로 조직
1920년 6월	37세	『開闢』 창간, 편집인
1920년 12월	37세	「文化主義와 人格上 平等」(『開闢』)
1921년 4월	38세	「사람性의 解放과 사람性의 自然主義」(『開闢』)
1921년 11월	38세	「時代精神에 合一된 사람性主義」(『開闢』)
1923년 1월	40세	汎人間的 民族主義(『開闢』)
1923년 4월	40세	宗理師로 선출
1923년 9월	40세	천도교청년당의 상무위원
1924년 3월	41세	『人乃天-要義』 간행
1925년 12 월	42세	『朝鮮農民』의 편집 겸 발행인
1926년 3월	43세	『水雲心法講義』 간행
1926년 7월	43세	「盜跖」 연재(『開闢』)
1927년 3월 22일	44세	천도교청년당 중앙집행위원으로 선출
1928년 8월 16일	45세	천도교강사양성강습회 강의 담당
1931년 8월	48세	『新人哲學』 간행
1933년	50세	『天道敎創建史』 간행

1934년 11월 5일	51세	최린의 時中會에 참가
1940년 4월 4일	57세	천도교 신·구파 합동선언. 常住宣道師로 선출
1941년 6월	58세	夫餘神宮 공사에 참여
1945년 2월	62세	『東學之人生觀』 저술
1946년	63세	『黨志』 발행
1947년 10월 5일	64세	『敎政雙全』 발행
1948년 2월 17일	65세	'3·1재현운동' 모의
1950년	67세	평양 근처에서 미공군 공습에 暴死(?)

전거 연도	월	일	나이	강연 내용	쪽수	강연 날짜
1920	4	26	37	晋州天道敎靑年會講演會: 現代思潮와 天道敎	04면 05단	4/22
1920	5	8	37	咸興天道敎靑年會에서 大講演: 現代思潮와 天道敎	04면 02단	
1920	5	26	37	鎭南浦天道敎講演會: 現代思潮와 人乃天	04면 03단	5/23
1920	5	26	37	平壤의 天道敎講演會: 現代思潮와 天道敎	04면 02단	5/22
1920	5	27	37	鎭南浦天道靑年會講演會: 現代思潮와 人乃天	04면 01단	5/22
1920	5	31	37	江西의 天道敎靑年會에서 天道敎講演開催: 世界現代思潮와 天道敎의 人乃天主義	04면 03단	5/25 15시
1920	6	1	37	成川天道敎靑年會에서 天道敎講演: 現代思潮와 人乃天	04면 03단	5/26 14시
1920	6	2	37	천도교청년회 주최로 동교중앙총부에서 특별강연회: 自己解放과 人乃天主義(모임欄)	03면 09단	6/2 16시
1920	6	4	37	黃州天道敎靑年會 天道敎講演: 現代思潮와 天道敎	04면 02단	5/29 20시
1920	6	17	37	반도청년웅변학회 주최로 종로청년회에서 강연회: 舌의 哲學(모임欄)	03면 09단	6/18 20시
1920	6	27	37	博川天道敎靑年會에서 講演: 現代思潮와 人乃天	04면 05단	6/21 13시
1920	7	2	37	博川靑年會講演會: 靑年會의 現在와 將來	04면 05단	6/26 13시
1920	7	2	37	安州靑年會講演會: 現代靑年의 覺悟	04면 04단	6/28 20시
1920	7	2	37	泰川天道敎靑年會講演會: 現代思潮와 事人如天	04면 04단	6/25 14시, 20시
1920	7	4	37	義州天道敎靑年會講演會: 現代思潮와 人乃天	04면 04단	

전거연도	월	일	나이	강연 내용	쪽수	강연 날짜
1920	7	9	37	肅川天道敎靑年會主催 講演會: 現代思潮와 人乃天	04면 03단	
1920	7	25	37	益山天道敎靑年會講演: 現代思潮와 人乃天 (益山)	08면 02단	7/19 17시
1920	7	27	37	熙川天道敎靑年會에서 講演會 開催: 現代思潮와 人乃天	04면 04단	7/25 16시
1920	7	27	37	金堤天道敎靑年會講演: 現代思潮와 人乃天	04면 05단	
1920	8	1	37	京城天道敎靑年會講演團 大邱서 講演會: 現代思潮와 人乃天	04면 06단	7/28 14시30분
1920	9	17	37	龍川天道敎靑年會講演: 現代文化와 人乃天	04면 05단	9/10 15시
1920	9	18	37	寧邊天道敎靑年會講演: 新文化의 建設과 人乃天	04면 05단	9/13 14시
1920	9	18	37	寧邊靑年會 崇德學校에서 講演會: 朝鮮靑年의 將來	04면 05단	
1920	9	19	37	天道敎靑年會講演: 新文化建設과 天道敎	04면 05단	
1920	9	20	37	雲山天道敎靑年會 講演會: 新文化建設과 人乃天	04면 05단	9/14 16시
1920	9	23	37	江界天道敎靑年會主催 講演會: 新文化建設과 人乃天	04면 05단	9/17 20시
1920	9	24	37	熙川天道敎靑年會와 大同靑年會主催 大講演會: 新文化의 建設과 靑年會	04면 04단	9/16 20시
1920	9	25	37	江界靑年修養會主催講演會: 現時代와 靑年의 修養	04면 06단	9/18
1921	2	28	38	仁川天道敎靑年會講演: 同歸一體와 人乃天	04면 04단	2/25 19시
1921	4	13	38	安州天道敎靑年會講演: 사람이란 무엇이냐	04면 03단	4/9 20시
1921	4	13	38	永柔天道敎區講演: 現代思潮와 人乃天	04면 03단	4/10 12시
1921	4	14	38	順安天道敎靑年會講演: 世界思潮와 人乃天	04면 05단	4/10 20시
1921	4	16	38	平壤天道敎會大講演會: 사람이란 무엇이뇨	04면 03단	4/13 19시30분
1921	4	24	38	元山天道敎區大講演: 사람이란 무엇이냐	04면 04단	4/20 19시
1921	5	3	38	北靑天道敎靑年會講演: 新文化의 將來와 人乃天	04면 04단	4/24
1921	5	10	38	端川天道敎靑年會講演會: 文化生活의 將來와 人乃天	04면 06단	4/26 20시

전거 연도	월	일	나이	강연 내용	쪽수	강연 날짜
1921	5	18	38	間島龍井村天道敎靑年會講演: 新文化와 人 乃天이란 무엇이냐, 사람이란무엇이냐	04면 07단	5/6 19시
1921	5	20	38	永新校後援會講演: 間島同胞를 爲하여(龍 井村)	04면 05단	5/13 20시
1921	5	29	38	천도교청년회 주최 講演會: 天地人三才(모 임欄)	03면 10단	
1921	6	17	38	協成靑年會主催大講演會: 新文化建設과 朝 鮮靑年	04면 06단	6/12 14시
1921	7	27	38	定平天道敎講演會: 우리의 살림사리	04면 03단	7/24 20시
1921	7	28	38	咸興天道敎靑年會講演會: 사람의 살림사리	04면 05단	7/23 20시30분
1921	7	30	38	定平天道敎靑年會講演: 現代의 思潮	04면 06단	7/25 22시
1921	7	30	38	永興天道靑年會講演: 우리의 갈길	04면 07단	7/26 20시30분
1921	9	9	38	사상강구회강연회: 天下에서 地上에(모임 欄)	03면 10단	
1921	10	12	38	江界天道敎 李敦化氏 來江歡迎宴開催	04면 05단	10/1
1921	10	12	38	江界天道敎靑年會 李敦化氏 招請講演	04면 06단	9/30 20시
1921	10	12	38	江界靑年修養會 李敦化氏 招請大講演: 時 代의 要求者되는 中心人物(江界)	04면 07단	10/2 20시
1921	10	12	38	江界天道敎靑年會에서 李敦化氏 講演會, 民衆으로의 開拓者라는 問題로	04면 06단	10/2
1921	10	13	38	价川天道敎靑年會 講演會開催: 現代思想의 潮流와 吾人의 覺悟	04면 07단	10/4 20시
1921	10	16	38	熙川天道敎靑年會講演開催: 開拓者의 初步	04면 04단	10/3 20시
1921	12	20	38	고학생갈돕회주최 강연회: 눈물의 哲學(모 임欄)	03면 09단	
1922	1	4	39	文化運動의 批判 // 二期에 入할 講演界, 空想的宣傳的 色彩를 排함, 天道敎報社 李 敦化	02면 05단	
1922	1	11	39	平壤天道敎靑年講演會: 사람主義 宣言	04면 04단	1/1 14시
1922	1	11	39	平壤天道敎 少年會의 講演會: 十年以後 朝 鮮을 잇지마라	04면 04단	
1922	1	12	39	平壤天道靑年會講道: 天道敎의 宗旨와 人 乃天主義	04면 04단	12/30~1/4
1922	1	26	39	朝鮮學生大會主催로 종교강연회: 韓龍雲 朴一秉 李敦化等 강연(모임란)	03면 09단	

전거 연도	월	일	나이	강연 내용	쪽수	강연 날짜
1922	2	3	39	順川天道教講演會開催: 사람主義의 宣告	04면 05단	1/29 19시
1922	2	5	39	安州郡天道教區講道會: 人生哲學講話	04면 04단	1/20～1/30
1922	2	24	39	楊州天道教區講演會: 新文化建設의 根本策	04면 04단	2/12 12시
1922	3	26	39	新義州天道教區講演會: 文化建設의 根本策	04면 05단	3/17 20시
1922	3	30	39	李敦化氏 講演會, 朝鮮人 文化建設의 根本 策이란 문제로	04면 02단	3/18 20시
1922	4	4	39	경성텬도교청년회강연회: 萬事知가 食一碗 으로부터(모임欄)	03면 08단	
1922	4	11	39	柳草島天道教室大講演 朝鮮文化의 建設(義 州)	04면 03단	3/19 20시
1922	4	24	39	불교유학생강연회: 生命無窮主義(모임欄)	03면 08단	
1922	4	29	39	講演 及 音樂會開催, 仁川開闢支社 主催로: 人間開闢과 民族性開闢(仁川)	04면 03단	
1922	6	30	39	朝鮮學生大會主催강연회: 獨脚(모임欄)	03면 09단	
1922	7	27	39	天道教開闢社 李敦化氏 馬山에서 特別講 演: 新朝鮮人	04면 03단	7/17 21시
1922	9	1	39	천도교청년회창립총회및 강연회: 力(모임 欄)	03면 08단	
1922	11	23	39	海州天道教講演: 朝鮮人의 將來	04면 04단	11/14
1922	11	26	39	安岳邑天道教會主催 演會: 우리의 主義	04면 03단	11/18 밤
1922	11	28	39	平壤天道教區에서 李敦化氏의 天道教理講 演會	04면 04단	11/22 밤
1922	11	29	39	鎭南浦碑石里 天道教會大講演: 朝鮮의 將 來	04면 04단	11/24 밤
1922	12	13	39	安州天道教講演: 力	04면 04단	12/2 13시 12/3 11시
1922	12	16	39	价川天道教會講演: 力	04면 05단	
1922	12	20	39	定州天道教堂에서 講演會: 力	04면 04단	12/7 19시
1922	12	21	39	宣川天道教區에서 天道教中央總部 崔麟 李 敦化兩氏 巡講	08면 05단	12/9～12/10
1922	12	21	39	博川天道教區에서 崔麟 李敦化兩氏의 大講 演: 力	08면 04단	12/5 밤

전거 연도	월	일	나이	강연 내용	쪽수	강연 날짜
1922	12	22	39	龍岩浦教區에서 崔麟 李敦化兩氏講演	04면 03단	12/13 13시
1923	1	12	40	자작회강연회: 朝鮮 經濟現象과 生活狀態	03면 08단	
1923	3	3	40	宣川親興會講演: 사람의 살림	04면 05단	2/23 19시
1923	3	6	40	宣川天道教區의 講演: 天國의 將來	04면 04단	2/24 19시
1923	3	8	40	李敦化氏의 講演, 平壤天道教區에서	04면 04단	2/26부터 일주일간
1923	3	24	40	李敦化氏 講演: 德川天道教區에서 「生의 力」이란 題로	04면 03단	3/9
1923	5	4	40	天道教幻燈講演會 咸興天道教區에서: 地上 天國	04면 03단	4/26 21시
1923	5	14	40	新上天道教講演會: 力	04면 04단	5/3 밤
1923	11	19	40	天道大講演會: 眞理의 力(平壤)	04면 02단	11/16 19시
1924	2	7	41	安州敎理講習, 安州天道教宗理院에서 京城 中央宗理院講師李敦化氏를 請邀	03면 05단	1/15부터 일주일간
1925	1	21	42	京城 天道靑年會講演: 崔水雲先生의 思想 에 對하야	01면 06단	
1925	1	25	42	大田文友會講演: 인생문제	03면 06단	1/22 19시
1925	2	21	42	碧潼郡天道教의 大講演會, 天道教에서: 敎 育原理와 朝鮮人의 敎育理狀	03면 07단	2/14 19시
1925	2	23	42	特別大講演會, 碧憧郡 天道教 宗理院에서: 人類川大害惡과 及救濟方針	01면 07단	
1925	3	9	42	李敦化 金起田兩氏 講演, 平壤天道教堂에 서	01면 09단	
1925	4	10	42	開闢江華支社 講演, 李敦化 金起山氏를 請	01면 06단	
1925	4	30	42	元山天道教青年會講演會: 崔水雲先生의 社 會改造思想及 一生行蹟	03면 06단	4/26 19시
1925	5	16	42	特別大講演, 天道教青年黨 주최: 崔水雲先 生의 一生	02면 10단	
1925	11	28	42	李敦化氏 講演, 天道教青年會主催와 博川 青年會及本社博川支局의 後援으로	04면 08단	11/23 19시
1925	12	2	42	李敦化氏 講演, 寧邊 天道教青年會主催: 現代社會의 現狀과 朝鮮人의 先決問題	04면 12단	11/26 19시

전거연도	월	일	나이	강연 내용	쪽수	강연 날짜
1925	12	5	42	教理講道와 社會問題講演, 來十日부터 高原天道教에서: 演士 李敦化 崔麟	04면 07단	12/10부터 일주일간
1926	2	23	43	天道教 開講, 郭山天道教會에서 李敦化, 金起田先生 청하야	04면 11단	2/14
1926	3	6	43	農村問題講演 去二日 統營서: 大勢의 將來와 朝鮮農民	04면 06단	3/2
1926	8	12	43	黃州講演 盛況: 新生의 創告	04면 06단	
1926	9	7	43	義州天道教 講道會, 李敦化 金起田 鄭廣朝氏	04면 11단	9/1~9/3
1926	9	29	43	李敦化 金秉濬 兩氏 講演, 天道教 利原 宗理院서	04면 11단	9/22
1926	11	21	43	李敦化氏 講演(江東)	04면 06단	11/16 19시
1926	11	25	43	第四回 講道會, 義州郡 天道教 宗理院에서 李敦化 方定煥氏	04면 10단	11/26부터 5일간
1926	12	9	43	教宗講演 開催 天道教 宗理院 主催, 現時代는 民衆時代 (桃峴)	04면 10단	12/4 13시
1927	3	12	44	社會問題 講演 洪原에서 開催: 朝鮮사람아 落望하지 말자	04면 06단	3/8 19시
1927	5	10	44	江界講演盛況: 가야할 길	04면 11단	4/28 20시
1927	9	17	44	東下俱樂部講演, 李敦化氏를 請하야(楊市)	04면 09단	9/13 20시
1927	9	22	44	安州 天道教 宗聖院 講座: 李敦化氏	04면 10단	9/16부터 3일간
1927	9	30	44	秋期講演準備, 李敦化의(平壤)	04면 05단	10/1 20시
1927	10	6	44	鎭南浦講演盛況: 時運時變	04면 05단	10/3
1927	11	10	44	天道教 講演會: 天道教 青年黨 端川部에서 모든 것은 힘이다	04면 12단	11/1 20시
1927	11	27	44	博川天道教 講道會, 時代相과 水雲主義	04면 09단	11/20~11/22
1927	12	1	44	天道教 講道會 盛況, 李敦化氏를 請하야 天道教 體系的 覽이란 教書를 講習(寧邊)	04면 09단	11/24
1927	12	14	44	天道教 大講演會: 水雲先生과 朝鮮(義州)	04면 08단	12/8~12/10
1927	12	17	44	天道教 教役者 講習會를 開催, 講師 鄭廣朝 李敦化 金起田氏	02면 08단	12/25~12/27

전거 연도	월	일	나이	강연 내용	쪽수	강연 날짜
1927	12	24	44	天道敎 人日紀念 祝賀 講演會: 孫義庵先生의 遺訓	02면 08단	12/24
1928	1	10	45	大講演準備, 演士는 李敦化 金起田 申鏞九 具中會 諸氏(統營)	04면 05단	1/10~11
1928	1	17	45	統營講演盛況: 水雲主義에 對하여	04면 06단	1/10 19시
1928	2	22	45	李敦化氏 講演, 時代相과 主義力이란 演題로(城津)	04면 10단	2/15~2/16 19시
1928	5	8	45	靑川講演大會: 時代相과 朝鮮	04면 02단	5/5
1928	5	18	45	固城天道敎 講演: 時代相과 天道敎	04면 07단	
1928	5	22	45	三千浦講演盛況, 三千浦靑年會에서 李敦化를 請하여	04면 06단	5/16
1928	6	1	45	天道敎 講演盛況: 時代相과 天道敎 (南海)	04면 10단	5/27 16시 30분
1928	6	2	45	湧興靑年講演會: 演士 李敦化 方定煥 崔義順(始興)	04면 09단	
1928	11	30	45	天道敎 布德日 긔념강연 개최 今日心	02면 09단	
1929	1	19	46	會寧天道敎講演會: 演士 李敦化	04면 08단	1/13~1/14
1929	2	8	46	天道講演會盛況: 演士 李敦化씨(高原)	04면 10단	
1929	4	19	46	新入生歡迎講演, 텬도교학생회 주최: 朝鮮과 金剛山,	02면 09단	
1929	5	10	46	全州天靑講演: 演士 李敦化	04면 08단	
1930	10	29	47	水雲記念講演: 演士 李敦化 李鍾麟 方定煥	02면 07단	10/28 23시
1930	10	30	47	布德大講演 天道敎靑年黨: 演士 李敦化 李鍾麟 方定煥	02면 12단	11/1 19시 30분

【참고문헌】

1. 사료

『開闢』, 『共榮』, 『每日申報』, 『半島時論』, 『別乾坤』
『批判』, 『서울』, 『時代日報』, 『新階段』, 『新生活』
『新人間』, 『理論鬪爭』, 『朝光』, 『朝鮮及朝鮮民族』
『朝鮮農民』, 『朝鮮之光』, 『中央日報』, 『天道敎會月報』
『靑年』, 『學之光』, 『彗星』

夜雷 李敦化 著, 『東學之人生觀』, 1973(1945. 2), 天道敎中央總部.
夜雷 李敦化 著, 『水雲心法講義』, 1926.
夜雷 李敦化 先生, 『黨志』, 1947.
吳知泳, 「新人乃天」.
李敦化, 『新人哲學』, 天道敎中央宗理院信道觀, 1931. 8.
李敦化, 『人乃天一要義』, 天道敎中央宗理院布德課, 1928(1924).
朝鮮總督府學務局圖書課, 『天道敎槪論』, 1930.
中央總部編纂, 『大宗正義』, 普文社, 1907.
中央總部編纂, 『聖訓演義』, 普文社, 1907.
『天道敎典』, 1906.
天道敎中央總部, 『无體法經』, 1912.
천도교중앙총부, 『南北分裂沮止鬪爭 三一再現運動誌』, 신인간사, 1981.
『哲學大事典』, 學園社, 1973(1963).
崔起榮·朴孟洙 편, 『韓末 天道敎資料集』 1, 國學資料院, 1997.
崔綠東 編, 『現代新語釋義』, 文昌社, 1923.
韓國學文獻硏究所 篇, 『吳知泳全集』 1, 亞細亞文化社, 1992.

『國家學會雜誌』 34-10, 1920.

浮田和民, 『社會と人生』, 東京: 北文館, 1915.

桑木嚴翼, 『文化主義と社會問題』, 東京: 至善堂書店, 1920.

生田長江·本間久雄 共著, 『社會改造の八大思想家』, 東京: 東京堂書店, 1920.

井上哲次郎, 『哲學と宗敎』, 東京: 弘道館, 1915.

中澤臨川, 生田長江 編, 『近代思想十六講』, 東京: 新潮社, 1921(1915.12)

『哲學事典』, 東京: 平凡社, 1980.

村山智順, 『朝鮮の類似宗教』, 1935.

黒岩周六, 『人生問題』, 東京: 丙午出版社, 1906.

黒岩周六, 『社會と人生』, 東京: 止善堂書店, 1919.

ラッセル 著, 松本悟朗 譯, 『全譯, 社會改造の原理 (增補 七版)』, 東京: 日本評論社, 1920(1919).

2. 연구논저

1) 단행본

啓明文化史, 『日帝下 雜誌拔萃 植民地時代資料叢書』 제16권(종교 I), 1992.

高原郡誌編纂委員會 編, 『高原郡誌』, 2000.

今村仁司, 『近代の思想構造 - 世界像·時間意識·勞働』, 人文書院, 2000(1998).

김기승, 『조소앙이 꿈꾼 세계』, 지영사, 2003.

김영한·임지현 편, 『서양의 지적 운동』, 지식산업사, 1994.

김일성, 『세기와 더불어』 5, 조선로동당출판사, 1994.

김정인, 『천도교 근대 민족운동 연구』, 한울, 2009.

김진수, 『우리는 왜 지금 낭만주의를 이야기하는가』, 책세상, 2001.

盧鏞弼, 『『東學史』와 執綱所 硏究』, 國學資料院, 2001.

마루야마 마사오 저·김석근 옮김, 『일본정치사상사연구』, 통나무, 1995.

박영은, 『현대와 탈현대를 넘어서 - 한국적현대성의 이론적 모색』, 역사비평사, 2004.

박종린, 『日帝下 社會主義思想의 受容에 關한 硏究』, 연세대 사학과 박사학위논문, 2006.

박찬승, 『한국근대정치사상사연구』, 역사비평사, 1992.

방기중, 『한국근현대 사상사연구 - 1930·40년대 백남운의 학문과 정치경제사상』, 역사비평사, 1992.

신일철, 『동학사상의 이해』, 사회비평사, 1995.

윤해동, 『식민지의 회색지대』, 역사비평사, 2003.

윤해동·천정환·허 수·황병주·이용기·윤대석 엮음, 『근대를 다시 읽는다』 1·2, 역사비평

　　사, 2006.

이정우, 『인간의 얼굴 - 탈주와 회귀 사이에서 - 』, 민음사, 2001(1999).

이지원, 『한국 근대 문화사상사 연구』, 혜안, 2007.

임경석, 「1922년 상반기 재 서울 사회단체들의 분규와 그 성격」, 『史林』, 25, 수선사학회, 2005.

임경석·차혜영 외, 『『개벽』에 비친 식민지 조선의 얼굴』, 모시는사람들, 2007.

장규식, 『일제하 한국 기독교 민족주의 연구』, 혜안, 2001.

정숭교, 「안확의 자각론과 개조론 - 1920년대 문화운동의 사상적 토대 - 」, 한국국학진흥원 편 정숭교 해설·윤문, 『자각론·개조론 해설』, 한국국학진흥원, 2003.

정옥자, 『조선후기 역사의 이해』, 일지사, 1995(1993).

趙景達, 『朝鮮民衆運動の展開 - 士の論理と救濟思想 - 』, 東京: 岩波書店, 2002.

조규태, 『천도교의 문화운동론과 문화운동』, 국학자료원, 2006.

조동걸, 『日帝下 韓國農民運動史』, 한길사, 1978.

지수걸, 『일제하 농민조합운동 연구 - 1930년대 혁명적 농민조합운동』, 역사비평사, 1993.

崔東熙, 『東學의 思想과 運動』, 成均館大學校 出版部, 1980.

최수일, 『『개벽』연구』, 소명출판, 2008.

칼·폴라니, 박현수 옮김, 『거대한 변환 - 우리시대의 정치적·경제적 기원 - 』, 민음사, 1995(1991).

표영삼, 『동학 1 - 수운의 삶과 생각』, 통나무, 2004.

한규무, 『일제하 한국기독교 농촌운동 1925~1937』, 서울: 한국기독교역사연구소, 1997.

황선희, 『한국근대사상과 민족운동 I - 동학·천도교편』, 혜안, 1996.

大門正克·安田常雄·天野正子 編, 『近代社會を生きる』, 吉川弘文館, 2003.

木村直惠, 『〈青年〉の誕生 - 明治日本における政治的實踐の轉換 - 』, 新曜社, 1998.

船山信一, 『大正哲學史研究』, 京都: 法律文化社, 1965.

船山信一, 『明治哲學史研究』, ミネルヴァ書房, 1959.

有福孝岳(외) 편, 『カント事典』, 東京: 弘文堂, 1997.

井上哲次郎, 『井上哲次郎自伝』, 富山山房, 1973.

伊藤友信 外, 『近代日本哲學思想家辭典』, 東京書籍, 1982.

日本近代文學館 編, 『日本近代文學大事典』 一·二·三, 講談社, 1977.

中村元 監修·峰島旭雄 責任編集, 『比較思想事典』, 東京書籍, 2000.

2) 연구논문

高建鎬, 「韓末 新宗教의 文明論: 東學·天道教를 中心으로」, 서울대 종교학과 박사학위논문, 2002.

고건호, 「이돈화의 신종교학 – '종교, 철학, 과학'에 대한 논의를 중심으로 – 」, 『한국 근대의 종교적 지식(Religious Knowledge in Modern Korea)』(사단법인 한국종교문화연구소 2004년 하반기 정기 심포지엄), 2004년 12월.

고건호, 「'종교-되기'와 '종교-넘어서기': 이돈화의 신종교론」, 『종교문화비평』 7, 2005

高廷基, 「민중을 위한 민중의 종합지 『開闢』」, 『新人間』 창간60주년 특집호.

권태억, 2000, 「근대화·동화·식민지 유산 – 해방 전후의 연속과 단절문제와 관련하여」, 『歷史學報』 165.

김건우, 「『개벽』과 1920년대 초반 문학담론의 형성」, 『한국현대문학연구』 19, 2006.

金明久, 「1920년대 국내 부르주아 민족운동 우파 계열의 민족운동론 – 『동아일보』 주도층을 중심으로」, 『한국근현대사연구』, 20, 2002.

金應祚, 「천도교청년회의 창립과 역사적 배경」, 천도교청년회중앙본부, 『天道教青年會八十年史』, 2000.

金昌洙, 「沃坡 李鍾一의 思想과 行動 – 그의 自主獨立思想과 民族獨立運動」, 『吳世昌教授華甲紀念韓國近·現代史論叢』, 1995.

김도형, 「1920년대 천도교계의 민족운동 연구」, 『역사와 현실』 30, 1998.

김인걸, 「현대 한국사학의 과제」, 『20세기 역사학, 21세기 역사학』, 역사비평사, 2000, 31쪽.

김재현, 「철학원전 번역을 통해 본 우리의 근현대」, 『시대와 철학』 15-2, 2004.

金正仁, 『日帝强占期 天道教團의 民族運動 연구』, 서울대 국사학과 박사학위논문, 2002.

김정인, 「1910년대 『天道教會月報』를 통해서 본 민중의 삶」, 『韓國文化』 30, 2002.

金正仁, 「1910~25년간 天道教 勢力의 동향과 民族運動」, 『韓國史論』 32, 1994. 김진균·정근식 편저, 『근대주체와 식민지 규율권력』, 문화과학사, 1997.

김정인, 「『개벽』을 낳은 현실, 『개벽』에 담긴 희망」, 임경석·차혜영 외, 『『개벽』에 비친 식민지 조선의 얼굴』, 모시는사람들, 2007.

김현주, 「이광수의 문화이념 연구」, 연세대 국어국문학과 박사학위논문, 2002. 8.

김형국, 「1920년대 한국 지식인의 사상분화와 민족문제 인식 연구」, 한국정신문화연구원 한국학대학원 박사학위논문, 2003.

나인호, 「문명과 문화 개념으로 본 유럽인의 자기의식(1750~1918/19)」, 『역사문제연구』 제10호, 2003.

류시현, 「식민지시기 러셀의 『사회개조의 원리』의 번역과 수용」, 『한국사학보』 22, 2006.

류시현, 「일제강점기 러셀 저작의 번역과 볼셰비즘 비판」, 『歷史敎育』 100, 2006.

박경환, 「동학의 신관 ─ 주자학적 존재론의 극복을 중심으로」, 『동학학보』 제2호, 2001.

박광용, 「북한의 사상사 연구 동향」, 한국역사연구회 북한사학사연구반, 『북한의 역사만 들기』, 푸른역사, 2003.

박명규, 「한말 '사회' 개념의 수용과 그 의미 체계」, 『사회와 역사』 통권 제59집, 2001.

박영도, 「표기(表記)와 무기(無記) ─ 경계의 사유를 위하여」, 『경제와 사회』 72, 2006.

성주현, 「『新人間』지와 필자, 그리고 필명」, 『新人間』 600, 2000.

성주현, 「해방후 天道敎靑友黨의 정치이념과 노선」, 『京畿史論』 4·5, 2001.

손유경, 「『개벽』의 신칸트주의 수용 양상 연구」, 『철학사상』 20, 2005.

송민호, 「1920년대 근대 지식 체계와 『개벽』」, 『한국현대문학연구』 24, 2008. 4.

송현주, 「근대 한국불교의 종교정체성 인식 ─ 1910년부터 1930년대까지 불교잡지를 중 심으로」, 한국학중앙연구원·종교문화연구소, 『근대성의 형성과 종교지형의 변동』 1, 2005.

야스마루 요시오, 「민중종교와 근대라는 경험」, 한일종교연구 포럼, 『한일 근현대와 종교 문화』, 청년사, 2001.

오문환, 「의암 손병희의 '교정쌍전'의 국가건설 사상 ─ 문명계몽, 민회운동, 3·1독립운동」, 『정치사상연구』 10-2, 2004. 11.

유준기, 「1910년대 일제의 종교침략과 그 대응 ─ 유교와 기독교를 중심으로」, 『建大史學』 제10집, 2003.

윤해동, 「한말 일제하 天道敎 金起田의 '近代'수용과 '民族主義'」, 『역사문제연구』 창간 호, 1996.

義菴孫秉熙先生기념사업회, 『義菴孫秉熙先生傳記』, 1967.

李庚燉, 「『別乾坤』과 近代 趣味讀物」, 『大東文化研究』 46, 2004.

이경돈, 「1920년대초 민족의식의 전환과 미디어의 역할 ─ 『개벽』과 『동명』을 중심으로」, 『史林』 23, 2005.

李光淳, 「이돈화 ─ 민족개벽과 신인철학」, 『韓國人物五千年 9: 現代의 人物Ⅱ』, 日新閣, 1978.

이기훈, 「독서의 근대, 근대의 독서 ─ 1920년대의 책읽기」, 『역사문제연구』 7, 2001.

李基勳, 「日帝下 靑年談論 研究」, 서울대학교 대학원 국사학과 박사학위논문, 2005. 8.

李庸昌, 「1920년대 天道敎의 紛糾와 民族主義運動」, 중앙대학교 석사학위논문, 1993.

李智媛, 「1910년대 新知識層의 國粹觀과 國粹保存運動」, 『歷史敎育』 제84집.

李智媛, 「日帝下 民族文化 認識의 展開와 民族文化運動 ─ 民族主義 系列을 중심으로」, 서울대 사회교육과 박사학위논문, 2004. 2.

이진구, 「일제의 종교/교육 정책과 종교자유의 문제 ─ 기독교 학교를 중심으로 ─」, 한국 학중앙연구원·종교문화연구소, 『근대성의 형성과 종교지형의 변동』 1, 2005.

이태진, 「안확(1881~1946?)의 생애와 국학세계」, 『역사와 인간의 대응』, 한울, 1984.

이태훈, 「1920년대 전반기 일제의 '문화정치'와 부르조아 정치세력의 대응」, 『역사와 현실』 제47호, 2003.

李赫配, 「天道敎의 神觀에 關한 硏究－그 歷史的 變遷을 中心으로」, 『종교학연구』 7, 1988.

이현주, 「국내 임시정부 수립운동과 사회주의 세력의 형성(1919~1923)－서울파, 상해파를 중심으로」, 인하대 박사학위논문, 1999.

장규식, 「1920년대 개조론의 확산과 기독교사회주의의 수용·정착」, 『역사문제연구』 21, 2009.

張錫萬, 「開港期 韓國社會의 "宗敎" 槪念 形成에 관한 硏究」, 서울대 종교학과 박사학위논문, 1992.

장석만, 「개신교와 전통사상의 충돌」, 『논쟁으로 본 한국사회 100년』, 역사비평사, 2000.

장원석, 「夜雷 이돈화의 유신론과 진화론의 융합체로서 천도교 해석」, 『종교연구』 38, 2005.

鄭崇敎, 「韓末 民權論의 전개와 國粹論의 대두」, 서울대 국사학과 박사학위논문, 2004년 2월.

정용서, 「북조선천도교청우당의 정치노선과 활동(1945~1948)」, 『한국사연구회』 125, 2004. 6.

鄭用書, 「日帝下 天道敎靑年黨의 運動路線과 政治思想」, 『韓國史硏究』 105, 1999.

鄭用書, 「일제하 천도교청년당의 정치·경제사상 연구」, 연세대학교 사학과 석사학위 논문, 1997.

정용서, 「일제하 천도교청년당의 운동노선과 정치사상」, 임경석·차혜영 외, 『『개벽』에 비친 식민지 조선의 얼굴』, 모시는사람들, 2007.

정혜정, 「日帝下 천도교 '수운이즘'과 사회주의의 사상 논쟁」, 『東學硏究』 11, 2002.

정혜정, 「동학과 주체사상의 비교를 통한 탈분단시대의 교육이념 연구」, 『정신문화연구』 94, 2004.

조규태, 「신문화운동의 논객 이돈화」, 『新人間』 381, 1997. 8.

曺圭泰, 「1920年代 天道敎의 文化運動 硏究」, 서강대 사학과 박사학위논문, 1998.

조현범, 「"종교와 근대성" 연구의 성과와 과제」, 『종교문화연구』 6, 2004.

池秀傑, 「朝鮮農民社의 團體性格에 관한 硏究」, 『歷史學報』 106, 1985.

차웅렬, 「천도교를 빛낸 별, 야뢰(夜雷) 이돈화(李敦化)」, 『新人間』 616, 2001.

천정환, 「1920~30년대 소설독자의 형성과 분화과정」, 『역사문제연구』 7, 2001.

崔起榮, 「韓末 東學의 天道敎로의 개편에 관한 검토」, 『韓國學報』 76, 1994.

崔起榮, 「韓末 天道敎와 梁漢默－그 활동과 사상을 중심으로」, 『歷史學報』 147호, 1995.

崔東熙,「韓國東學 및 天道教史」, 고려대 민족문화연구소, 『韓國文化史大系』 VI, 1970.

崔洙逸,「1920년대 문학과 〈開闢〉의 위상」, 성균관대학교 국어국문학과 박사학위논문, 2002.

최수일,「『개벽』 유통망의 역할과 위상 ─ 유통망의 현황과 담당층을 중심으로 ─」, 성균 관대학교 동아시아학술원,〈동아시아학술원 기초학문 육성과제 학술발표회〉 근 대적 작가의 탄생과 존재양태』, 2004. 10.

한분희,「도덕발생에 대한 『신인철학』의 견해」, 『김일성종합대학학보 ─ 철학 ─』 288, 1997.

한분희,「도덕의 본질에 대한 『신인철학』의 견해」, 『철학연구』 71, 1997.

허 수,「1920년 전후 李敦化의 현실인식과 근대철학 수용」, 『역사문제연구』 9, 2002. 12.

허 수,「1920년대 전반 이돈화의 改造思想 수용과 '사람性주의'」, 『東方學志』 125, 2004. 4.

허 수,「1905～1924년 천도교 종교사상의 형성과정 ─ 이돈화의 '인내천 논증'을 중심으 로 ─」, 『역사문제연구』 12, 2004. 6.

허 수,「1920년대 초『개벽』 주도층의 근대사상 소개양상: 형태적 분석을 중심으로」, 『역 사와 현실』 67, 2008. 3.

허 수,「이돈화의 『新人哲學』 연구」, 『士林』 30, 2008. 6.

許 洙,「『개벽』의 '表象空間'에 나타난 매체적 성격 ─ 표지 및 목차 분석을 중심으로」, 『대동문화연구』 62, 2008. 6.

허 수,「1920년대 『개벽』의 정치사상 ─ '범인간적 민족주의'를 중심으로」, 『정신문화 연구』 112, 2008. 9.

허 수,「러셀 사상의 수용과『개벽』의 사회개조론 형성」, 『역사문제연구』 21, 2009. 4.

허 수,「제1차 세계대전 종전 후 개조론의 확산과 한국 지식인」, 『한국근현대사연구』 50, 2009. 9.

허 수,「일제하 '사상 논쟁'에 나타난 '종교' 개념의 충돌 ─ 천도교와 좌익 언론 간의 논 쟁을 중심으로」, 『개념과 소통』 4, 2009. 12.

黃文秀,「夜雷에 있어서의 人乃天思想의 展開」, 『韓國思想』 12, 1974.

黃文秀,「李敦化의 新人哲學思想」, 『朴吉眞博士古稀紀念 韓國近代宗教思想史』, 1984.

吉田熊次,「文化主義とは何ぞ」, 『國家學會雜誌』 34-10, 1920, 37～38쪽; 北小路隆志, 「"文化"のポリテイツクス ─ 大正の'文化主義'を巡って ─」, 『情況』 1996. 10

渡辺和靖,「桑木嚴翼の思想形成 ─ 明治後期の思想的課題 ─」, 『愛知教育大學研究報告』 25 (第1部・人文・社會科學編), 日本 刈谷: 愛知教育大學, 1976.

繁田眞爾,「근대 일본의 국가와 도덕 ─ 1900년 전후의 이노우에 데쓰지로(井上哲次郎)을 중심으로」(아시아민중사연구회・역사문제연구소 공동 주최 국제 워크숍 발표문,

2010년 2월 21일, 와세다 대학).

浮田雄一,「近代日本哲學とプラグマティズム―桑木嚴翼の主意主義批判―」,『日本デュー
　　イ學會紀要』26, 1985.

北小路隆志, 1996,「"文化"のポリテイックス―大正の'文化主義'を巡って―」,『情況』
　　1996. 10.

松井愼一郎, 1997,「土田杏村の'文化主義'―理想主義と社會主義の調和に向けて―」,『民
　　衆史研究』53, 1997. 5.

安丸良夫,「民衆宗敎와 '近代'라는 經驗」,『韓國宗敎史研究』5, 1997.

田口和人,「'大正'期道德敎育における新カント派哲學とその意味」,『研究年報』(立敎大
　　學敎育學科) 38, 1994.

林 淳,「マルクス主義と宗敎・文化論」, 磯前順一・ハリー・ハルトウーニアン,『マルクス主
　　義という経験: 1930〜40年代日本の歴史學』, 東京: 靑木書店, 2008.

清水太郎, 「大正・昭和思想史の'見失われた環'―土田杏村時代―」,『現代思想』 7월호,
　　靑土社, 1993.

河上睦子,『フォイエルバッハと現代』, 東京: 御茶の水書房, 1997.